实践之后

——对马克思实践思想的一种理解

董晋骞 著

人民出版社

责任编辑：郇中建
装帧设计：邹本忠
版式设计：何艳秋

图书在版编目（CIP）数据

实践之后——对马克思实践思想的一种理解/董晋骞著．－北京：人民出版社，2007.12
ISBN 978-7-01-006541-0

Ⅰ．实…　Ⅱ．董…　Ⅲ．实践论－研究　Ⅳ．B023

中国版本图书馆 CIP 数据核字（2007）第 147010 号

实践之后
SHIJIAN ZHIHOU
——对马克思实践思想的一种理解

董晋骞　著
人民出版社　出版发行
（100706　北京朝阳门内大街 166 号）

沈阳航空发动机研究所印刷厂印刷　新华书店经销

2007 年 12 月第 1 版　2007 年 12 月第 1 次印刷
开本：787 毫米×1092 毫米 1/16　印张：20
字数：390 千字　印数：0,001－3,500 册

ISBN 978-7-01-006541-0　定价：33.00 元

邮购地址　100706　北京朝阳门内大街 166 号
人民东方图书销售中心　电话（010）65250042　65289539

自序

哲学书籍应该有序，哲学专著的序最好由作者本人写，因为每本哲学书都是独一无二的，而只有作者本人才可能对自己的作品达到百分之百的清楚。

看到本书的书名，有人就会问，“实践之后”是什么呢？简单地说，“实践之后”的含义有二。一是否定和解构性的，二是肯定和建构性的。在否定的意义上，“实践之后”是对实践本体论、实践本体论化的彻底扬弃，是对实践“哲学”或“哲学性”实践（而不是“实践哲学”）的“彻底批判”，这里的“彻底批判”相当于马克思所谓的“消灭”。因此，“实践之后”的目标就是没有传统意义上的“哲学”；在肯定的意义上，“实践之后”就是“生活”。

“实践之后”就是对于实践的反思。我个人认为，没有经过严格“批判”的实践是一种只具有“传统哲学倾向”的现实性存在，只有经过真正哲学批判的实践才是真正科学的实践。因此，“实践之后”就成为实践由“传统倾向”到科学概念的唯一桥梁。

人类在现实的生活中自然而然地生存着发展着，自然地面对着与自然界、与他人、与自己内心的种种矛盾。如何理解这些矛盾，关系到人类是否能生活得和谐幸福。在现实的生活中，人与自然界、人与人、人与自我这三个关系正面临着挑战和冲突，人们正设法解决所面临的挑战和冲突。

我们只知道工人的生活、农民的生活、学生的生活、职员的生活……，但哲学家们却非要我们忽视否定这些生活，非让我们记住什么工人的实践、农民的实践、学生的实践；我们只看到父亲的生活、母亲的生活、兄弟姊妹的生活、同事朋友的生活……，但哲学家们却非要我们看不到我们周围的生活，而去了解书本上的什么实践。当人们抛开“实践”的座架、牢笼之后，他们看不到实践，他们只能看到“生活”！生活，才是人们必须认识、必须面对的“事情本身”。

生活的本质是“自然”，或“自一然”，所谓“自然”或“自一然”，就是自己的样子。“自”，自己的，不受外力强迫和调教；“然”，本来的样子，不要求强力改变；“自”表现的是生活的客观性、经验性、科学确定性；“然”表现的是生活的主观肯定性、经验性、理想性；“自然”或“自－然”则是生活的哲学表达，体现的是“生活”或“现实生活”的形而上性。中国古代哲学十分推崇“自然”，可说是抓住了生活的本质，也抓住了世界的根本规律。“自然”，也就是真正意义上的自由了。

所以，本书的基本内容可分为两部分：一是试图运用“实践观点的思维方式”等彻底批判“实践本体论化”；二是站在“实践之后”立场上对“现实生活”、“实际生活过程”的进一步理解，划清“实践之后”与“实践”的界限，由此也导致了本书的一种“矛盾”状态：一方面用“实践思维”批判“实践本体论化”；另一方面又试图用“现实生活”反思“实践”，试图克服当前实践研究成果所表现出的“空灵”“深奥”的致命伤。

人们在经验的基础上已经宣布了“实践”的界限，因为我们看到，“实践”不能解决我们生活中的一切问题。但这种界限如果只仅于经验就是远远不够的，在哲学上它只停留在十八世纪经验论的水平上，它无法防止形而上学独断论的发生。而事实上，在“实践哲学”大行其道的一百年后，这种被神化的独断论已经给我们的现实生活、给人类的历史带来了不幸，已经在理论上使我们误入歧途。造成这一切的根本原因在理论上就是缺少哲学上的真正形而上学的批判。关于这一点，康德在《纯粹理性机制》中已论述过。（参见邓晓芒译《纯粹理性批判》2004年版，第21～23页）

由此所引出的相关话题是：“实践”由于缺乏哲学上的真正批判所导致的独断化、偶像化、神化。也导致了人们在生活中的不自由，导致了人们实践能力的下降：片面性的“科学性”得到大大增强了，反人类的非人本的效果更加明显。由此我们所得到的结论是：“实践”除了不可缺少真正的哲学批判之后，在实践意义上，它还要有一个信仰的维度作为支撑。

人们目前所面临的最可怕现实是“无信仰”，是“天不怕、地不怕”的物欲性“沉沦”；是对工业化“科学”无休止的崇拜、扭曲。

因此，“实践之后”所提出的“生活”，这里的“生活”的另一个重要维度，或重要支撑是“信仰”、理想。没有信仰、理想的生活不是真正的生活，没有经过信仰、理想等形而上规范的生活只能是“活着”。只是单纯的物质欲望的充分满足和享受生活的行尸走肉。

本书分析“实践”、“本体论化”、“困境”的历程，旨在提出“实践之后”的问题。因此，本书的全部内容可分为“明暗”两部分，“明”的部分是站在“实践观点的思维方式”立场上对现有“实践本体论化”的一些分析，就是从马克思“现实生活”、“实际生活过程”的立场出发对各种本体论思维方式（甚至包括“实践思维”）所进行或将要进行的反思。“暗”的部分是要指出：少用或不用“实践”概念，用“生活”“现实生活”更能准确表达马克思“实践”思想的本意。这是作为“实践之后”所应达到的目标。

本书的目标（“实践之后”）与本书的实际水平是两回事。我本人认识到，要通过本书来达到上述目标是根本不可能的，是虚幻的，因为“批判”替代不了“消灭”，哲学的批判替代不了哲学的消灭。这一点，早在卡尔·马克思那里就已经非常明确了。所以，人们在研究马克思的实践思想时，首先感受到的是马克思很少用“实践”概念，而多用“感性活动”、“行动”、“历史过程”、“劳动”、“现实地改变”等，这正表现了马克思实践思想或马克思哲学的根本特性，这就是实践的非概念性或非哲学性，这种离经叛道的哲学使马克思站在两千多年西方传统形而上学终点上，成为开启现代哲学希望大门的人。

卡尔·马克思是站在“消灭”传统哲学的立场上提出实践问题的。因而马克思所说的“实践”的首要意义便是“解构”传统哲学的意义。这一点是马克思“实践”观区别于历史上一切“实践”哲学家的关键之处。

马克思哲学的发展由关于实践的研究转向关于生活的研究，似乎符合当前国内外马克思哲学发展的实际。正像有远见的哲学家所指出的那样。对于马克思哲学的“实践”不应归结为某一种具体的样式，容易导致本体化和神化；但同时，马克思的“实践”也不应长期处于“空灵”境地，容易导致另一种形式的诡辩化和僵化。看来，解决马克思实践研究陷入困境的根本出路只能从生活中寻找，只能超越近代唯物主义和唯心主义辩证法简单对立的范式，在崭新的基础上揭示马克思实践思想的真谛。

所以在本书中读者可能会发现一个奇怪的现象：一方面我们在书名和自序中试图表明实践“之后”，另一方面我们又花大气力去理解、去说明“实践”的真意，去寻求实践的“确定性”或明晰性。这一矛盾现象暂时无法克服，只能预示这本“实践之后”在未来可能要重写。

对“实践”，我们说得太多了，

对“生活”，我们还是少说为佳。

众所周知，“实践”作为概念引入哲学领域，是古希腊哲学家亚里士多德的功劳。他的“实践”主要指人们的政治伦理行为和活动，因为这些活动没有外在目的，与一般功利性目的的活动不同。亚里士多德把实践引入哲学，便完成了一项大事业；他使“实践”在哲学领域有了一席之地；他使“实践”与“形而上学”直接联系起来，人们的实践活动具有形而上的意义价值，这就确定了实践的理想性、价值性、超越性。所以说，亚里士多德是第一个建构性实践哲学家。

无论是亚里士多德，还是黑格尔，他们都试图在理论上，或人类理性意义上回答下面的问题：人们的实践活动如何在实践中产生出来的。即：实践是如何可能的？

因为实践的现实性和经验确定性使人们对它的存在合理性不发生怀疑，但随之而来的理论问题是：实践是如何被说明的，实践的现实性使它的存在得到了证明，但它的理论说明却成为一个大问题，古今中外的哲学家得出了不同的答案，其中影响最大的要算亚里士多德和黑格尔了。

实践与生活的根本关系就归结为“生活与实践是否存在‘一同性’① 的问题”。当前，要使人们认识到生活与实践的“一同性”，就要明确认识到“生活”与“实践”的根本差异。②

马克思说过，社会生活的本质是实践的。这句话既肯定了生活与实践之间的一同性，又肯定了生活与实践之间的异差性。

亚里士多德是哲学史上第一个发现并确认生活与实践之间“一同性”与“异差”的人，但他是在古代传统哲学的范式内研究这个问题的，所以无法找到这个问题的真正答案。亚里士多德之后的中世纪宗教哲学、近代哲学、德国哲学、中国传统哲学以及印度哲学等都不同程度的把这个问题向前发展和推动着。

应该说，在我国，直到20世纪90年代“实践观点的思维方式”的出现才进一步凸显实践与生活之间竟存在着如此深刻又难以解决的问题，在这个意义上，“实践思维”所提出和所感受到的问题要比它试图回答的问题所表现出的意义大得多。

今天提出生活与实践的一同性问题可谓恰逢其时。

在哲学史上，存在着“理论哲学”与“实践哲学”之分，理论哲学即哲学的理论思考和理论思维，实践哲学即理性的现实性展开。二者都是哲学理性（而不是人类理性）的产物。换言之，与生活相比，实践是哲学理性的产物，而生活却是人类现实的产物。

历史上的哲学家多谈实践而少谈甚至不谈生活。生活在他们的哲学视域或境域之外。而这一点却成为隔阂哲学家与普通人群、哲学与现实的现实原因。但正如费尔巴哈（包括马克思）批判黑格尔等德国古典哲学家所说的那样。在现实意义上，人们只看到现实生活，而看不到实践；人们只看到人的吃、喝、

① 本文所说生活与实践的“一同性”纯粹是为了与传统哲学的同一性相区别。它不同于传统哲学的同一性，这里所谓的一同性是指“生活”与“实践”之间的相同相通的一致关系。

② 本文所论的“根本差异”也不同于传统哲学的“差异性”，是指生活与实践之间的区分差别的根本关系。

睡行为等具体生活，而看不到实践是什么。就像人们只看到苹果、南果梨，而看不到水果一样，而古往今来的哲学家（特别是实践哲学家）却非要让我们相信，人类的吃、喝、睡等行为不是生活，而是实践。这就大错而错了。在这一点上，费尔巴哈要比许多自命不凡的哲学家要伟大得多。

以上是为自序。

董晋骞

2007 年 8 月于沈阳

目 录

第一章　对实践本体论的反思——如何理解马克思实践思想

一、"实践"成为"恒常在场（Constant Presence）"偶像

"实践本体论化"是用传统本体论的思维方式将马克思哲学的"实践"概念化、抽象化，抛弃或遮蔽了马克思"实践"批判性、革命性等的方法论意义，使之成为"新体系"哲学的范畴，这必然最终导致实践的偶像崇拜。实践本体论化也就成为当代马克思主义哲学发展中所出现的"黑格尔主义"或柏拉图主义的典型表现。它直接妨碍了马克思哲学的进一步发展。

本书之所以先对实践本体论化进行一定分析，然后再正面（第二章）阐释对于马克思实践思想的理解，完全是以哲学的"问题意识"出发所作的安排。

随着近年来马克思哲学研究中出现的强烈时代性诉求，马克思哲学研究也由一元独秀走向多元共生，呈现出新说迭起、变幻不定的局面，各种各样的马克思哲学开始面世。例如：本体论的马克思、生存论的马克思、存在论的马克思、现代论的马克思、后现代的马克思，等等，难以尽述。

（一）实践蜕变成本体；马克思实践思想被严重"黑格尔化"，产生了新的迷信和偶像

1. 实践本体论化定义的界限

（1）实践本体论化的定义

本体论是关于存在的学说。实践本体论化则与本体论不同。实践本体论化或将实践本体论化是指这样一种理论倾向：它对马克思哲学中的"实践"不是

从新观点、新视角、新视野的“方法论意义”（高清海语）[1] 角度，而是从一般存在的角度去理解和解释。具体可表现为“实践哲学”（即把实践还原为存在的学说）、“实践唯物主义”（把重点放在“唯物主义”而不是“实践”上，实际上是物质本体论的变形）、“实践认识论”（即把实践归属于认识论范畴，相对于认识论的还有物质论——存在论——本体论）、“实践本体论”（直接把实践确定为马克思哲学的本体）和“正宗”的“实践生存论”（所谓“正宗”是指在海德格尔抽象绝对的主体形而上学影响下，用“此在”、“在世中”的形而上学方式理解马克思的实践思想，表面上似乎超越了哲学唯物主义与唯心主义二元的对立，实质上仍是通过对“实践”作经验本原的抽象理解而使其绝对化）。本书宗旨是强调对马克思实践思想的再理解，并将实践本体论化倾向作为反思批判的对象。

对“实践本体论化”的反思，表明国内“马克思主义哲学”研究方面进入了新一层次的“问题域”。表明人们的哲学观念进入了又一次新的自我调整和自我变革的阶段，是人们对于马克思哲学的性质、特点和功能等的新的反思和确认。哲学是一种理论性的问题学问，对每一个根本哲学问题的理解和回答，都依赖于对哲学的整体的理解和解释。实践是马克思哲学的中心思想。它制约着对于马克思哲学其他问题的理解和解释，它在自己的漫长历程中经历了最多的诘难和挑战。实践认识论、实践本体论、实践生存论、实践哲学、实践思维，等等，表明了对于马克思实践思想逐次的理解和解释。

所谓实践本体论化就是用传统哲学或传统本体论的思维方式去理解或解释马克思实践思想；用理性主义或黑格尔主义的抽象方式将“实践”变成空洞的观念或抽象的概念范畴。实践本体论化不只是指关于实践本体论式的理解观点，而且也是指自从马克思哲学诞生以后的一百多年里特别是国内 20 世纪 80 年代以来所明显表现出来的一种整体的理论倾向或思潮趋势。

“实践本体论化”与“实践本体论”有着直接而复杂的联系，主要是思维方式上的关联。

“实践本体论”又叫“劳动本体论”。其较早论述要数马尔库塞。他在《历史唯物主义基础》一书中说：“马克思关于劳动的实证的定义几乎完全是作为与外化劳动的定义相对立的概念而提出来的。在这些定义中清楚地表述了劳动

① 参见高清海：《马克思对“本体论思维方式”的历史性变革》一文，载《当代国外马克思主义评论》，人民出版社 2004 年版。

这一概念的本体论的性质”。[①] 在此之前，有物质本体论、意识本体论，还有物自体——意识二元论和否定形而上学本体论的科学——实证主义思潮。自从卢卡奇的物化理论和马克思《1844年经济学哲学手稿》发表（1932年）以来，劳动或实践就成为马克思主义哲学的热门话题。应当肯定，在实践（劳动）本体论提出的很长时期，它的积极作用（意义）超过了它的消极内容。相对于物质本体论和自然辩证法的昌盛，以卢卡奇和法兰克福学派为代表的西方马克思主义者在阐明马克思实践思想方面独树一帜，解放了人们的思想，在反对“经济决定论”和苏联“传统”马克思主义方面做出了不可磨灭的贡献。

尽管如此，20世纪的马克思哲学发展证明，实践（劳动）本体论陷于困境。在现代哲学发展的大背景下，其缺陷、弱点暴露得愈加充分。特别是与其相关并愈演愈烈的一种理论发展趋向——“实践本体论化”也给马克思哲学的研究带来严重后果。

实践本体论化的最根本误区是它仍在传统的形而上学的视阈里研究实践——这样就把作为现代哲学代表之一的马克思哲学的真实面貌遮蔽了，又把马克思哲学重新拉回到近代哲学或者德国古典哲学的水平上。雄霸20世纪传统马克思主义哲学讲坛的就是这种“教科书哲学”。从这个意义上说，不论是以倡导物质本体论见长的“旧教科书哲学”，还是以高扬实践的绝对权威的“新教科书哲学”，在实质上都没有跳出传统哲学的思想方式、思维方式和理论方式。[②]

（2）“实践本体论”与“实践本体论化”的区别

“实践本体论”与“实践本体论化”也有着相当区别。具体包括：

首先，“实践本体论”与“实践本体论化”在产生史上的区别“类似于”悲剧与喜剧的区别。

正如恩格斯说的，所谓悲剧，是指历史发展的必然要求与这种要求不可能实现的矛盾。我们认为，从历史产生过程看，当卢卡奇、马尔库塞等人明确提出“实践本体论”时，相对于苏联传统“马克思主义哲学”而言，“实践本体论”的性质是反僵化意识形态的，它强烈冲击了将马克思哲学“体系化”、“庸俗化”等把马克思哲学诠释为近代哲学水准的错误倾向，其历史功绩和先进性是值得肯定的。但由于其自身仍是传统哲学的思维方式，因而其企图——探寻

---

① 《西方学者论〈1844年经济学哲学手稿〉》，复旦大学出版社1983年版，第103页；转引自《20世纪的新马克思主义》，中央编译出版社2001年版，第176页。

② 这里所谓“旧教科书哲学”是指国内建国初到20世纪80年代以前的教科书哲学，“新教科书哲学”则是指改革开放后80年代到20世纪末的有很大变化的教科书哲学。

马克思哲学的本真的目标无法实现。所以我们判定其性质是悲剧性的。相对于“实践本体论”而言，“实践本体论化”则是喜剧性的。相对于卢卡奇、马尔库塞等人的理论创新而言，以孔德的人文主义和海德格尔存在主义等为理论来源的“实践本体论化”首先丢掉了“实践本体论”提出时的现实性批判精神，由于丧失了马克思实践思想的根本立场，因而也就把哲学当成书斋中学术活动的内容：理论性地诠释——说明世界，这样一来，能动地“改造世界”的悲剧性就必然转变成为被动地“说明世界”的喜剧性了。

其次，“实践本体论”与“实践本体论化”在理论共时性上的区别“类似于”巨人与侏儒的区别。

卢卡奇是一个历史巨人。他的《历史和阶级意识》内含很大的积极因素。卢卡奇在书中提出了一系列重要的马克思主义理论问题：如哲学对象与社会使命，无产阶级世界观与资产阶级世界观的根本对立；社会过程发展的特殊性；人类实践的结构；主观因素与个人积极性；自发性与自觉性等等。卢卡奇试图把黑格尔辩证法同马克思主义的政治经济学统一起来，以便对两代“左派”知识分子起到推动作用。在书中，他还探讨了异化问题（在1930年马克思的《1844年经济学哲学手稿》发表之前）。应当承认，卢卡奇是继列宁之后，第一个引导人们从马克思主义的立场出发，提出并解决异化问题的人。[①] 他试图在马克思主义完整的体系中确立异化范畴的地位和作用。虽然这本书中他本人展开的异化观点，常引起一些误解和争议。

与巨人形成对照的是“实践本体论化”者的琐碎行为，他们除了拾“他人”牙慧和个别思想家的“思之余”之外，他们实际上什么也没有做。

“实践本体论”演变成为“实践本体论化”是一种理论发展上的退化。

“实践本体论化”的一个后果，就是使哲学失去了主体性意识，失去了固有的理想性质，失去了理论思维方法的特点，变成单纯追求基础性科学知识的理论。它的基本特征是完全脱离开人和人对客体的关系去研究存在和存在运动的规律。它研究人的认识活动、实践活动，也只是把它当作与自然对象同样的客体，从它的自然过程去研究它的本性和规律。这样，哲学便被解释成为与单

① 有人经过考证后认为列宁是20世纪的马克思主义者中第一个注意异化问题的人，在《国家与革命》（1917年）中他指出，异化过程发生在资产阶级的国家及其政策中（参阅《列宁全集》，第33卷，第308页）。列宁是在《神圣家族》中了解到马克思的劳动异化观点的，这一点从1895年列宁写的《神圣家族》一书摘要中明显可见（参阅《列宁全集》，第29卷，第11—12页）。众所周知，在《1844年经济学哲学手稿》一书中马克思就专门探讨过异化范畴，列宁在世时，该书未公之于世。可参见B. H. 别索诺夫、N. C. 纳尔斯基著：《卢卡奇》，李尚德译，黑龙江人民出版社2003年版，第14—21页。

纯研究存在规律的实证科学不再有性质上的区别，成为只有规律适用范围大小的量的区别的理论。哲学与其他各门科学的关系，被简单地归结为整体与局部的关系，区别只在于哲学以整个世界为对象，各门科学以世界的局部领域为对象。在研究方法和论述方法上，哲学也变成与实证科学一样，只要引用大量经验事实就算证明了哲学的基本原理；它们的区别也仅仅在于，哲学利用的经验事实不是从自己的实验室直接得来，而是从各门科学的书本中拿来的。这样的哲学，就变成了"原则加例证"。这样就把反映最高和最深本质层次的理论直观化、经验化，使它丧失了应有的理论思维方法的特征；进而就把哲学公式化、教条化。人们从这种哲学里除了学到一堆现成的结论性知识，不再有别的；对这些现成的真理知识，除了当作公式往现实事物身上去套用而外，也再无别的用途。

"实践本体论化"的另一个结果是恢复了许多早已被否定了的提法。例如，说哲学探寻的是"世界是什么"、"人的本性是什么"、"人与世界是怎样形成统一联系的体系的"等等问题，而这一切无一例外地被标识为不可怀疑的科学理论和"科学"的答案。重新回到哲学回答必须由全部科学和哲学在其无限发展过程中才能逐渐研究清楚的老路上去了。

2. "恒常在场"的实践违背了马克思的实践观

人们不要以为提到"感性活动"或"实践"只是指感性中的东西，只是指看得见摸得着的东西，而看不见、摸不着的形而上学的概念一定与实践无关。有人就是这么误解的。其实，恰恰相反，"实践本体论化"只是把思辨的本体替换成感性的经验，把超验的本体替换成经验的本原。在方法论上毫无长进，都是概念游戏。借用现象学的话说，如果"实践活动"是变化不居的在场的东西，它既可以出场、也可以消失不出场，那么，"实践本体论化"在把实践变成概念之后，"实践"概念就是永恒不变的东西，是永恒出场的，所以我们可以把这种实践哲学所奉至上性的实践叫做"恒常在场"，英文是 constant presence，"constant"就是恒常不变的意思。① 至于这种实践哲学则可以被称为"在场形而上学"(Metaphysics of Presence)。它的特点就是趋向永恒的在场，实践哲学就是把不变的、恒常的所谓实践看作是一切变动不居的东西的根底。在传统哲学那里，"感性活动"(实践)可以一会儿出场，一会儿不出场；但在20世纪许多所谓马克思主义哲学家那里，感性活动(实践)的概念却是永远

① 参见 Otto Pöggeler：*Martin Heidegger's Path of Thinking*，pp. 69、102，Humanities Press International，INC. 1989.

不变地出场的，它是一切理论和思维活动的前提（偶像）。因此，从这个意义上说，20世纪马克思主义哲学所出现的一个错误倾向是制造出“实践”这个“新偶像”、“新怪物”。这显然从根本上违背了马克思实践思想的初衷。

自古以来哲学被称为“智慧之学”，但在马克思看来，哲学追求“头等智慧”，并不是为了内在的自我满足、自我陶醉；哲学作为智慧之学，其根本任务和主要功能，正在于教人善于处理和驾驭自己同外部世界的关系，其中不仅包括对世界的理论解释，而且更包括对世界的实践改造。因此马克思哲学不仅把独特的实践思想作为自己整个哲学理论的核心，使自己的哲学具有与自己时代的实践相适应的内容和形式，而且还特别指出，“哲学家们只是用不同的方式**解释**世界，问题在于改变世界”，“全部问题都在于使现存世界革命化，实际地反对并**改变**现存的事物”。①

马克思实践倾向所主张的这种对现实、对世界的改变（实践）不是抽象的，而是与无产阶级革命、与对资本主义的批判、与社会主义实践联系在一起的。它的全部主旨“归结为这样的绝对命令：必须推翻那些使人成为被侮辱、被奴役、被遗弃和被蔑视的东西的一切关系”②。无产阶级是随着工业发展而形成起来的，它被彻底的锁链束缚着，由于自己受的普遍痛苦而具有普遍性质，它若不解放整个社会就不能解放自己，它本身表现了人的完全丧失，只有通过人的完全恢复才能恢复自己，它否定私有制体现了社会发展的要求。为了实现人类解放，途径就是哲学与无产阶级的结合，无产阶级在哲学的统率下对现实进行武器的批判，“哲学把无产阶级当作自己的物质武器，同样，无产阶级也把哲学当作自己的精神武器”。③人类解放没有物质力量、没有无产阶级不行，因为革命需要物质基础。批判的武器不能代替武器的批判，物质力量只能用物质力量来摧毁。人类解放更不能没有理论，没有哲学。理论和哲学的意义就在于其能动性，哲学是头脑，无产阶级是心脏，物质力量依赖于精神去把握，理论一旦掌握群众就会变成物质力量，思想的闪电一旦真正射入无产阶级这块没有触动过的人民园地，人就会解放成为人。这就是马克思的实践观，也是马克思的根本哲学观。

马克思主义哲学是在“十月革命”后由俄国正式传入中国的。马克思主义哲学的阐发、传播和运用，对于夺取中国新民主主义革命的胜利起了重要作用。不过，由于受苏联哲学教科书等的影响，我国哲学界在理解马克思哲学时，曾一度忽视了其具有批判性和超越性意义的实践观和实践的思维方式，从

① 《马克思恩格斯选集》第1卷，人民出版社1995年版，第57、75页。

②③ 《马克思恩格斯选集》第1卷，人民出版社1995年版，第9—10、15页。

而使马克思哲学被简单化、片面化、教条化，马克思实践思想的真实意义在相当程度上被遮蔽。

哈贝马斯把20世纪哲学划分为分析哲学、现象学、西方马克思主义和结构主义等四种思潮。哈贝马斯说："西方马克思主义（卢卡奇、布洛赫和葛兰西）则继承了黑格尔主义传统，把马克思的思想从政治经济学恢复成反思哲学。"① 他首先肯定地认为"西方马克思主义"（卢卡奇、布洛赫和葛兰西）的运思路向是黑格尔主义，是把马克思哲学黑格尔化，强调主体性和理性霸权、倡导历史乐观主义，而这种历史乐观主义不是建立在个体主体的现实感觉性上，而是由客观必然性所左右和制约，活生生的现实个体只是客观必然的理性（或观念、思想）实现的工具和过程。其次，哈贝马斯肯定"西方马克思主义"是20世纪的"反思哲学"。所谓"反思哲学"就是意识性批判哲学，是丧失了真正意义上的批判性和革命性的思想理论，是20世纪的"文化思辨哲学"。

海德格尔说："纵观整个哲学史，柏拉图的思想从有所变化的形态始终起着决定性作用。形而上学就是柏拉图主义……随着这一已经由卡尔·马克思完成了的对形而上学的颠倒，哲学达到了最极端的可能性。哲学进入其终结阶段了。至于说人们现在还在努力尝试哲学思维，这种思维也只能达到一种模仿性的复兴及其变种而已。"② 这段话十分著名，许多研究"西方哲学"和"马克思主义哲学"的人都耳熟能详。但从实际上看，许多人并没有完全理解这段话的真正含义。

海德格尔的论断站在整个哲学史高度不仅是对传统哲学或传统本体论的"柏拉图主义"的批判；不仅是对马克思哲学颠倒全部传统哲学的明确肯定；而且对于"马克思主义哲学"研究而言，也是对"实践本体论化"的直接的和深刻的反思。

海德格尔指出整个哲学史实际上是一部"柏拉图主义"独霸形而上学的历史，而且指出如果现在还有人继续用传统本体论的思维方式进行哲学研究（包括马克思实践思想研究），那也只能是"一种模仿性的复兴及其变种"。我们认为，能与"实践本体论化"相通相融的种种马克思主义哲学（如实践本体论、实践生存论等）都是传统本体论哲学——或如海德格尔所言的"柏拉图主义"——"模仿性的复兴及其变种"。这是所有"实践本体论化"哲学的实质。而海德格尔预见到了这样的企图和做法。

---

① J. 哈贝马斯著，曹卫东、付德根译：《后形而上学思想》，译林出版社2001年5月第1版，第5页。

② 《哲学的终结和思的任务》，载《面向思的事情》，商务印书馆1996年版，第70页。

与“西方马克思主义”一脉相承的南斯拉夫“实践派”哲学也把马克思的理论解释为一种人道主义的“社会批判理论”，意味着他们对传统马克思主义的背离以及向“西方马克思主义”的接近。在这些“实践派”代表人物的思想中，人们很容易找到卢卡奇、葛兰西、柯尔施、布洛赫、马尔库塞、霍克海默、萨特等人的影子。

同把实践看作仅是认识论范畴的观点相反，“实践派”理论家赋予实践概念以更广泛的意义和本体论地位。在他们看来，实践不仅是“人的存在的本体论结构”，而且是人的各种活动和各个方面的统一体。

那么，这一具有本体论意义的概念具有哪些规定性？在这方面，“实践派”核心人物之一马尔科维奇曾作了详细的描述。根据他的观点，马克思的“实践是一个规范范畴，它是指人类特有的理想活动，这种理想活动的目的在其自身，它具有根本的价值，同时也是对其他一切活动形式进行批判的标准”。①

南斯拉夫“实践派”认为，作为具有本体意义的实践范畴，不应只是作为认识的环节引入认识论，相反，应多把认识看作是实践总体的内在环节或形式。从实践角度来看，认识的主体和客体都不是既定的，而是在实践中生成的。人不仅在认识中设定对象，也现实地再生产出活动的主体和客体。人通过自由的、创造性的、普遍的和社会性的实践活动，不断地再生产自身与自身的世界。人和自然、人和社会、主体和客体都在这种现实的实践活动中统一起来，从而实践是历史和世界、精神和肉体、精神性和物质性、存在和本质、自由和必然等“不可分割的统一体”。

从这一基本立场出发，辩证唯物主义的本体论被看作是站不住脚的。弗兰尼茨基指出，物质第一性、意识第二性，意识反映物质、意识是物质的产物这一原理是在马克思以前就已存在的庸俗唯物主义。坎格尔加还指出，在马克思看来，一般的自然界和世界是不存在的，存在的只是具体的人的世界，人化的自然界。因此，“世界的统一性既不存在于上帝、理念和精神之中，也不存在于物质性之中，而只存在于人类的创造性活动和实践之中”。② 马尔科维奇断言：自在的现实是不存在的，“我们所能认识和具体说明的一切物质的文化的现实，都由我们的实践活动所历史地规定的特殊条件联结起来。”③ 从而，在

① 马尔科维奇：《南斯拉夫的马克思主义哲学——实践派》，转引自黄继锋：《东欧新马克思主义》，中央编译出版社 2002 年版，第 19 页。

② 坎格尔加：《卡尔·马克思著作中的伦理学问题》，1963 年萨格勒布塞文版，第 192—193 页，转引自《东欧新马克思主义》，中央编译出版社 2002 年版，第 22 页。

③ 马尔科维奇：《南斯拉夫的马克思主义哲学——实践派》，转引自《东欧新马克思主义》，中央编译出版社 2002 年版，第 22 页。

“实践派”看来，马克思主义是实践的一元论，而不是物质的一元论。

南斯拉夫“实践派”绝对没有想到，当他们满心欢喜地沐浴着西方马克思主义的阳光，打着“实践”大旗，对教科书哲学和南斯拉夫社会主义进行批判分析的时候，当他们用实践一元论否定物质一元论的时候，他们自认为已经到达“天边”，在大书“到此一游”文字之后就可以凯旋而归了。而实际上，他们仍没有“翻出”传统形而上学“如来佛”的手掌——他们仍在“黑格尔主义”的框架内徘徊。他们的宿命与他们的前辈西方马克思主义一样，仍受到黑格尔主义幽灵的纠缠，对此我们要作具体分析。

黑格尔作为传统思辨哲学的最大代表之一，他是通过在唯心主义基础上成功地统一本体论、认识论和逻辑学的方法来表现自己理性中心主义或逻各斯主义的。

本来，本体论、认识论和逻辑学三者的分裂和对立，属于哲学体系上的矛盾。它是现象与本质、主观与客观、思维与存在、形式与内容割裂和对立的结果。三者统一的实质就在于，现象与本质必须统一、主观与客观必须统一、思想与存在必须统一、形式与内容必须统一。只有通过本体论、认识论、逻辑学统一的理论形式，才能实现那些矛盾的统一。

黑格尔的哲学是精心构造起来的，尽管它具有明显人为造作的痕迹、充满主观虚构的内容，但在贯彻本体论、认识论、逻辑学三者统一这一原则上，可以说独具特色。黑格尔没有按照传统观念把哲学划分为本体论、认识论、方法论这样一些部分。在他的哲学体系中，这三者同时贯注于逻辑学、自然哲学、精神哲学等组成部分的内容之中。逻辑学是他的体系的基础和核心部分。而逻辑学同时也就是他的本体论、认识论、方法论著作。在逻辑学中，也并没有单独论述本体论内容的部分，或单独论述认识论、方法论内容的部分，这三者完全融为一体，不论拿出其中哪一个篇章，都可以说既是本体论又是认识论或方法论。黑格尔哲学实质上是以另一种形式否定了 17 世纪的本体论即与认识论相对立的那种本体论。

黑格尔是在理论形式上以唯心主义观点实现了思维与存在的统一、主观与客观的统一、形象与本质的统一、形式与内容的统一。按照黑格尔的观点，思想不只是主观的，也是客观的，它是一切事物的内在的核心，而事物不过是思想的外在表现。通过绝对精神依据自身逻辑规律的发展，黑格尔既论证了思维与存在、主观与客观、现象与本质、形式与内容的分化和对立，又论证了这些对立方面趋向统一的内在本质。这一发展过程，从它的内在本性来说就是本体论，从它的概念环节来说就是唯心主义辩证法。

正因为这样，黑格尔在理论形态上，在唯心主义基础上第一个做到了把逻辑学、辩证法和认识论变成了同一个东西。所以黑格尔的《逻辑学》既是逻辑学，也是本体论，又是认识论。

哈贝马斯批评“西方马克思主义”诸君是“黑格尔主义”者。

黑格尔哲学是德国古典哲学的最后一个本体论体系，也是历史上规模最庞大、气势最恢弘、内容最丰富的本体论哲学。黑格尔哲学把本体论、认识论和逻辑学内在地结为一体，这体现了本体论哲学的特点，体现了本体论哲学的本质。本体论哲学的一个根本原则就是，事物的“存在”预先被规定和包含于本体的“本质”之中，要认识事物的存在，必须首先去把握那个规定着它的本质的本体。本质决定着存在，本体创造了事物。因而要理解事物，首先必须去把握它的先在本质。这是所有传统本体论思维方式的致思路向。

哈贝马斯所指出的“黑格尔主义”，首先在于“本体”是思想、精神。“思想构成世界的核心”、“理性是世界的灵魂”。所不同的在于这时的“思想”、“理性”不是人所有的那种思想，而是一种“客观思想”，黑格尔称之为“绝对理念”或“绝对精神”。从这一本体观点出发，黑格尔像柏拉图一样，把客观的事物和关于事物的思想的关系彻底颠倒了。黑格尔以“思想”的形式把人的本质物化于客观事物之中，然后再从这一本体出发推演出自然和人的一切存在。他以这种方式“实现”了人与世界、主观与客观、思维与存在的统一，这点恰好与法国哲学家们的观点和做法相反。从他的观点看来，人以思想形式去认识事物的本质，而事物的本质也正是思想，二者服从于同一个逻辑，因而是完全统一的。

黑格尔所代表的“黑格尔主义”也有着自己的特性，黑格尔与以往传统本体论哲学家最大不同的一点在于，他把本体加以主体化、赋予了本体以能动发展的本质。在他看来，“实体本身就是主体”，这是前人从未完全做到的。黑格尔所说的本体的“主体”性意味着后来存在的一切事物并非以现成的形态包含在实体的本质里面，而是从本体的演变中发展出来的结果。按照这种理解，“本体”就不像柏拉图、亚里士多德、斯宾诺莎等人所理解的那样，是一种始源的完善存在，它在万物产生以前就已经包含了一切。黑格尔把“本体”自身理解为一个发展的过程，只有通过自己不断地分化和统一，在终局的结果里才能达到至善的存在（人们在“实践本体论”、“实践生存论”、“实践哲学”诸论中可以明显感受到这种“渐生”、“逐步生成”特质）。黑格尔把这一发展过程理解为从潜在到实现的所谓“自在”和“自为”的运行过程。这要比以前的所有本体理论都具有更为合乎现实的性质。从黑格尔的观点来看，思想、精神的本质与“物质”不同的根本一点，就是它的“存在”依赖于“运动”（或“发展”）。作为本体的精神只能存在于运动之中，它总是处在不断地自行分化、自我二元化、自己为自己树立对立面，然后又消融这个对立，使之回复到统一状态的发展过程。由此产生了各种不同的事物，形成了世界无限丰富的多样性质。所以在他看来，世界的“实体”并不是存在于它的开端，恰是表现于它的结局里，即包括从起点到终点的全部发展过程和发展成果。把实体理解为一个发展的过程，这是黑格尔对传统本体论、也是对哲学做出的最为重大的贡献。

哈贝马斯所谓“黑格尔主义”也就是把本体精神化，把本体主体化，把本体看成是一个发展过程。把它与实践本体论化相比较，可以看出实践本体论化的要害就是把马克思的实践思想“黑格尔化”，或“黑格尔主义的实践”，就是要指明当下马克思实践研究的这样一种倾向或趋势：把实践抽象化、概念化，把实践进行方法论意义上排除批判性或非本体性的主体化，把实践看成“客观物质性”或“本体概念性”的发展过程；或者在生成、发展意义上“复兴”“变种”黑格尔的唯心主义辩证法。

第一个在哲学上反对“黑格尔主义”的人是费尔巴哈。黑格尔把人归结为“自我意识”、赋予人以能动性。他把人理解为他自己的劳动（实践）的结果。但黑格尔所理解的劳动仅仅是抽象的精神的劳动，由这种劳动所形成的人只是一个“非对象性的、唯灵论的存在物”。费尔巴哈把这种唯灵论的存在转变为对象性的存在，即赋有生命、肉体的感性存在。费尔巴哈的人是拥有他的现实本质性的人。是一种具体的感性存在。

在费尔巴哈的基础上，马克思发现了人的实践属性。马克思认为实践活动是以现实的感性的为对象的活动，在这一意义上它具有受动性；实践活动的本质是以改造自然对象为目的的自由自觉的活动，在这一意义上它又完全是能动的创造性活动。人既然以这样的活动为本质，那么，他就是一个“能动的自然存在物”，即具有创造对象又创造自身的本质力量的存在物。这样就克服了黑格尔和费尔巴哈的矛盾：既扬弃了抽象的“自我意识”，又扬弃了抽象的“感性存在”，同时在实践中又把它们结合起来了。

实践是人身上的物质与精神的结合点，自然与社会的结合点。世界在实践中把自身两重化，形成了属人世界与自然世界的对立、观念世界与实在世界的对立、现象世界与本质世界的对立、自由世界与必然世界的对立，这一切都是从人的实践活动中发生，它也只能在实践活动中实现它们的统一。

而实践本体论化仍是从抽象的存在观点出发、或抽象的意识观点出发，它在坚持自然物的本原性时必须抹杀主观意识的能动性，在论证主观意识的能动性时又必然要否定自然物质的本原性，使这两个对立方面始终结合不起来。马克思的实践思想，既克服了抽象意识观点的片面性，也克服了抽象存在观点的片面性。从二者统一的实践思维出发，才能把意识与存在、精神与物质、主观性与客观性结合起来，从物质活动引申出意识、赋予能动性的意识以物质基础，既肯定了自然物质的本原性、又肯定了主观意识的能动性。

3. 实践本体论化否定了实践的确实性

实践本体论化在把马克思实践思想进行黑格尔化之后，“实践”所具有的超越性、批判性和革命性遗失殆尽，实践所具有的一种不容怀疑的确实性也没有了，代之而来的是将实践变成直观经验，变成经验本原，变成知识，这一种倾向最早可追溯到亚里士多德。众所周知，亚里士多德是所谓“实践哲学”的鼻祖，他在将实践引入哲学和伦理领域的同时，也将“实践”知识化（科学化）、固定化了。实践自身所具有的确实性也就被遮蔽起来，但这一重大缺陷并没有引起人们的特别注意。

与知识相比，实践具有一种不容怀疑的确实性。关于这一种，维特根斯坦作出过明确的论证。他说：“‘知识’和‘确实性’属于不同的范畴。它们不是两种比如说类似‘猜测’和‘确信’的‘精神状态’。”① 维特根斯坦认为知识与确实性的最大区别在于知识是可以怀疑的，而确实性是不证自明的；同时，知识状态是一种精神状态，而确实性不是精神状态，“如果我试图给出理由，我能给出1000个，但是没有一个理由同其所支持的事物一样确实”②（同上），确实性是一种没有理由的不证自明的事物状态。实践正是具有这样一种确实性。“我们在这里拥有的是一切行动的基础”③或者是“一切问题和一切思想的基础”④。作为著名的逻辑实证主义者，维特根斯坦当然明白“一切行动”、“一切问题”、“一切思想”的基础是事物不证自明的确实性，但同时，他也明确了这样一点，作为“基础”的“确实性”并不是“一切行动”、“一切问题”、“一切思想”本身，由此他才会明确其结论：知识不是确实性；确实性不是知识。

实践具有确实性而不同于知识的立场使我们更加看清“实践本体论化”的要害所在。同黑格尔或亚里士多德一样，“实践本体论化”的最根本错误是把实践当成知识，当成概念或范畴，当成观念。而事实上，马克思哲学中的“实践”的最根本特质恰恰是要确定实践不是知识或概念，更不是一般哲学体系所能容纳的内容，它是马克思哲学的“基础”，是无法用传统的哲学话语说出来的，是完全超出传统哲学视阈的新观念。

只有在彻底否定实践的概念性、知识性，还实践以本来的确实性之后，实

①②③④ 路德维希·维特根斯坦著：《论确实性》，广西师范大学出版社2002年版，第48页，第48页，第65页，第65页。

践所具有的超越性、批判性和革命性才会彻底彰显出来。换言之，实践的超越性、批判性和革命性来自于不证自明、不能用传统哲学语言加以言说的确实性。

“实践本体论化”的理论失误就在于他们不懂得确实性的不证自明，不理解知识与确实性的根本区别。他们是在传统哲学的视阈内对马克思实践思想进行遮蔽，其作用犹如古希腊神话中的“普罗克拉斯提斯的床”。

我们更看重“实践”在马克思哲学中的奠基性意义。

马克思实践思想肯定了人的实践性，这就找到了解答先前哲学所提出的那些问题的正确出发点和立足点；找到了克服先前哲学的片面观点、把它们的成果统一起来、赋予这些成果以新的生命和意义的现实条件。人类的历史是人们自己的活动所创造的，人是人自己命运的主宰者，人不是随心所欲地创造着自己的历史，而是按照由生产方式的发展为基础所构成的历史规律，从事创造历史的活动。因此，社会的活动虽然都是在人的意识的支配下进行的，社会的发展在本质上却是一个“自然——历史的过程”。

实践本体论化使实践变成了偶像。在经过了黑格尔化的“修正”，经过“普罗克拉斯提斯的床”的宰割之后，实践本体论化就把实践变成尼采笔下的“为人信仰”的“永恒偶像”了。

“一切形而上学都从绝对物之中推导出有限物，这是荒唐的。”“想出、虚构出绝对物、添加给有限物，这是思维的本性……如果思维不是首先替自己把世界这样改造为‘物’，自我同一的东西，就决不会有所谓认识。是思维能力首先造成了不真实。”① 人们从事哲学理论活动当然离不开思维能力，但是按照马克思的基本思想，人们思维能力只是哲学理论活动的形式，它不应该也不能代表思维的内容。而“实践本体论化”从思维活动的过程上看，恰恰混淆了思维主观形式与思维客观内容之间的根本区别。所以，他们才把实践变成“概念木乃伊”，这些实践本体论者也就变成了“概念偶像的侍从先生”，当他们研究马克思实践思想时，“他们是在宰杀，是在剥割，……他们使一切事物有了生命危险。”②

“上帝死了”，尼采这一使人振聋发聩的呼喊，否定了一千多年来西方人心目中“令人信仰”的“永恒偶像”。也否定了理性信仰轻视人的本能、扼杀人的意志和压抑人的激情的所谓种种“真理”。偶像观念灭亡所涉及的问题是渗透西方文化千年之久的坚定信念的消亡问题，预示着西方文化由于已经失去了它的维系力而迫切需要一种赖以建立起信仰的新的价值基础。虽然随着基督教

①② 尼采著，周国平译：《偶像的黄昏》，光明日报出版社2001年版，第171、20页。

的上帝观念的淡漠，紧接着而来的是道德理智上的危机。但尼采看到：人在精神上变得自由了，因此使每个人都能承担责任来为自己的生活探索价值，寻找一条满意的生活道路。从前，人们把为人信仰的偶像尊为唯一的创造者，自己屈居被创造物的地位，用理性扼杀了人性，现在“上帝死了”，“自我是价值的创造者”。要创造自己的美德，自己的价值标准，必须先成为创造者，成为一个独立的个人。尼采的自我价值观以个人的自尊和自决为基础，强调“成为完全的自己”，实现“自我本位”，即要独立思考，要进取，要有坚强意志和顽强不屈的奋斗精神，不怕孤立、不怕挫折。这种新价值观比叔本华的悲观主张积极得多，强悍得多。对于受形而上学道德束缚、个性泯灭、意志消沉、拜金享乐的19世纪后期社会，尼采以人为本的自我价值说无疑是一声巨雷。它具有抨击时弊，颠覆神学，高扬人性，解放思想的作用，会鼓舞人们去冲破网罗，争取自身解放、个性发展和实现价值转换的积极意义。

（二）马克思实践思想的意义

要理解马克思实践思想的意义，首先要对马克思的整个哲学思想有一个完整的价值判断。

首先，马克思哲学是可以称得上科学性质的理论。我们承认马克思哲学是科学，那就必须肯定，它是随着实践的发展而发展的。马克思哲学的科学性质决定了它并没有创造一个绝对真理的体系。哲学总是自己时代的产物，真理总要通过特定的理论形态才能存在和表现出来。每一个哲学家，包括马克思，都只能从自己所处的历史条件、运用他的时代所达到的思维程度去理解、把握和表述具体的思想内容。

哲学的特殊形态只具有暂时性，它总是处于从一种形态向另一种形态的变化之中。随着哲学具体形态的更新和变化，哲学思想也走向日益深化和完善。这就是哲学发展的一般形式。而普遍内容与具体形态的这种矛盾也就是哲学需要在不断发展中去完善、更新自身内容的内在根据和动力。

其次，马克思哲学也具有认识的局限性。恩格斯曾说“片面性”是历史发展的必然形式。历史如此，理论的发展也是如此。任何一种哲学形态，都不能不以某种特定的理论内容为聚焦点，用它所反射的光芒去照亮整个理论体系。某一科学部门的划时代的发现，经常是突出认识的某一特征、环节或方面，使其他的特征、环节或方面退居次要地位。这一成就会引起其他学科也运用这一认识内容来研究自己领域的问题，以此为本学科开辟发展的道路。与此同时，哲学家也会跟着运用这种体现时代科学精神的成果，经过概括升华为普遍理论，用以重新理解世界、建立新的哲学体系。

最后，马克思哲学也具有理论的局限性。对于一种哲学来说，形成一种思想、提出一种原则，还只是一个雏形，只有建立起严密的理论体系，它才能为人们所理解、掌握并在现实中发挥作用。而从抽象的思想、原则到具体的理论体系，必须经历一个发展过程。这里不仅需要进行专门性的理论研究工作，还需要有现实提供的充足材料。思想和原则所需要的事实和材料不充分，所包含的内容没有充分展开，它就只能限于抽象的论断，不可能形成具体的理论。马克思没有把尚不具备充分条件的思想、原则勉强建构成具体的理论体系，而是把这一任务留给了后人去完成（他明确讲过这一点），这正表现了他的彻底唯物主义的科学精神。

所以，从马克思哲学仍然属于我们时代的哲学出发，我们认为，马克思哲学正需要从总结当代实践和科学提供的新的事实和材料中去充实、丰富、完善它的思想、范畴和原理。其中，最根本和迫切的就是对于马克思实践思想进行深入学习和领会，充分肯定马克思实践思想的历史价值。

1. 思维方式上的超越意义

马克思实践思想在哲学上所实现的革命性变革，主要是哲学思维方式上的转变。这就是对古典理性主义、“新理性主义”、非理性主义、相对主义等极端化思维方式的超越。这不仅是对传统哲学的超越，也是对现代西方哲学的其他派别和后现代主义思潮的超越。

与坚持万物本原论的信念相适应，传统哲学在思维方式上相信理性可以把握本原，并把完善理性工具看作是哲学的根本任务之一。一位当代美国哲学家指出：“对理性的信仰在广泛意义上说是希腊时代以来，西方文化的一个重要组成部分，这一点决定了西方哲学的主要传统。”① 在传统哲学看来，理性是人类理智寻求普遍性、必然性和因果性的能力。理性具有逻辑形式和手段。从古希腊罗马时期直到漫长的中世纪，人们所知道的理性，主要是在亚里士多德的演绎逻辑、特别是三段论中获得规范化的理性；在中世纪尽管哲学成了神学的婢女，安瑟伦的“信仰而后理解”成了经院哲学的信条，但古典理性主义并没有完全被抛弃，相反，三段论还被利用来论证上帝的存在；到了近代，随着培根将归纳法加以系统化，提出归纳逻辑这个“新工具”，古典理性主义又获得了自己的另一种逻辑形式，近代哲学也因之分化为推崇演绎法的大陆唯理论和推崇归纳法的英国经验论。唯理论认为，只有理性思维才是达到真正知识的

① 转引自《当代美国资产阶级哲学资料》，第1集，商务印书馆1978年版，第111页。

途径，作为认识真理工具的演绎法是一种前提可靠、推理严密、结论确实的演绎法；与此相反，经验论对理性却做了经验主义的解释，即理性不过是以特定的方式接受过去经验的指导。古典理性主义是一种既包括唯理论又包括经验论的广义的理性主义。总之，运用理性去追求万物的本原，寻求超越意义的真实知识，发现现象背后的绝对实在是传统哲学在思维方式上的根本。

马克思哲学要全面超越传统哲学，就不仅要在关于哲学研究的对象上发生转向，相应地，也必须在思维方式上突破古典理性主义的窠臼。

马克思实践思想把目光转向现实的人类世界，它在寻找理解、解释和把握人类世界的方式和方法。它不是简单地抛弃一切旧哲学，把它们当作“死狗”一样简单地抛在一边，而是力图彻底打破它们由以出发的前提，但同时深入其中拯救有价值的部分，加以创造性地改造。在方法论的意义上，实践不是凝固的点，不是抽象的概念，不是僵化的实体，而是一种关系、一种过程、一种活动。实践表征着人类世界或现存世界；同时人又通过自己的实践活动使世界成为一个更大规模、更多层次的开放体系。因此，实践的思维方式就必然要求人们以联系的观点、运动的观点、发展的观点去认识事物、把握世界；必然要求以人的实践性为前提进行理论和思维。“辩证法在考察事物及其在观念上的反映时，本质上是从它们的联系、它们的联结、它们的运动、它们的产生和消逝方面去考察的”①。同时，实践的思维方式突出强调的是，研究任何问题都必须从事实出发，而不能把原则作为出发点，不论在自然科学或历史科学的领域中，都必须从既有的事实出发，“原则不是研究的出发点，而是它的最终结果；这些原则不是被应用于自然界和人类历史，而是从它们中抽象出来；不是自然界和人类去适应原则，而是原则只有在符合自然界和历史的情况下才是正确的”②。

特别是在对社会历史领域的复杂现象进行诠释的时候，马克思实践思想发挥了其他哲学派别无可比拟的有效性。人类社会是由许许多多按自己的主观意愿行事的人所构成的，它的发展规律和趋势深藏在无数意见、计划、情绪、意志、愿望的言说和行动之中，摆在人们目前的迫切任务是渡过这些意见和行为的大海而到达彼岸。面对复杂的社会历史，马克思提出劳动实践以及生产力、生产关系、经济基础、上层建筑、社会存在、社会意识以及社会革命等概念，客观地再现了各种社会现象之间的内在联系，揭示了社会生活发展、变化的原因、途径、趋向，使得纷繁复杂的社会生活显现出秩序。这是马克思实践观上的重要变革。

①②《马克思恩格斯选集》第3卷，人民出版社1995年版，第361、374页。

因此，从马克思实践思想方法论的角度看，无论是科学主义还是人本主义，抑或后现代主义所实现的思维方式上的“变革”实际上是一种非此即彼的“颠倒”：旧哲学的主导观念不是绝对性、必然性、普遍性、抽象性、本质性么？那么就以相对性、或然性、特殊性、具体性、概率性和模糊性等取而代之。这种“颠倒”实在是太容易了。但实质上这不过是以一种片面性取代另一种片面性，是从一个极端走到另一个极端，因而必然是以一种错误代替另一种错误。两极相通相同，共同的症结在于不能从实践观点出发，不能在哲学研究中坚持实践思维。思维方式上的相对滞后使其他哲学无法完成寻求人类摆脱现实困境的任务。

西方哲学在理性、新理性、非理性之间争论不休。但是，“意识的一切形式和产物不是可以用精神的批判来消灭的，也不是可以通过把它们消融在‘自我意识’中或化为‘幽灵’、‘怪影’、‘怪想’等等来消灭的，而只有实际地推翻这一切唯心主义谬论所由产生的现实的社会关系，才能把它们消灭；历史的动力以及宗教、哲学和任何其他理论的动力是革命，而不是批判。”①

2. 哲学功能上的批判意义

马克思实践思想的另一个重要意义是根本改变了哲学的功能。

古往今来，存在形形色色的哲学形态，有道德践履的哲学，有生命体验的哲学，“绝对真理”的哲学，等等；而且，从社会方面来说，由于哲学家的言说和陈述与社会对其的理解之间往往会出现程度不同的错位和反差，哲学更被蒙上了一层异常神秘和迷蒙的面纱，在哲学与社会的关系、哲学的社会定位和社会功能、哲学家的社会角色及其社会评价等方面出现了常常是各不相同甚至相去甚远的评判，使得哲学有时被说成是无用之学、抽象之学、“庙堂”之学、贵族之学、悠闲之学，有时被等同于诡辩之术、谶纬之学、箴言戒语、玄思遐想。在马克思看来，哲学不是世界之外的遐想，而“是自己的时代，自己的人民的产物，人民的最美好、最珍贵、最隐蔽的精髓都汇集在哲学思想里。正是那种用工人的双手建筑起铁路的精神，在哲学家的头脑中建立哲学体系”。“任何真正的哲学都是自己时代的精神上的精华……不仅在内部通过自己的内容，而且在外部通过自己的表现，同自己时代的现实世界接触并相互作用”。② 哲学是从总体上研究人与世界的关系的，但人与世界的关系最深切的基础是现实、是实践、是时代。因此，真正的哲学无疑应该从实践来研究人与世界的关

① 《马克思恩格斯全集》第3卷，人民出版社1960年第1版，第43页。

② 《马克思恩格斯全集》中文第2版，第1卷，第219～220、220页。

系，而这种研究的目的归根到底也在于为人实践地处理自己同外部世界的关系服务。哲学的繁荣固然表现了人的精神或人的理性与智慧的开放性的自由运动，而这种自由运动又往往具有对现实的超越性，但又不能完全脱离自己时代的现实的人本身和现实的世界，不能完全脱离把现实的人和现实的世界关联起来的现实的实践。那些脱离人类实践，爱做“世界之外的遐想”的哲学家，往往为究竟是自己的头脑属于这个世界，还是这个世界属于自己的头脑这个问题所困扰着。这是哲学家为哲学所设置的一种自我困扰。要从这种自我困扰中解脱出来，就必须使头脑的思维和现实的人类实践联系起来，把实践作为思维展开的基础和检验思维的现实性的基础，因为“人类的其他许多领域在想到究竟是‘头脑’也属于这个世界，还是这个世界是头脑的世界以前，早就用双脚扎根大地，并用双手采摘世界的果实了”①。

马克思的实践思想使得其哲学的功能达到了前所未有的深刻程度。西方现代哲学、后现代主义思潮对资本主义也进行过一定程度的分析、批判，达到了恩格斯所说的那种“片面的深刻性”。但这种批判终究未能从资本主义社会生产方式本身固有矛盾中探究其根源，更未能把对资本主义的变革与无产阶级革命和社会主义的前景联系在一起。所以这种批判乍一看来颇感新颖，有启发，但不尽兴。它列举了现代资本主义的种种病症，但没有涉及最要害之处，也就没有找到治疗疾病的有效药方。他们提供的世界图景与社会现实之间的存在着极大的落差，他们的理论设想缺乏转化为现实的能力，大多成为空谈。

与此不同，马克思实践思想不是站在资本主义内部对资本主义运行规律表示“理解”，而是站在人类整体性上去透视、揭露其病症。因此与其他哲学相比，它更能击中要害、分清主次、辨明良莠。马克思不仅是伟大的哲学家，而且是伟大的无产阶级革命导师。这二者的统一使他超越了西方哲学家无法避免的理论与现实之间脱节的局限性，自觉地把在哲学上的变革与无产阶级现实的革命要求有机地结合在一起，从而使他的哲学具有高度的现实性和实践性。他所关注的不是提出什么振聋发聩的哲学观点和建构独一无二的哲学体系，而是促进现实社会的改造，为其指明方向，提供指导。马克思实践思想的根本目标是为无产阶级改造世界服务，因此它不把理论当作教条，而是当作行动的指南；它不恪守任何与现实背离的抽象原则，而是把它的原则和现实生活和实践紧密联系起来，既用来指导现实生活和实践，又在现实生活和实践中受到检验；他反对并超越任何封闭、僵化的体系，自然也避免建构易于变得封闭和僵化的体系，他坚持一种能动地面向现实生活和实践、面向未来的开放的思维方

① 《马克思恩格斯全集》中文第2版，第1卷，第121页。

式，并由此使自己的理论不断得到发展。

二、“游荡的幽灵”：本体论思维方式的弥漫

（一）“本原”——“本体”——“本体论”：构建传统哲学思维方式的关键环节

对于“实践本体论化”的分析而言，相关概念的界定与澄清分为两个层次，第一个层次的维度是关于“本体论”一般概念的界定和澄清，主要是从分析“实践本体论化”着眼，不能泛泛地讨论一般“本体论”问题；第二个层次维度就是关于“实践本体论化”相关概念的界定与澄清。

1. 关于“本”与“末”、“本体”、“本原”等概念的界定与澄清

这里包括三个方面的问题。一个主要是“ontdogy”译名之争；二是暂用“本体论”之名的理由；三是传统本体论思维方式的实质问题。

（1）西方古代本体论思维方式的形式

在哲学理论中，“本”是与“末”相对应的哲学范畴，故有“物有本末、事有始终”之语，“本体”意为事物的根基或起源。哲学作为反思人与世界关系的学说，首要反思的是人与世界起源即“本体”问题，因为只有在澄清自己源于何处，才知自己将归向何处，并为之而奋斗。所以，本体在哲学中具有导向性。如何理解本体决定了如何理解人、世界以及人与世界的关系。在哲学史上，最早提出本体的是古希腊米利都学派。他们把本体理解为构成包括人在内的世界万物的“始基”，并认为始基是某些“相形”之物，如“水”、“气”等，亚里士多德把他的“四因”之第一因的“质料”视为世界的“最初始基”，故本体理论又有“第一哲学”之称。他们共同认为本体有两个显著特点，即始基性和有形性。与此相反，其他流派哲学家，在赞同本体是始基的前提下，认为世界之本体是“无形”之物，于是有了世界之基的“理念”等神创说。因此，本体自诞生之日就处于激烈的论争之中，经由人类智力的“蒸馏”，本体理论的“相形”和“无形”之争便以存在和思维的对立而呈现在哲学历史的平台上。

“本原”的观念显然同原始神话说明宇宙万物起源的“由来”观念有着密

切的联系，甚至可以认为它就是从“由来观念”直接转化而形成的。“本原”最初所要探求的就是那个“万物始所从来，与其终所从入者”的东西。“本原”是一个含义极其宽泛、具有多种多样功能的概念。人们要对事物所理解的那一切，都期望从本原得到说明。所以随着认识的深化发展，“本原”的内容也在不断增加，从它原有的那种模糊的意义中不断分化出不同的内容。后来分解出来的主要是“动力”（来源）和“本性”（规定）两个概念。随着本原内容的分化，“本原”概念本身也就被分解，变成只是一个用以说明和理解事物的“原因”概念。“原因”概念是一个包含事物多项原理内容的抽象概念，它已不再仅仅局限于那种“原初存在”的特质含义。

从本原到原因，意味着人们理解和把握事物的方式开始发生变化，“原因”概念因而也就成为从“本原”的追求到探求事物“本体”过渡的一个中介环节。原因的提问方式便已属于理智思维的科学认识范畴。按照因果方式去理解和追寻事物的本原，就必然导致“本体”概念的出现。

我们从“万物本原是什么”和“何谓本体”这两种提问方式的不同，可以看到哲学认识所发生的变化。“本原”的提法注重于追求原始物质，原初物被理解为一种单纯形式的存在，它处于现存事物之外，具有本身自在的性质和形式。由此导致的结果，不仅使本原与变体变成两离存在，形成了两个对峙的世界，而且由于它的存在反而否定了感官对象（变体）的实在性。这种提法明显地保留了原始神话观念的痕迹，试图从另外一个世界来理解和说明人所面对的这一个世界。“何谓本体”的提法注重于从现实对象的存在中去探求它的基本存在，这是从认识和认识对象的关系提出的问题，显然要更符合于理智的思维方式。亚里士多德在探求本体过程中把对象分裂为两种存在，与此相应，世界也被分裂为两个世界，但它表现的是对象自身和世界自身所有的两重性矛盾关系，与本原世界和变体世界的性质已不完全相同。从这一意义说，本原到本体的变化，也就是表现了人们的认识摆脱原始神话的影响，从幻想思维向理智思维的一种过渡和转变。

从哲学发生学的角度看，本体概念的形成是神话思维向哲学思维跃迁的关键一步、关键一环，也是哲学发生的重要标志。人类理性思维区别于和超越于动物知性思维的最关键和最高明之点，在于它立足于现实并力求超越现实，根据于有限却不满足于有限，而力求超越有限去追寻无限，生活于特殊却不滞留于特殊而去追寻普遍。哲学思维正是人类理性思维的这种无限性、普遍性、至极性追求的最典型和最集中的表现和实现。恩格斯把人类思维的这种特性叫做“至上性”，认为人的思维是至上性和非至上性统一。就其本性、使命、可能和历史的终极目的来说是至上的、无限的，就其每次实现和个别实现而言则是不至上的、有限的。也许正是因为每次实现和个别实现都是不至上的、有限的，才有了对于至上性和无限性的永恒追求，这正是哲学的生命力和活力之所在。哲学思维是人类理性的最抽象和最高级形式，有了哲学思维，人类理性才是健全的和完整的。从发生学意义上可以说，只有当人类理性发展到了哲学层面和哲学水平，它才是真正完备、成熟的和健全的人类理性。回顾哲学思维的历史发生（我们又将其叫做系统发生），它经历了由动物思维、经过神话思维向健全完整的人类理性思维的漫长演进和跃迁，而本体概念的形成和本体问题的探索是人类理性从事哲学探索的关键一环。现在我们通常把西方哲学史的发端定位于古希腊的泰勒斯，认为他提出水是万物的始基是关于世界本原的第一种哲学表达，泰勒斯“水是万物本原”理论的提出，标志古希腊哲学已经摆脱了神话思维，开始用理性思维认识世界。这时的理性思维的缺陷是很明显的，它表现为理性还受到感性的束缚，仍然在感性范围内寻找本原，未能实现理性的抽象思维。从总体上说，前苏格拉底哲学还没有意识到现象与本体的区别，未能在意识中实现现象与本体的自觉区分。经过巴门尼德哲学对抽象思维的训练，到柏拉图实现了哲学思维从个别到一般，从具体到抽象的升华。柏拉图的理念论明确地把世界划分为现象世界和本体世界，认为现象世界是感性的认识对象，是变动不居的虚幻世界；而理念世界则是理性的认识对象，是真实的完满世界，从而以把世界二分为现象和本体的方式实现了对世界本真状态的寻求，确立了西方哲学的本体论传统。

（2）西方近代本体论思维方式的特点

在康德的批判哲学里，“本体”指在我们人的意识之外、独立存在的绝对体，即“自在之物”。而“现象”指自在之物作用于人的感官所引起的感觉表象。其实，这样说也还是不严密的，因为无论如何自在之物本身是绝不可能自行“作用于”人的感官系统的，物自身绝没有能动性，它始终只是一个无为的体，不与外物发生任何关系。一个不与外物发生任何关系的东西，又怎么可能有“作用于”的行为呢？能够对别物进行“作用于”的，一定只是人心本身，一定只是自我意识在发挥自己的本领。

康德认为，事物本体的存在是无疑的，但事物本体究竟是什么，我们无从知道，不可能知道。人不可能成为钻进物体里面的虫子，也不可能成为物体的一个元素；人的心灵意识中不会冒出一个实实在在的物体来；人的嘴巴里也决不会吐出一个实实在在的物体来。所以，人无论如何都不可能知道物自身究竟是个什么样子。康德以为，现象是因本体作用于感官而产生的，但现象并不能反映本体的本来面目。盲人摸象的例子就是极好的说明。其实，在本体之物面前，人都是瞎子。

在康德的“现象与物自体”学说里，物自体就是物的本体，而现象就是由人心投射到物身上的客观。很长时间以来，我们对“客观”一词，一直有很深的误解，总认为客观就是那种不以人的意志为转移的物自身。其实，客观绝不是物自身，主观与客观都来源于人心，客观不过是人心主动投射、强加到物身上去的东西而已。客观绝不等同于实在，把客观与实在联结起来，混淆了现象与物本体，是一个极大的错误。

在《纯粹理性批判》中，康德的“物自体”概念至少包括三个方面的意思，即：

A. 外在的物。它是一个绝对体，是最真实的，它构成了人心认识的来源。没有这个真实外物的存在，人心无从下手，意识就会一片茫然。人们在认识外界事物时，先由外在的物刺激人的感官而产生杂乱的印象与观念，然后，再由感性形式与知性范畴加以改造，而形成现象世界。这个现象世界相当于佛教哲学里的“法相”，而一切法相都只不过是由人心造设出来的幻象而已。康德坚持，人只能认识现象世界里的事物，而不能认识事物本身，物自身根本是不可知的。物自身永远在我们感觉、知性之外。

B. 人的极限。本体境地与现象世界是对立的，自在之物不可知，它是现象事物与人心认识的临界点。面对一只苹果，我们不可能达到这只苹果本身，永远也达不到。物自身是人心认识的极点，人的认识到此为止，不能超越这一界限，人心认识如果超越这一界限则必然导致理性的二律背反。物自身是人心认识的前提，认识只在前提之后发生发展。

C. 上帝。在康德哲学，物自体还被赋予一种总体性、整全性与无限统一性的功能。

康德的物自体思想代表了近代本体论思维方式的基本特征。近代本体论理论同古代本体论相比，有了较大发展。理性中心主义或“柏拉图主义”更加明确，绝对性、抽象性等成为本体论的根本性质。西方两千多年哲学传统的最大成果就是本体论思维方式的产生、成熟和巨大作用。其所具有的巨大影响和渗透力不可低估。

2. “本体论（ontology）”与“实践本体论”

(1)“本体论”概念的界定及其翻译之难

“本体”这个词来自拉丁文 ou（是、存在、有）和 outos（存在者），16 世纪末 17 世纪初德国经院学者郭克兰纽（Rudolphus Godeuius）第一次使用“本体论”这个词，并把它解释为“形而上学”的同义语。一般地说，在西方哲学史上，“本体论”指关于存在本身（being as such）的理论研究。18 世纪由于理性主义者沃尔弗用“本体论”这个词以表示关于存在者（beings）的本质的研究，这个词比它的同义语“形而上学”更具有突出的地位。20世纪，由于对形而上学的革新，“本体论”变得更为重要，特别是在现象学和海德格尔那里（参见《不列颠百科全书》，第8卷，第958页，chicago，1993）。“‘本体论’在西方哲学史上有两种用法：一是包括‘宇宙论’（cosmology）在内，一是不包括‘宇宙论’。”①

郭克兰纽在1613年编写的哲学辞典中使用了“本体论”一词，本体论按其词义，是关于存在本身的学说，即存在作为存在所具有的本性和规定的学说。存在本身是与存在的现象相对而言的，属于超感官的对象。因其这一特性，本体论有时与“形而上学”混同使用。“形而上学”即指研究超出感官体验以外的对象的理论。在更多场合，本体论被看成是形而上学的基础部分，此外在形而上学中还包括宇宙论，心理学。有时神学（理性神学）也被包括在形而上学之中。后来德国哲学家沃尔夫在18世纪对形而上学作了明确区分，把本体论、宇宙论、理性心理学、理性神学看作它的四个分支。

本体学说的渊源最早可追溯至古希腊哲学。爱利亚派提出“存在”是唯一始基的观点，被看作存在学说的原始形式。

本体论，按其思想本质来说是基于下述观念的一种理论：经验观察到的现象并非存在本身，隐藏在它的后面，作为它的基础的那种超经验的存在，才是真正的存在即存在本身。经验现象与存在本身是一种演绎关系：经验现象中的一切都来源于存在的规定，所以只有从后者才能使前者得到理解和说明；然而经验现象却不直接表现存在本身，从前者的认识中并不能得出关于后者的认识。把存在和存在的现象割裂开来、对立起来，是本体论的基本思想前提。本体论哲学的目的就在于通过研究存在本身的规定去直接把握存在。所谓“本体论”，在这一意义上也就是指那种与描述经验现象的实证科学相对立的思辨理论。它否定感官经验在认识中的意义，也力求摆脱经验性推理方法的影响。在这个意义上，实践本体论化本身就说不通，就是悖理。因为实践恰恰是直观到的经验和经验的本原，这是实践本体论化的主张者们所未料到的。

本体论，作为哲学理论的一种形式，是同关于认识的学说相对立、主要研究客体客观本性的理论。主观性与客观性的对立，是本体论理论的另一基本思想前提。本体论提出“存在本身”的问题，是为探寻多样变化现象中永恒不变的存在，与经验对象相区别；也是为探寻未受主观因素影响的自在的存在，与主观认识相区别。由此人们也就会明白为什么只有在我们突破教科书哲学的束

① 参见张世英：《新哲学讲演录》，广西师范大学出版社2004年版，第18页。

缚之后，将实践看成马克思哲学的核心内容时才可能出现实践本体论化的问题。因为在传统哲学那里，实践只属于认识论。人们对它的认识理解还没有达到“本体论化”的水平。

本体论，在思维方法上，以抽象超验的思辨方法为本质特征。本体的概念是从古代“本原”观念演化而来的。古代哲学追求万物的本源，“本原”属于统一性，但它是按照线性因果观念、从溯源归本中形成的统一性。

因此，本体论是认识发展到一定阶段上的产物，也只能在这一特定的认识阶段上存在。本体论是由于人们把本质与现象分离开来、主观与客观割裂开来、分析方法与综合方法对立起来而产生的。人们在认识中不把本质与现象分离开来，不会出现这类本体概念；当人们尚未意识到主观性与客观性的矛盾之时，也不会提出探寻“存在本身”这类问题；在分析与综合尚未充分分化的直观认识中，即使提出“本体”的问题，事物的现象也不可能从实体身上彻底剥离开来。所以，本体论这种思想可以溯源到古代哲学，并只能在实验自然科学开始分化的近代哲学中形成系统完备的理论。

至今仍在汉语学术界普遍使用的“本体论”① 这一术语，不是中国传统哲学中本来固有的概念，而是从西语（ontology）转译过来的。这一“转译”的过程，实际上也是一个“再创造”的过程。即是说，它是根据人们对西方思想的理解，结合汉语的相关文化背景，运用汉语的构词法而“新造”出来的一个术语。这个术语到底好不好？能否反映出西方思想的本义？是否便于在汉语中表达对相关问题的思考？是一个早就存在争议的问题。

从词源来看，英文的 ontology，以及德文的 Ontologie，法文的 Ontologie，最早均来自拉丁文 Ontologia 一词，而拉丁文又源自希腊文。就希腊文的字面意思说，它是指关于 on 的 logos。在希腊文中，on 和 onta（相当于英文的 being 和 beings）是动词兼系词 einai（相当于英文的 to be）的分词和动名词及其复数形式。einai 在汉语中可以译为“有”、“在”、“存”、“是”，等等；相应地，ontology 在汉语中也出现了不同的译名，如“万有论”、“存有论”、“本体论”、“存在论”，等等，其中以“本体论”流传最广。据有的学者考证，最初把它译为“本体论”的是日本学者。从 19 世纪末到 20 世纪上半叶，日本哲学界普遍采用“本体论”这个译名，这影响到我国并延续到今天。但 20 世纪 30 年代以后，日本学者已逐渐放弃“本体论”而采用“存在论”一词，大约从 20 世纪 50 年代至今便几乎完全用“存在论”代之，“本体论”这一术语已经消失。

---

① 参见邓晓芒：《论中西本体论的差异》，见《新华文摘》2004 年第 11 期。

在我国，关于 ontology 的汉译问题，陈康先生早在 20 世纪 40 年代就提出过异议，他主要就是针对把这个词汉译为“本体论”来说的。他认为这个译名不妥当，建议译为“万有论”，还尝试过音译——“翁陀罗己”。当然他认为这些译名都不理想，甚至认为“eniai”和相关的词，非中文所能译。他还认为，这不只是翻译的问题，反映了中西哲学思维方式的差异。陈先生也把 on 译为是，把 onta 译为“是者”，还曾使用过“是态”一词。近年来，关于 ontology 的汉译问题又成为学术界争论的焦点性问题之一。

一个词的翻译令那么多智慧超人的学者为之劳心伤神，在上面耗费时间和精力，说明这绝对不是一个可以简单对待的问题，也不是研究者可以凭己所好随意解释的问题。因为这个问题牵涉到复杂的学理，不可不察。

从近年研究的情况看，有的学者仍然沿用“本体论”的译名；有的学者则主张起用“存在论”的译名；而更多的学者认为 ontology 只有译为“是论”，才忠实于这个西文词的本义，这是目前一种占主流地位的意见。主张“是论”译名的理由是：在中文里面，“是”能包含“存在”的意思，反之则不能；“是”的意思要比“存在”广得多。但无论是他们自己还是反对这个译名的人都感到，“是论”这个译名在中文里显得很别扭，很不习惯。在这种情况下，我们认为不妨暂时保留“本体论”的译名，留待以后在深入研究的基础上再寻求更好的译名。

(2)“实践本体论”的译名之争

在关于“实践本体论”的讨论中，人们总会提到卢卡奇的名著——*Zur Ontologie des gesellschaftlichen Seins*，翻译为《社会存在本体论》。有的学者以这部著作不能汉译为《社会存在存在论》为由，仍然坚持“本体论”的译名[①]。但是，“卢卡奇本人的本体论概念是不明确的”。[②] 有学者认为，卢卡奇对“本体论”一词的使用“是缺乏学术规范的，因而是不能与哲学史衔接的”，也有人批评：“‘社会存在’是指什么呢？如果是指活生生的社会生活，那么，它就不能属于本体论的范畴；如果是本体论的范畴，那么，它就不是指实际的社会生活，而是一个抽象的逻辑范畴。……在探索马克思主义哲学新意的名义下为它套上了本体论这一旧哲学的框架，这至少是不妥当的。”[③]

卢卡奇说：“如果试图在理论上概括马克思的本体论，那么这将会使我们

① 俞吾金：《存在、自然存在和社会存在——海德格尔、卢卡奇和马克思本体论思想的比较研究》，《中国社会科学》2001 年第 2 期。

② 卢卡奇：《关于社会存在的本体论》，“中译本序”，重庆出版社 1993 年版。

③ 俞宣孟：《本体论研究》，上海人民出版社 1999 年版，第 175—179 页。

处于一种多少有点矛盾的境地。一方面，任何一个马克思著作的公正读者都必然会觉察到，如果对马克思所有具体的论述都给予正确的理解，而不带通常那种偏见的话，他的这些论述在最终的意义上都是直接关于存在的论述，即它们都纯粹是本体论的。然而，另一方面，在马克思那里又找不到对本体论问题的专门论述。对于规定本体论在思维中的地位，划清它和认识论、逻辑学等的界限，马克思从未着手做出成体系的或者系统的表态。"① 很明显，卢卡奇在这段话中所说的“本体论”一词表达的是他对马克思哲学的一种理解；同时，他又把“本体论”看作区别于认识论和逻辑学的一个哲学分支学科。

为了方便问题主旨的讨论，我们不妨仍用“实践本体论”、“实践本体论化”的说法。但我们的用法却大不相同，这只是暂用“本体论”之名的问题。

(3)“本体论”、“传统本体论”的概念界定

被保留下来的汉语“本体论”这一术语，主要不是用来指称作为一门哲学分支学科的ontology，而是用来指称西方哲学史上，哲学家们在探讨on的问题时，历史地形成的一种哲学理论形态——实体主义或实体中心主义的哲学形态，我们将其命名为“本体论哲学”。

作为一门分支学科，“存在论”最早是在亚里士多德的“第一哲学”（即“形而上学”）中得到规定的，而ontologia作为一个专门的哲学术语，是在18世纪才由沃尔夫给出明确定义的。自此以后，人们已经在这个术语的使用上达成如下共识：作为哲学中的一个分支学科，它属于“形而上学”最基础或核心的部分（其他部分如宇宙论、心理学等），有时与“形而上学”混用。海德格尔通过“解析存在论的历史”，揭示了“存在”（on，Sein，being）与“存在者”（onta，Seiende，beings）的“存在论差别”。根据他的揭示，前苏格拉底哲学中，哲学家们对“存在”（on，Sein，being）问题的思考，包含着内容丰富的思想源头；但是，从柏拉图和亚里士多德开始，直到黑格尔，西方传统形而上学用关于“存在者”（Seiende）的讨论代替了对“存在”（Sein）本身的追问。传统形而上学所探讨的“存在者”有较多的含义，但“实体”（Entity）、“实在”（Existence，Reality）概念是其核心含义，可称之为实体论形而上学。从这种意义上看，用汉语中的“本体论”一词来标志这种研究“存在者”的哲学形态是比较恰如其分的。

但有必要注意的是，这里汉语的“本体论”并不等同于“存在论”（ontology)。“存在论”是一个学科概念，从而是一个问题领域；“本体论”则是传统西方哲学对待“存在论”问题的一种特殊处理方式，以及这种处理方式历

① 卢卡奇：《关于社会存在的本体论》上卷，重庆出版社1993年版，第637页。

史地造成的一种特定的哲学形态。而这种意义上的“本体论”，就是以追求终极实在为依归，以奠定知识基础为任务，以达到终极解释为目标的哲学，本书称其为“本体论哲学”，并把它理解为“传统形而上学”的同义语。在这里，意识到“学科”与“学说”的界限具有特别重大的意义。作为一门学科，ontology 标志着西方哲学的相关研究形成了一个历史悠久的传统。在这个传统中，所讨论的问题是共同的；具体的解答方式和形成的思想观点是不同的。前者相当于我们所说的“学科”层次，后者相当于我们所说的“学说”层次。这两个层次不应该互相混淆和取代；讨论同样的问题，并不妨碍可以有不同的看法，形成不同的学说、学派和思想观点（在“哲学”这门学科中，尤其如此）；同样，所主张的学说、所隶属的学派和所表达的思想观点不同，也不妨碍讨论的可以是同样的问题。

对作为一门学说的“本体论”（ontology）的研究，形成了各种不同性质的思想或不同的哲学理论形态。其中，依据“存在者”和“实体”去制订方向的传统形而上学，对问题的回答采取了“传统本体论的方式”。而在现代西方哲学中，分析学派“拒斥形而上学”，但蒯因仍保留了“ontological commitment”（可译为“本体论的承诺”）的提法；欧陆现象学、存在哲学和解释学则通过对传统本体论的批判，开创了探讨存在问题的新方向。这个新方向的突出特点是：不是强调实体，而是强调关系；不是追求存在者，而是注重存在方式。因此，我们必须把作为一门学科的存在论和对于这门学科所探讨的问题的某些具体的解答方式区分开来。在用“本体论”来标志作为哲学学说的 ontology 这一点明确以后，我们可以用“传统本体论”（简称“本体论”）——关于“传统本体论”的所指可以按照高清海先生的意见，即专指由柏拉图开创的并由黑格尔最终完成的关于存在（实际是存在者）的学说的理论形态——来表示作为一门哲学学科的历史形态。这将为我们的进一步讨论提供概念基础。

(4) 传统本体论思维方式的根本特质

关于从柏拉图到黑格尔的传统西方哲学的本质特征，人们使用了各种不同的名称来标志它，如“理智形而上学”、基础主义、本质主义、逻各斯中心主义，等等。这些名称分别从特定的层面或角度揭示了这种哲学的特点和本质，并不是互相排斥的。我们认为，就其作为一种哲学形态来说，就这种哲学形态所包含的基本哲学理念或支撑性理论假定来看，将其命名为“本体论哲学”或“传统本体论”是恰如其分的。

本体论在以往的传统哲学中既是它的主要研究对象、最高的主题，又构成它的核心内容。在长期发展过程中，传统哲学还形成了一套与其学说相适应的认识方法和思维模式。本体论因而又是学说与方法。作为学说，它的内容是特定的，而作为思维方式则具有广泛的普遍影响。

传统本体论追求的是处于事物的本真存在的真理，作为传统本体论核心的思维方式便成为肢解现实矛盾、瓦解现实世界的一种理解方法和模式。它的特点是：

A. 注重绝对存在、追求终极真理是这种思维方式的第一个特征。早在柏拉图哲学中就明确提出了这样的一条原则，他说：“我们首先必须作出下面的分别：什么东西是永远存在而不变化的，什么东西是永远在变化而不真实的呢?”自此以后，追求终极存在和永恒真理就成为本体论哲学的最高目标。在它看来，本体与非本体即实在与非实在的区别首先就表现在这里，真理与非真理即客观性与主观性的区别也首先是表现在这里的。要追求实在和把握真理就必须放弃眼前的对象和感官的认识。传统本体论思维方式就是一种绝对化的哲学思维。

B. 坚持本质先在、追求本源和本真是这一思维方式的另一个重要特征。传统本体论的思想前提是，认为最先存在的东西是最好的东西、最真实的东西，或如亚里士多德所说“极因才是善”。所以要了解一个事物首先就要去追寻它的原初存在、初始状态和原始构成，这里表现着它的本真。从这一意义上说传统本体论也就是一种还原论思维。在历史上还原论方法也经常同本体论思维结合在一起。“还原”是同发展观的“超越”正相对立的。但在本体论思维中，原初存在又常常同它所追求的理想目标结合为一体。在这点上，它把人的活动看作与动物的行为一样，动物的行为方式已预先规定在它所属的物种里面，人的未来和现在似乎也早已由先在的本质规定好了。所以，本体论哲学家才坚信，只要掌握了这个先定本质的密码即“第一原理”——这正是本体论哲学的任务——就是掌握了人类的命运，因为从那里便可以演绎和推论出未来的一切。

C. 从对立的两极去把握绝对一元本性是本体思维的基本方法。按照本体论思维，必须把对象肢解为二，又必须坚持实在本性为一。这看来很像对立统一的矛盾思维，事实却恰恰相反。它的二元对立是为了取消对立，以便肯定一方排除另一方，从中找出本真存在。这是典型“或此，或彼”的形而上学思维方法。“形而上学”一词兼有本体论和方法论两重含义，方法含义从本体含义衍化而来，正是表现了这种因缘关系。本体论哲学家总要把对象区分为本原与变体、真知与意见、变化与不变、内在与外在、质料与形式、偶然与必然、形上与形下、先天与后验、绝对与相对、有限与无限等等相互对立的方面。在这一点上，传统本体论哲学在历史上揭露出大量的矛盾关系，对人们认识矛盾作了理论准备、起了有益的作用。但这一切，只是通过本体论自身不同学说和观点的对立斗争而实现出来的。按照传统本体论或本体化思维方式，对两极对立关系只能肯定一方否定另一方，决不允许两方并存。所以在本质上，传统本体论思维方式正是瓦解矛盾的思维方式。

这就是本体论及其思维方式的主要特点。在这种思维方式中，人必然要被抽象化、概念化和绝对化，现实世界必然也要被抽象化、概念化和绝对化。实践和人的两重性在抽象化中被分解，失去实践的两重性人和世界也就失去了现实性。

现代哲学要走出传统本体论回到现实的人和现实的世界中来，要从破除形而上学和本体论入手。本体论是传统哲学的基础理论和核心内容，传统的哲学思维方式在本质上也就是本体论思维方式。只有破除了本体论思维方式，人才能回到现实中来，发挥出真正的创造作用。否定传统本体论哲学，主要是要否定和破除本体论思维方式。

（二）由“实践本体论”向“实践本体论化”的下坠

关于“实践本体论”与“实践本体论化”概念的界定和澄清有一个特点，这就是可以按照中外马克思哲学在20世纪发展的轨迹作一个简捷但明晰的勾勒。在对“实践本体论”的历史勾勒中，“实践本体论化”生成及其相关概念的界定和澄清也就基本完成了。

总起来说，自从马克思主义哲学的“传统学派”辩证唯物主义和历史唯物主义体系构建完成之日起，就受到了20世纪西方马克思主义者的批评和反对。西方马克思主义者卢卡奇提出社会存在本体论、布洛赫提出希望本体论、葛兰西提出实践一元论；20世纪下半叶我国哲学改革中形成历史唯物主义解释的社会关系本体论、实践人道主义解释的理想本体论和实践唯物主义解释的实践本体论。西方的三种实践本体论的形成和我国的三种实践本体论从不同侧面在一定程度上阐发了马克思的丰富实践思想，各种实践本体论学说也就构成了实践本体论化的基本进行态。

我们通过对“实践本体论化”的学理研究是为了能够走进一片对于马克思实践思想的别样视阈或新视界，并通过对于马克思实践思想的澄明引发对于马克思实践思想及马克思哲学的新理解。为此目的，首先就要对“实践本体论”、（包括相关的“实践本体”）“实践本体论化”（包括相关的“实践本体化”）进行概念的厘清界定。

所谓“实践本体论”就是“在承认马克思主义哲学是本体论，或者至少承认马克思主义哲学也有自己的本体论的观点”的前提下，认为“马克思主义哲学的对象不是脱离人的实践或在人的实践之外的无限的整个世界，而是人的现实世界。对于这样的‘世界’来说，实践正是其生成、存在、变化的根基。因此，在马克思主义哲学中，‘存在’只是实践中的存在，本体只是实践的本体”。[①] 简言之，“实践本体论”有两个根本点：一是肯定马克思主义哲学有本体论；二是认为实践就是马克思主义哲学的本体。而“实践本体论化”则与“实践本体论”有区别，高清海先生说：“我们实行哲学观念变革的突破口，就是以马克思的实践观点的思维方式去变革教科书所提供的本体论化的思维方式”[②]，“由于教科书把超验的本体转换成经验的本原，把思辨的本体论转换成直观的经验论，因而贯彻于教科书当中的本体论并不等同于近代的本体论哲学”[③]。

这里有几点值得特别注意：第一，高先生认为，“本体论化”主要表现于“思维方式”，“本体论化的思维方式”是与“马克思的实践观点的思维方式”相对立的；第二，这种“本体论化”的思维方式以“教科书”为代表，即长期流行的以苏联20世纪30年代形成的“辩证唯物主义和历史唯物主义”为典型样式的思维方式；第三，本体论化的思维方式由于以经验为本原，以直观经验论取代思辨本体论，所以它不同于西方近代的本体论哲学。西方近代莱布尼茨—沃尔夫哲学是较早的本体论哲学样式。

关于“实践本体论”和“本体论化的思维方式”的概念界定，为本书分析“实践本体论化的困境”提供了理论合法性的前提条件。我们认为“实践本体论化”是新世纪初马克思哲学（或者“马克思主义哲学”）[④] 发展所面临的最大挑战。

“实践本体论化”特别是指近年来在国内马克思哲学（或马克思主义哲学）研究中出现的肯定马克思哲学是本体论哲学，并将这种“本体论”哲学具体表述为“物质本体论”、“实践本体论”、“实践唯物主义”、“实践生存论”等倾向。笔者认为，这种“实践本体论化”的倾向从根本上违背了马克思实践思想，是一种“遮蔽”。在新世纪马克思哲学发展的明媚春天里，是到了从理论与实践两方面反思这种哲学思潮的时候了。

---

① 中国社科院哲学所马列室：《近年马克思主义哲学前沿与重大问题研究进展》，见《新华文摘》2004年第20期。

②③《高清海哲学文存》第一卷，第154、157页。

④ 我本人赞成俞吾金等先生的意见，“马克思哲学”与“马克思主义哲学”是两个有很大区别的概念（见俞吾金：《探讨马克思哲学当代价值的方法论问题》，载《中国社会科学》2001年第5期）。但作为“实践本体论化”所关涉的内容，明确将二者区分使用的意义不大。所以可任由个人选择。

1. “实践本体论化”产生的客观原因

我们认为，要准确分析“实践本体论化”倾向，必须认真分析产生这一倾向的历史条件和理论条件。一个突出和不争的事实是：人类历史进入20世纪以来，尤其是第二次世界大战以后，人类实践有了飞跃式的发展。它不仅创造了往日不可比拟的新的生产力，而且带来了实践、生活、文化观念的一系列新的重大变化。从今日观点来看，近代的工业实践已属历史范畴，与此相适应的，奠立在它基础之上的文化、观念也变成需加改革的传统文明之一部分。人们由此提出了“传统”和“现代”的划界范畴，用以表述现代实践与传统实践、现代社会与传统社会、现代文明与传统文明、现代文化与传统文化的不同。这种区分是有意义的，它有助于树立现代实践观。

现代实践最明显最突出的变化，就是由于电子计算机（电脑）的发明和应用所导致的现代生活走向自动化、信息化、智能化、高科技化。现代化的实践是以现代科学技术革命为前导的实践，人们通常又称它所代表的时代为新技术革命的时代。电脑的实践应用不仅表明人的创造力得到全面发挥，生产能力得到空前提高，而且意味着人与自然之间已进入全面融合的一种新关系。人是依赖工具去改造自然的。工具是人的体内天然器官转换为外部自然力的体外人工器官。由于工具的发明和使用，扩大了人类的有限能力，使它能够把无限的自然力转化为属人的力量。如果说机械装置的运用代替了人手的操作功能，自然能源的开发是人体动力功能的延伸，那么，现在进一步以电脑代替人脑对机器体系的控制和管理，这就使人手的操作功能、人体的动力功能、人脑的管理控制功能全部外化为自然力，转交给体外机器去完成。人体功能的外化同时就是自然的人化。正如马克思曾经说过的，人在劳动中把自己的本质力量对象化于自然对象之中，同时也就把自然变成了“人的无机的身体”。在现代实践中预示有可能在人同世界的关系中建立起真正的人的关系，逐渐实现把全部自然力都变成人的本质的确证。

现代实践的这一根本性变化，使实践作为人所特有活动方式明显表现出新的特点：

（1）高度文明

人的实践活动离不开体力的付出，但更主要的不是依靠人自身的自然力而是依靠人的智慧、智能的运用和发挥。这一特点从人类早期实践就有所表现，但只有在现代实践中，人的内在精神的力量才得到更为充分的展示。在现代实践活动中，人所面对的自然已从自在对象转向人化对象，从事活动的劳动者也从体力型转向智力型。它所注重的是人和技术、信息、知识的结合，人类文明的作用上升到主要地位，已成为制约实践活动的关键性因素。

（2）自主性

人是人的活动主体，这是实践活动的特征。这一特点也是在现代实践中才得到充分展开的。在过去的实践中，人或者把自然看作强大的异己力量，因而不得不顺从自然自在的本性去活动；或者把自然视为征服的对象，尽己所能地去掠夺、榨取自然资源，因而也常常要受到自然的残酷报复。现代实践属于前导性活动、理智性活动。它要求必须根据未来去设计现在，而不是仅凭历史经验、从过去推论现在；必须运用预测去指导现实活动，而不能仅凭现实活动去推论未来。在实践活动中人不仅需要对人自己负责，同时必须对作为人的无机身体的自然界负责。如果自然界出了问题，问题出在自然身上，责任则在人对自身活动的指导方面。这里充分体现了人的活动的自主性。所以在现代实践中，科学精神和人文精神、科学理论和人文理论已日趋结合，其中尤其人文精神愈来愈占有重要地位。

（3）社会化

人从一开始就必须结合在一定的社会关系中才能进行实践活动。过去由于生产力水平低下，必须主要发挥集体作为实体的力量去对抗强大的自然力量，而且在特定阶段还不得不以牺牲大多数人的生活权利去保证人类的生存。在这种状态下，人的生活需要、价值追求、社会活动都很简单，主要是为满足维持生命的最基本生存需要而奋斗。随着人类实践的高度发展，社会财富的大量增加，人类才有可能从主要面对自然为求取生存奔波，转而面向自己，为提高人的生活质量、丰富人的生活内容、升华人的生活意义而运思筹划。在现代社会，人和人之间的阶级矛盾仍然存在，穷困与富裕的差别仍很悬殊，这构成了人类进步发展的重大障碍。尽管如此，由于现代实践的产生，已使人的生活世界发生了重大变化。个体的地位和作用提高了，非生产性的高层需要增强了，人际和国际之间的联系密切了，与此相应地，精神实践、交往实践愈来愈上升到重要地位。而这些同时也就为克服阶级矛盾、贫富差别创造了必要的条件。现代实践同已往实践相比，正在发生某种性质上的变化。而实践性质的变化，其实质就意味着人在发生变化、生活的意义在发生变化、人类的文化精神在发生变化。

对哲学发展而言，正是现代实践的重大发展，才产生了现代哲学，马克思才在自己哲学的革命性变革中，将真正意义上的、被传统哲学限制和歪曲的实践作为自己哲学的核心，从而创建了具有伟大意义的实践思想；也正是现代实践的飞速发展，才使得我们逐步认清了“实践本体论化”的实质。进一步加深对于马克思实践思想的理解。

2. 中外“实践本体论化”的种种表现

（1）传统本体论思维对实践的一般理解

按照马克思的说法，实践就是人们的现实感性活动。在此意义上，实践与实践现象作为在哲学视界之外的具体存在者是同义的。

但如果按照康德在《纯粹理性批判》的思路来分析（也就是传统的形而上学思维方式的分析），实践与实践现象的区别是巨大而不可超越的。在康德看来，实践是“物自体”，是不可知的彼岸世界，人们所看到所感觉到的“实践”或人的感性活动，其实是“实践现象”。“实践现象”不同于实践，“实践现象”是人心或意识的实践形式与实践活动内容结合的产物，实践是实在的，绝对的，不可知的，而实践现象是可知的，客观的。因为在康德所说的客观性其实是人心的寓于物。

用西方传统本体论的说法就是，实践就是实践，属于哲学本体论的范围；而人们在哲学上、理论上、思想上、语言上所思、所想、所说的“实践”归根到底只是“实践现象”。属于哲学认识论范围。因此，本书所说的“实践本体论化”或许可以表述为“非实践现象的实践本体理论”或“实践现象本体论化”。

“实践本体”与“实践本体论”的关系也是一样，对于康德而言，“实践本体”是不必要研究、不可研究的。因为实践是否是本体，实践是否是其所是属于无法证明的彼岸的问题，属于实在或物自体的问题。而在哲学理论或思想思维的意义上，“实践本体论”或“实践本体论化”才真正有意义，才值得认真研究和认真对待。

实践本体论（或“实践唯物论”）的基本思想，是要赋予实践以本体论的意义，是要把实践引进本体论，并把它提升到世界本原的行列中去。如果不把实践局限于认识论范围，要使它进入历史观和世界观领域并且成为最高范畴，那就不能不把它理解为历史和世界的“本体”。这样造成不能把实践观点引进世界观并贯彻到哲学全部内容中去的学理困境。

在按照本体论的传统思维模式建构起来的实践本体论中，本体与非本体（变体、属性、关系）相对。本体论的思维方式，就是用二元思维把对象归结为它的始源存在的认识方法。按照这种方法，认识源于并依附于“实践”，“实践”是最高范畴。“实践”是包括自然事物和历史事件在内的整个世界的“本原”、“本体”，这就是荒谬的了。因为物质是自然的始源存在，实践是人工事物的始源存在，人工事物也是源于物质的，所以比起实践概念来，就本原、本体而言，毫无疑问地物质总是占先、具有更为根本的意义的。正是基于这一点，所以旧教科书哲学只能在认识范围承认实践是首要的基本范畴，当其进入包括自然在内的世界观领域时，就必然要坚持“物质本体论”或“物质唯物论”了。“实践本体论”的要害是不想改变旧理论的思维模式，却要把实践提升到世界观首要范畴的地位，这就不能不使自己陷入矛盾境地。持物质本体论观点者提出的问题是，“究竟是物质高于实践，还是实践高于物质”？这同实践本体论在思维方式上如出一辙。

通过上述初步分析可以看到用本体论的思维模式去理解实践，即通过赋予实践以本体论意义的方法，是不可能真正理解马克思的实践思想的，相反在根本上遮蔽了马克思实践观的真正意义。只有打破本体论的思维模式，才能真正理解马克思实践思想。我们认为，马克思提出实践思想的最根本的意义，恰恰就在于打破并根本改变根深蒂固的传统本体论思维方式。

苏联的马克思主义哲学体系建立起来之后，就受到了“西方马克思主义”者的批评。与我国哲学改革不同，“西方马克思主义”并不以名称的方式确认马克思哲学是一种什么哲学，而是径直从确认马克思哲学的本体论是什么这一问题入手，来阐述马克思哲学的实质精神。从逻辑顺序上看，匈牙利哲学家卢卡奇提出了社会存在本体论，原东德哲学家布洛赫提出了希望本体论，意大利共产党人葛兰西则提出了实践一元论。对于这些理论应做适当分析。

（2）卢卡奇的社会存在本体论

卢卡奇在三卷本巨著《关于社会存在的本体论》中认为：首先，马克思哲学是（不同于传统认识论哲学的）改造世界的实践论哲学，实践所要改造的世界无疑是一种存在，这种存在必然与人的生活实践密切相连，因而马克思哲学的本体论必定取自人的生活实践的社会存在形式，即“在人们思想上历史的和当代的本体论地位，是通过人类存在的存在特征所具体确定的，其原因不是单纯抽象的或口头上的——并且不能从任何思想体系和思想领域，当然首先不能从任何哲学中排除掉。”[①] 其次，社会存在是（全部）存在的高级形态，它有着自然存在的基础，同时又具有不同于自然存在的物质交换特征，人类社会是通过社会实践首先是通过“劳动”这个最基本的活动来进行物质交换的，“劳动”是马克思分析社会存在的中心范畴。再次，马克思哲学的社会存在本体论的根本特征，在于人类劳动实践中主观目的性和客观因果性的统一，即“劳动把目的性和因果性之间的以二元论为基础的、统一的相互关系引入存在之中，而在产生劳动之前，自然界中只有因果过程。因此，这类由两方面构成的整

① 卢卡奇：《社会存在的本体论导论》，华夏出版社，第3页。

体，只是在劳动及其社会结果当中，只是在社会实践当中，才现实地存在着。”① 既然马克思哲学是改造世界的实践哲学，而实践又是人们通过劳动而实现自己的社会存在，因而马克思哲学的本体论就是社会存在本体论。

从卢卡奇的论述中，我们得到如下结论：卢卡奇认为马克思哲学仍是从存在出发，但这个存在已不同于传统哲学的存在，而是实践，或者是存在的社会形式；实践是自然与社会、主观与客观的统一。很显然，卢卡奇在阐释马克思哲学时不仅没有放弃存在论、本体论立场，而且还加强这种立场，我们认为，正是由于卢卡奇没有真正放弃传统本体论思维方式，他才认定马克思哲学是社会存在本体论。

(3) 布洛赫的希望本体论

布洛赫在三卷本巨著《希望哲学》中认为：首先，“人是一种还有许多事情要做的存在者。”② 人受着“希望”这个因素的推动，不断克服那些设置在生活道路上的障碍，而向新的境地迈进；人的本质是希望，因而“希望”具有本体论的意义，即“期待、希望，对于尚未实现的可能性的意向，这不仅仅是人的意识的一个根本特点，而且如果其含义具体地加以订正和把握，还是整个客观现实之内的一个根本规定。”③ 其次，希望之所以成为人的本质，是因为人的活动是以能动的劳动为基础的；在以劳动为中介结成的主体与客体的关系中，展现为一种人的自然化和自然的人化的双向的过程。在这一过程中，人通过劳动而认识、改变和占有自然，使自然发生向实现人的希望的变化；自然则通过人的劳动，将自身的性质、规律移入人自身，使人发生向实现自身希望的变化。再次，不同于传统哲学的“关于完成的存在的本体论”，马克思哲学的本体论是“关于尚未存在的本体论”。而“关于尚未存在的本体论是这样一种本体论，这种本体论彻底不同于过去那种在形而上学中研究的本体论。因为无论在什么地方，那种本体论都是一种关于完成的存在的本体论，但在‘乌托邦’的本体论中，即在关于不断表露自身的尚未存在的本体论中，整个世界却完全没有什么真正终结的东西。”④ 尚未存在的也就是人所希望的，而人又只有在希望的推动下才能实现那尚未存在的，因而马克思哲学的本体论就是希望本体论。

我们认为，布洛赫的思维方式与卢卡奇如出一辙，所不同的是，他只是从

① 卢卡奇：《关于社会存在的本体论》，重庆出版社 1993 年版，第 11 页。

② 转引自柯拉柯夫斯基《马克思主义的各个主义流派》，第 426 页。

③ 《布洛赫全集》，第 5 卷，第 5 页。

④ 《布洛赫全集》，第 13 卷，第 354 页。

未来希望、从人的目的性和能动的可能性这一片面维度研究“本体论”问题，并没有从马克思实践思想的立场分析人的“感性活动”的本质，因而其思想明显带着抽象化特征。在深刻性方面，甚至不如卢卡奇等来得厚重和深刻。

(4) 葛兰西的实践一元论

葛兰西在近3000页的巨著《狱中札记》中认为：首先，“‘人性’是决定某种历史地确定的意识的社会关系的总和”①，为何如此呢？因为马克思哲学“这是行动（实践、发展）的哲学”。② 假若说人的本质是社会关系的总和，那么它得以形成的原因是人处于实践或行动之中。其次，“我们的研究对象不是物质本身，而是物质如何社会地、历史地为生产组织起来，自然科学应该相应地看作本质上是历史范畴，一种人类关系。”③物质不是自然科学唯物主义所认为的仅具物理的、化学的、力学的性质，也不是形而上学唯物主义所认为的远离人的活动的抽象的存在，而是马克思实践哲学所认为的人们在生产中社会地、历史地组织起来的产物，是人的实践的本质力量对象化的确证。再次，马克思的实践哲学是实践一元论的哲学，“‘一元论’这一术语将表达什么意思呢？当然不是唯物主义的或唯心主义的一元论，而是这两个对立面在具体的历史行为中，即在与某种组织起来的（历史化了的）‘物质’和人所创造的自然不可分割地联系在一起的具体的人的活动（历史—精神）中的统一。”④实践一元论就是把实践当作一元化本体，而一元的实践本体就是对旧唯物主义的自然本体和唯心主义的精神本体这对立的二元本体的统一或综合。马克思哲学的本体论就是实践本体论。

应该看到，葛兰西在历史上明确提出实践本体论是综合了卢卡奇、布洛赫等马克思主义研究的成果，是“西方马克思主义”与东方“传统”马克思主义论战的理论成果，极大提高了20世纪马克思主义的研究水平，他在马克思主义哲学的基础方面做了有价值的工作。但同时，恰恰是在这个基础方面、在“本体论”的前提追问方面，他们没有从根本上真正领会马克思实践思想的历史性变革的真正意义，他们没有摆脱本体论思维方式的纠缠。

卢卡奇的社会存在本体论以明确的本体论之社会存在性，打开了传统体系的本体论之自然存在的第一个链接口，体现了他视阈中的马克思哲学实践本体论之社会生活性的现代含义。然而，社会存在本体论将社会存在仍视为一种实体，其对社会存在的严密论证，带有静态的客观分析的性质，即使是相当深入

① 葛兰西：《过去与现在》，意文版，第264页。

②③④ 葛兰西：《狱中札记》，伦敦版，第372、465、372页。

地说明了劳动的能动性和目的性，也是在将劳动客体化为社会存在的框架下进行的。社会存在本体论尚未意识到马克思实践思想的现代含义。卢卡奇为了将社会存在从整个存在中分离出来，采用了无机自然、有机自然和社会存在的"三分法"，并且用了大量篇幅去论证自然存在对社会存在的基础性，从中显示他还未完全脱离本体之本原含义的羁绊；布洛赫的希望本体论以（人的）希望作为马克思哲学的本体，一开始就站在"本体"社会生活上面，否定了近代哲学基础的自然本体的根基；其确立的"关于尚未存在的本体论"高扬了人的目的性、理想性和价值性，体现了马克思实践思想的价值判断的现代含义。然而，如果说马克思的实践思想是目的性和规律性、理想性和现实性、价值性和真理性的统一，其规律性、现实性和真理性又主要体现为唯物史观，那么由于希望本体论很少触及唯物史观的基本原理，其高扬的人的目的性、理想性和价值性就成了无源之水或空中楼阁；葛兰西的实践一元论直接把实践称作马克思哲学的本体。当他将实践看作人们为生产而社会地、历史地组织起来时，已体悟到马克思实践思想的现代含义；马克思哲学的真谛不是卢卡奇的社会存在本体论，也不是布洛赫的希望本体论，更不是二者的结合，即充满希望的人对包括自然界在内的现实社会进行能动改造的实践本体。尽管葛兰西提出实践一元论是对旧哲学之自然和精神二元对立的统一或综合，这从根本上瓦解了"传统马克思主义"哲学体系中将马克思哲学降低为旧唯物主义的自然本体论。然而，"实践一元论"最终叛离了马克思实践思想。这大概与葛兰西对人的本质的抽象确定有关。他把人的本质只简单确定为社会关系的总和，而未把握马克思论述的"人的自由而有意识的活动"、"人的本质力量的对象化"和"改造对象世界"的人的实践本质；因而对人的本质之内在的实践改造活动和外在的社会关系的统一，他仅注意了后一方面，从而严重影响了他对实践的认识。

由此可见，从社会存在本体论到希望本体论再到实践一元论，就它们与实践本体论的关系而言，呈现为一种一个更比一个向后者逼近的趋势。它们或从这个侧面或从那个侧面揭示了马克思实践思想的现代意蕴，为新世纪的马克思哲学发展作了大胆的理论探索。而它们所存在的这样或那样的不足，也为实践思想或实践观点的最终形成提供了弥足珍贵的理论土壤。

在 20 世纪 80 年代初我国的哲学改革中，改革的矛头也直指苏联的马克思主义哲学体系。与西方马克思主义者的批评不同，我国的哲学改革并不直接确认马克思哲学的本体论是什么，而是以冠名指称的方式确认马克思哲学是一种什么哲学入手，来阐述马克思哲学的实质精神。如果说实践唯物主义是较早形成的对马克思哲学的一种重新解释，那么，随后则出现了历史唯物主义和实践人道主义这两种更新的解释。

(5) 历史唯物主义的解释

张一兵先生是马克思哲学之历史唯物主义解释的重要代表。张先生认为："马克思的历史规定不仅仅是指狭义的社会历史领域，而是在哲学本体的语境中确认人类现实的社会实践进程构筑的历史性进程。"就是说，历史具有哲学本体的意义；如果说马克思哲学是一种新唯物主义，那么它就是历史唯物主义。历史对人意味着什么呢？"人仅仅是'感性的对象'是不够的，人的存在更重要的是一种'感性活动'，即实践的社会历史性的物质活动存在，以及由这种历史活动造成的一定的生活条件和社会关系。"这就是说，历史是感性活动的人的物质存在方式，它带有由人的活动所造成的社会关系存在。那么，社会关系对人又意味着什么呢？"这是一种历史的物质生活条件的受动性和制约性。""这是规定每一个历史时代中的个人'人的本质'的现实基础。""这永远是一定的历史性本质！"既然如此，"正是这个人的活动中形成的生产方式历史地制约着人，制约着人的生产活动之外的全部生活和各种社会交往关系（含思想关系），而这个由一定生产方式制约的全部特定社会关系的总和，就构成了人的具体的现实的历史的本质。"① 这就是说，在人的活动的历史中所结成的社会关系，制约着人的物质生活条件，制约着人的生产，制约着人的全部生活和各种社会交往关系，并且成为个人"人的本质"的现实基础，甚至构成人的"具体的现实的历史的"本质。因此，社会关系存在无疑具有哲学本体的性质；如果说历史唯物主义解释也有其本体论的内在依托，那么它所持的本体论就是社会关系本体论。

(6) 实践人道主义的解释

从大川先生是马克思哲学之实践人道主义解释的重要代表。从先生认为："我的哲学解释立场，即实践人道主义立场，亦即把马克思哲学的本性规定为对人类的社会实践的人道主义价值评价，是马克思为国际劳动者和进步人士所设计的共产主义的价值观念。"就是说，马克思的哲学不是如历来解释的辩证的、历史的或实践的唯物主义，而是（实践的）人道主义，这种人道主义的基本特征，就是对人的社会实践进行（人道主义的）价值评价；因而马克思哲学是一种（共产主义的）价值观念。由此，"马克思哲学的基本问题是社会实践和人道评价的关系问题"，或"人的实践及其社会存在和人道主义的价值评价才是马克思哲学的基本和最高问题，马克思哲学就是对实践的人道主义批判"。既然马克思哲学的基本问题不再是思维与存在的关系问题，因而对于唯物史观，则如马克思所言"正是描述人们的实践活动和实际过程的真正的实证科

① 张一兵：《马克思历史唯物主义中的历史概念》，载《哲学研究》1998年第9期。

学”那样，“是实证性历史科学，而不是哲学”。唯物史观被排除出马克思的哲学观念，如此一来，“马克思哲学不是唯物主义的现代形态，而是人道主义的现代形态，如实践人道主义、自然——人道主义。”① 这就是说，马克思哲学不是探究规律的实证科学，而是评价实践的价值观念，而评价的最高标准就是人道主义。因此，人道主义评价作为一种价值理想，无疑具有哲学本体的性质；如果说实践人道主义解释也有其本体论的内在依托，那么它所持的本体论就是理想本体论。

由是观之，历史唯物主义解释所持的社会关系本体论与卢卡奇提出的社会存在本体论十分接近，因而它有着与后者同样的不足。与传统的自然本体论式的辩证唯物主义解释相比，历史唯物主义之社会关系本体论将马克思哲学从偏重自然转向关注人的社会历史，充分体现了马克思哲学本体论之社会生活性的现代含义。但与实践唯物主义所持的实践本体论相比，张先生仍将人的本质、人的“感性活动”局限在“哲学本体的语境中”，仍将社会关系视为一种实体，即将社会关系客观化绝对化为一种社会历史的存在，其虽也触及本体的关系性，但它不是现代本体论所力主的主体和客体的关系，而是作为客体的社会存在的自身的关系。关键在于，历史唯物主义之社会关系本体论在对社会关系的分析中，强调了社会关系对人的活动的受动性和制约性，并且把这种社会关系的制约性看作人的（具体的、现实的和历史的）永远的本质；这样，由马克思所确定的人的实践本质就不是人对现存世界其中也包括社会关系在内的能动的作用和改变，而成为人对现存世界中的社会关系的受动的被制约和遵从；实践人道主义解释所持的理想本体论则与布洛赫提出的希望本体论十分接近，因而它也有着与后者同样的理论进步和不足。与传统的自然本体论式的辩证唯物主义解释相比，实践人道主义之理想本体论以（人的）理想作为马克思哲学的本体，一开始就突出了本体之社会生活性，完全舍弃了传统体系当做本体的自然世界；其对（人道主义）价值观念的本体地位的确立，高扬了人的主体性、批判性和价值性，体现了马克思哲学本体论之约定性和价值判断性的现代含义。但与实践唯物主义所持的实践本体论相比，实践人道主义之理想本体论的明显不足是其将唯物史观排除出马克思的哲学观念，这一点甚至比布洛赫的希望本体论走得还要远。正如马克思实践思想是目的性和手段性（或规律性）、理想性和现实性、价值性和科学性的统一，而唯物史观又主要体现了手段性（或规律性）、现实性和科学性一面那样，若仅仅注重马克思实践思想的目的性、理

① 丛大川：《是唯物主义的科学实证还是人道主义的价值评价》，载《东方论坛》1998 年第 2 期。

想性和价值性一面，则其人道主义的价值理想就只能停留在空想或义愤上；如果这样，就无法与传统的人道主义相区别。

如果说在马克思哲学的重建中，西方马克思主义之卢卡奇的社会存在本体论、布洛赫的希望本体论和葛兰西的实践一元论呈现出向实践本体论依次接近的趋势，那么，我国哲学改革中涌现的历史唯物主义的社会关系本体论、实践人道主义的理想本体论和实践唯物主义的实践本体论等则呈现为前二者分别论证了后者的综合的观点或后者对前二者的观点进行综合的情形。即是说，实践唯物主义的实践本体论强调了作为人的本质的实践是目的性和规律性的统一，由此又衍生出主体性和客体性、理想性和现实性、价值性和真理性，以及批判性和实证性的多重的统一；由此实践本体论哲学就由实践唯物主义的哲学观和唯物主义的历史观即唯物史观两个层次构成。其实践唯物主义的哲学观主要显现了实践本体论哲学的目的性、主体性、理想性、价值性和批判性，其唯物史观主要显现了实践本体论哲学的手段性（或规律性）、客观性、现实性、真理性和实证性。历史唯物主义的社会关系本体论显然重视的是唯物史观，因而充分论证了哲学的真理性、规律性和客观性一面，并因而相对忽视了主体性、价值性和批判性一面；实践人道主义的理想本体论显然重视的是哲学的实践批判的哲学观，因而充分论证了哲学的主体性、价值性和批判性一面，并因而相对忽视了哲学的真理性、规律性和客观性一面。

（7）人们反对传统本体论思维方式的斗争

可以看出，在中西方对马克思哲学的重建中，西方马克思主义的社会存在本体论、希望本体论和实践一元论一步步地冲击了传统体系的自然本体论，不同程度地阐发了马克思哲学的原本精神，从而为实践之后的提出做了大量的不可或缺的理论准备工作。我国哲学改革中涌现的社会关系本体论、理想本体论和实践本体论则在共同反对传统体系的自然本体论时的相互争论和批评中，从不同侧面充分阐发了马克思哲学的丰富思想，这些思想最终由实践思维所替代，20世纪末以高清海等为代表的实践思维（实践观点的思维方式）论者对于古今中外的实践理论加以提炼和综合，形成了马克思哲学之较有成就的实践观点思维方式的理论成果。

高清海先生等在阐释马克思实践思想时从人的实践性出发，认为人是哲学的真正主题，在哲学发展史上从抽象的人走向具体的人，意味着哲学观和思维方式的根本变革。哲学体现的是人的观点，哲学研究世界的目的是为了理解人、理解人的地位、价值和意义。这是“哲学世界”与“科学世界”的根本区别之点。

“实践本体论化”把追求“恒常”的实践存在、“为人信仰”的实践本体、实践的永恒真理看作最高目标和宗旨；它们在理论上总是陷入“或这或那”、“非此即彼”的两极对立倾向之中；在存在的方式问题上，不是主张循环论就是坚持预成论，最多达到进化论，普遍地缺乏真正的发展观念；如此等等。实践本体论化所传承的是传统哲学的特点——说来或许会令人惊奇——同他们从“种”去了解人有着直接的关系。他们按照物种的观点去理解人，然后用人的抽象观点去理解世界，他们的哲学当然就不能不具有传统哲学的特点。

以前定的和单一的绝对本体为立论前提，面对多重性质的人和已为人的活动两重化了的世界，不论你选取物质性的本体还是精神性的本性，都是属于片面化和绝对化的，因而也就都会有另一极相反的观点去为之补充。这就是已往哲学从未摆脱二元对立观点的思想来源。马克思哲学的发展是一种自我超越性的变化，它同传统本体论的思维方式是不相容的。如果作为本体的实践已经“预定”好了一切，后来的变化不过是已有图式的实现，那就不是真正的实践，也不是真正人的实践。所以，不破除实践本体论化的观点，就既不可能建立关于世界的真正统一理论，也不可能形成马克思实践思想的真正观念。

我们认为，随着人的成熟和发展、现实力量的增长和提高，世界对人的关系和人对世界的观念也就不能不跟着发生变化。自然经济经由工业社会转向后工业社会的现代经济，是人类历史的又一个重大转折。进入自立、自主、自律发展阶段的人，要求能够反映人的本质的充分展开，人与自然、人与人、人与自身创造要求有更高的哲学理论的自觉指导。因从 20 世纪末到本世纪初的思想理论领域便兴起了反对和批判传统“形而上学”的广泛浪潮，这个浪潮今日正向纵深方面扩展。

现代哲学的发展是哲学思维方式的根本转变。人们对待世界和人的态度、方式发生了根本变化。这就不仅会使哲学观点发生变化，而且使哲学的对象、主题、内容、功能以及研究方式也都不能不跟着变化。

现代哲学和传统哲学相比至少有下面的一些转向：A. 从追问原初的、先天的、绝对的东西，试图从那里找出人们的生存本性、行为根据、存在价值、生活意义乃至前途命运，转向于研究人的现实生活、现实活动以及由此所置身的现实世界，认为从这里才能了解到人的价值和意义的真实根据；B. 从注目身外的非人存在、投靠外在的权威力量，转向关注人自身，依靠人自身的力量，发挥人自身的创造作用；C. 从追求普遍的、永恒的、终极的真理为旨志，由此把哲学归结为单纯理智性的认知理论，转向注重开掘现实生活对人的意义，建立真理、价值、审美即真、善、美结为一体的哲学理论；D. 从主要以自然科学为基础、贯注必然因果联系的科学思维逻辑，转向以整个文化为基础、注重贯注以理解为标志的人文精神的全面思维理论；E. 从以“绝对完善”

存在的假设为出发点去规定现实的宗教式形而上学理论，转向面对未来、批判现实的前导性“形上学”理论；F. 从站在云端讨论世事、只注重改变人们关于世界的思想的抽象论争，转向直接面对现实人生，回到喧闹的人间，探究人际交往中的关系和问题，以求改变人间世界的现实讨论；G. 从对立两极去追求绝对一元化整体本性、消解个体独立性、泯灭个性差异性的抽象同一性和“还原论”的思维方法，转向以个体为位格、注重探究事物多样性和多极化及相对性的具体思维方法。

从抽象化的人转向现实性的人，从远离生活的彼岸世界回到现实的人间世界，从纯粹的理论反思改变成为以实践为核心的现实思考；这就是哲学转向现代的基本实质。

只有从哲学与生活的矛盾，人的本质与人的实际存在的矛盾、“现实生活过程”出发去理解马克思的实践思想才能正确把握并深刻理解马克思哲学在理论观点上变革的实质。按照这种理解，马克思哲学以前的哲学发展，是从不同侧面和层次渐次深入认识和揭露属人世界与自然世界矛盾的过程，主要有三个矛盾：超自然存在与自然存在的矛盾，精神实体与物质实体的矛盾，主体活动与自然作用的矛盾。与此相适应，哲学经历了三个发展阶段，促使人类认识从对客体的直观认识阶段，经由对意识活动的反省认识，逐步提高到以主客观统一关系为核心内容的自觉认识阶段。在这个过程中，人们分别认识到自然世界、属人世界的统一性，并由此暴露出二者多方面的矛盾内容，这是马克思以前哲学所取得的最主要的成果。属人世界与自然世界却始终处于分裂和对立之中则是主要局限。马克思哲学的伟大贡献就在于：它发现了两个世界相互矛盾的现实基础，从而第一次在否定性关系中建立起了属人世界与自然世界的统一性。

以往哲学用以观察和认识世界的观点是片面的。它们或者是从自然存在的基础去理解二者的统一，或者是从主体意识的基础去理解二者的统一。属人世界与自然世界是一种否定性的统一关系。而无论存在观点或意识观点，都是以“归并”方式去理解二者的统一性的，在把一个世界合并或还原为另一个世界之时，必然否定另一个世界的独立的内容和意义。

造成属人世界和自然世界分裂的根源，也是它们统一的现实基础，这就是人的实践活动。实践作为主体按照一定目的变革客体的感性活动，属于人与自然、主体与客体之间的否定性的统一活动。在这里，存在与意识处于双向作用的转化联系之中。它既表现着人和物之间的自然关系，也表现着二者之间的属人关系；它既属于区分人与自然的活动，又属于统一主体与客体的活动。马克思从实际生活出发去理解和认识世界现象的矛盾关系，由此才建立起否定性统一关系的世界观理论，从而实现了哲学理论性变革。

马克思的实际生活的观点是从主体与客体、主观性与客观性在现实的相互作用及其表现出的对立和统一的联系中去观察和认识一切问题的，它代表了从人作为主体的本质规定自身去把握人及其活动特点的思维方式。生活观点是对以往的存在观点和意识观点进行扬弃的结果：一方面是对它们片面性观点的否定；另一方面又是对它们包含的现实内容的肯定。

树立起实践的思维方式，这是厘定实践本体论化相关概念的理论原则和论证基础。因为从马克思哲学诞生之日起，“实践”及其相似概念就像影子一样寸步不离地伴随和参与到哲学家的思想活动和理论活动之中。

“实践本体论化”所表现出的仍是一种传统的哲学思维方式，因而属于传统本体论的新形态，“实践本体论化”这种理论形式所蕴涵的内在矛盾，“实践”与“本体论”之间水火不相容的根本对立，是传统哲学与现代哲学根本对立的最为典型的表现形态。

本体论，按照古代哲学家的理解，它追求事物背后的存在，内含真善美的完善性，是人们永远追求的一个理想状态。就这些特征来说，应该承认这是体现了人的“超物之物”的存在本性，反映的是人的特点；另一方面，这种哲学所理解的所谓“本体”对人以及相关存在的规定方式，如本质的前定性、预见性、普遍性、不变性的规定等，却又完全是传统的规定方式。它们试图从人的初始本原去理解人，追求什么“本真的人”的这种认识方式，就是要把人还原成为抽象物，从抽象立场去理解人、说明人，这里体现的也完全是把握对象的那种形而上学的认识方式。本体论哲学体现的理论特征，如追求终极存在、追求永恒本体、追求绝对意识的绝对化特征，以及否定个体性质差异的绝对整体论、非历史性的运动进化论的观点等等，表现的也都是形而上学的本性。

哲学的各个阶段都可能出现这种情况，这正像人从自然而来必须经历一个脱胎的过程而后必然否定自然的性质一样，哲学在进一步的发展中，便趋向于不断破除这个实质本体论思维的观念方式，而要寻求一种能够表现、把握人的特种本性的认识方式。哲学发展中的体系更迭、派别更替的特点，其实质就是表现了哲学对人的生存本性、人的发展逻辑、把握人的思维方式的求索、探寻的过程。

在日趋激烈的哲学发展过程中，现成的本体论的思维方式便日益走向瓦解，哲学的重心从本体论的思维方式向实践思维方式的转移。这是现代哲学的发展过程。

在这个过程中所发生的变化，才代表哲学的发展本质。例如：从“对象意识”、“超对象意识”、“反思意识”到“实践意识”的变化；从形而上学的认识方法到辩证思维方法的变化；从追问原初的、先天的、绝对的东西，试图从那里找出人们生存本性、行为根据、存在价值、生活意义甚至前途命运，到转向注重体验人的生活世界、人的生存状况、人的现实关系、人的行为方式的变化；以及与此相适应地，哲学从弘扬外在权威走向弘扬自身的主体权威，从一元绝对论走向多元相对论，从因果必然论走向价值选择论等等变化。这些变化意味着，哲学理论已从遥远的彼岸世界逐渐回到了现实的人间，从抽象化的象征的人逐渐回到了现实生活的具体的人，从以群体为本位的哲学理论逐渐演变为反映个体本位、个人主体的哲学理论。现代哲学，不论属于哪种观点和派别，它们所了解的人和以往传统哲学的了解相比不可同日而语了。

总之，哲学发展的历史表明：在现实上正发生着由本体论思维为观念方式的哲学（如“实践本体论化”）逐步为某种自觉以生活为思考方式的哲学所取代的巨大变化。

三、实践本体论化对马克思哲学的危害

（一）“实践本体论化”就是马克思哲学本体论化

1. 对于马克思哲学根本态度上的差别

将“实践”本体论化也就从根本上意味着将“马克思哲学”本体论化；而把马克思哲学理论本体论化，不仅混淆了哲学理论与实证科学的不同性质，而且导致哲学理论本身的实证化。对于马克思哲学的基本原理，许多研究者基本上是采用或者首先提出普遍性命题，然后引用大量实例加以印证，或者首先提出大量实例，然后归纳出普遍性命题的方式去予以论述的。所谓概括新的科学成果，也是或者采取“引进”的方式（诸如把“系统”、“结构”、“要素”、“层次”、“信息”、“反馈”、“场”、“熵”等科学概念引进原有哲学体系），或者采取“例证”的方式（诸如用量子力学证明物质观、用相对论证明时空观、用自组织理论证明发展观、用信息论证明认识论等等）。这样做的结果，就把反映最高和最深本质层次的理论实证化、经验化，使马克思哲学失去了应有的理论思维的特性。

把马克思哲学（包括实践思想）实证化和经验化又必然导致直观化和简单

化。马克思哲学的概念、范畴和命题是人类认识史精华的结晶，而不是经验常识的延伸和实证科学的扩展，因而它所赋予人们的是批判性反思、创造性综合和理想性探索的能力，并要求人们运用这种能力去理解、探索和变革人与世界的关系。而一些人把马克思哲学还原为可由经验事实直接加以证实的经验命题，把马克思哲学变成与素朴实在论、自发辩证法没有原则区别的理论。

直观化和简单化又直接导致马克思哲学理论的公式化和教条化。在一些教科书体系中，去掉大量的经验事实和科学例证，剩下来的就只有从实例中归纳出来的、或者从哲学史中照搬下来的、或者简单地从马克思著作中摘录出来的结论。这些结论失去了理论思维的内容和特点，失去了认识史的内涵和逻辑。在运用中，它也只能充当演绎推理的前提，作为公式和教条去裁判现实生活和各门科学。同时，由于许多教科书以本体论的思维方式恢复了早已被哲学史废弃了的命题，诸如提出马克思哲学探寻“世界的本原是什么”、“万物的构成和本性是什么”、“世界万物是怎样形成统一联系的体系的”等等，要求马克思哲学回答只有全人类在其前进的发展中才能逐步地研究清楚的问题，使马克思哲学神圣化和僵死化了。

这种把马克思哲学本体论化的哲学模式，会使马克思哲学失去科学性和生命活力，变成类似宗教的僵化教条；使马克思哲学丧失自己的哲学意识，退回到素朴实在论的本能意识；使马克思哲学丢掉主体意识和理想性质，变成由抽象公式和原则组成的纯粹知识体系。这样，在把马克思哲学抽象化、简单化、庸俗化、凝固化和神圣化的同时，它也就抑制而不是激发人们的想象力、创造力和批判力，它强化而不是冲击了人类思维中的惰性、保守性和凝固性，它遏制而不是推进了人类对人与世界相互关系的自我意识。所有这些，恰恰是有悖于马克思哲学的精神实质和社会功能的。

2. 对于马克思哲学本体论化的一点分析

马克思创立实践思想本身就是针对传统本体论哲学的。在马克思那里，实践思想包括实际生活过程的思维方式、政治批判和市民社会批判三个层面的内容。在哲学上，马克思反对以传统哲学的思维方式说明人的自由，坚持以实践的思维方式说明人的自由。因为，传统哲学的思维方式只认定实体为哲学的本体，而把人的自由归为现象。根据这一规定，实体是本质，人的自由是现象，是被实体规定的。这实质上是否定了人的自由的存在意义，否定了自由本身。与传统哲学的思维方式不同，实践思维方式直接面对人的创造活动、人的自由，把人的创造活动、人的自由理解为感性的生活世界。这种感性活动就是历史唯物主义的基础。正是从这一基础出发，马克思展开了政治批判和市民社会批判。在政治批判中，马克思考察了政治国家向现代国家的转变，提出了现代国家的基础和内容是市民社会，并强调政治国家是君主制国家，而以市民社会为基础和内容的国家是民主制国家，“在这里，国家制度不仅就其本质说来是自在的，而且就其存在、就其现实性说来也日益趋向于自己的现实的基础、现实的人、现实的人民，并确定为人民自己的事情。国家制度在这里表现出它的本来面目，即人的自由的产物”。因此，由政治国家向现代国家的转变，也就是君主制向民主制的转变；在市民社会的批判中，马克思深入到市民社会的内部结构，批判了资本主义生产条件下的异化劳动，指出资本主义生产在科学理性的支配下，把货币增殖作为生产的目的，造成了人的本质的异化、人性的丧失、人的片面发展。共产主义就是否定科学理性的片面性，建立以人的全面而自由发展为目的的生产体系。通过对政治和市民社会的批判，马克思把实践定位于现代社会，定位于现代的工业和商业文明，包括“人对自然的能动关系，人的生活的直接生产过程，以及人的社会生活条件和由此产生的精神观念的直接生产过程”。这种定位进一步证明，马克思实践思想绝不是泛泛地谈论社会历史，更不是在传统哲学的架构中谈论社会历史，而是探讨现代社会的结构及其规律的学说，是在批判传统哲学中建构起来的新哲学。

自马克思以后，马克思主义哲学家们在反对近代哲学的不同程度上丰富和发展了马克思哲学的实践思想，当然，这种种阐述在今天看来也在一定程度上加剧了实践本体论化的客观进程。19 世纪后半叶，拉布里奥拉、拉法格都反对以传统形而上学的思维方式来理解马克思的实践思想，强调马克思的实践思想的基础不是自然界，而是人类历史本身。所谓历史，就是人的社会生活的整体，是人的文化创造活动，是人的感性活动过程。然而，这一阶段最重要的还是意识到方法论对于理解马克思实践思想的关键意义。拉布里奥拉把马克思实践思想称为“实践哲学”，指出“实践哲学”最重要的是方法问题，因为哲学面向历史是要揭示历史本身。“要写的是历史，而不是历史的骨架子。要叙述历史事件的过程，而不要抽象化，要记叙和解释整个的历史，而不是仅仅把它分解为一些单个因素并分析这些因素；总之，始终是方法问题”。方法是“实践哲学”“本身的原则”，方法的确定是“马克思主义哲学成熟的标志”。20 世纪，西方马克思主义哲学家们发展了拉布里奥拉的思路，对历史唯物主义作了本体论的阐释。葛兰西从政治的上层建筑入手，通过对市民社会的文化内涵的发掘，建立了马克思的实践本体论；卢卡奇早年阐发了马克思哲学的意识形态理论，晚年又以劳动为核心范畴，阐发了马克思哲学的社会本体论。经过葛兰西、卢卡奇等马克思主义哲学家的工作，马克思哲学发生了文化批判哲学的转向，于是，市民社会批判、大众文化批判等一些批判现代性的重要课题也被纳入了马克思主义哲学的研究视野。

从马克思哲学的实际生活过程观点的创立到历史唯物主义方法的阐发，再到对马克思实践思想做本体论的阐释，我们可以清楚地看到，实践哲学是西方马克思主义哲学家们为当代人建构的一种哲学新样式。这种哲学新样式是打着现代工业和商业文明的幌子，具有三个特征：第一，以人性、人的自由、人的文化创造性活动为其本体论基础；第二，坚持历史理性的方法论原则；第三，强调人类历史进步和人的全面而自由的发展是一个有机统一的过程。这三个特征表明，马克思哲学的发展正受到来自自身内部的强大挑战，这个挑战的主观原因就是传统本体论的思维方式，它独断地、片面地把马克思的实践观僵死化了。

（二）批判实践本体论化的现实意义

“实践本体论化”的最终目标是要把实践打造成为新世纪的“永恒偶像”。这一点，实践本体论化的各类理论家无论是承认还是否认，都是客观发生的事情。“实践哲学”发展到当下，似乎在劫难逃，难以摆脱传统本体论哲学的宿命。这可以从20世纪众多新马克思主义者的理论活动中找到最好的证据。

1. 实践本体论化的理想

例如，南斯拉夫“实践派”的核心人物之一马尔科维奇不仅把实践看成“人的存在的本体论结构”，而且还把实践加以理想化、绝对化：“实践是一个规范范畴，它是指人类特有的理想活动，这种理想活动的目的在其自身，它具有根本的价值，同时也是对其他一切活动形式进行批判的标准”①。

首先，马尔科维奇是在传统本体论的框架里研究马克思哲学的实践观点，这就存在着立场和指导思想上的先天不足；其次，他又用“黑格尔主义”的方法研究实践，把实践当成“范畴”、“概念”，将实践抽象化、僵死化、凝固化；第三，很明显，马尔科维奇受到“西方马克思主义”布洛赫等人思想的影响，将实践理想化；第四，马尔科维奇在把实践概念化、抽象化、理想化之后，也就必然走向自己理论的最高处——把实践绝对化；“实践”成为进行“一切”批判的“标准”。至此，实践作为一个新的神圣“偶像”也就诞生了，它的历史宿命似乎难以避免。

① 马尔科维奇：《南斯拉夫的马克思主义哲学——实践派》，转引自黄继锋著：《东欧新马克思主义》，中央编译出版社2002年版，第21页。

马克思实践思想的被遮蔽，表明人们为此所作的努力的严重“跑偏”。长期以来，人们以自觉的方式试图彰显实践观点的本性，但实际后果却加剧了实践思想的被遮蔽状态，加剧了实践的理论危机，从而使彰显实践思想的工作变得迫切艰巨。近年来，一些专家学者也著文提醒人们注意和预防将实践本体论化的倾向（这可以高清海先生为代表），并触及了许多重大而根本的问题。现在有必要专门就实践本体论化的问题进行比较系统、有很大深度的反思和批判。这是寻求和确立马克思实践思想和实践思维的一个重要任务。

2. 实践本体论化的科学范式

在此，我们把近些年来国内关于实践问题的哲学研究的概括分析不是就某些典型形态：如“实践唯物主义”、“实践本体论”、“实践哲学”、“实践生存论”进行罗列辨析和分析反思，那样可能会使本书的内容既烦琐、冗长，又难以避免分散重复的弊病，本书是要抓住实践本体论化这一实质，以思维方式的根本转变为出发点，将国内关于实践问题的哲学研究大体概括为三种主要的理论范式：“实在科学范式”、“认识论范式”以及“生存论范式”。

在这里，只分析“实在科学范式”的困境。

关于“实在科学”，胡塞尔在《欧洲科学的危机与超越论的现象学》中的“关于实在的科学与理念化。——对自然的数学化”的标题下写道：“科学所面对的是作为自在地存在着的实在东西（与个别的进行认识的主观之主观给予方式的多样性相对的自在存在着的实在东西）的存在者的问题。这是关于处于生成中的存在之流的问题，以及关于处于生成中的存在之同一性的可能性条件问题，即对于存在着的实在东西作同一规定的可能性（作为通过将连续性数学化而对于直观的连续性进行规定的可能性）条件问题。”① 就“实在科学”本身而言，客观主义或自然主义的态度是正确的，但在“科学的‘科学性’与哲学的‘非科学性’的鲜明对比”②中，“实在科学”变成一种态度，一种理论基础，一种范式。这种“实在科学”的范式是这样一种思想观念：它将世界存在的先在性看成不容怀疑和反思的事实，实践的终极目的就是发现客观真理，在尊重所谓“客观规律”的前提下实现人的目的。在实在科学范式下的实践本体论化认为，人们理性所能把握的客观世界是最终的实在，人们在实践中首先要确定的是物质世界，其次要调整和实现的是在这个物质世界基础上的意识精神世界，用理性的方式改造自在的不容怀疑的客观世界。

按照实在科学的范式，实践被理解为客观的物质活动，人的精神意识活动、

①② 胡塞尔：《欧洲科学的危机与超越论的现象学》，商务印书馆 2001 年版，第 327、327 页。

自在客观的物质世界的变化发展，都具有实践的本性，因而实践的概念便被表述为：所谓实践，就是人按照主观目的和客观规律而对客观世界的物质改造。

在实在科学的范式中，实践的基础是人对自然界的能动改造。基于此，实践在理论本性上就成为关于人们改造客观物质世界的“科学”活动，具体就是人的物质生产活动和科学（物理的、化学的、生物的）活动。

上述实在科学范式在马克思主义实践的理解中曾长期占据统治地位，人们把这种实在科学的实践观当成研究实践问题的绝对前提。

实际上，实在科学的实践观所坚持的是一种未经反思的素朴实在论和机械反映论的哲学立场，它对实践的基础和主体的理解，包含着经不起反思推敲的诸多理论困难。

最根本的，以外在的实际上与个人无关的物质活动来理解实践，混淆了实践活动与科学活动的界限，在理论上难以对哲学和科学加以区分，实践活动与科学活动之间的区别被抹杀，实践所独具的超越性和批判性被遮蔽。

按照实在科学范式来理解实践，就是先把客观物质世界设定为实践的基础，认为实践是以一种外在对象性的方式去改造客观物质世界。由此产生的重大问题是，哲学的实践与科学的实践究竟如何划界？哲学的实践所具有的特质在哪里？

对此，如果人们按照实在科学范式继续下去，只能回答：与科学的实践相比，哲学的实践具有更大的普遍性和一般性，它不像科学的实践那样只局限于个别领域。“最一般”、“最普遍”，就成为实在科学范式对哲学的实践所规定的特质。

这一回答只具有“量”的意义，一般与更一般、普遍与最普遍缺乏“质”的规定性。更加严重的是，将哲学实践与科学实践混淆，历史证明这样做会导致思想理范上的严重后果。

首先，它导致了实践的实证化和经验性。实践变成了只具有实证意义的知识价值，它本身所具有的否定性、超越性、批判性和革命性的现代哲学意蕴被外在性、单向性等科学特性所替代。最终结果是在实证科学的强有力冲击下，科学的实践所向披靡、无往不胜，哲学的实践则无家可归，失去了合法性。

其次，本体论这种理论属于科学尚不发达、人们对外界事物的认识还未摆脱幻想意识影响的历史阶段的产物。一味追求事物的绝对存在的那些“本体论”的提法，如世界的本原是什么、万物的发展规律是什么、存在的永恒本体是什么等等，既不符合科学观点的要求，也不符合辩证认识的基本规律。所以在后来，它的一部分内容便为逐渐发展起来的实证科学所取代，而另一部分内容则为日益兴盛的认识论理论所否定。恩格斯说哲学变成了“世界观”，这句话首先就意味着，追求万物本原或本体的那种理论被否定了，哲学再也不能沿着“本体论”的方向去研究问题了。

随着哲学性质发生了变化、哲学观点发生了变化，对于问题的提法也不能不发生变化。“整个世界”只能是全部科学共同研究——当然是各自从不同的方面去研究——的对象，不可能成为任何一门科学的独立的研究对象；“客观规律是什么”也必须由全部科学来回答，而且还要在它的长期发展的过程中逐步去实现；至于“世界的本质是什么”的问题，这个问题也应当由科学去解决，而不是哲学能够解决的。

包括马克思哲学在内的现当代哲学对客观世界的研究方式与旧哲学不同，也与实证科学有区别。现当代哲学直接面对着的不是经验的世界，它也不是从客体自身的内部联系中运用经验的方法去研究世界的。现当代哲学是利用经过科学总结的材料，把世界作为科学认识的对象，从它与意识的关系中去研究客观世界的。在科学的基础上从意识与存在二者的关系中去研究意识与存在的本质，这是哲学区别于实证科学的特有的认识方式。由于意识与存在这一矛盾只是在人们认识世界的过程中产生的矛盾，它并不属于客体自身存在的基本矛盾，哲学从这样的研究中能够回答的，当然只能是世界作为认识对象所具有的本性、本质的问题，而不是世界作为自在客体的起源、本体的问题。

3. 实践本体论化的社会基础

“实践本体论化”的出现表明传统哲学并未完全退出历史舞台，进而表明产生传统哲学及其传统本体论思维方式的社会环境也并未完全消失。换言之，当今现实生活中仍存在着产生“实践本体论化”——传统本体论思维方式的社会基础，认识到这一点是十分必要的。

传统本体论哲学产生的基本社会状况是：人类在现实的社会生活中，人已开始为人，并意识到自己为人，真正拥有了人的理想和愿望，并追求真正的人的生活。哲学就是作为觉醒的人的理论产生出来的。但在人类社会的一个很长发展阶段里，人的力量还很软弱，即未摆脱对自然力量的依赖，还无法完全掌握和控制自身的命运。这种状况清楚地表现于“自然经济”或“商品经济”主导的现实生活里。

自然经济在本质上是“靠天吃饭”的经济。生产要凭自然体力，工具要借用自然形态物质，分工要依据自然生理区分，联系要靠自然纽带（血缘、地缘）维系，城市是自然成长起来的，交换也主要是同自然的交换等等。总之，自然的脐带尚未完全割断；而在“商品经济”条件下，生产有了相当的发展但并未完善，工具虽然先进但并不完美，分工虽然精细但并不科学，城市虽然发达但并不理想，总之，一切并不完整。这就是传统本体论哲学、“实践本体论化”形成、产生的现实土壤。

自然经济时期可以看作个人生成的第一个阶段。这时的个人应该认为已经是人，即具有人的性质、可以看作属于人的个人。但如果提出他们身上的人的性质来自何处、表现于何方这样的问题，我们就会看到，它还并不完全属于个人所有。那时的人处在一方面必须依赖自然纽带，另一方面必须依赖人群共同体的生存状态，这就意味着他们是从自然的种群中（共同体）获得人的性质和力量的。商品经济时期是个人生成的第二阶段。这时的个人虽然属于个人，也有了个人的性质，从总体说他们既无独立的人格，又乏自主活动能力，个体之间也尚未形成真正人的差别。这是一些并不具有独立性质的人。不是独立的人，也就不能看作完全真正的个人。

第一阶段和第二阶段的个人表明，人还在成长当中，原型本身就是“抽象的”、发展不完全的。自然经济条件下的人是狭隘地域性的个人，商品经济条件下的人是代表人的依赖关系的附属物，也就是尚未达到理想的空疏的人。在他们身上，真正具有现实性的主要是先天承继来的自然联系和基本社会关系，至于“人的关系”，那时更多地还处在理想追求形式的孕育当中。这种状况当然决定了从它们生长出来的哲学必然要把人抽象化，只能以非人的形式去表达人、在彼岸的幻想中去满足人的理想追求，也决定了它在理论形式上必然要去追求终极存在、投靠身外权威、相信本质先定，即走向绝对性的本体论化。

本体论思维方式转向实践思维，从其思想本质来说，是哲学思维方式的一次深刻变革。现代哲学的兴起，也首先是实践思维对这个本体论传统思维方式的冲击和变革上面。

现代哲学在反对形而上学名目下，从根本上否定了传统本体论模式，它批判的对象就是“形而上学”。在这里“形而上学”代表着传统哲学的理性独断主义、绝对一元主义、先定本质主义和客体决定主义。反形而上学是现代哲学运动的普遍思潮，不论哪一个派别，也不论它们之间有着怎样的分歧，只要它们把矛头指向传统哲学，首先都是从否定传统意义的“形而上学”开始的。

传统的本体论思维方式，是要去认识那个远离人的现实生活的所谓存在的统一本性、本原或实在，试图从人之外的本体中去寻求关于人的终极答案。这种哲学动机和理想，从现代观点看来，就是形而上学的，或柏拉图——亚里士多德——黑格尔主义的。正如丹麦哲学家、存在主义的先驱基尔凯戈尔所形容的，本体论思维方式追求形而上学绝对的学说，乃是为了永恒的本质而偏偏把最重要的东西忘得一干二净，那就是人。现代哲学关注的是人的生存、处境、前途和命运，这是属于个人经验世界即“街市所属的世界”的境况，而不是抽象的本体世界的境况，这里居于首要地位的是生活的意义和价值问题，而不是永恒绝对的本体是什么的问题。现代哲学之批判传统的“形而上学”和“本体论”，这种批判的本质意味着哲学主题的重大转移，哲学性质的深刻变革，哲学思维模式的根本转换，也就是说，人们看待世界和自己的方式发生了根本性的转变。

实践思维之所以要对实践本体论化展开批判，关键是一个对待人的看法和态度问题。哲学对待世界的观点和态度，实际是表现着人的观点和态度。因为人变化了，传统人转变为现代人，实践本体论化也就不仅不再能够满足人的需要，而且成为现代人难以忍受的严重桎梏。实践本体论化哲学作为本体论的理论形式，是从实践的始基、本原、本体出发的。它试图由这样一种先在的本质引申出、推论出人的规定，这无异于把人融化在“本体”的深渊和黑洞，使人完全丧失了独立性、创造性、自主性和自由性，让人与石树虫豹为伍。它虽也肯定了人的优越性在于“实践”，但实践本体论化所谓“实践”所肯定的仍然是超人的外在权威。这些正是实践思维所要否定的。在现代人的生活中，人与自然的关系已经发生了根本性的逆转，人是属于世界的，同样世界也属于人，世界对人的本体关系已转化为以人为主导的价值关系，人的“本来如此这般”的信念已让位于“应当如此这般”的意志，追寻和把握原意的理性已被参与创造的理解意识所代替，顺从先定命运的观念也为自我自主创造的自由信念所取代，如此等等。这就是实践思维批判、否定传统本体论哲学的生活基础。

在实践思维中，各个学者采取的具体立场是各不相同的，它们批判传统形而上学、本体论哲学的出发点、具体观点以及从批判中建立起来的哲学理论因而也各不相同。在观点上经常陷入片面性，这也是明显的。但从总体上说，它们要根本改变哲学理论的传统性质和方式，试图探索一条新的哲学道路，这无疑是反映了现时代的精神，应当充分肯定的。

（三）实践本体论化的宿命

理解马克思实践思想首先需要解决的就是如何避免实践本体论化问题。实践本体论化是“传统本体论”① 在马克思实践思想研究中的极端化和独断化，

① 关于“本体论”与“传统本体论”，高清海先生认为“本体论”“作为概念，本来就是一个含混的概念，人们对它的理解和解释向来多种多样。‘传统本体论’，在我们今天的使用中，相对来说含义比较确定，它特指由柏拉图奠定基础而为黑格尔所完成的那种理论形态。”本文“实践本体论化”中的本体论主要意指“传统本体论”。

它与传统本体论不完全等同，但二者有着密切的联系。

1. 实践本体论化的根本特征

马克思实践思想在哲学史上的重大贡献就在于，它超越和突破了传统形而上学的本体论化的思维方式，确立了一种根本不同的现代哲学思维方式。因此，马克思实践思想内在地要求以一种符合现代哲学理论本性的方式来予以阐释和把握。然而，一些人在理解实践思想时，所运用的是一种与实践思想的理论本性相对立的本体论的理解方式，马克思的实践思想被本体论化了，实践思想最终沦为“反‘实践思想’”，这是一种现实性的宿命。

所谓本体论的理解方式，即是以预定性和绝对性为根本的理解方式，即传统哲学的理解方式。在马克思实践思想之前，无论是亚里士多德，还是康德、费希特、黑格尔，他们都立足于传统本体论化的哲学立场，把理论与实践（亚里士多德）、理论理性与实践理性（康德）、知识学与伦理学（费希特）、主观精神与客观精神的异化（黑格尔）区别开来、割裂开来、对立开来。亚里士多德说：“创制之外另有目的，实践则没有，良好的实践自身即是目的”①。康德三大批判的第一批判是处理理论问题，第二批判处理实践问题，“只有两种概念容许有一批关于对象可能性的各异的原理，这就是：自然概念和自由概念”。② 自然使认识按照先验原理变成可能，自由的基本法则使意志（实践）活动有了基础。黑格尔从活动的对象性（规律性）和目的性两方面出发，实践成为绝对精神的运行环节和验证手段。在马克思实践思想之前的西方哲学中，理性中心主义或逻各斯（古代）二极化或二元对立的思维方式（近代）成为所谓理论哲学和实践哲学相对立相区别的理论基础。也是实践本体论化的实质。具体而言，与实践思维相比，实践本体论化的理解方式主要有如下特点：

（1）绝对性

实践本体论化的根本特征是“绝对性”③。所谓“绝对性”也就是实践“限定”性，主要是指“那种至高无上，唯我独尊的绝对权威的地位和意义”④。在这方面，无论是“物质本体论”、“生产力本体论”、“实践本体论”

---

① 《尼各马可伦理学》，第 127 页。

② 《判断力批判》上卷，第 9 页。

③ 关于“绝对性”。高清海先生在其《马克思对“本体论思维方式”的历史性变革》等文中已经指出“绝对化”是传统的“本体思维方式”的“基本特征”，我在此认为绝对性也是实践本体论化的根本特征。

④ 高清海：《马克思对“本体化思维方式”的历史性变革》，载《当代国外马克思主义评论》(4)，人民出版社 2004 年版，第 38 页。

还是“实践生存论”，实质上如出一辙：它们都把实践变成“偶像”。具体说来，实践本体论化的绝对性特征主要表现以下几点：一是将某一种或某几种实践活动甚至实践的个别方面孤立并强调突出出来，赋予它们令人信服的“永恒偶像”般的地位和意义，从而造成人们的实际活动和生活过程的被割裂并严重对立起来；二是以个别的评价尺度为利己的实践活动争得独尊的地位和意义；三是在现实中通过夸大某一类实践活动（或因素）的作用、地位意义的方法使实践的个体性前提缺失了，“他者”的异质性和合法性被剥夺了。并且把个体与集体、主体与客体绝对对立起来，通过对集体、主体的孤立强调，造成“他者”在实际上的不在场“缺场”。实践，成为剥夺个人实践权力的意识形态霸权话语，只有抽象的远离一般人生活的感性活动才是实践，而日常的、大多数人“在之中”的感性活动不是“实践”；并且只有“偶像”式实践是有价值、有意义、有地位的，而个人的大多数人的生活的感性的活动是没有价值、没有意义，更没有地位。因此，实践本体论化将实践绝对化的结果是使实践走向“偶像”式的非现实的、没有真正未来的绝路。

作为一种理论活动，实践绝对化必然表现为对实践的“限定”：“把‘实践’本身也限定为一种具体活动、一种具体关系、一个具体事实，而使它失去了看待一切事物和问题的‘新观点’、‘新视角’、‘新视野’的方法论意义”①。例如，把“实践”限定为物质生产活动（由此导致生产力本体论、物质本体论），社会关系的总和（由此导致实践唯物主义或历史唯物论）或实践本身（由此导致实践哲学）或生存过程（由此导致实践生存论），问题的关键不在于物质生产活动、社会关系和生存活动是否属于实践，是否是实践的重要组成部分，关键是这种限定本身的出发点恰恰是从本体论思维方式的角度出发，继承了传统哲学思维方式的衣钵。

实践本体论化“绝对性”的基本思维原则和思维方式的思想要害仍是传统哲学在作祟。如果我们稍加分析最近二十多年的实践本体论化的各种理论，不难找出它们的共同特点仍是：①追求实践的恒常在场、永恒原则和绝对真理的哲学妄想；②与现实相脱离，由概念建构起来并加以实体化的所谓独立的实践本体世界；③从初始本源、预设本质去解释并推论现有实践的前定论和先验论思维；④从两极观点追求单一绝对本性的单极化、绝对论的认识方法。因此，对于那些“解释并推论现有世界的前定论和先验论思维”② 活动的批判也是对于实践本体论化的批判。

①② 高清海：《马克思对“本体化思维方式”的历史性变革》，载《当代国外马克思主义评论》(4)，人民出版社 2004 年版，第 39、36～37 页。

（2）形式性

实践本体论化是撇开具体内容的外在思维方式，而实践思维是与实践具体内容密切结合的内在思维方式。以“感性活动”为例，实践本体论化的感性活动是抽象的，是从感性活动的内容中剥掉不同的特性，抽取其共同之处而形成的抽象观念。因此，实践本体论化的感性活动只是一抽象的概念，只是脱离了特殊性的抽象的共同性，是缺乏具体内容的外在的思维观念，“在现实中感性存在与思想存在属于两种不同的存在，它们存在的形式各有不同，前者以感官对象形式存在，后者以概念形式存在。它们虽然都是现实的存在，却只有后者即超感性的存在才是实在的”①，与此不同，与实践本体论化相对立的实践思维的感性活动是“从人与物，理性与物质在以人为主导的内在统一和相互作用关系中去看待一切事物和一切问题”，而不是把它“限定为一种具体活动，一种具体关系，一个具体事实”。②

（3）抽象性

与形式性特征密切相关，由于实践本体论化所运用的思维方式是一种与感性活动不相干的传统思维方式，对对象的差别性、特殊性不做彻底追究，“理念（本体）世界，特别是它的最高理念隐藏着整个存在的奥秘，现实世界的一切事物都只有从它的理念才能得到理解”，“本体与本体的所在两离，它怎样才决定存在的事物？更重要的还在于，本体作为超感性实体，完全脱离开了经验，人们怎样能够认识和把握这种本体？”③因此，实践本体论化无法把握现实实践活动的复杂性、矛盾性和发展性，无法把握实践的具体性和丰富性，从而决定了实践本体论化必然具有抽象性的特征。与此不同，实践思维是“以实践的观点去看待人的活动、看待社会现象、看待人的生活世界、看待一切哲学问题”，④它所要否定的正是“以‘绝对化’为基本特征的‘本体思维方式’”⑤。因此，它就能克服实践本体论化的抽象性而达到真正的具体性。

（4）外在性

实践本体论化的根本旨趣在于利用人的理性活动，排除感性活动（实践）中的差异性、特殊性的内容，以获得所谓感性活动的共同点，并且以此为根本而形成抽象的外在规定。所以，实践本体论化对于感性活动（实践）的各种联系和表现并不关心，实践本体论化的所谓实践（感性活动）不过是彼此外在、相互隔绝（但可以进行外在比较和外在排斥）的外在关系。凝固不变、彼此外在是绝对性的实践本体论化不可克服的弱点。与此不同，实际生活过程的发展

①②③④⑤ 高清海：《马克思对“本体论思维方式”的历史性变革》，载《当代国外马克思主义评论》（4），人民出版社 2004 年版，第 34、39、34、38 页。

原则和总体性原则可以消解和解决实践本体论化的凝固性和僵死性，使彼此外在的感性活动观念形成自我否定、自我发展的内在关系。

(5) 狭隘功利性

实践本体论化是以现象与本体、感性与理性、主体与客体二元对立为前提的。当人们着力把实践看成具有本体论意义或意旨时，就不但跌落回传统本体论哲学的窠臼，同时也就从二元对立的立场上表现为轻现象重本体、轻感性重理性，成为新世纪版的本质主义、理性主义、主体主义、人类中心主义。在现实意义上，狭隘功利性和理性工具化成为实践本体论化的价值本质。

绝对性、形式性、抽象性、外在性、狭隘功利性，这就是实践本体论化的主要特征。

实践本体论化的一个重要特点是从人们的经验对象中排除差异和特殊内容，抽取其中的共同性，把鲜活的实践思维变成理性的抽象。正是这一抽象，实践由于成为抽象程度极高的概念也就成为最高普适性的概念，也就具有最高的解释力和概括力。实践本体论化的结果是把这种抽象实践概念变成独立存在、无待外求，自因自果的孤立实在，并使之恶性膨胀为整个现实世界之为存在的最高根据和原则。实践作为最高根据和原则也是世界的“本体”。在此意义上，实践本体论化也就是海德格尔和伽达默尔等所谓的“实体本体论”化。其目的是为了把有着确切边界和适用性的实践无限推广为整个世界的本体性的普遍概念，从而使实践进一步具有了独断性、绝对性和教条性的特点。

2. 实践本体论化的表现特点

在历史上，我们在理解马克思实践思想时，受普列汉诺夫和所谓“教科书哲学”的影响，往往是从传统本体论出发解释实践，结果导致了实践的绝对化、形式化、抽象化、外在化和功利化。用本体论思维方式理解实践，就如同“方的圆”一样的对立矛盾，南辕北辙。在根本上就是把相互排斥、互不相容的两种观念人为地链接在一起，结果导致了实践的教条化，使实践成为独断性和绝对性的僵死原则和空洞说教。

随着实践的本体论化，实践完全失去了它本来的理论批判精神和思想革命旨趣。

(1) 实践的形式化

实践变成了在所有领域、所有时间都可用，实质上又是所有领域所有时间都不中用的空洞概念；变成了似乎能解释一切但实际上什么都解释不清的空泛概念语词；变成了脱离内容的形式性的抽象教条。使得在人们的日常语言和思维中，在专业的理论语言和思维中，实践成为一个可以任意拿来使用，可以任意用来评价的现成概念。无论面临什么问题，都不需要对问题本身进行具体的考察和分析，只要与“实践”挂钩，贴上“实践”标签，就成为一劳永逸、放之四海而皆准的真理性话语。同样，只要判定某某是“非实践”的，就算是把它打入无底的深渊了。这种行为的极端表现就是：实践被视为关于世界的、最有权威性的科学“真理”的标准。而其他具体学科，包括自然科学和社会科学，都只是“二等”科学，都隶属于实践的真理并必须接受它的指导和规范。至此，实践完全成为失去具体内容的“万能”语词，完全成为跨越一切时空的绝对权威。实践本身也就被赋予了不可自我批判，又可随时批判他人的意识形态和另一种话语霸权，成为一个地位与“上帝”相类似的“超级”概念。所有这一切，都是实践本体论化的必然结果。

实践本体论化的形式是多种多样的，但实质却完全一致：首先是把实践内容的特殊性、差异性抽取掉而成为“空洞”概念，接着把这个抽象概念和空洞规定加以绝对化和凝固化，使之成为超时空的概念原则，并赋予这个概念原则以至上的权威，成为一种对世间万事万物的终极性的裁定权和评判权。十分明显，这种思维方式和路径是非常典型的传统本体论性质的。这种思维方式所创造出来的“实践”概念“随时随地都是一个创造奇迹的神，可以帮助克服实际生活中的一切困难，……它是为一切时代、一切民族、一切情况而设计出来的；正因为如此，它在任何时候和任何地方都是不适用的，而在现实世界面前，是和康德的绝对命令一样软弱无力的”（恩格斯语）。[①]“实践”在实践本体论化之下，变成一种形式主义的教条概念，它不但不能对现实生活和现存事物作出真实有效的诠释，而且正是在现实的强制力量的挤压利诱下，成为窒息思想发展、生活进步、阻碍人的生存的工具。

（2）实践的主观化

实践成为主观随意运用的偶然性的诡辩概念。

实践本体论化的结果是使实践绝对化、形式化、教条化，实践成为本体。实践作为感性活动的灵活性就转变成为主观运用上的随意性和偶然性。其中的主要原因仍是实践本体论化实质上是将实践视为思维的外在形式，与具体内容和实践的特殊性具体性无关，实践成为脱离了现实内容的、无根的理性“形式”。换言之，实践本体论化把实践与其现实的内容剥离开来，成为不被实质性内容制约的抽象思维规定，又进一步把这个抽象思维规定变成绝对的概念和范畴。最终把这个抽象思维规定、概念和范畴与当下的主观需求和功利目的相结合，“活学活用”。从而使实践沦落为一个可以根据任意主观愿望和目的来加

① 《马克思恩格斯选集》第4卷，人民出版社1995年版，第240页。

以利用的游戏概念，成为超级意识形态。

(3) 实践的功利化

经过实践本体论化的实践成为丧失现实生活情趣，只为少数人和个别功利集团所使用的御用工具。

实践的功利化是实践形式化和主观化的必然结果。因为无论是把实践形式化使其成为貌似适用一切的僵死概念，还是把实践主观化使其成为随意驱使的奴性概念，所明确意指的都是功利目的：作为现成的概念范畴，可以成为任意利用的“便宜之物”。在这里，主观上的任性使“实践”被当成外在的概念，并使之发生使用上的有意混乱，从而成为功利目的的奴仆。在这种功利目的驱使下，“实践”就在一次又一次的现实演出中，充当着是非难辨的尴尬角色。

实践的功利化的最大危害是使实践彻底丧失了马克思在把实践引入哲学所独具的批判性和革命性的重大意义。马克思哲学中的实践在理论本性上是与传统哲学中的实践概念有着根本区别的崭新哲学概念。它给予人们的首先不是实用功利目的，而是一种超越现存利益关系、超越实用功利目的的批判革命精神。“如何摆脱‘理性霸权’、‘概念宰制’，走出由逻各斯统治的宿命论的独断世界即传统哲学建构的‘本体论世界’，以便使人和哲学回到现实的人和人的真实生活世界……即根本改变旧有的哲学传统，把哲学置于全新的基础，实现了哲学理论的历史性变革。”① 显然，批判性、革命性作为马克思哲学的本质特点是一种否定性和超越性，而不是任一具体的功利化活动。把实践功利化的策略是对实践的恶意歪曲和毁灭性颠覆。

上述对于实践本体论化的初步分析清楚表明：实践处于泛用和肆意歪曲的巨大危险之中，处于无根漂泊状态；马克思实践思想仍处于晦暗和被遮蔽之中，实践必须以符合其理论本性的方式来把握。以本体论化的方式来把握它，一定会导致马克思哲学诠释上的重大失误。必然使实践蜕变成传统的概念，它们具有的批判革命精神也不复存在。

这表明：寻求实践的真实意蕴和现实载体，克服超越实践本体论化，已经成为捍卫马克思实践思想的理论合法性，拯救实践的理论命运的生死攸关的课题。

3. 实践本体论化形成的历史路径

在西方，对于马克思实践思想的重视和系统研究的主要不是第一代马克思

① 高清海：《马克思对“本体论思维方式”的历史性变革》，载《当代国外马克思主义评论》(4)，人民出版社 2004 年版，第 33 页。

主义者，如列宁、普列汉诺夫。而是所谓的“西方马克思主义”和东欧“新马克思主义者”：卢卡奇、拉布里奥拉、葛兰西、布洛赫、法兰克福学派、南斯拉夫实践派、科拉科夫斯基、科西克等。这种情形的产生是对褊狭保守的意识形态和封闭的理论研究的强力冲击。

(1)“西方马克思主义”者对于实践思想的认识

20世纪早期的西方马克思主义的代表人物当推卢卡奇、科尔施和葛兰西等。卢卡奇在《历史和阶级意识》中通过对“物化”概念的定义界定了资本主义条件下劳动的异化本质（见该书中文版，重庆出版社1989年版，第96页等），又通过分析劳动分工指明现实实践丧失了内在的、有机的、具体的总体性（见该书第114、115页等），通过确立总体性原则而达到主客体的相互作用和具体统一。从而在根本上杜绝了庸俗唯物论的影响。因为他看到了“劳动造成了双重的转变”[①]，具有创造对象和创造自我的本性，具有主客体统一的本性。这样，卢卡奇彰显了马克思实践思想的辩证法内容。

与卢卡奇思想相呼应的科尔施则坚持马克思的哲学是理论和实践统一的总体性革命理论的基本观点。他认为，马克思哲学是一种变革现实的观念精神，在彻底“消灭”了以独立观念形态存在的旧哲学的同时，使变革现存世界的革命的批判的理性精神体现于现实的社会实践之中，从而完成“消灭哲学”和“实现哲学”的任务。

葛兰西在《实践哲学》一书中确定实践哲学是现代文化的产物，是“整个精神的和道德的改革运动的顶峰”[②]。他认为实践是马克思主义的核心范畴，人是一种能动的实践存在物，人的存在就是一种实践过程。他在肯定具体历史行为中对立面的同一性的同时也确定了实践一元论的合法性。因此，葛兰西实践哲学打破了长期困扰的唯物主义与唯心主义僵硬的、绝对精神与绝对物质的非此即彼的形而上学的对立，在实践的意义上完成了主客体的相互生成和现实统一。

布洛赫则从实践的超越本性得出“乌托邦”精神是马克思主义的本质特征的结论。布洛赫重视对所谓“动态思维”哲学家的研究，他把人作为自己“希望”哲学的主体和基础，尤其重视对于现代文化的物化本性和关于人的异化状态的批判。他认为，马克思实践思想中存在着一个超越的维度，这是一个历史的和生活本身的内在的维度，也就是“乌托邦”或“乌托邦”精神：“……从

---

① 卢卡奇：《关于社会存在的本体论》（上卷），重庆出版社1993年版，第642页。

② 葛兰西：《实践哲学》，重庆出版社1990年版，第18页。

所有这一切中，产生出其问题、种类和范围从未被如此想象过的乌托邦领域”[①]，这种指向未来、不断超越和否定现实社会的理论维度与“法兰克福学派”等神会在一起。

(2)“物质本体论”的幽灵仍在作祟

我们看到，在各种实践本体论化的理论中，总是或明或暗地游荡着“物质本体论”的幽魂。“物质本体”作为哲学的概念或范畴至少有两千多年的历史。在古希腊哲学家亚里士多德的“质料”概念中就包含着“物质”概念的萌芽。亚里士多德描述了物质的广延现象[②]，并且把“质料”赋予“是者”、“本质”、“基体”等本体的意义。这与后来“马克思主义”哲学中的“物质本体论”有着明显的联系。

长期以来，马克思主义的众多专家学者是从“物质本体论”基点上去理解马克思实践思想的：即“马克思主义哲学必须用‘物质’的范畴消解西方哲学的中心范畴，包括‘是者’(Being)、‘存在’(existence)、‘本体’(substance)或‘实在’(reality)等”。进而认定“马克思主义哲学的创新之处在于把‘物质’置于中心地位”。[③] 从上述出发点来解释马克思哲学包括其实践思想，虽然能在肤浅的层次上掌握马克思哲学的个别语句和概念范畴，却在根本上把马克思哲学严重掩蔽起来，并且继续用传统本体论哲学误解马克思哲学，所不同的只是用抽象的“物质”代替了“是者”、“存在”。同样的情形也历史性地发生在实践本体论化理论身上，即认为马克思主义哲学是用“实践”的范畴“替代性”地消解西方传统本体论哲学的“理论硬核”。所谓“替代性地消解”并不是真正消解，而是在传统本体论思维方式之内的替换，所要达到的目的不是要消解和摧毁传统本体论的形而上学大厦，而是打算用新的本体替代旧的本体，用新的形而上学本体论替代旧的形而上学本体论，是“换汤不换药”的“旧瓶”装“新酒”。

这就涉及对于马克思哲学的理解的根本问题。我们认为，马克思没有、也无意要建立一个“物质本体论”或“实践本体论”。在马克思著作中，既有对实践的超越性、批判性的强调，又有实践的社会性、历史性和具体性的反复论述。它们都表现了马克思实践思想的独创性和变革意义。如果把马克思关于实践的一些个别论述加以发挥，使之成为充满黑格尔式思辨意味的实践本体论，

---

① 布洛赫：《一种未来哲学》，纽约1970年英文版，第88页，中文转引自衣俊卿等：《20世纪的新马克思主义》，中央编译出版社2001年版，第147页。

② 此处可参阅赵敦华：《“物质”的观念及其在马克思主义哲学中的嬗变》(载《新华文摘》2004年第18期)。

③ 赵敦华：《“物质”的观念及其在马克思主义哲学中的嬗变》，《新华文摘》2004年第18期。

那就只会淡化或根本否定马克思实践思想的独创性和变革意义，既不能与直观的唯物主义划清界限，也不能在学理上克服传统形而上学对马克思实践思想的误读。

众所周知，实践思想是整个西方哲学，尤其是马克思哲学最为重大的理论成果之一①。

“从前的一切唯物主义（包括费尔巴哈的唯物主义）的主要缺点是：对对象、现实、感性，只是从客体的或者直观的形式去理解，而不是把它们当作感性的人的活动，当作实践去理解，不是从主体方面去理解。因此，唯物主义相反，能动的方面却被唯心主义抽象地发展了，当然，唯心主义是不知道现实的、感性的活动本身的”。② “哲学家只是用不同的方式解释世界，问题在于改变世界。”③

理论哲学与实践哲学④经过漫长的演化和发展历程，在古希腊亚里士多德、德国古典哲学和马克思哲学中，尤其在马克思哲学中，实践思想作为西方哲学传统的传承和革新，在充分吸取历史上哲学家的理论营养的基础上，确立了实践思想的新形态，使实践思想达到了一个崭新的理论境界和水准。

（3）中文词“实践”特殊命运

我们追溯一下中文词汇“实践”的历史和现实使用情形，可以从中找出实践本体论化与现实生活之间的内在联系：实践本体论化越猖獗，实践的“神圣”地位越稳固，距离马克思实践思想就越远。实践丢失了自身。

在中国传统哲学的典籍中，并没有“实践”这一概念。作为古汉语的“实践”较早出现在《宋史》中。含有“现实地完成”⑤ 之义。“实践”作为语词在清朝末年才进入中文哲学语汇中，20世纪初期才广泛使用。至于有关实践的各种思想内容和理论流派，也是近代以来学者们从西方翻译引介而来。至于实践成为一个为人们耳熟能详和家喻户晓的概念，那完全是马克思主义传入中国以后马克思主义哲学日益深入的结果。

自从实践概念传入中国以后，它就在中国人的理论生活和现实生活中逐步获得了一种不同寻常的特殊地位。它不仅成为哲学理论研究中举足轻重的概

① 在最新的中文版《大不列颠百科全书》中虽然没有为“实践”专列条目，但肯定其是马克思主义哲学的主要概念。

②③《马克思恩格斯选集》第1卷，人民出版社1995年版，第54、57页。

④ 作为一种对于理论哲学与实践哲学的定义之一，可参考王南湜先生相关论述，可参见其《后主体性哲学的视域》一书。但我本人并不赞成其中的一些观点。

⑤ 参见李博：《汉语中的马克思主义术语的起源与作用》中文版，中国社会科学出版社2003年版，第341—343页。

念，而且广泛渗透影响着社会政治生活和人们日常生活，从而与中国人的现实命运有着直接而复杂的关联。可以说，在当代中国人的语言中，恐怕没有比实践更为普及、更富知名度的概念了。略有教育背景，甚至完全不懂哲学的人，都对这一概念了然于心，且能在日常言谈中十分熟练地使用“实践”一词，更不用说那些专业的哲学研究者们了。这其中也不否认实践本体论化发展过程的客观作用。

实践成为中国人所熟悉的哲学概念语言，显示了马克思主义哲学在我国的广泛传播和高度普及。然而，在已进入21世纪的今天，总结和反省“实践”这一概念的理论命运，却又发人深省：正是在实践本体论化的理论推动下，马克思所创造的、本来充满生命活力的、富有反思批判精神的实践思想，才会不同程度地被庸俗化、教条化和公式化。实践的特殊理论命运，表明了它与中国的现实发展之间不可分割的内在联系。笔者仅从学理的角度表明：实践陷入了科学哲学、庸俗哲学的泥坑，是与其理论根基的遮蔽和遗忘有着非常重要的关联的，根本原因就在于马克思实践思想的长期被误读和误解，而实践本体论化又和其大行其道。

要使实践彻底避免陷入抽象化和教条化的本体论化的命运，一个极为重要的工作就是在理论上确立马克思实践思想的真正理论基础，使人们明确认识到：让真正属于马克思实践思想的归于马克思的实践思想，而不属于马克思实践思想的实践本体论化等不要僭用马克思实践思想之名。

4. 所谓实践本体论化的前提承诺与否定立场之间的矛盾问题

这里强调的是实践本体论化的困境，即对于将实践本体论化进行的反思批判，也就是分析实践本体论化的立场使我们在进行理性活动之前需要澄明的一个问题就是：如何摆脱由于我们的否定立场所引起的如威拉德·蒯因所谓的“本体论的承诺”所设的虚假矛盾境遇。

我们反思批判或否定实践本体论化，并不是从赞成或否定实践本体论这个问题出发的，因为如果那样的话，我们就会真的陷入如蒯因在《论何物存在》[①] 所说的“一种不利的地位”。[②] 即当我们想否定实践本体论化的时候，我们就会“自相矛盾”。因此，我们首先要澄清的是，当我们反思批判实践本体论化的时候，我们是从新的“问题域”，摆脱开了“肯定、否定”的前提性

① 载《从逻辑的观点看》，上海译文出版社1987年版。

② 见《从逻辑的观点看》，上海译文出版社1987年版，内容第1页，可参阅该书的“中文本序”等内容。

“承诺”的陷阱之后来反思批判实践本体论化的。在我们看来，由蒯因所提出的“本体论承诺”所导致的否定方的“不利”只是在他所说的“何物存在”的那个“科学哲学”的问题域才有意义，才是真问题；或只有当人们迷妄地陷入“什么是实践”或“实践是什么”的传统本体论提问方式的时候，对于实践本体论化的反思批判才必然导致前提承诺与否定立场之间的矛盾。换言之，只有当人们以“物”的思维方式而不是以实践思维方式探讨问题时，人们才可能陷入困境。当人们把实践看成物或什么东西的时候，人们对于这个“潜存”的语言指称对象必然导致其理论体系的“本体论承诺”。人们也就无法从学理上彻底反思批判实践本体论化。换言之，蒯因所断言的任何理论系统都包含“本体论许诺”并不确实。从积极方面，蒯因的理论实际上向人们提了一个醒儿：要想从学理上彻底反思批判实践本体论化，首先就要与传统本体论彻底决裂。20世纪一百多年来实践问题的理论发展历程尽管经过实践唯物主义（唯物史观）、实践认识论、实践本体论、实践生存论等多种样式的演化，但从传统本体论角度或“从逻辑的观点看”马克思的实践思想则始终没有根本转变，才造成对马克思哲学思想的遮蔽。

我们不能在“何物存在”或其他传统本体论的提问方式中反思批判实践本体论化问题，在这方面，20世纪哲学家马丁·海德格尔为我们作出了表率。我们在反思批判实践本体论化时也遇到了海德格尔撰写《存在与时间》时相类似的情形：我们应如何追问存在问题。首先要排除的就是近代认识论哲学的形而上学（本体论）思维方式的纠缠，同时要排除实证方式的静观态度。“为什么在者在，而无反倒不在”——面对存在时所表现出的古希腊式的惊诧，海德格尔虽然秉承笛卡尔、莱布尼茨等人提问方式的形式，都在实质上抛开理性——逻各斯中心主义的“概念宰制”，通过追溯希腊哲学的起点，而使提问方式由外在转向内在，由理性抽象转为体验具象。因此，由“为什么在者在而无反倒不在”的提问方式就存在着两种截然相反的哲学致思路向：一种是以“某物是什么”为典型特征的本体论的传统方式；另一种则是以废除理性主义概念宰制为特征的“形上之思”[①] 的现代哲学思维方式。从“形上之思”角度而不是从传统理性的形而上学角度反思批判实践本体论化成为问题的关键。

“实践思维”或“形上之思”是一种哲学思维，更是一种有别于传统本体

① 关于“形上之思”，朱德生先生著有《形上之思》一书，在该书中朱先生是从人本性的形而上角度维护哲学思维的抽象思辨的形式特点，这无疑是对的。我本人在拙文《实践思维与形上之思》中则进一步把“形上之思”看成与传统哲学的思维方式相对立的一种现代哲学思维方式。

论思维方式的现代哲学思维方式。它作为我们反思批判实践本体论化的理论出发点，包含着基本前提是：它意味着反思批判实践本体论化作为理论活动所包含的“超越性之维”。这个“超越性”借鉴于海德格尔对于胡塞尔先验“指向性”的主体形而上学改造，却结论于德里达的对于海德格尔的极端化主体形而上学的新一轮“解构”。换言之，“形上之思”相对于传统形而上学，实践思维相对于实践本体论化。二者的基础前提是都具有“内在性”特征。正如德里达所说：“要颠覆形而上学，没有形而上学的概念就没有任何意义。我们的语言——句法和辞典——都不是外在于历史的，显然，我们所提出的任何一个破坏性命题无一不是已经包含在它所试图予以抗争的那种形式、逻辑和内在基本原则之中。”① 反思批判实践本体论化作为一个“命题”不是要否定作为人类特有思维方式的哲学理论活动本身。作为传统本体论思维方式的形而上学与作为现代哲学思维方式形上之思的实践思维是人类哲学发展的不同时期、不同阶段的产物，后者对前者的否定是历史的必然，只有后者对前者的否定，才有人类哲学的发展可言。而且最根本的一点是要认识到这种“颠覆”不是“外在”或外来的，而是包含在内部的“雠仇”。从这点出发，反思批判实践本体论化不是要摧毁“实践”，而是要寻找实践的哲学根本；不是要否定形而上学，而是要探索形而上学的当代样式；不是不要马克思哲学，而是要澄清长期以来遮盖在马克思实践思想上的各种模糊认识。要做到这一切的前提就不能从马克思哲学的外部而是从其内部，从哲学②本身来探讨问题的。

① 《写作与差异》，第280—281页，转引自恩斯特·贝勒尔：《尼采、海德格尔与德里达》，社会科学文献出版社2001年版，第9页。

② 这里的“哲学”或“马克思哲学”的含义基本上是相同的，因为本文作者认为马克思哲学是现代哲学的代表，是现代哲学的一种主要样式。

第二章　马克思实践思想的“超越”性

一、马克思实践思想的主要内容

以往实践理论的终结点，就是马克思实践思想的出发点。

（一）马克思实践思想的逻辑起点

人们从自己生活的世界出发，在把握这一世界的认识活动中，走到了世界以外、建立起来一个超自然的世界。人成了自己所建立的超自然的从而也是超人的世界的奴隶、玩偶。这是人们难以忍受的。所以反过来，还要把这个超自然的世界归还于自然，然后再经过自然世界归还于人。通过 20 世纪马克思主义哲学的曲折发展过程，“实践本体论化”一方面揭露出了体现于认识客体中的主体与客体的大量矛盾，另一方面也揭露出了体现于认识主体中的矛盾。这就形成了“实践本体论化”的理论结果。①肯定了在自然世界中，物质是本原性的存在，是一切现象的存在和变化的基础。这一结论集中地体现于卢卡奇的《社会存在本体论》中。②肯定了在属人世界中，人的理性和自我意识是富有创造性的能动主体，人在认识活动中是通过自身固有的规律去把握外界对象的。这一结论集中地体现于“实践本体论”、“实践生存论”当中。

但是，“实践本体论化”的这两点成果，只是以相互对立的片面形式表现出来的。它们分别研究了马克思实践思想的两个不同方面的内容，却不能把它们统一起来。其中的每一种理论，都是在否定另一种理论的前提下建立起来的。在论证时，必然要否定其他命题。这就形成了两个世界，自然世界与属人世界相互割裂、彼此对峙而无法统一的局面。一方面是自然物质的本原性，另一方面是主体意识的能动性；从自然物质说明不了意识的能动活动，能动的意识活动又缺乏客观的物质基础。这就是“实践本体论化”的发展所造成的矛盾困境。

在这一困境中，表现着其他对立：本质与现象的对立，内容与形式的对立，自由性与必然性的对立，主观性与客观性的对立，自然规律与社会规律、思维规律的对立，主体与客体的对立，自然观与历史观的对立，哲学与科学的对立，等等。这里的各种对立也都不可能达到真正的统一。“实践本体论化”接触到了有关自然世界和属人世界中的各种矛盾内容，却唯独没有把握到形成这一切矛盾的那个作为基础的始源性矛盾。它们分别对两个世界建立起了统一性。问题主要在于，它们找不到超越这两个世界的限制、能够把二者统一起来的那个现实基础。这就使“实践本体论”哲学不能不陷入把现实世界抽象化的这样或者那样的片面观点之中。

这就是彰显马克思实践思想所面临的问题。要推进马克思哲学进一步发展，就必须集中力量解决实践本体论化这一根本问题。

人怎样生活，人用来表达自我本性的哲学理论也必然是怎样的。实践方式、生活方式决定着观念方式、思维方式。现代哲学在根本上由现代实践活动推向现代哲学形态。

随着现代生活的发展，原来适应于近代生活活动方式的哲学观念在不知不觉中都变化了，逐渐让位于现代实践所需要的新观念。这些观念变化的实质就是：适应个人由依附走向独立，人们对待外部世界以及人自己的态度发生了根本的变化。由于人变化了，人对世界、世界对人的关系都需要重新调整，新的观念就是适应新的关系而形成，它的出现就意味着个人主体意识的觉醒。

这些反映到理论上，就表现为哲学理论的变化。即传统哲学理论向现代哲学理论的转变。现代哲学，就是现代人的自我意识，表现的是获得独立性以后的个人与外部世界的关系，人对待人世事物的态度，以及他的思想、愿望和追求。

传统哲学转变为现代哲学，首先就是这一哲学立足点的变化，它不再从什么假想的实体、本体出发去理解各种事物，而是要直接地运用感性生活的眼光去看待一切，从人的实际生活过程的关系中去理解外部世界；它所关注的已不再是什么彼岸存在的终极、永恒的问题，而是生活的现实存在、现实生活中提出的问题；它也不再依靠什么外在权威、先定本质去解释和解决人的生存生活问题，而是要从人自身的生存活动中去寻求人的行为的价值、意义和根据，要运用人自己的力量去创造人自己的生活、掌握人自己的命运。

这样就形成了由传统哲学到现代哲学的如下理论转向：从一元取向转向多维取向，从族群本位转向个体本位，从客体决定论转向自主决定论，从先天命定论转向后天选择论，从投靠外在权威转向发挥内在潜能，从绝对主义转向相对主义，从实体论转向价值论，从思辨理性主义转向批判理性主义等等。

马克思是现代哲学的开创人和奠基人。他较早以思想形式表达了人类社会第二大形态的伟大历史变革，在哲学中实现了从抽象的虚幻的人转到具体的现实的人，从抽象的彼岸世界回到人的现实世界的伟大实践思想转变。从此，传统实践理论的历史便终结，开始进入了新的实践思想时期即现代哲学的发展时期。

人的实际生活活动，是人的一切思想认识的出发点，也是人的思想认识的根本内容。构成认识对象的客观世界，也是作为实践活动的客体而存在的。不属于实践活动的对象的存在，也就不能成为现实存在的认识对象。人们把握对象的认识方式，也首先是作为实践方式而起作用的。不构成实践方式的必要环节的东西，也决不可能成为认识活动的方式。

从这一意义说，先前哲学的实践理论所有的一切理论观点，包括自然性观点、存在性观点、意识性观点、人本性观点、甚至包括人的实践本性的观点在内，都不过是从人的抽象人性出发以这样或那样的方式对实践的个别内容和环节的反映。很明显，如果实践中不包括自然对人及其活动的基础性作用，就决不可能产生出来强调自然本原作用的存在观点；同样地，如果在实践活动中不存在作为人的对象世界是由人的活动构成的这样的环节，那种从意识出发大讲自我建立非我的实践理论能够产生出来并发生重大影响，就是不可想象的事了。

（二）马克思实践思想的主要内容

作为马克思哲学思维方式的实践观点是从克服存在观点和意识观点的片面性理论、全面反映实践活动的多种矛盾内容中诞生的。

1. 实践是主客体分化与统一的基础

主体与客体的分化只有在实践中才能发生，主体与客体之间的统一也只有在实践中才能实现。实践既是造成主客体对立的根源，又是实现主客体否定性统一的根本途径。

人是自然进化过程的最高产物。但是，自然进化本身并不能直接造成主客体的分化。主客体的分化是主体实践活动的结果，是主体通过自身的活动把自己从自然界中提升出来的。当人在实践中把自然界当作满足自己需要的对象占有时，也就把自己作为占有对象的主体同对象区别开来。

主客体的统一与自然物之间的统一具有根本不同的性质。在统一中，主体把客体加以同化，纳入自身的存在体系，这样就扩大了主体的力量，发展了主体的存在体系。实现这种统一的方式和途径就是实践。主体只有改造了客体的存在形式，把自身的力量物化到对象之中，实现主体向客体的转化，才能同化客体，实现客体向主体的转化，而主体向客体的转化就是实践。主体与客体的不断分化与统一过程，就是主体的实践发展过程。实践是主体与客体分化和统一的基础和动力。

2. 实践使主观存在转化为直接现实性的存在

"现实性"是揭示实践作用的一个重要概念。现实性概念不论从其功用上还是从其来源上、从逻辑系统中所在的位置上看，都是与人的有目的活动分不开的。从概念固有的本性或原有含义说，离开实践的主体不但没有现实与非现实的区分，而且就连现实与可能的区分也毫无意义。例如，在动物面前，世界无所谓现实与可能，只有在人的实践中才需要把握现存世界中那些潜在的、尚未成为现实的多种可能性，并通过自己的活动使其转化为现实。这种现实性，并不能从认识活动所具有的普遍性中引申出来，而只能从实践中引申出来。实践所创造的现实，是人们的现实性观念存在的源泉。

主体的存在离不开主观能动性，但是，主观性作为一种观念性的存在并不具有直接现实性，而主体却是一种现实性的存在。主体的现实性表现为主体的自我实现过程，因而与客体的现实性又不相同。这样，要研究主体的存在，就必须研究下面两个方面的问题：第一，主观观念的东西如何变为现实的东西？第二，主体的现实性与客体的现实性有什么不同？这两个问题本质上都集中于主体的实践，因为实践是主体自我实现的基本手段。因此，离开实践的存在是不存在，不讲实践的存在是非存在，只讲存在不讲实践，是传统意义上的存在。

主体的存在过程就是它的自我实现过程。主体的一切规定性都是在自我实现的活动中产生和发展的，都是在实践中成为现实存在的。主体的这种自我实现既不是自我观念活动的直接存在，也不是单纯的客观物质过程，而是二者的现实的统一，这种统一就是实践。

3. 实践使自在之物转化为为我之物

实践是主客体统一的直接现实，它把主体与客体组织在一个统一的系统结构中。在这个系统结构中，主体与客体不是作为孤立的要素存在着，而是通过系统整体化，彼此规定对方，又都为对方所规定。就客体对主体的意义而言，实践赋予客体以种种意义和价值，使其由"自在之物"转变成"为我之物"。

康德最先指出，如果仅从纯粹理性的认识关系去看客体，那么，客体本身只能是知性所把握不到的现象背后的“自在之物”，它超出知性的把握范围而存在。这种观点，在反对经验主义和唯理主义只从认识的角度去考察客体、反对只把客体看作感觉的集合或理性的规定方面有着积极意义。康德用“自在之物”概念指出了客体有其不能完全为认识关系所穷尽的一面，但是，由于康德不能正确理解实践概念，因而未能找到由“自在之物”向“为我之物”转化的道路，自在之物始终是个不可超越的彼岸世界。马克思认为，作为感性活动对象的客体，并不是与主体永恒对立着的彼岸世界，而是在实践中不断由自在之物向为我之物转化的过程。

在事物与人的关系中，事物的必然性不仅与偶然性相对构成人们认识事物的范畴，而且还与应然性相对，构成规范人们对事物的实践态度的重要范畴。

与必然性范畴不同，应然性范畴所揭示的不是事物在其自然发展中必然如何，而是在主体看来事物应当如何。应然性虽然以主体的意志、需要、能力、情感等因素为参照，但并不完全是主观的东西，而是在对事物发展的必然性的认识的基础上提出来的。因此，应然性范畴是包含着主客体统一关系的客体的规定性，是包含着必然性又超越必然性的一个更高层次上的范畴。

必然性是认识事物的依据，应然性则是改造事物的尺度。认识和改造的对立统一关系，认识活动向改造活动的转化，也表现在必然性与应然性的对立统一关系之中。这两个范畴在一定的阶段上是笼统地统一着的，特别是在主体与客体的分化尚未被明确意识到的阶段上。在这种情况下，人们被迫像客体一样盲目地服从着外在力量的支配，必然性常被视为应然性。随着主体能力的扩大，主体自我意识的提高，人们逐渐意识到了应然性与必然性的矛盾，开始追求应然性，并按应然性去活动。人皆有死，这是必然的，但不是应然的，因而人类才发展医疗事业以挽救必死之人。在这个意义上说，应然性与必然性是对立的，它是人们力图改变原有的必然进程而进行的一种努力。这两个范畴又是内在统一的：应然性以必然性为前提，内在地包含着必然性，并且始终指向一种更高的必然性，即把人的实践活动的应然性包括在内的必然性——历史必然性。在社会历史中，应然性与必然性实现了统一。必然性向应然性转化的基础是实践，实践是解决哲学上必然性与应然性争论的基础。

4. 实践是人类社会发展的基础和动力

人是唯一能进行自我创造活动的主体，人作为主体，它的本质力量也是自己创造的。

(1) *实践活动是一种能动地改造自然的活动*

在实践中，人把自在之物转化成为我之物，这样，人类以外的自在的自然界就被纳入人的活动系统中，成为人类本质力量的一个部分。这样，人在改造外部自然界的同时，也创造了自身的主体力量。人正是通过改造自然物，把自然物变成自己征服新的自然的手段来扩大和发展自己的力量的。随着人类改造自然活动的深入和扩大，越来越多的外部自然力不断地被纳入人的活动系统中，成为人本身的力量，因此，主体改造自然的力量和能力只有在实践中才能获得。

（2）人作为主体，它的实践力量是一种社会力量

这种社会力量也是来自人的实践活动。正是在实践的社会交往中，才把个人联合成为一个社会集体，使个体力量超越了个体生理机能的局限性，而成为社会集体的存在；也正是在实践中，使人掌握了以往人类实践能力的总和，使人成为一个类的存在物。实践是人的社会力量能力的源泉。

（3）主体力量不仅包括物质力量，而且包括精神力量

精神力量是构成主体的能动的物质力量的必要环节。主体的精神力量，最终也是源于实践的。

实践是推动社会发展、改造社会结构的决定力量。实践不仅是主体——人的能力和力量发展的基础和动力，而且也是社会发展的决定力量。

马克思认为，社会作为一种特殊的物质运动形式，与自然物质运动形式具有根本不同的特点。社会是由人的有目的活动构成的，社会的形成和发展，是在精神因素的参与下进行的。因此，决定社会发展的力量，是一种不同于自然物质力量的特殊力量。这种力量的特殊性就在于，它是在自身本质中包含着精神因素的现实力量，是一种自觉的力量，这种力量就是人的实践力量。

作为开创新纪元的哲学，马克思的思想彻底否定了传统的思辨形而上学理论，特别是作为传统哲学灵魂的那个本体论思维方式；也把人的生存、解放问题提到了哲学思想的核心地位，从而根本改变了哲学的传统性质和方式。在这两点上，马克思的哲学思想与现代哲学思潮是完全一致的。

马克思的哲学与西方其他学派不同之处在于，它是从实践观点出发去确立人的哲学地位和否定本体论思维方式的。这样，这就不仅仅是提高人的地位和作用，而且找到了返回现实世界，从抽象的人转向现实的人、把人加以具体化的现实基础和道路；不仅仅是摒弃传统的本体论思维方式，而且确立了崭新的哲学思维方式。只有做到了这两点，才真正实现了哲学的根本性转变，为现代哲学提供坚实的理论基础。这就是马克思的哲学优越于其他现代哲学的根本所在。

马克思在人类思想史上，第一次把实践提升为哲学的核心地位和内容。按照马克思的理解，实践是人创造自己需要的生活资料即人的对象世界，和把自

己创造为人即人的自我创造的一种活动，它是一个自觉的创造价值的目的性活动。在这种活动中，人一方面改造了外部世界，使它变成人的活动客体；同时也改造了人自身，人由此才成为自身活动的主体。如果说哲学的秘密在于人，那么，人的秘密就在实践之中。一旦把握住了实践观点，就可以顺利地解开人之谜。马克思的实践观点的创立，就意味着一种崭新的哲学思维方式的诞生，意味着哲学理论被转移到一个全新的基础之上，意味着哲学的主题、性质、方式发生了根本性的变化。

实践观点所标识的哲学转变，**首先**就表现在它提供了一个从人自身的活动去理解人的本质、特性，从而把人了解为富于自身创造力的活生生的现实人的基本观点。

其次，实践观点还提供了理解人和外部世界复杂关系的现实基础，只有从这一观点出发，才能真正把握它们之间的既相互否定又彼此统一的本质关系。人是一个极为奇妙的存在物。他既要依赖自然，又在不断否定自然；既来自于自然，又叛逆了自然；既是自然的儿子，又成自然的对手；既属自然存在物，又具有某种超越自然的性质。对于这些相互矛盾的性质，离开实践这一基础是根本无法理解的；如果不理解这种矛盾关系，也就不可能把握现实世界的两重性质，必然要把世界抽象化。因为这一切矛盾只有实践才发生的。实践本身是一种体现着自然物质本原作用和人的能动创造作用，即人和自然、主体和客体、主观和客观双向作用的活动过程。

再次，人所面对的世界的两重性质既然根源于人的实践活动，也就只有从实践的观点才能消融迄今以来哲学观点的分歧，把它们争持不下的物质和精神、思维和存在、主观和客观、实体和现象、自由和必然种种矛盾统一起来。因为，实践是人与自然、主观与客观、主体与客体相互规定、相互作用、相互转化的活动。它既是造成主观性与客观性相互对立、发展其间矛盾性的一种分化世界的活动，又是消除主观性和客观性各自的片面性、使二者达到更高结合的统一世界的活动。与此相适应，实践观点也就是人与自然、主体与客体、主观性与客观性依照它们在人的现实活动中的固有关系的一种否定性统一的哲学思维方式。

实践思维方式就是哲学的理解方式。它是从人的历史和现实的真实本质出发，在对待世界和人类自身的方式上应予贯注的哲学的观点和态度。运用这样一种思维方式，就意味哲学作为人的思维和认识已开始进入自觉地发展自己的历史阶段。马克思实践思想的建立，是马克思对人类哲学史作出的伟大的贡献。

二、“消灭哲学”——马克思实践思想对传统本体论的彻底超越

马克思在《〈黑格尔法哲学批判〉导言》中提出“消灭哲学”。这里的“哲学”就是指传统本体论哲学，即从古希腊开始到德国古典时期的哲学。特别是以康德、黑格尔、费尔巴哈为代表的德国古典哲学成为马克思批判的首要目标，成为马克思要“消灭”的首要对象。马克思提出“消灭哲学”的更重要意义是马克思明确要终结传统本体论哲学的枢纽核心——传统本体论的思维方式。按高清海先生的观点，传统本体论就是指由柏拉图到黑格尔一脉相承达两千多年的传统哲学的思维方式。马克思正是从彻底批判传统本体论的思维方式出发，“上手”创建自己的“新哲学”的。

（一）“实践的观点”对传统本体论的批判

马克思实践思想新范式理论的形成，是基于对“一般唯物主义”物质本体论的两个根本性错误的批判而形成的。其一，是把作为世界之本体的物质仅仅理解为无任何属性的直观实体性存在物，并认为世界运动变化的原因不在物质内部而源于物质之外；其二，是找不到自然界与人类社会通约的桥梁，只承认自然界的物质性，而认为人类社会的非物质性，所以它们在历史观上背叛了自己，同时也无法战胜同样错误的唯心主义对它的攻击。

马克思在科学地评价了一般唯物主义物质本体论后，以现实活动为基础，把实践辩证法引入哲学，赋予实践以新的内涵，并把人的生产劳动和其他交往活动称之为“物质实践”，从而找到了“社会物质”，把它当作如同自然界一样的出发点，而使社会的发展与自然界一样，是一个自然历史过程。“当然，在这种情况下，外部自然界的优先地位仍然在保持着”。① 马克思在本体论上的这种变革的具体论述体现在《关于费尔巴哈的提纲》等著作中。马克思把人的实践活动引入哲学，克服了旧唯物主义的直观性和不彻底性，对旧唯物主义物质本体论实现了革命性变革，使哲学提升到现代的水平。换言之，马克思实践思想中的“实践”不是僵死的哲学名词，不是传统哲学上的概念，而是反对旧

① 《马克思恩格斯选集》第1卷，人民出版社1995年版，第77页。

哲学的锐利武器。它突破了旧哲学规定的认识（意识）与实践（行动）难以超越的界限。

正如考茨基所说，马克思哲学的创立不是从建构新的体系开始，而是从解决时代性问题开始；马克思哲学成熟的标志也不在于它的哲学体系的完成，而在于它对时代性问题的科学解答和新世界观的科学阐释。马克思认为，任何真正的哲学都是自己时代精神的精华。作为时代精华的哲学“不仅从内部即就其内容来说，而且从外部即就其表现来说，都要和自己时代的现实世界接触并相互作用”。因为，每个时代都有属于自己时代的问题，“问题就是公开的、无畏的、左右一切个人的时代声音。问题就是时代的口号，是它表现自己精神状态的最实际的呼声”，马克思这段话，极其鲜明地表达了马克思实践思想中的“问题意识”。

特别值得注意的是，马克思实践思想中的“问题意识”有别于历史上一切哲学家的“问题意识”。因为马克思是从实际生活出发，以现实活动为基础，用实践观点进行理论活动的哲学家。简言之，马克思的“问题意识”是现实基础上的“问题意识”，这是马克思实践思想的重要组成部分。

马克思之所以能成为划时代的哲学家，根本原因之一就在于他从现实生活的“问题意识”出发，准确地捕捉住了人类社会由资本主义向社会主义发展这个关系人类命运的时代性问题，并从理论上科学解答了人类社会的发展到底有没有规律、资本主义社会的产生是不是历史的必然、社会主义能不能代替资本主义、无产阶级的历史命运和历史任务是什么等一系列时代性问题。

因而，马克思以实践思想为核心的“新哲学”不再是以建构抽象的形而上学体系，给人类提供永恒不变、包治百病的绝对真理为目的。因为世界发展的一般规律，如果不与具体的不断变化的实际相结合就会变为僵化的教条。所以，马克思一方面强调自己哲学世界观的方法论意义，反对把自己的思想公式化、模式化；另一方面，他批评当时德国的大学生动不动就要找一个所谓的逻辑出发点，搞一个主观思辨的体系的做法。今天看来，这种批评对于彻底认清“实践本体论化”的要害仍然具有十分重要的意义。

哲学作为人关于自身存在的自我意识理论，是以理论反思的方式思考着人与世界的生存关系，思考现时代的人应该过一种什么样生活的问题。马克思所生活的时代是科学大发展和工业革命基本完成的时代，实践活动能力的增长直接刺激了人的征服欲望，人开始不满足于认识和适应自然，进而要求征服和改造自然，努力实现从自然的奴隶到控制自然的主人。因而这一时期的主要任务不再是认识世界，而是如何改造世界的问题。

传统西方哲学在本体论思维框架内，把世界二分为本体世界和现象世界，本体世界在逻辑和价值上具有优先性，是人们追求的最高目标，现象世界则是人在追求本体世界的过程中应该予以抛弃的虚假世界。本体论哲学把人的真实生活世界贬低为虚假的现象世界，而把抽象的本体世界误认为人的真实世界，这表明本体论哲学所关注的世界已经不是人的世界，是外在于人的物的世界，这种与人相脱离的自在世界是马克思所极力批判的。马克思认为，只有在人类社会实践中，自然界对人来说才是人的存在的现实基础，社会是人同自然的完成的本质的统一，是自然界的真正的复活，是人的实现了的自然主义和自然界的实现了的人道主义，“被抽象地理解的，自为的，被确定为与人分离开来的自然界，对人说来也是无”①。因而马克思实践思想反对本体论哲学把世界二分为本体世界和现象世界，然后再试图把它们统一起来的传统哲学做法，认为任何以本体论哲学为出发点的哲学思维都只能讨论人与自然在认识领域中如何统一，无益于人的实际生活状况的改变。

马克思从现实的个人出发，认为“对实践的唯物主义者即共产主义者来说，全部问题都在于使现存世界革命化，实际地反对并改变现存的事物”②。对于马克思实践思想来说，哲学所面对的主要问题已经不是认识领域中主体与对象的认识矛盾，全部问题都集中在如何改造现存世界并为人的生存和发展创造出更多可能性这一实践任务上。哲学的使命的变更决定马克思必然要抛弃本体论的哲学思维，以全新的思维建构自己的哲学，事实上，马克思在自己的哲学理论中很少使用本体论一词和谈论本体论问题。从这个意义上说，马克思所进行的哲学革命是指实现了本体论思维方式向实践思维方式的超越性变革。

（二）传统本体论哲学的特征

关于包括实践理论在内的传统哲学的特征及其哲学理想，罗蒂用不同的语言方式作了多方面的概括。诸如：这种哲学“一直在寻求一套统一的观念……这套观念可被用于证明或批评个人行为和生活以及社会习俗和制度，还可为人们提供一个进行个人道德思考和社会政治思考的框架”；哲学被看作这样“一门基本学科”，它给予我们的“不只是意见的总和，而且是知识，关于具有根本重要性的东西的知识”，认为这种“凌驾一切之上的知识系统可一劳永逸地为道德和政治思考设定条件”；这种哲学自视为“一门超级科学或一门主学科”，“它关心的是具有根本重要性的问题”，这些问题被认为是独立于历史和

① 《马克思恩格斯全集》第2版，第3卷，第335页。

② 《马克思恩格斯选集》第1卷，人民出版社1995年版，第75页。

社会变化的“永恒哲学问题”；哲学被认为是要发现一切问题都置于其上的“第一原理”，“而哲学家的职责正在于陈述或阐明这些原理”。总之，罗蒂认为，这是一种“将万物万事归结为第一原理或在人类活动中寻求一种自然等级秩序的诱惑”。[①]

纵观传统本体论哲学的历史演变，我们不难从中总结出它的一些基本特征。

1. 归本论

本体论哲学以某种超验的终极的“本”（本原或本体）作为追求目标，用它来解释和说明一切，把一切都归结为本体的变相。由于它把“本”设定为某种存在者，就存在者为存在者找根据，必然从一个存在者追问另一个存在者，最终追溯到某一个原初的存在者，把它视为推动一切、派生一切而自身不动的最高存在者。难怪亚里士多德会把以“寻求最初的根源和最高的原因”为目的的形而上学视为对具有神性的事物的研究。这种哲学信念在中世纪与宗教神学合流而以“上帝存在的本体论证明”这种奇特的方式表现出来，也就一点不奇怪了。康德对本体论哲学的批判揭示了其中的奥秘，他指出，当理性在知性领域进行逻辑推论的时候，发现知性的判断总是一个受条件限制的判断，或者说，演绎推理总是从某个确定的前提出发。为了使判断的范围扩大，理性就采取倒溯的办法，去寻找最终的前提（原因），或者找出无条件限制的判断。

2. 超科学

本体论哲学本身不是科学也不以科学为基础，但它却力图把自身建成一门为所有科学提供基础的知识学。以笛卡尔和康德为代表的近代哲学就一直在为确立真理知识和道德原则的普遍必然性的标准而努力。正如杜威所说：“哲学妄自以为论证超越的、绝对的或更深奥的、实在的存在和启示这个究极的、至上的、实在的性质和特色为己任。所以它主张它有一个比实证的科学和日常实际经验所用的更为高尚的认识的官能独具优异的尊严和特殊的重要性。如果哲学是引导人到日常生活和特殊科学所启示的‘实在’以外的‘实在’（reality）的证明和直觉去的，那么这个主张是无可否认的”。[②]

① 参见罗蒂：《哲学与自然之镜》，李幼蒸译，三联书店 1987 年版，第 11—15 页。

② 杜威：《哲学的改造》，商务印书馆 1958 年版，第 12—13 页。

3. 思辨性

本体论哲学以追求超验、终极的绝对本体为目的，“努力想获致一种关于普遍的、关于支配宇宙的普遍原则的知识”①，而对这种知识的寻求又是以超科学的方式来进行的，因此，它必然只能以玄想或思辨的方式表现出来。这种适用于一切事物的普遍概念、普遍本质和普遍必然性的知识，由于无法在经验世界中得到确证，只能被判为玄思。也是在这一意义上，传统本体论哲学又被恰当地称为“玄学”。

4. 封闭性

本体论哲学企图在科学知识之外，去建立一种关于支配宇宙的最普遍原则的知识，这种体系常用纯粹的思辨和简单的类比及想象来构造，而每一体系都宣称自己是关于宇宙的绝对真理，造成传统哲学的封闭性。体系的封闭性并不仅仅是黑格尔等少数哲学家的“毛病”，而是包括“实践哲学”在内的所有传统本体论哲学的“通病”。企图达到支配宇宙万物的普遍原则的知识，是从柏拉图到黑格尔的所有传统哲学家追求的梦幻。柏拉图认为哲学是对理知事物或永恒之物的认识；亚里士多德将哲学视为对支配万物的始初本原和终极原因的探寻；笛卡尔把哲学看作对清楚明白、确定无疑的真理的把握；黑格尔把哲学看成绝对观念最终完成的自我认识；如此等等。他们都在某种意义上想通过哲学而达到对绝对真理体系的认识，而且往往宣布这一目的在自己的哲学中已经达到。

5. 独断论

本体论哲学以追求终极神圣的本体为标志，以达到对支配万物的本体的完全把握为目标，建立所谓绝对真理的封闭体系，最终必然走向独断论。如果说归本论是一个总的根源，那么独断论就是一个总的结果。正因为本体论哲学企图通过对个别事物背后的抽象一般、变易现象背后的不变本体的追寻，以纯粹抽象的超科学的思辨方式去建立一套支配宇宙万物的绝对真理的知识体系，它最终才不能摆脱独断论的必然归宿。

现代哲学对形而上学本体论的批判，宣告了那种以追求永恒实体和超验本质为基本旨趣、以奠定知识基础为主要任务、以达到绝对真理为终极关切的传统哲学观念的终结，掀开了哲学历史的新的一页。在这一哲学历史新纪元的开

① 赖欣巴哈：《科学哲学的兴起》，伯尼译，商务印书馆 1991 年版，第 234 页。

端处，矗立着马克思的不朽形象。然而，由于种种原因，马克思批判传统哲学和开启现代哲学的意义，并未得到充分理解和重视，至今仍然以空洞宣讲和抽象肯定的形式被忽视；以致按照传统哲学的观念和模式去诠释马克思思想的做法，反而得以大行其道。这说明，当前我们有必要系统地研究马克思是如何变革全部传统哲学（包括实践本体论在内）。

我们认为，妨碍人们准确理解马克思哲学思想的最大障碍主要来自于用传统本体论的思维方式理解马克思，特别是把马克思思想的核心——实践思想进行本体论化的颠覆。而在这种“实践本体论化”的思潮中，集中典型也是基本的问题是将马克思实践思想中的“实践”概念化、绝对化、抽象化，把“实践”当成马克思哲学的最高概念和神圣范畴，也就把马克思的哲学思想彻底本体论化了。

（三）不能把“实践”概念化

在关于“实践”的研究中，把实践作为传统哲学概念甚至范畴加以研究。这从根本上违背了马克思哲学思想的根本用意。

因为要把实践作为概念进行研究的话，首先就要按照“概念”的要求把实践凝固化、僵死化，就要对实践进行抽象。严重的问题是，许多研究马克思哲学的专家学者实际上是在传统哲学或形而上学的框架内研究实践，结果是愈研究离马克思实践思想愈远，最终走进了死胡同，跌入传统本体论哲学的深渊中去。例如不久前出现的与实践相对应的“虚践”① 概念的出现。

据“虚践”概念的提出者说，所谓“虚践”就是“实践之为实践处就在于其实在性——实践中的人和世内存在者都是有物质在场性，而精神操作中的人和世界都不具有物质在场性，所以，这种具有实践根基性结构和本质特征的内部操作可以恰当地名之为虚践”②。显然提出“虚践”概念是以精神与物质二分或两极化为前提的。由此可以判定“虚践”研究是把实践研究拉回到前康德哲学的水平。而在传统哲学的物心二元对立基础上研究实践、虚践没有任何意义。因而，王晓华先生尽管努力表明自己的“虚践”概念对研究实践问题的重要性是多么大，但人们所看到的仍是思维的贫乏和思想的肤浅。简言之，“虚践”等类似概念的出现明确显示将实践概念化的结果是多么可怕。

关于“实践”不是传统哲学意义上的概念，人们似乎忽视了一个简单的事

① 关于“虚践”及其思想可参看王晓华的《个体哲学》，上海三联书店 2002 年版。

② 王晓华：《个体哲学》，上海三联书店 2002 年版，第 5 页。

实，这就是马克思在其40多年的思想理论活动过程中，从来没有一贯地，固定地使用“实践”或“实践的”一个词，而是相反，马克思多用复合词或复合结构表达或描述“实践”同一思想内容。如“对象性的活动”①、“革命的”活动②、“实践批判的”活动③、“生产物质生活本身”④、“历史活动”⑤、“劳动”⑥“能动的生活过程”⑦、“实践的唯物主义”⑧、“实际地反对并改变现存的事物”⑨、“现实生活”⑩、“现实性和力量”⑪。与此相关的另一个重要事实是，马克思没有在任何著作中从哲学或理论上为他的“实践”下过定义或类似定义。这是非常重要的。

与此形成鲜明对照的倒是马克思之后的众多“马克思主义”工作者往往在一开始就忙着“从马克思主义”的角度为“实践”下定义，把“实践”当成“马克思主义哲学”的重要概念或重要范畴。而他们这样做，说明他们没有真正理解马克思实践思想，没有读懂马克思的哲学本文；说明他们自身仍陷在传统形而上学（包括黑格尔主义）的泥潭里。这是导致“实践本体论化”产生的理论原因之一。

在马克思哲学发展史上，对于实践的理解存在着一种谬误，妨碍了我们对马克思主义哲学的反思，这一谬误可以表达成：人们总是在实践名义下而实质上是通达实在事物的一种派生途径上，即在认识的过程中，去构想出一种抽象的知性思维，而不考虑在具体现实环境中活动的人。现实运动被曲解为一种抽象实践的知性的“精神”因素，并把它与遭到相同命运的抽象实践的活动的“物质”因素相对立。这样的理解，不仅不是马克思的本意，而且也不属于马克思哲学。而是一种前黑格尔、前康德的理解。这样的理解在根本上还仅仅停留在近代哲学的水平上。

在马克思看来，如果以主客的二元对立为前提来理解实践，对于人们感性活动的真正意义是无法领会的，因为那是要先在“认识论”上把客观世界与它自身对立起来并设定它不存在，又极力向人们证明它们的存在，这是“没有任何意义”⑫ 的。“整个所谓世界历史不外是人通过人的劳动而诞生的过程”，在人的感性活动的诸种样式中，客观世界的实在性不具有哲学“先在性”，它们

①②③⑪《关于费尔巴哈的提纲》，《马克思恩格斯选集》第1卷，人民出版社1995年版，第54、54、54、55页。

④⑤⑦⑧⑨《德意志意识形态》，《马克思恩格斯选集》第1卷，人民出版社1995年版，第79、79、73、75、75页。

⑥ 《资本论》（第一卷），《马克思恩格斯全集》第2版，第44卷，第207页。

⑩ 《1844年经济哲学手稿》，《马克思恩格斯全集》第2版，第3卷，第307页。

⑫ 马克思：《1844年经济学哲学手稿》，人民出版社2000年版，第92页。

只能进入人的感性活动，作为实践的一部分或实践对象，其“独立性”并不存在。

人们可以看到，马克思所要强调的是：实践从不首先在思维和理解中被给予，实践的存在乃是一种“活动关系”，而且马克思特别将实践作为历史问题来处理，因而马克思必然不会从一般存在的角度或“哲学”来说明和理解实践。这种前理论的领会本身就是从现实生活出发的体验。从现实的衣食住行的日常生活实践出发，传统哲学的所谓终极存在的本体问题或本体论假设都是不存在的。

“因此，认识的界限是由它的实践的根源决定的，……认识与行动之间的紧密联系不但使我们了解为什么我们的认识有界限，而且告诉我们在这种界限内认识必须是一种实际的东西。因为只有在这个前提下，才可能有自觉的、和目的的行动。……我们实践的结果告诉我们，对于我们周围的现实，我们的认识能够达到多高的程度”。“事实上，假定我与外界在实践上不发生关系，只是单纯地直观它，那么，我就完全无法确定，我所直观的事物也是现实的，而不是我的精神的单纯产物”。①

对此，马克思本人也有明确的论述，并以此为思想突破口将自己的思想深化：只有用实践方式才能解决理论对立，才能完成认识任务与现实生活任务。“我们看到，理论的对立本身的解决，只有通过实践方式，只有借助于人的实践力量，才是可能的；因此，这种对立的解决绝对不只是认识的任务，而是现实生活的任务，而哲学未能解决这个任务，正是因为哲学把这仅仅看作理论的任务”。② 马克思思想的出发点不是从理论上或哲学上，而是从非哲学的实践上。换言之，实践本体论化的要害就是把实践哲学化和理论化，而这恰是对马克思思想的最大遮蔽。

（四）实践思维对于本体论思维的克服

在马克思所进行的所谓“实践转向”中，最根本的除了把“实践”引入哲学之外，最主要的还是马克思提出一种新的思维方式，马克思运用这种新哲学思维去批判和替代传统本体论思维方式。这才是最有意义的。

突破传统哲学“本体论化”的窠臼，是马克思在哲学上革命性变革的另一

① 考茨基：《唯物主义历史观》第一分册，第123～124页。转引自《马克思主义思想宝库》，海南出版公司1990年版，第312页。

② 《马克思恩格斯全集》第2版，第3卷，第306页。

个重要内容。具体表现为批判本体论思维方式，确立实践思维方式。

本体论作为“第一哲学”的“形而上学”，自产生以来，一直是传统西方哲学的核心。哲学在从古希腊走向近代以来的历史进程中，由于人们固执于对本体的追求，并以逻辑的格固定在人的意识中，逐渐形成一种先入为主的思维方式——本体论思维方式，即一切从本体出发，推演和论证对象的发展进程的致思趋向。从哲学史上看，朴素辩证思维方式、形而上学的思维方式、思辨的思维方式以及人本思维方式等，都属于本体论思维方式的历史嬗变形态。

本体论思维方式有着共同的特征，一是追求终极实在的绝对论特征；二是追本溯源、反璞归真的还原式思维；三是从两极对立关系把握事物本性的绝对一元论思维。[①] 因而，其核心就是“本体论化”，视本体为根本。包括“实践本体论化”在内，也都是从本体论思维出发，由本体引申、又复归本体，无视人类活生生现实。由于这种思维方式是与特定时代的生产力、科学以及人们的认识思维等的发展水平相适应，它曾起着重要的历史作用：虚化感官的现存事物，向往隐秘的“本体”存在，表现着人类所具有的超越有限现实、追求无限理想的本性，使人们现实的认识和实践活动的矛盾本性展开和分化，促进了科学的发展和人类历史的进步。

但是，本体论思维方式有着不可克服的局限性。它要么是以线性方式追求思维的片面性抽象；要么是以单一手段要求思维的绝对性地位；再要么是幼稚地把思维硬性放在“纯粹自然的”感性直观的人身上。把人与世界辩证互动的变化发展看成是“原形先蕴”的必然如此过程，而不能真正科学和彻底地解决其他哲学问题。由此而建构的哲学只能是“说教式”地解释世界。因而，本体论思维方式的形而上学性和功能的有限性，决定了它的历史命运的终结，必将被新的思维方式所取代。正是在批判这种根深蒂固的“本体论化”哲学及其相应的本体论思维方式中，产生了马克思的实践思想。

马克思站在历史的这个转折点上，通过彻底的批判和否定性的扬弃，开创并确立了实践思想及实践思维方式。马克思在分析传统哲学为什么会“本体论化”并产生本体论思维方式的原因时，科学地观察到旧哲学的致命错误在于它们根本不了解革命性和批判性的实践。本体论作为对世界统一性的理论概括，具有抽象性。旧哲学的抽象是对现实的抽象，对生活的抽象，对人的抽象，旧哲学在根本上都是抽象哲学。而马克思认为真正的抽象“只能从对每个时代的个人的现实生活过程和活动的研究中产生”，[②] 而旧哲学则无视人们“现实生

① 参见高清海：《从传统哲学到现代哲学》，吉林人民出版社 1997 年版，第 23—236 页。

② 《马克思恩格斯选集》第 1 卷，人民出版社 1995 年版，第 74 页。

活过程和活动”的问题，偏执于对本体论的思辨追求。因此，哲学的“本体论化”及本体论思维方式的产生就是必然的了。所以，马克思明确指出，与旧哲学不同，新哲学对“对象、现实、感性”，“是把它们当作人的感性活动，当作实践去理解”。因为“凡是把理论导致神秘主义的神秘东西，都能在人的实践中以及对这个实践的理解中得到合理的解决”；一切旧哲学“只是用不同的方式解释世界，而问题在于改变世界”。① 这是理解马克思实践思想及其实践思维方式的关键。②

确立实践思维方式既是马克思对本体论哲学和相应的本体论思维方式彻底批判的结果，也是马克思科学完整的实践观的形成和建构的哲学理论成果。其本质就是：以实践为基础就能解决而且能彻底地解决人与世界的诸多矛盾关系问题。因为这些矛盾源于实践，必须在实践中才能解决。它能彻底地批判以往解释世界的哲学囿于对问题的抽象探讨和争论，实现了哲学对社会实际矛盾的解决和对现实人类历史命运的关照。实践思维方式的确立，体现了马克思哲学的伟大变革，使马克思哲学具有永不枯竭的生命力。

（五）实践思维的根本特征

马克思立足于人的物质生产实践活动改造现实世界，解决人与自然、人与社会和人与自身的各种矛盾关系，实现了实践思维方式的革命性变革。马克思的实践思维具有如下特征：

1. 实践思维实现了哲学思维从逻辑演绎向辩证综合的转变

人的实践是立足于自然界和受到自然规律制约的活动，同时实践还表现为主体能动地改造自然的活动，具有摆脱自然束缚的超越特征，是实践的受动性和能动性的有机统一。以往关于人与世界关系的认识受到本体论思维方式的束缚，一直在两极对立的思维方式中寻求绝对的一元存在作为逻辑前提推演世界的其他存在，这种思维方式只能实现人与自然的抽象同一，导致各具特点的片面性的哲学。马克思在《关于费尔巴哈提纲》第一条中指出，费尔巴哈哲学的失误在于把事物、现实理解为感性存在，而不是理解为感性活动；而唯心主义则抽象、片面地发展了主体的能动性。马克思所说的实践既不是旧唯物主义的僵死的物质实体，也不是唯心主义哲学抽象发展的能动的精神实体，而是主体

① 《马克思恩格斯选集》第1卷，人民出版社1995年版，第58—61页。

② 参见张绥：《关于实践本体论的几点思考》，载《天津社会科学》1999年第2期。

有目的、有意识地进行的改造世界的物质生产活动。实践是人与自然分化的基础，同时也是人与自然重新统一的基础，只有在实践的基础上才能够实现人的尺度和物的尺度的统一，实现物质世界对人的制约性和人改造物质世界的能动性的有机统一，扬弃本体论哲学两极对立的思维方式。由此可见，马克思的实践不是实体的存在，它不提供对于世界万物存在原理的终极解释，而是改造现实世界状况的功能性活动，在这一点上它区别于传统哲学中的本体实践概念。

2. 实践思维是对还原论思维的扬弃

本体论以认识世界为目标而去寻求解释事物存在的终极根据。在因果规律中，原因具有时间的先在性，总是出现在结果之前并导致结果的出现，因而以认识事物原因为目的的思维就必然指向过去，这是还原论思维方式产生的认识根源。对于实践思维来说，物质生产活动并不在意事物的既有状况，实践活动发生的根源恰恰就在于人们不满足于世界的现有状况，力图用人的实践活动去改变事物的现状来满足人的需要。因此，实践所关注的是实践过程中产生的各种可能的结果，关注的是实践活动所导致的事物发展变化的未来指向。马克思指出，“周围的感性世界决不是某种开天辟地以来就直接存在的、始终如一的东西，而是工业和社会状况的产物”,① 是人类有意识地改造世界的社会历史活动的产物。立足于实践活动不仅认识世界的变化，而且可以实际地改变世界，为人类提供更多的发展机遇和可能。实践思维是合规律性和合目的性的统一，承载着主体超越现实状况的价值预期。

3. 实践思维是对绝对确定性思维的否定

对于本体论哲学来说，人的认识对象已经预先存在，人的认识就应该按照对象的本来面目去认识对象，因而对于以解释世界为己任的传统哲学来讲，预成论有其合理性。如在黑格尔哲学中，自然界以及人的自我意识的发展过程不过是绝对精神实现自我发展的一个工具，一切变化都是按照绝对精神预先规定的路线发生的，黑格尔的概念辩证法就是这一逻辑进程的形式表达。马克思指出，实践活动虽然是人作为主体有意识进行的能动活动，却有可能变成与人的愿望相违的异化活动。马克思在《1844年经济学哲学手稿》中阐述异化劳动时指出，工人的“劳动为富人生产了奇迹般的东西，但是为工人生产了赤贫。劳动生产了宫殿，但是给工人生产了贫民窟。劳动生产了美，但是使工人变成

① 《马克思恩格斯选集》第1卷，人民出版社1995年版，第76页。

畸形。”[①] 实践的最后结果与主体的最初意愿通常存在一定差距的现象表明实践活动不是预先就能完全规定好的，而是要受到许多外在因素影响的生成中的活动，具有许多不确定性。人的物质生产活动具有生成的性质以及实践活动结果的不确定性明显与本体论哲学的预成论水火不容。

改造世界的使命感不允许马克思沿用传统西方哲学的本体论思维方式，如果承认本体论哲学的合理性，就等于认同资本主义社会不平等现象的合理性，因为对于本体论哲学来说，现实生活中的不平等不是社会和某些人的错，一切都是本体预先规定好的，这对于一生致力于人类解放的马克思来说是不能接受的。无论从马克思哲学的使命还是哲学产生的时代背景来说，马克思都不会建立本体论。

我国20世纪80年代以来在马克思主义哲学研究中存在愈益突出的问题之一就是实践本体论化问题。“实践本体论化”的直接理论来源之一就是海德格尔思想，特别是其前期思想。

在海德格尔前期哲学中，“思”“存在”或“追问存在”是其主要内容。但前期海德格尔的哲学是一种“主体性”和“先验”的哲学，尽管他通过对古希腊哲学，特别是亚里士多德思想的追溯，在一定程度上已经突破了胡塞尔“先验现象学”的樊篱，但他在《存在与时间》中的“此在”基础存在论仍然是主体性的先验的形而上学。与传统形而上学相比，海德格尔前期思想的最大不同是将传统哲学中存在者的物的存在转变为更为根本的此在（人）的存在。这一转变决定了他一生的命运；他把此在的在也抽象化了。海德格尔在表面上似乎为现代哲学开辟了两条道路：一是克服传统的形而上学而进入到思存在本身；二是只思可思的思，这种思是公开场中的显现而不是公开场本身。实质上，这两条道路只能证明哲学仍是形而上学。同马克思哲学存在着巨大的差别。

相形之下，马克思哲学，特别是其实践思想开辟了崭新的第三条道路：**实践思维，即历史的具体的思。**这是海德格尔相对相影之下所无法比拟的。

与此同时，现代西方哲学也在拒斥形而上学和批判本体论哲学传统。但无论科学主义还是人本主义都不同程度地陷入了相对主义的困境。现代西方哲学陷入困境的原因不在于他们抛弃了传统哲学的本体论传统，而是在于它们并未真正摆脱本体论思维方式的影响。正如海德格尔所说，“人们在方法上未经管束，事无巨细，总倾向于用一个简单的‘元根据’来指明其根源”。[②] 例如尼采针对理性主宰一切的近代哲学提出了“权利意志”这一非理性概念作为自己

① 《马克思恩格斯全集》第2版，第3卷，第269—270页。

② 海德格尔：《存在与时间》，三联书店1999年版，第153页。

哲学的基础；弗洛伊德则第一次从哲学的层面研究人的潜意识，提出“力比多”概念作为哲学的基础；分析哲学认为对语言的逻辑分析能够解决一切哲学疑难。现代西方哲学仍然局限于本体论的思维框架，要么完全拒绝本体论而陷入相对主义，要么继续建构新的本体论。马克思哲学实现的实践思维方式的转换表明哲学的革命性变革不在于哲学体系的更迭，而在于思维方式的根本转变，从而为现代西方哲学彻底超越传统本体论哲学指出了道路。

（六）马克思实践思想的超越性

消解传统本体论并不意味着马克思哲学放弃对现实存在的超越思考，马克思从未否定人的形上追求和对超越问题的思考。而且由于实现了实践思维方式的转变，他所理解的超越和形上追求明显不同于西方传统哲学。

1. 马克思对超越的理解不同于西方传统哲学

马克思的超越是现实从而也是彻底的。马克思认为，人形上追求体现在人的生活实践活动中，不能抽象地谈论人的形上追求。一方面人作为自然存在物和动物一样是受制约的存在物；另一方面人又是具有能动性的自然存在物，这些属性作为天赋和欲望存在于人身上，表现为人的超越性。人的实践活动立足于现实生活世界，又不满足于生活世界的某些事物的既有形态，总是以人的头脑中意识的想象和筹划取而代之。这种针对自然束缚的现实超越活动，是人的自由本性的体现和人的形上追求的现实根源。因而马克思哲学的形上的超越追求不同于以往哲学所讨论的认识上的超越和自由，而是生活中实践中的超越活动。对超越的不同理解表明传统的本体论哲学与马克思哲学的区别。

2. 马克思实践思想超越性的侧重点

马克思认为，人不是如科学所认定的现成的存在，也不是如传统哲学所预定的预成的存在，人是正在生成中的现实性的实践存在，人是在改造现实世界的过程中改造人自身。“他们是什么样的，这同他们的生产是一致的——既和他们生产什么一致，又和他们怎样生产一致”。[①] 对人来说重要的不是人的现成本性，而是人性在实践过程中生成的可能性，对于从事实践活动的人来讲没有最终完成或实现了的理想状态，只有更理想的状态。正如马克思所指出“共产主义对我们来说不是应当确立的状况，不是现实应当与之相适应的理想。我

① 《马克思恩格斯选集》第1卷，人民出版社1995年版，第68页。

们所称为共产主义的是那种消灭现存状况的现实的运动”。① 由此可见马克思实践思想关注的焦点是人的超越活动，而不是超越的对象或者超越所追求的目标。这表明马克思哲学把超越理解为形上的超越活动，这与传统形而上学把超越理解为对现象的超越是具有原则区别的。

传统本体论哲学以认识世界为己任，人的形上追求局限于寻找超越经验世界的抽象本体，其全部哲学满足于现成存在而付诸理论抽象；马克思哲学以改造世界为己任，立足于改造现实世界和实现人的全面发展，形上追求不是指向实体的存在，而是作为人的精神本性表现为永无止境的超越活动。

有的学者认为本体论与人类的生存状况密切相关，本体论信仰的缺失导致人的信仰混乱，主张重建当代的本体论。事实上，现代社会的信仰危机现象表明的不是哲学本体论的不可或缺，它表明的恰恰是人们没有从本体论思维方式中解放出来，还受到本体论思维方式的束缚。建立在本体论哲学基础上的信仰对于生存能力还不够强大的人类来说是必要的，它表达人对生存根基的追求，为人的生存提供必要的精神支柱。问题在于本体是超验的抽象存在，对于人来说永远是可望不可即的虚幻存在，满足于对虚幻本体的信仰必然会使人失去改造现实世界的愿望和能力。正如马克思所说，“人奉献给上帝的越多，他留给自身的就越少”，② 人信仰的外在对象越强大，人自身就越渺小。抽象的本体无助于增强人的生存能力，只能满足人们的精神慰藉，可见寻找世界本质的本体论哲学所表达的是人的依赖性的生存状态，是人类社会发展的特定阶段的理论产物。当人的生存能力强大到相当程度的时候，人们不会满足于虚幻的本体世界，而是把目光转向现实的生活世界，这时对人们来说重要的不是信仰某种现成事物，而是相信不断超越的实践活动本身对人来说更有价值。

马克思批判对于与人相脱离的抽象本体的信仰，指出“人是自己的观念、思想等等的生产者……意识在任何时候都只能是被意识到了的存在，而人们的存在就是他们的现实生活过程”③。解决现代人的精神危机问题必须立足于现实的社会生活实践，在实践的超越活动中确立人的形上追求，树立具有现实性的生活信念。而企图倒退回重建本体论的老路不是解决现代社会信仰危机的切实可行的办法。

对这个问题，马克思的回答是否定的，马克思的实践思想成为现代哲学解决本体存在问题的典范。相对立的则是实践本体论化等实践本体论派，他们要

① 《马克思恩格斯选集》第1卷，人民出版社1995年版，第87页。
② 《马克思恩格斯全集》第2版，第3卷，第268页。
③ 《马克思恩格斯选集》第1卷，人民出版社1995年版，第72页。

恢复本体论思维方式。介于二者之间而又基本站在现代哲学立场上的海德格尔很有研究价值，通过对海德格尔的研究可以解剖实践本体论化哲学。

海德格尔回溯到西方哲学的本源时就质疑关于存在的形而上学，反对柏拉图之后的本体论和本体论思维方式。他在《本体论：事实的诠释学》(*Ontologie*：*Hermeneutik der Faktizitat*)① 说："如果本体论被用来构建某种规则，而这种规则……已经被预先确定了，那么'本体论'这个词……就不是一个合适的标题"，而只意味着"对存在本身的疑问和决断；但存在的本质和状态依然完全处于未决之中"。② 首先，海德格尔认定用"本体论"来构建关于存在的理论体系是不合适的，是无法达到目的的行为；其次，他进一步指明用本体论的思维方式无法指明和显示存在的本质和状态。因此，一些"实践本体论化"论者以"实践生存论"标示自己已经得到海德格尔思想的真谛，甚至认为已经成功完成了海德格尔与马克思哲学的基础性对接的想法显然违背海德格尔的本意。

海德格尔在 1923 年前后就明确表达了对于"本体论"的极不信任和排斥：本体论无法彰显存在。而且无论是海德格尔还是马克思，他们都明确反对用传统本体论的思维方式去研究、分析他们自己的哲学思想。因此，实践本体论化不仅在马克思的实践思想层面上，而且在一般哲学的层面上遮蔽了大哲学家的真实思想，遮蔽了现代哲学的基石和基础。使之处于"假根"或"无根"的危险状态。

海德格尔对于存在的昭示所给予我们的最大启示，是要使我们摆脱传统形而上学的引诱，用一种不同于传统哲学的新型思维方式研究哲学；对于海德格尔而言，是一种"寓于"，"在……中"等的离不开时间性的此在诠释学。在这一点上，以海德格尔后来者自居的实践生存论者们是应该自叹不如的，因为实践本体论化的致命之处之一就是实践本体论化的结果是把实践变成近代哲学的"物质"概念，使其成为无限的最高抽象，成为亚里士多德那样的"绝对"或最高的善的存在，成为人们现实存在的本体。

但是，海德格尔对待传统哲学的态度和所思的对象与"实践本体论化"的思想家是有区别的。海德格尔的思是对存在论的超越，是对存在之澄明的追问；"实践本体论化"则只是对传统哲学的形式上的解构，依然滞留于存在论

① 关于该书，请见 R. E. 帕尔默撰写，彭启福译、潘德荣校：《海德格尔的本体论和伽达默尔的哲学诠释学》一文，中文载成中英主编：《本体与诠释：中西比较》（第三辑）一书，上海社会科学院出版社 2003 年版，第 323—325 页。

② 转引自成中英主编：《本体与诠释：中西比较》（第三辑），第 325 页。

的框架内；海德格尔给人的是一种超越存在论的思和生活的可能性。出于对人类生存境况的忧切，海德格尔才考察哲学的终结，追问思的全面性和思的任务。海德格尔视野中的“哲学终结”，并不是指哲学的停滞、死亡、不能发展和无意义，而是指一种完成，一种最大可能性的实现，一种自身的聚集，这种实现和完成，绝非指尽善尽美，或已经臻至完满之最高境界。哲学对存在者之存在的思考在马克思那里达到最极端的可能性，随着马克思对形而上学的颠倒，哲学进入了其终结阶段，后来各种努力尝试的哲学思维“也只能达到一种模仿性的复兴及其变种而已”。① 这是哲学终结的一层意思，它并不意味着哲学思维的中止；同时哲学终结还有另一层意思，那就是“哲学转变为关于人的经验科学，转变为关于一切能成为人所经验到的技术对象的东西的经验科学；人正是通过他的这种技术以多种多样的制作和塑造方式来加工世界，因此而把自身确立在世界中。”②科学之发展，科学从哲学那里分离出来和科学独立性建立的进程，属于哲学之完成。即科学是在哲学开启出来的视界内发展。正是哲学的这种内在品质，决定了它们二者的关系和命运，决定了哲学对具体区域的存在的思被诸科学以表象——计算思维接过来当作自己的任务，然而诸科学探讨存在者之存在时，仅把存在作为一种预设而加以确定。这是哲学终结的第二层含义；而海德格尔所说的哲学终结，对于批判实践本体论化而言，还有第三层含义，这就是他所说的在马克思之后种种试图复兴本体论的努力也只是“一种模仿性的复兴及其变种而已”，是一幕滑稽喜剧，这从根本上宣判了实践本体论化喜剧命运。

海德格尔认为，人这种特殊的存在者的存在样态是“此在”，此在是“我们自己向来所是的存在者”，③ 此在在存在者身份上的特异之处就在于，它是“为了这个存在本身而存在”。所以只有通过此在这种特定的存在者才能通达存在，在此在那里，存在不是完全被封锁着而是已经以某种方式展开了，展开即是有所领会，只有对存在发问的人领会着存在。在《存在与时间》中，海德格尔认为此在具有两个基本特征：一是“去存在”，用海德格尔本人的话也可以表述为“它的生存”；二是“总是我的存在”，即此在“向来我属”的性质。海德格尔认为“此在的本质在于它的生存”，④所以海德格尔把此在的存在特性称为“生存论性质”，非此在式的存在者的存在规定则称为“范畴”。存在论的整个理论体系都建立在对“此在”分析的基础上，所以对“此在”进行分析，就是对人的“生存论”性质进行分析，海德格尔称之为“生存论建构”。海德格

①② 海德格尔：《面向思的事情》，陈小文、孙周兴译，商务印书馆 1999 年版，第 70、72 页。

③④ 海德格尔：《存在与时间》，三联书店 1999 年版，第 9、49 页。

尔认为此在在世界中，非此在式的存在者则在世界之内。此在的展开状态就是在世，在世是一种沉沦的此在，在世的生存论样式就记录在沉沦现象中，此在这种存在者在其日常生活中恰恰丧失了自身而且在沉沦中脱离自身而生活着，“沉沦解释着此在本身的一种本质性的存在论结构”。① 此在沉沦于众人，错把众人本身当自己本身，自以为过着真实而具体的生活。海德格尔认为“畏”这一基本现身情态是此在别具一格的展开状态，“怕”是怕有害之事的来临，“畏”之所畏却不是有害之事，它根本不是任何世内存在者。它所含的意蕴也不是确定的。这不是仅仅缺少确定性，而是本质上不可能有确定性。威胁着乃“无何有之乡”，畏之所畏者就是在世本身，畏不是仅“对……”生畏，畏作为现身情态同时是“为……”而畏，畏揭示着无。海德格尔认为在世本质上就是操心，所以寓于上手事物的存在可以被把握为操劳，而与他人的在世内照面的共同此在共在可以被把握为操持。这样此在就把自我解释为操心。海德格尔认为“时间性绽露为本真的操心的定义”，“操心的结构的源始统一在于时间性。”② 时间是将来、曾在和当前的统一。这样海德格尔就把时间引入了存在论，使人成为一个历史性的此在，从而彻底地终结了与人相脱离的传统形而上学本体论。

海德格尔用形而上学的现象学语言消解了传统本体论，这种消解在后来的德里达等人看是不彻底的，不到家的。而与马克思实践思想相比，更显出其肤浅和单薄，所谓肤浅是指对于传统本体论认识的不足；所谓单薄是指其与现实的联系：在马克思那里，人与现实的联系是直接而明确的，而在海德格尔那里，人与现实却要通过形而上学的“此在”来实现。

三、“实现哲学”——马克思实践思想对实践本体论化的根本超越

这里所说的“实践本体论化”是广义上的。既包括如前面所叙述的在马克思哲学诞生之前的古代实践理论（亚里士多德等），德国古典时期的理论实践理论（康德、费希特、黑格尔等），德国古典时期的感性实践理论（费尔巴哈），也包括在马克思哲学诞生之后出现的“20世纪新马克思主义”（狭义上的）（包括东方传统马克思主义、西方马克思主义、法兰克福学派和东欧新马

①② 海德格尔：《存在与时间》，三联书店1999年版，第208、373页。

克思主义等），更应该包括20世纪80年代之后随着我国改革开放发展起来的国内各种马克思哲学研究的学说学派①。例如“实践唯物主义”、“新唯物主义”、“实践哲学”、“实践本体论”，甚至还应包括一部分“实践生存论”的理论。

我们在反思“实践本体论化”问题、研究马克思实践思想时，首先碰到的关键问题是要从传统本体论的理论框架中跳出来，将“实践”不当作传统哲学意义上的概念来理解，这是真正领会马克思实践思想、批判“实践本体论化”的关键。因为我们认为“实践本体论化”虽然具体成形于马克思逝世后的20世纪，但其根基在于西方两千多年传统本体论哲学的作祟，因而马克思对于传统本体论哲学的批判，也是从“根本”上对于“实践本体论化”的“根本”性批判和超越。

笔者认为，“实践本体论化”是20世纪中外马克思主义发展过程中出现的一种非常严重的理论倾向。在一定意义上，在马克思去世之后的恩格斯晚年时期，在国际共产内部所出现的“经济决定论（经济实践活动决定论）”就已经明显表现出将“实践”抽象化、绝对化即本体化的倾向，而这种倾向已经引起晚年恩格斯的严重关注，恩格斯因此才有的放矢地提出所谓“合力”思想。在后来的一些马克思主义理论家那里，他们在以本质主义方法论进行自己理论活动的时候，存在着过分强调普遍化暴力和将国别情形抽象化等倾向，这些也都与传统哲学思维方式相联系，必然产生一些本体论化倾向。这成为后来以辩证唯物主义和历史唯物主义体系哲学的产生的直接原因，成为将马克思哲学整个地传统哲学化，传统本体论化的开端。“体系哲学”的实质是把马克思哲学本体论化了，实践也就成为这种本体论化的体系哲学的组成部分。

以卢卡奇等为代表的20世纪早期“西方马克思主义”者是第一个将马克思的实践本体论化的代表人物。卢卡奇、科尔施、布洛赫等人在用马克思“实践”、“异化”（物化、总体性）思想批判资本主义，批判“正统马克思主义”的同时，也明确地将“实践”本体论化了，后来的“法兰克福学派”，东欧新马克思主义（例如南斯拉夫实践派）也在不同程度上重复着卢卡奇等人的错误。

国内的情形则又不同，国内在对马克思实践思想及其异化思想进行研究时，虽然在马克思主义研究上取得了很大成就，但共同的明显倾向仍是“实践本体论化”问题。对此，许多有识之士早以明确指出。

---

① 参见张汝伦：《马克思的哲学观和“哲学的终结”》，载《中国社会科学》2004年第3期。

（一）国内马克思实践思想研究的主要成就

我们首先要做的是回顾一下 20 多年来国内关于实践思想研究的主要进展。

1978 年开始的关于实践是检验真理的唯一标准的大讨论，预示着马克思主义实践思想研究在中国迎来了一个崭新的时期。1979 年，马克思的《1844 年经济学哲学手稿》中文版的问世，推动着我国哲学界就实践问题持续地展开热烈的讨论和争论。从最初在认识论范围内突出实践的地位，到深入实践内部探讨其要素、结构和功能，再到在哲学体系高度建构各种不同理解的实践理论。我国哲学界对实践问题展开了全方位的探讨。毫无疑问，实践研究在当代中国获得了较大进展，并对当代中国的哲学变革和中国社会的发展发挥了重大的积极的推动作用。

概而言之，当代中国实践思想研究的进展和成就，大体涉及如下方面：

1. 马克思实践思想的核心和基础的地位

尽管有些学者认为，实践思想只是马克思主义哲学的一部分，它属于历史观的范围，不是世界观。但是，依据马克思的经典著作，尤其是《1844 年经济学哲学手稿》、《关于费尔巴哈的提纲》、《德意志意识形态》等重要著作，我国哲学界普遍认定：实践观点，不仅是马克思主义认识论的首要的和基本的观点，而且是全部马克思哲学的首要的基本的观点。要在“重新理解马克思”的致思走向下发掘和阐发马克思的实践思想。不论如何，马克思哲学是以现实生活为核心和基础，这是确定无疑的。

2. 对实践思想的理论内容和研究方法作了多方位探讨

哲学界普遍重视实践在马克思哲学中的重要地位，但关于实践的理论内容，人们的理解却并不相同。有人认为，马克思的实践思想只是以人类社会实践为对象的理论，应当作专门研究。有学者认为，实践不仅是马克思以实践为对象的理论，而且是马克思哲学的根本原则，它既是关于实践的理论，是科学的实践观，又是实践的思维方式和批判的、革命的实践精神。为了把马克思实践思想与其他形式的实践理论区分开来，必须加强研究马克思主义的方法论，重视批判性原则、超越性原则和具体历史性原则等。

3. 积极推进马克思主义哲学体系的改革和创新

在 20 世纪 30 年代形成的苏联哲学教科书“辩证唯物主义和历史唯物主

义”体系，只是马克思哲学的一种解读形态，它严重忽视了马克思哲学的实践维度和人文维度，这种把马克思哲学简单化、片面化的体系哲学并没有体现马克思实践思想的真正精神。通过对马克思实践思想的重读和再理解，我国哲学界从根本上摆脱苏联教科书哲学体系的束缚。

4. 在人的实践活动基础上确立主体与客体相统一的原则

把主体、客体都当成给定的、二元对立的存在，然后在从其中的一极出发形成决定与被决定的关系，这是传统哲学的共同缺陷。通过对马克思实践思想特别是对《关于费尔巴哈的提纲》第一条的解读，我国哲学界普遍认识到，主体和客体都不是现成给定的，而是在人的现实活动的展开过程中，通过外在物种的尺度和人的内在尺度的相互作用历史地生成的，只有在人的实践活动的基础上才存在着真正意义上的主体与客体的统一。这种主体与客体在人的实践活动的基础上辩证统一的原则，是马克思实践思想（观点）的重要原则。

5. 马克思实践思想的创新效应

马克思实践思想中的主体性原则、主客体统一原则等的发现和阐释，对20多年来中国哲学研究和创新起了巨大的促进作用。最近出版的“哲学理论创新丛书”，它涉及“生存哲学”、“社会哲学”、“实践诠释学”、“文化哲学”、“主体性哲学”、“经济哲学”、“历史哲学”、“人学”、“社会认识论”、“价值哲学”等，和“实践哲学丛书”所涉及的“实践——生存论”、“实践意志论”、“实践合理性”大体上涵盖了新时期我国实践哲学理论创新的主要方面。这些新兴的研究领域和哲学分支，拓展了马克思主义哲学的研究视野，深化了马克思主义哲学研究。它们实际上都是在实践思想研究“破冰”、“开拓”的基础上生长和展开的，它们的主导倾向在一定程度上体现了实践思想的基本原则和基本精神。

6. 促进马克思实践思想与西方哲学等展开对话

由于时间间距，如果只阅读马克思的文本，我们就可能难以充分把握其中表达的现当代哲学的基本精神，难以充分认识到马克思哲学是当今时代精神的精华。在这种情况下，加强与现当代其他哲学家特别是当代西方哲学家的对话，对于准确把握现当代哲学的基本精神，以及充分理解马克思实践思想的当代意义就有了非常的必要性和重要性。如果没有这种对话，马克思实践思想的那些被遮蔽的意义就不可能被再度揭示和透彻领悟。近年来，通过研究，我国哲学界就马克思与海德格尔、尼采、康德、亚里士多德等的哲学思想展开了较为深入的比较研究。事实表明，实践思想的研究为马克思哲学与西方哲学等展开积极的对话提供了一个新的更高的平台，它有助于促进马克思哲学批判地吸收西方哲学等非马克思主义哲学中的合理思想内容，进而建构和发展马克思哲学自身。

7. 为现实提供合理的世界观和先进的方法论

马克思实践思想是全部马克思哲学的核心，因而，它也合乎逻辑地是当代中国政治理论和思想体系的基础和核心。由此，马克思哲学被自觉地转化为一种科学有效的方法，并被运用于对当代人类实践的宏观探索，尤其是用于指导有中国特色的社会主义现代化建设，成为反对教条主义和主观主义、推进思想解放和改革开放的重要理论武器。在指导当代实践的过程中，马克思实践思想也获得新的发展。

（二）当前马克思实践思想研究的主要问题

在充分肯定当前马克思实践思想研究所取得成就的同时，也要注意目前研究上的问题。

1. 对实践范式理解的“杂乱”制约着马克思实践思想研究

在反思传统哲学教科书、重建马克思哲学体系的探索中，许多学者都主张或曾经主张“实践唯物主义”。但是，“实践唯物主义”这一名称，常常掩盖了人们在马克思哲学理解上的差异甚至原则性分歧。其中，有的学者把实践唯物主义解释成实践本体论、实践一元论；有的学者把实践唯物主义与辩证唯物主义对立起来，主张以实践唯物主义取代辩证唯物主义；有的学者认为，实践唯物主义就是历史唯物主义；有的学者认为实践唯物主义与辩证唯物主义、历史唯物主义都是马克思哲学的适当称呼，它们只是各自突出了马克思哲学的不同方面而已；有的学者出于对唯心主义的疑虑而对实践论加以限定，提出“物质”和“实践”二元本体的折中的实践唯物主义；而一些坚持“辩证唯物主义”提法的学者，则一概拒斥实践唯物主义，有人甚至把“实践唯物主义”认定为“实践唯心主义”，并对之大加责难和鞭挞。对实践理解的多样化是无可厚非的，但对于马克思的实践作如此“杂乱”的理解，既助长了一些人对于实践唯物主义的误解和疑虑，也使一些极具创新性、极富意义的研究成果被淹没甚至消解在一片喧闹声中。

2. 对“实践”理解仍然存在着较大分歧和偏差

在现有研究中，人们对于实践的大致了解与严格定义之间仍然存在很大差距，并有种种偏差。有人把实践理解为主体与客体之间的双向对象化活动，有人把实践作无主体化、无目的化理解，有人将实践仅仅理解为“生产劳动”，有人实际上将实践解释成为人的主观意志，有人在强调实践的重要性时把实践绝对化、神圣化、神秘化，等等，莫衷一是。诚然，对于任何哲学范畴的理解和界定，都不应当也不可能要求完全一致。但是“实践”作为马克思实践思想的核心，人们对此理应有一个比较一致或公认的界定，这是进一步深入推进马克思主义实践论研究的个必要前提。

3. 对当前实践的新变化及其人的自由解放缺乏哲学反思

这必然影响人们准确地理解当代马克思哲学及马克思主义哲学，实践观点是马克思哲学的首要的、基本的观点。但是，对于人类实践的当代变化，对于当代实践的本质、特点和规律，以及对于实践与人的自由解放的内在联系等的关注和研究却很不够，这在相当程度上导致了一些人的研究脱离了当代生活实践，或者把实践理论化。这种状况，既使一些人误以为马克思哲学缺乏当代实践基础，并对马克思哲学的当代意义产生怀疑，也确实制约了马克思哲学的实践性及其批判、规范功能的充分展现。

此外，对于如何在历史与现实、理论与实践的结合上深入探索马克思实践思想，建构一个结构合理、内容丰富的研究体系，以促进马克思哲学的建构、内容更新和形态变革等，目前的实践研究中也存在着不少有待探索和解决的问题①。为这种研究的进一步发展指明了方向。

很显然，“实践本体论化”不仅是 20 世纪国际马克思主义哲学研究的严重倾向，也是 20 多年来国内马克思哲学研究中的最大问题和严峻挑战。

（三）马克思实践思想对于实践本体论化的根本超越

马克思 1845 年写的《关于费尔巴哈的提纲》表达了哲学变革首先的和根

① 参见高清海：《马克思对“本体论思维方式”的历史性变革》，载《当代国外马克思主义评论》(4)；欧阳康：《实践哲学的反思与建构》，载《华中科技大学学报》2002 年第 3 期；衣俊卿：《实践哲学：超越与升华》，载《求是学刊》2000 年第 2 期；丁立群：《实践观念、实践哲学与人类学实践论》，载《求是学刊》2000 年第 2 期。

本的是哲学思维方式的变化的思想。马克思哲学与以往哲学的一个重大区别是在对待世界态度、看待世界方式的变化。在马克思看来，世界既不再是什么超自然的神秘力量的创造物，也不再是外于人而存在的仅仅直观的对象；人在这个世界的面前既不再是消极无为的存在承受者，也不再仅仅是被动的意义解释者。人所生活的这个世界是人参与其生成、在人活动中不断被改造和创新的对象，人在这里是具有主体功能、有着无限作用、积极主动的能动活动者。对于世界的这种态度和看法凝结为思维的逻辑，我们对事物、现实、感性不能只是从客体的或者直观的形式去理解，还应该把它们当作人的现实活动、当作实践去理解。

这种对于世界、事物的态度，明显体现的是现实的态度，也就是作为人而应有的态度，是已经成长壮大具备了发挥人的自由创造本性的那种人所必然要求的态度。适应人从古代（经过近代）走向现代的历史进程，哲学从根本态度上说实现了从直观态度向实践态度、从先验思维向实践思维的理论转变，这就是马克思哲学变革的最根本意义。从这一意义上说马克思的实践思想开创了现代哲学的新纪元，马克思是现代哲学的理论奠基人。

人本来是具有双重性质、双重形态的生物。人有生命本质，又有超生命本质，人是个体形态的生物，又表现为超个体的生物。这一切都是根源于，人虽来自于自然物，却是在自身的活动中把自己创造为人的。这就决定人既是一种自然性生物，又突破自然限制具有超越自然的性质，从而使人从动物区分出来，成为能动性的自身主体。人的这种性质是最难于了解的。以往的哲学从物的观点去认识人，对人的了解都是抽象化的，它们只承认人的单一本性，而且还把它看作一种先在规定。这就决定它们从某种假定的先在本性或概念规定去了解人，只能或者把人看作单纯自然本性的存在，或者看作超自然的“神灵”（灵魂观点）存在。人的抽象化观点，就是现实人性的失落。所以传统哲学都是以非人的形式去表现人、非现实的形式去表现现实世界，它们的理论必然具有思辨或直观的性质。

传统哲学对人抽象化观点的根源从历史方面说，是因为那时人的发育本来就不完全，不成熟的人只能表现出不成熟的理论形式。而从认识方面说就是由于以往的哲学家在人身上找不到能够把双重性质统一起来的现实基础，它们凭借想象去作抽象的统一便不能不落入抽象化的观点。马克思实践思想打下了这样的基础，这个基础就是人所特有的生存活动方式——实践活动。人的实践活动是物质和精神、主体和客体、主观和客观、感性和理性、目的和因果、必然和自由在相互规定和转化中的现实统一活动。人在实践活动中不但创造了人的生活、人的生存世界，也创造了人本身。人和人所面对的世界的一切矛盾，最终都来源于此，也只能由此得到解决。马克思从这一现实基础不但统一了人的两重矛盾性质，找到了通向真正的人的观点的道路，创立了崭新的哲学理论；而且还揭示出世界被两重化为想象的世界和现实的世界的真实根源，从而揭示出合理解决一切理论矛盾的现实途径。

由此我们便可以了解，实践的发现、实践观点的创立，它绝不是为哲学增添或补充了一个新的范畴、新的观点和新的原理的问题，而是为我们理解人、理解世界以及理解全部哲学问题提供了一个完全新的立足基点、观察视角和思维模式。实践观点作为新的哲学思维方式，首先就表征着真正的人的观点的变化。从实践观点去理解人，这就意味着不能再从什么前定本性、永恒原则、概念规定出发去了解人，而是要从人之为人的自身根源去把握人，从人的基本生存活动去理解人的本性，从人的历史地生成变化中去把握人的现实状态，从肯定与否定双重性质中去理解人对世界的关系中，从人的超越性活动中去把握自身的多义属性。实践观点也就是把握并贯彻活生生的具体的和现实的人的观点的一种哲学思维方式。

马克思、胡塞尔、海德格尔等一系列哲学家顺应历史潮流，敏锐地抓住了哲学发展的最新动向和趋向，对传统形而上学进行了根本性的颠倒，完成了传统哲学的终结，使哲学的思得以澄明。相形之下，“实践本体论化”颇有些不合时宜、逆历史潮流而动的味道。

马克思关于人的本质力量对象性的理论，在方法论上论证了后来由胡塞尔阐发的“意向性”思想；海德格尔由“意向性”进一步发展出“超越性”，实现了从先验现象学到解释学现象学的发展，其真理观也达到了胡塞尔不曾到达的高度。马克思的“实践”是海德格尔的“此在”实现“超越”的坚实基础，而海德格尔的“超越性”思想则客观上进一步深化、推进了马克思的“对象性”观点。

1. 马克思实践思想的现象学特征

马克思实践思想的确立以及“对象性”思想的提出，是在对自然主义人学的批判和对人的现象学还原过程中实现的。马克思实现了哲学史上对人的本质探讨的一次革命，第一次把对人的存在的现象学研究提升到了实践层次，而在方法论上又暗含着后来由胡塞尔等人阐发出来的——系列现代哲学思想。[①] 马克思实践思想的现象学特征主要包括：

（1）马克思认为，人与自然的统一就是作为人的类本质的“社会”。社会

---

① 参见邓晓芒：《马克思的人学现象学思想》，载《汇海学刊》1996年第3期。

并不像人们通常理解的，只是自然界中的一“部分”，“社会是人同自然界的完成的本质的统一，是自然界的真正复活，是人的实现了的自然主义和自然界的实现了的人道主义”。[①] 马克思对人的社会本质的这一现象学性质的描述，达到了人与自然本源地相统一的“事情本身”，具有任何人无法否认、无法回避的直观的明证性。

（2）马克思指出，人“则使自己的生命活动本身变成自己意志的和自己意识的对象”，有意识的生命活动“通过实践创造对象世界，改造无机界”。这样，人的生命活动、他的类本质便体现为一个“对象化”的意向结构，即自然界“表现为他的作品和他的现实”，“劳动的对象是人的类生活的对象化”。[②]真正的自然是人化的自然界、感性的自然界，人化的自然就是人的意向性对象、实践对象。

（3）马克思认为，“整个所谓世界历史不外是人通过人的劳动而诞生的过程，是自然界对人来说的生成的过程”，因此，“人和自然界的实在性，即人对人来说作为自然界的存在以及自然界对人来说作为人的存在，已经实际的、可以通过感觉直观的”。[③]这说明，传统哲学人的本质性存在状态已经被人的对象性实践状态所取代，实践状态具有感性中直接给予的明证性，它是不可追溯、不可诘问的。[④]

马克思关于人的本质力量对象性的思想，在原则上预见了半个世纪之后才出现的现象学运动，并以比后者更为广阔的见识预告了现象学原则的局限性。海德格尔对胡塞尔“意向性”理论的批判，其实也是对先验现象学原则之局限性的克服。

马克思认为，劳动构成人的本质，人的存在就是人的本质力量的对象化，人同整个自然界的对象性关系从劳动中发生。劳动与动物的本能活动的本质区别在于，劳动意味着人“使自己的生命活动本身变成自己意志的和自己意识的对象”[⑤]，意识意味着人把自己本身的生活当作对象。

2. 马克思实践思想的超越性特征

马克思在《关于费尔巴哈的提纲》中说：“人的思维是否具有客观的真理性，这不是一个理论的问题，而是一个实践的问题。”这说明真理问题其实是人的生活问题，应当对真理做指向现实生活的理解，真理问题实质上就是实践

①②③《马克思恩格斯全集》第2版，第3卷，第301、273—274、310—311页。

④ 参见邓晓芒：《马克思的人学现象学思想》，载《汇海学刊》1996年第3期。

⑤ 《马克思恩格斯全集》第2版，第3卷，第273页。

问题。海德格尔基础存在论对真理问题的论述也表达了与马克思相同的意思。具体到海德格尔的“超越性”思想与马克思实践思想的“对象性”观点的内在关系，我们认为：

(1) 海德格尔基础存在论中的“真理”、“生存”、“揭示”、“解蔽”等术语与马克思哲学中的“实践”概念的基本思想是相容相通的，只不过由于哲学立场的不同而造成内容上的差异。它们同属于人的潜意识、前述谓的活动——生存生活活动，是“源始的”、“本真的”真理，超越了主客二元对立的传统思维方式，是一般认识论、知识论的“科学真理”的前提或基础。

(2) 从客观上讲，海德格尔的“超越性”思想是对马克思实践思想的“对象性”观点的进一步深化与推进。在海德格尔那里，此在的“超越”已经不是“先验自我”的“意向性”的所谓主体活动，而是“此在”在“对象性”的活动——“实践”中实现的对“存在的超越”。“对象性”已成为“意向性”的此在通向“超越性”的必经之路。

(3) 海德格尔的“超越性”的真理论仍含有传统的或近代的主体性哲学的底蕴。他“一方面在通向真理的路途中，然而另一方面以形而上学的方式去寻求存在的真理，把它当作存在学说的最终的根基和要提供的基础。”① 海德格尔真理论的局限性是显而易见的，而马克思的实践思想恰好能纠正它的失误并弥补它的缺陷。

(4) 马克思实践的“对象性”思想与海德格尔的“超越性”思想对人的“受动”与“能动”的关系有分析方面的侧重点。可以这样说，进入海德格尔之“超越性”视阈，能够使我们更加深刻地体会出人之“对象性”活动所就有的“能动性”的思想意蕴，而坚持马克思之实践“对象性”前提，则能够使我们重新寻找到此在之“超越性”活动所应有的“受动性”的坚实基础。

马克思哲学是时代精神的精华和人类文明的活的灵魂。实践是马克思整个哲学的精髓。他认为哲学不是直观地去了解世界或单纯地认识世界。“哲学家们只是用不同的方式解释世界，而问题在于改造世界”，这是他在哲学史上引起革命性变革的根本所在。

实践是整个现实世界的前提，马克思对实践加以追问是对旧哲学的扬弃。他所追问的已非旧哲学意义上的存在本体。它不是现象背后的本原或独立实体。他的实践是现存感性世界生成、存在、变化的根基，是自在世界和自为的精神世界和物质世界、超自然世界和自然世界分裂和统一的基础。马克思哲学

---

① 奥托·珀格勒：《海德格尔的思想之路》，宋祖良译，台北，仰哲学出版社 1994 年版，第 193 页。

并不否认自然界的先在性，但是他认为人所没有关系到的自然对人来说是无，这里的无是说对人无意义。这种无并非永远对人来说不存在，随着历史的发展，科技的进步，这种无必定会进入到现实的为人的自然中。在这个过程中实践起关键作用，随着实践的需要，自在自然的“无”中的一些现象的研究被提上了议事日程，使之最终被人所认识，成为现实中的有，现实世界的自然已非单纯的自为自然，而是人的本质力量的确证。人的实践把人的目的因素注入客观的因果联系之中，使之按照为人的方式运行。人的历史就是自在自然向为人转化的历史。实践使自然呈现于人类面前成为现实的为我的自然。我们所为的世界的存在都由实践将之从纯自然蔽遮状态展现出来的，因此实践是现实世界得以存在的依据，是人类社会的支撑点。一些人（如“实践本体论化”论者）站在旧哲学的立场上谈现代哲学。他们习惯对现实实践下判断和定义。而在实际上能够对整个人类实践下判断和定义的人并不存在，也没有理由存在。如果强求，这个人分明就是全知全能的上帝。实践本体论者们在实际上都在扮演着或大或小的上帝角色。实践本体论化的哲学只是对整个实践的纯知识的独断性哲学。马克思哲学实践思想所具有的超越性、批判性、革命性也都为他们所忽视。

3. 马克思哲学实践思想的辩证法特点

马克思哲学从方法论意义上说，就是其实践思想所必然具有的彻底革命性的辩证法。马克思批判地吸收了黑格尔概念（理念）辩证法的“合理内核”，他认为“如何对待黑格尔的辩证法这一表面上看来是形式的问题，而实际上是本质的问题”,[①] 所以如何理解马克思对黑格尔辩证法的批判是理解马克思实践思想的辩证法性质的重要环节。马克思认为，“辩证法在黑格尔手中神秘化了”，“在他那里，辩证法是倒立着的”;[②] 恩格斯也同样有类似的论述，他认为黑格尔的辩证法“头脚倒置”了。无论是马克思还是恩格斯的论述，他们都认为必须要把黑格尔的辩证法“倒过来”。

马克思认为他的辩证法方法，从根本上来说，不仅和黑格尔的辩证法不同，而且和他的截然相反。在黑格尔看来，“思维过程，即他称为观念而甚至它转化为独立主体的思维过程，是现实事物的创造主，而现实事物只是思维过程的外部表现”。马克思的看法则相反，他认为“观念的东西不外是移入人的

① 《马克思恩格斯全集》第2版，第3卷，第312页。

② 《马克思恩格斯选集》第2卷，人民出版社1995年版，第112页。

头脑并在人的头脑中改造过的物质的东西而已”。① 所以黑格尔的辩证法只是为历史的运动找到抽象的、逻辑的、思辨的表达，运用这种辩证法对现实的生存状况进行扬弃，只是一种思想上的扬弃，“这种思想上的扬弃，在现实中没有触动自己的对象，却以为实际上克服了自己的对象”。② 马克思不满意这种“醉醺醺”的思辨，他要把“哲学现实化”，把辩证法实践化，把辩证法的革命性彰显出来。马克思把实践辩证法理论应用于对人的生存样态的考察，认为在资本主义社会制度下，人的生存样态处于一种异化状态中。劳动不再是人的本质体现，而被降低为谋生手段。所以“作为推动原则和创造原则的否定性的辩证法”不能仅仅停留在思辨领域当中，而要对“现存的一切进行无情的批判”，消除这种异化的生存样态，达到一种否定性的现实实践样态。马克思发现了黑格尔辩证法“神秘外壳中的合理内核”，把它运用于自己的实践思想，形成了对异化现实状况的激烈批判，从而开辟了达到自由解放的现实道路。

4. 马克思实践思想的自为性

实践活动所实现的主体对客体的价值、主体对自身的价值以及个体对社会的价值的统一，使作为主体的人类实践成为自为的实践。自为的活动，是人作为主体的自我实现的活动，这是任何其他存在物都不具有也不可能具有的。所以说，自为性，就是人的主体性的最基本特征。

自在与自为，是近代德国古典哲学最先提出和使用的概念。康德曾经提到过“自有之物”和“为我之物”的概念，对后来的德国哲学家如费希特、黑格尔均发生了重大影响。正式提出自在与自为概念的是黑格尔。黑格尔关于自在与自为的思想同他的矛盾学说是紧密联系在一起的。在黑格尔看来，事物的矛盾是一个发展的过程，以原始的同一性为起点，而后进到对立面的显露和展开，最后达到对立面的综合，矛盾又恢复了自身的同一。第一个阶段是矛盾的潜在状态，第二个阶段是矛盾的分化状态，第三个阶段是矛盾的完成状态。处于第一个阶段的事物是自在的存在，进到第二个阶段事物就变成自为的，第三个阶段是前两个阶段的“否定之否定”，黑格尔有时用自在自为的概念来说明这一状态。黑格尔是唯心主义者，在他看来，在人们尚未认识到自身的“自我意识”本质时，人与自然物尚处于原始同一状态，这就是人的自在阶段；当人意识到自身的这一本质，认识进入自觉的活动，不仅意识到与事物的对立，而且在同属绝对精神的本质一点上认识到了它们之间的同一性，这就进入了自为

① 《马克思恩格斯选集》第2卷，人民出版社1995年版，第112页。

② 《马克思恩格斯全集》第2版，第3卷，第330页。

的阶段。

自在与自为表现着特定形态的主体在从事某项特定活动中必经的两个发展阶段。由于人是富有意志、情感、理性的主体，在人们的实践斗争中，通过改造客体的活动，主客体的矛盾就会逐渐暴露出来，人们也会逐渐理解和把握这一矛盾的内容，自在的活动必然要提高为自为的活动。所以，从人作为区别于物的主体来说，自为性表现着人的活动的本质；相对于自然界的事物，人就是一种自为的生物，自为性是人的主体性的根本特征。

马克思实践思想从人的实践活动去理解人的意识活动，由此找到了理解意识活动的真实基础，进而在这个基础上真正揭示出了意识的能动的本质，把人的意识同动物的意识区别开来，科学地说明了人的主体性质。人的意识同动物的意识有着本质的区别。由于动物和它的生命活动是直接同一的，动物的“意识”也就仅仅是受其生存需要所支配的一种消极地适应其活动对象的感知活动，基本上属于本能的活动。动物没有自我意识，没有自我与对象的区分，也就不可能有对于事物的真正的意识。人则不同。人的意识是在改造外界对象的能动活动中产生、发展起来的，它不仅区分了自我与对象，而且在对象中区分了直接和间接、现象和本质、现实和可能等等。人的意识不是消极地摹写客体的现存状态，而是通过加工和改造对客体的能动的反映和把握。人的意识对象范围十分广阔，而且随着人的主体能力的不断提高，这一范围也处在不断扩大之中。人在自己改造客体的实践活动中，不断把更多的事物变成自己意识的对象。从主体无限发展的本性来说，没有什么事物不能成为人的实践的对象，同样地，也没有什么事物不能成为人的意识对象；人可以以一切客观事物为对象，而且唯有人能够把一切存在物变成自己的意识的对象。而且人的意识具有丰富的内容和多样的形式，它不仅包括认知活动，还包括想象、欲望、目的、意志、情感等等主观活动形式。人在社会实践活动中产生了语言。语言不仅大大提高了人的意识水平，使人有可能产生抽象形式即概念的意识，而且把意识客观化和社会化了。

在马克思和海德格尔的双重颠覆下，作为形而上学的哲学已经发展到了最极端的可能性之后而终结了。恩格斯认为在马克思“消灭哲学”之后，哲学“只留下一个纯粹思想的领域”①，而海德格尔也认为哲学在终结之后只剩下一项“思的任务”。

哲学的“思”或“思想”是指“纯粹思想”或“思维过程本身”。大致就是“思维的方式方法”或思维方式。这种“应当如何”思维的问题“对思想来

① 《马克思恩格斯选集》第4卷，人民出版社1995年版，第257页。

说还有争议的东西，也即争执（Streitfall）。这就是德语中‘事情’（sache）一词的意思。这个词道出了在眼下的情形中思想所关涉的东西，按柏拉图的说法，即事情本身（てò πρāyua àvてò）”①。哲学在当下如果只剩下思维方式的话，海德格尔认为这个思维方式所关涉的就是“争执”（streitfall）本身，就是古希腊文的“事情本身”。哲学的思维方式，即如何思想，具有整体性、无限性、反思性的一般特点。哲学的思是一种“究极之思”。

四、“改变世界”——马克思实践思想的根本目的

（一）“此岸实践的真理”包含对现存事物的否定的理解

马克思在《神圣家族》中写道：“真理的彼岸世界消逝之后，历史的任务就是确立此岸实践的真理。人的自我异化的神圣形象被揭穿之后，揭露具有非神圣形象的自我异化，就成了为历史服务的哲学的迫切任务。于是，对天国的批判变成对尘世的批判，对宗教的批判变成对法的批判，对神学的批判变成了对政治的批判”。对于马克思的这一段话，温迪·林思·李认为：“如果哲学的立场不仅仅是认识世界而且还要改造世界——使世界人性化，那么，第一步就是清除那些影响人类生活物质条件的政治结构批判的地基。因而，‘反宗教的批判’的目的，就是围绕类存在物的生命行为——与围绕一个虚幻的绝对者的固定旋转相反——重新定位人类自我概念的世界。”② 其实，无论是要将“世界人性化”也好，还是清除各种“政治结构”也好，都要以“类存在物的生命行为”——实践为基础才是可能的。

因此，在了解了马克思实践思想对于“神圣形象”的传统本体论哲学的批判和对于“非神圣形象”的实践本体论化的批判（在笔者看来这实际上是一回事）之后，“实践的真理”必然要进行“对尘世的批判”、“对法的批判”和“对政治的批判”，这些批判的真正含义就是“改变世界”——这是马克思实践思想的精髓。

---

① 可参考海德格尔：《哲学的终结和思的任务》，载《面向思的事情》，商务印书馆1996年版，第74页。

② 温迪·林思·李：《马克思》，陈文庆译，中华书局2002年版，第20页。

我们认为，“马克思哲学是一种以人的实践或实践的人为核心”的批判性、超越性思想学说，“包含着极其丰富的内容和意蕴，为后人留下了十分广阔的诠释空间。”① 在这一指导思想之下，在马克思主义哲学发展史上曾先后出现的“经济决定论”、“物质本体论”、“辩证唯物主义”、“历史唯物主义”、“实践唯物主义”、“实践人道主义”、“实践本体论”、“实践生存论”都曾被人们作为马克思哲学的代名词。实际上，这些称谓往往是对马克思哲学的某种属性、某种职能、某种功能的揭示，并有不同的侧重，但并不是完全对立的。它们之间的共通之处是往往用传统本体论的思维方式，将马克思哲学抽象化，概念化，绝对化。往往在整体上表现为“实践本体论化”倾向。

马克思认为，认识世界的目的在于改变世界，在于实现人和人类的解放。马克思指出：“对实践的唯物主义者即共产主义者来说，全部问题都在于使现存世界革命化，实际地反对并改变现存的事物。”② 在这里，马克思自称为“实践的唯物主义者”，以区别脱离实践的唯物主义者，强调他自己的哲学是“改变世界”的哲学。公开申明解释世界的目的在于改造世界，是马克思哲学不同于西方哲学的一个显著特点，这是因为马克思不仅超越了同时代的西方哲学家无法克服的理论脱离实践的局限性，而且成功地把哲学上的伟大变革和无产阶级现实革命有机地联系起来，使马克思哲学成为最具科学性、实践性和革命性的哲学。简言之，“改变世界”是真正的真理，也是真正哲学之所是。

在马克思看来，研究哲学就是研究实践，就是研究现实世界。或者说认识和把握现实生活，关注人和人类的命运。这是马克思实践思想的根本目的。哲学要彻底抛弃与现实和实践相背离的抽象原则。哲学对现实要采取一种批判的革命的态度，反对并超越任何封闭僵化的体系。马克思指出：“辩证法在对现存事物的肯定的理解中同时包含对现存事物的否定的理解，即对现存事物的必然灭亡的理解；辩证法对每一种既成的形式都是从不断的运动中，因而也是从它的暂时性方面去理解；辩证法不崇拜任何东西，按其本质来说，它是批判的革命的。”③ 马克思哲学批判的革命的本质，既是马克思哲学与时俱进的理论品质的内在根据，也是马克思哲学当代价值的集中体现。

传统哲学由于它是以人与自然的直接联系为基础而形成的理论，这不仅决定了它在理论观点上必然或者把人直接归结于自然的本原或本性，或者反过来把自然直接归结于人的精神创造产物，因而总是陷入“非此即彼”两极对立的

① 赵景来：《90年代哲学前沿问题研究述要》，天津社会科学院出版社2002年版，第26页。

② 《马克思恩格斯选集》第1卷，人民出版社1995年版，第75页。

③ 《马克思恩格斯全集》第2版，第44卷，第22页。

思想方式之中；也同时决定了它为自己确立的研究对象必然也是抽象化的，对它来说只能存在一种或者是抽象化的外部自然世界，或者是同样抽象化的人的内在精神世界。从这一意义来说，传统哲学的对象世界就是科学世界与宗教世界的矛盾。当它把目光集中于人的创造本性时，便把精神神化为与宗教无别的对象；而当它注目于自然的本原作用时，又使自然变成了纯客体的科学（自然科学）对象。因此，传统哲学一方面孕育了近代的自然科学，另一方面也为传统本体论思维方式的复辟提供了温床，唯独不利于使人深刻体验的现实生活世界。

在马克思的实践思想中，实践的中介性作用和意义突出了，这意味着在人和自然之间中介的领域扩大了，中介环节的地位也提高了。实践的中介性是人与自然的现实统一性基础。人是通过中介与自然达到统一的，也只有通过中介才能把握人与自然的现实关系。这样，哲学的对象领域便随之从探究以人与自然抽象关系为内容的抽象世界，转向研究人与自然具体结合关系中的现实世界。西方现代哲学注重研究的所谓生活世界、文化世界、意义世界、语言世界等等，都属于这样的对象领域。

（二）马克思实践思想的当代功能

适应哲学对象、主题的变化，马克思实践思想的任务也就既不再以追求那种超现实的绝对本体、终极实在的永恒真理为宗旨，也不再以为人提供具有知识总汇性质的一般世界图景为主要功能。因为这样一些具有实证性的任务已由科学承担起来，属于虚构性质的内容则为科学的发展所否定。马克思实践思想的任务就是涉及人自身的生活和价值以及有关人类前途和命运的问题，马克思实践思想的主要功能就是要通过对这些问题的研究、思考，启迪人们充分认识自我的价值，掌握自己的命运，为走向人类美好的未来自觉地发挥无限的创造能力。

马克思实践思想与现代实践密切相关。随着电子计算机技术和新科技革命的发展，现代实践空前开放性的特点和它所展示的无限丰富的可能性，从根本上摧毁了传统哲学的绝对主义、本质主义、客体决定主义观念；现代实践呈现的人类整体环境、整体利益的休戚相关，以及注重交往、对话、理解和沟通的特点成为对于马克思实践思想进行再理解的外部动因；现代生产实践的日趋专业化、技术化以及由此造成的人的片面性，必然促使人们注重生活的意义与价值，因而成为理解马克思实践思想的推动力量。

从传统哲学到马克思实践思想是哲学史上的一次重大转向。

(1) 它从追问原初的、先天的、绝对的东西，试图从那里找出人们生存本性、行为根据、存在价值、生活意义甚至前途命运，转向了人的现实生活和实践活动以及现实世界，认为只有从这里才能了解人的根据、价值和意义；

(2) 传统哲学注目的是遥远的、身外的抽象存在，试图从那里寻求一种决定性实体，以便充当人的依靠力量。马克思实践思想则转向关注人自身，它意识到人的生活世界是由人创造的，人就是自己的权威和主要依靠力量，因而注重于发挥人的自我创造作用；

(3) 传统哲学以追求普遍的、永恒的真理为旨志。在他们看来，“求知是人的本性”，“美德就是知识”，因而把理性归结为认知理性，把哲学归结为知识哲学。马克思实践思想则注重开掘实践思维对人的意义，要求把真理、价值、审美统一起来，建立真善美一体的哲学；

(4) 传统哲学主要奠立于自然科学基础之上，贯注的是以因果必然联系为核心的科学思维逻辑。马克思实践思想则转向以整个文化为基础，它作为一种文化精神更加注重贯注人文精神；

(5) 传统哲学的“形而上学”是宗教式的超现实理论，它是从某种假定的“完善存在”出发去批判现实、规定现实，因而是一种面向过去的哲学。马克思实践思想则是一种前导性理论，它注重于从未来去理解现实、批判现实、导引现实；

(6) 传统哲学只注重于改变人们关于世界的思想，它们的相互论争只限于抽象领域，它们的哲学只属于“解释”世界的理论。马克思实践思想则直接面对尘世生活，探究人际关系和问题，它的目标就是要“改变”这个人间世界。

(三) 马克思实践思想的人学根据

传统本体论哲学的“最大问题归根结底还在失落了人和人的主体性这一根本点上”。① 在传统西方哲学里，不论把本体理解为自然物质存在，还是理解为绝对精神存在，人的这一地位都是同样的。传统哲学寻求的是一种超验的本体，这种超验的本体是和现象相对应的，而海德格尔和马克思已经不再追寻这种本体，而是关注人的实践状态，海德格尔的主要目标之一就是要破除现象、本体之二分，除却对“存在”理解的千年之弊。马克思在重新理解人的基础上，变革了传统本体论的思维方式，把人理解为现实的人、具体的人，而不再是远离现实世界、脱离现实的人。他们不再追寻那种脱离了人的超验本体，而

① 高清海：《哲学的憧憬》，吉林大学出版社 1995 年版，第 240 页。

是着眼于人的现实实践。海德格尔追问存在的根基意义，马克思寻求人的真正自由的状态。这样，哲学就从一种“无根”的理论变成一种“有根”的思想。

马克思哲学之所以是现实的，就在于这一哲学思想现实地反映了现实社会人的社会活动。它是建立在现代社会现实状态基础之上的。它之所以能够超越传统哲学的束缚，就在于它的研究方法超越了传统哲学由理论到理论、由概念到概念的形而上学方法。把最终决定哲学理论不断发展的决定性因素牢固地建在实践基础之上，不仅看到了已有理论对哲学研究的意义，而且也看到了现实社会人的实践对理论研究的作用。看到了感性的现实社会生活状态对哲学理论研究在最终意义上的决定性意义。传统哲学总是在已有理论和经验的层面绕圈子玩概念游戏，所以，传统哲学的研究方法始终是离开实践的，实践并不在场。因为在传统哲学看来感性的现实是由理念或观念所决定的，因而停留在抽象理论的层面来进行哲学理论研究就是再自然不过的事情了。马克思说，“和唯物主义相反，唯心主义却发展了能动的方面，但只是抽象地发展了，因为唯心主义当然是不知道现实的、感性的活动本身的。”① 旧唯物主义虽然是从感性的现实状态出发来进行哲学研究，但由于受到当时经验自然科学水平的限制和影响，只是从客体的方面感性直观地看待现实和进行理论研究，因而同样陷入了传统形而上学的窠臼。马克思哲学之所以在传统哲学的领域实现了革命性的变革和超越，就在于马克思从实践出发，看到了在认识自然时人所从事的科学活动、在认识社会时所进行的社会活动这样的实践在推动人的认识不断深入并起着检验已有认识和假设的重要作用，所以马克思说，“人的思维是否具有客观的真理性，这不是一个理论问题，而是一个实践问题。人应该在实践中证明自己思维的正确性，即自己思维的现实性和力量，自己思维的此岸性。”② 马克思在人的认识领域或现实的人的认识活动环节上，不仅从客体的方面，而且也从主体的方面；不仅看到了实践在人的认识活动中所起着的最终意义上的决定作用，而且也看到了已有的理论思想成果以及现实的人的生活经验在人的认识活动中所起的重大作用，传统哲学的形而上学的局限性就在实践的意义上被马克思哲学所克服和超越。

在西方哲学史上，马克思哲学实现了哲学从近代到现代的根本性变革，他终结了传统的形而上学，认为自己的哲学“这已经根本不再是哲学，而只是世界观”。③ 海德格尔也对传统的形而上学展开了激烈地批判，以“此在”的追问代替了传统的形而上学，并一再宣称自己只是思想家，而不是哲学家。无论

①② 《马克思恩格斯选集》第1卷，人民出版社1995年版，第54、55页。

③ 《马克思恩格斯选集》第3卷，人民出版社1995年版，第481页。

是马克思还是海德格尔，他们采取这种做法，就是想把自己的哲学和以往的哲学区别开来。因为整个哲学已经不能再停留于抽象的思辨之上，而是关注人的问题。马克思在克服传统本体论的基础上，从崭新的视角、运用变革的方法，形成了独特的哲学追求，从而开启了现代哲学。这里的关键就在于转换了对人的理解，海德格尔认为，“人的实体不是综合灵魂和肉身的精神，而是生存。”① 马克思也认为“人的根本就是人本身”。② 对“人的本质”问题的超越和崭新理解构成了马克思实践思想的前提。由于马克思独特的哲学旨趣，所以才表现出独特的哲学道路，呈现出独特的哲学理论形态。

马克思实践思想作为现当代最具有批判性、革命性的思想——这一产生于工业时代社会化大生产方式背景下的具有现实科学性的哲学，它所提出的哲学问题一定是超越于传统哲学问题之上的。而这一超越就在马克思哲学的纲领性文献《关于费尔巴哈的提纲》中得到了明确而清晰的表达，这就是：“哲学家们只是用不同的方式解释世界，而问题在于改变世界。”③向世人表明，马克思哲学不只是停留在传统哲学“用不同的方式解释世界”的认识活动领域，而是在此基础上把哲学推进到“改变世界”的实践活动领域，由此而使得传统哲学的局限性无遮蔽地显露出来。从而使得马克思哲学在正确认识基础上建构起实践思想，进而最充分表现出“改变世界”的创造性本质。

五、“实践的真理”——马克思实践思想的革命性变革

（一）马克思实践思想的划时代意义

马克思在《关于费尔巴哈的提纲》中第一次提出了实践思想，实践的提出，标志着马克思哲学观的诞生。在《关于费尔巴哈的提纲》中，马克思公开以实践作为自己理论的标志性语词。指出过去旧唯物主义的缺点是：“对对象、现实、感性，只是从客体的或者直观的形式去理解，而不是把它们当作人的感性活动，当作实践去理解，不是从主体方面去理解。”而唯心主义的缺点则是：

① 海德格尔：《存在与时间》，三联书店 1999 年版，第 136 页。

②③《马克思恩格斯选集》第 1 卷，人民出版社 1995 年版，第 9、57 页。

“和唯物主义相反，唯心主义却发展了能动的方面，但只是抽象地发展了，因为唯心主义当然是不知道现实的、感性的活动本身的。”① 充分表明了马克思实践思想的独创性和时代特征。马克思把实践理解为“人的感性活动”，“个人怎样表现自己的生活，他自己就是怎样”。②马克思是从实践的维度批判旧唯物主义和唯心主义哲学，并且从这一角度阐明了自己的哲学新特点。在把实践作为自己哲学出发点的基础上，马克思进一步指出“人的本质不是单个人所固有的抽象物，在其现实性上，它是一切社会关系的总和。”马克思认为所有的理论问题都可以归结为实践的问题，人应该在实践中证明自己思维的真理性，“凡是把理论导致神秘主义的神秘东西，都能在人的实践中以及对这个实践的理解中得到合理的解决”。③即便是观念的东西，包括整个社会的精神生活，也要从物质实践来予以说明，“不是从观念出发来解释实践，而是从物质实践出发来解释观念的形成。”④这样，实践范畴便成了马克思哲学的核心范畴，不仅社会物质生活在本质上是实践的，而且社会精神生活在本质上也是实践的，“社会生活在本质上是实践的”。马克思哲学牢牢地抓住人本身。以人的自由自觉的实践方式为出发点。

马克思实践思想的根本方法就是辩证法，就是要对现存的一切进行否定性的批判，对人的异化状态进行扬弃。“共产主义是私有财产即人的自我异化的积极的扬弃，因而是通过人并且为了人的而对人的本质的真正占有；因此，它是人向自身、向社会的即合乎人性的人的复归”。马克思这里所说的共产主义是人的一种理想生活状态。“这种共产主义，作为完成了的自然主义＝人道主义，而作为完成了的人道主义＝自然主义，它是人和自然界之间，人和人之间的矛盾的真正解决，是存在和本质、对象化和自我确证、自由和必然、个体和类之间的斗争的真正解决。它是历史之谜的解答，而且知道自己就是这种解答。”⑤ 但是共产主义的实现和私有财产的消灭是密不可分的，“无产和有产的对立，只要还没有把它理解为劳动和资本的对立，它还是一种无关紧要的对立，一种没有从它的能动关系上、它的内在关系上来理解的对立，还没有作为矛盾来理解的对立。……因此，它还不表现为由私有财产本身设定的对立。”⑥但是，一旦无产和有产理解为劳动和资本的对立，理解为“作为财产之排除的劳动”和“作为劳动之排除的资本”之间的对立，理解为“私有财产的主体本质”和“客体化的劳动”之间的对立，私有财产就变成了人类存在自我异化的根源，共产主义便成为扬弃了的私有财产的积极表现。在马克思实践思想中，

①②③④《马克思恩格斯选集》第1卷，人民出版社1995年版，第58、67、60、92页。

⑤⑥《马克思恩格斯全集》第2版，第3卷，第297、294页。

共产主义就是人的理想生活状态，就是人类现实性“澄明之境”。与海德格尔存在的澄明之境不同，马克思的共产主义不再是一种说不可说之神秘，而是能形成一种现实的社会制度，能成为人类奋斗的具体目标。在马克思的思想中，共产主义理论具有双重意蕴，它不仅具有形而上的哲学意蕴，还具有形而下的科学意蕴，换言之，它不仅是人类的一种自由自觉的样态，它还具有现实的道路的意义，是一种社会制度。宾克莱在《理想的冲突》中说：“马克思对于我们今天的吸引力乃是一个道德的预言”，“作为我们选择世界观时的一位有影响的预言家的马克思永世长存，而作为经济学家和历史必然道路的预言家的马克思则已经降到只能引起历史兴趣的被人遗忘的地步”。①

与对于传统哲学中实践理论的关系是一个根本性“断裂”变革相适应，作为马克思实践思想的根本方法的辩证法也具有历史性的“断裂”意义；同样，实践本体论化在遮蔽马克思实践思想的同时，也遮蔽了马克思辩证法思想的划时代意义，这是应引起重视的。

（二）马克思辩证法思想的划时代意义

辩证法的思想和理论在历史上经历了长期和艰苦的发展过程。以马克思的辩证法思想诞生为界限，在其之前，辩证法经历了古代自发辩证法，近代形而上学辩证法和德国古典辩证法三个大阶段。而与之相适应的恰好是实践理论的三个发展阶段，这种明显对应情形的出现决不是偶然的。

以赫拉克利特为代表的自发辩证法思想是它的第一个发展阶段。自发的辩证法思想属于本能的直观理论，它仅仅是对运动和变化事实的一种经验描述，并未触及概念的本性问题。像赫拉克利特所表达的那些看法，只是对运动乃至矛盾的事实作出了肯定性的论断。凭借它们既克服不了形而上学的凝固性思维，也回答不了芝诺提出的诘难运动的难题。所以在这之后，随着形而上学思维把大量矛盾关系肢解为两极对立的概念，与此同时辩证的思维也在滋生和发展。这是辩证法发展的第二个阶段。这一阶段的发展尽管缓慢，形而上学的凝固概念却在一个一个地被突破，例如存在与非存在、原因与结果、一与多、必然与偶然、肯定与否定、有限与无限等等概念。按照形而上学观念，对偶概念之间只有绝对对立的关系。在这里，辩证法思维的发展就表现在，随着哲学认识的深入，人们发现出某对范畴的内在统一联系，就在这对范畴之中贯注了对立统一的观点，于是便把它从形而上学思维的束缚中解放出来了。亚里士多德

① 宾克莱：《理想的冲突》，商务印书馆 1983 年版，第 106 页。

的哲学就处在第一阶段向第二阶段的转折过程，所以它兼有二者特点，既有大量自发辩证法的思想因素，又研究了某些概念的辩证本性。

第二阶段属于对概念辩证关系的个别研究阶段，它发展到康德哲学进入一个转折点。康德已不限于个别地去研究某对概念的辩证关系，而是提高到思维本性上去考虑概念的辩证关系。他提出的问题是：为什么人们从“理性”所把握的概念，都有两种互相反对的解释，这种对立的命题看起来都像是真的，而又任何一个都不能比另一个更有理由成立？康德称这样对立着的命题为“二律背反”，认为理性一旦越过经验界限要去把握绝对的整体，就必然会陷入对立命题的冲突。他列举了 4 个二律背反命题：有限与无限，单一的与复合的，自由原因与自然法则，必然的与偶然的。康德虽然只列举出 4 组矛盾，但从这些二律背反的存在他便把矛盾归结为理性的本性。而不再看作仅仅是某些概念的本性。康德对“矛盾”的看法和态度是消极的，尽管如此，理性被归结为矛盾本性这点，在辩证思维理论的发展中应当看作是一个重大的进步，只有在这一基础上才可能形成黑格尔的思维辩证法理论。这构成了辩证思维发展的第三个阶段，即德国自觉辩证法的发展阶段。

德国古典哲学的辩证法在黑格尔哲学中达到最高发展和最后完成。黑格尔比康德更进了一步。康德只证明矛盾是“理性的必然行动”，黑格尔则把矛盾规定为思维固有的本性，甚至认为“精神就是矛盾”。在黑格尔看来，矛盾决不是什么思维犯错误的结果，恰恰是思维的本性，按照黑格尔的观点，不止康德列举的 4 个“二律背反”具有矛盾，凡是思维所运用的概念都充满了矛盾，矛盾也就是概念固有的规定。这样就把矛盾普遍化到整个思维活动过程和整个精神活动过程，乃至整个宇宙过程。从而“从对立面的统一中把握对立面，或者说，在否定的东西中把握肯定的东西”也就被提升为理解和把握一切事物的普遍的和根本的思维方法。

实践思维所体现的实践辩证法是关于从现实生活过程去把握现实本质的高级思维方法的理论。所反映的不是事物的外部的和现象的关系，而是现实历史过程深层的本质关系。在这一意义上，实践辩证法就代表一种思维方式，即如何把实践把握为处于过程中的活动、具有多角度复杂联系的活动的一种思维方式。这种思维方式集中体现在对实践的双重性否定矛盾的理解、掌握和运用上，即善于从否定性的统一联系中去把握。

由于马克思实践思想从根本上被本体论化，因而马克思所创建的实践辩证法也被按传统哲学的样式进行了颠覆，使其革命性和先进性所剩无几，成为僵死的教条和抽象的概念，被严重庸俗化了。在这一过程中，实践也被经验化，变成可以为人们直观到的一种经验构成。就像现在教科书中所讲的那样，把它当作一个普遍适用的词汇随处去用；至于如何把实践的本质关系把握为矛盾的那个思维方法却并不能很好地掌握。因为在实证化的经验理论中，这样的方法本来就只是一种经验的泛化。

马克思哲学辩证法所讲的矛盾并不是一个直接的经验事实，矛盾概念在认识史上也不是从归纳经验事实中直接形成的。人们直观到的是千差万别的因果事物及其处于流动变化中的现象，为了理解和说明这一事实，即为了从事物的运用过程中去把握它的本质，从事物的本质去说明它的自身的运动，才产生了矛盾的概念。所以矛盾概念不是用来描述现象事实，而是在更高层次上属于思维反映事物本质关系的概念。

在理性思维范围内，矛盾概念也不能仅靠从运动事实的直接推论产生出来，它只能从总结和概括认识史中产生出来。因为，理解就在于运动概念的形式来表达，而概念按其自然本性说，都具有隔离性和凝固性的特点。矛盾概念作为事物本质关系的反映形式，它不能不关系到反映事物本质关系的那些概念。只有具备了能够打破一切概念的凝固性、隔离性的条件，才能形成表达事物本质关系一般性质的矛盾概念。而真正的矛盾概念，不仅反映着一切事物的本性，也必然表现着一切概念的本性。只有把矛盾理解为反映本质关系的概念，只有把概念的本性理解为矛盾的，我们才是真正理解和掌握了实践辩证法的科学理论，才能摆脱自发的经验辩证法理论的局限性，我们所运用的马克思实践思想才能具有世界观、认识论和方法论的意义。

马克思实践辩证法的真正起点是他运用黑格尔辩证法时所持的怀疑与批判的现实态度。马克思发现，他可以在黑格尔的精神领域里很方便地实现他的自由理想，但是，这种实现是不会触动现实不合理状况的一根毫毛的。这是马克思在早期试图回答林木盗窃的实际问题时所遇到的尴尬。这里的最大困境在于，黑格尔的精神哲学和现实之间是一种应有和现有的对立。仅仅在思想上想当然地把这种对立消除掉，完全是一种自欺欺人的“鸵鸟战略”，不能解决现实中的任何问题。

费尔巴哈人本主义唯物主义对马克思思想创建是一次巨大震撼，他终于找到了黑格尔哲学不能解释现实的真正原因。这就是不能在思想和绝对理念里去弥合应有和现有的矛盾，而是要用异化理论批判一切不合理的现象，使社会回到合理状态。费尔巴哈只用异化理论批判宗教，马克思则用它批判现实生活。马克思发现人本学的根本缺陷，它没有找到一条从现有发展到应有的道德——马克思发现了（人本学）异化理论仍然是现有和应有对应起来的另一种理论模式。这样一来，马克思在构建实践思想的过程中，在感受费尔巴哈人本学对黑格尔哲学的革命性变革的同时，也完成了自己哲学思想的革命性变革，——实践思想成为这两次变革的伟大成就。

（三）马克思实践思想的现实性

马克思实践思想的现实性还不只是局限于对传统本体论哲学的超越和克服，因为这只是马克思哲学的一个方面，即不只是现实而科学地使传统哲学就此终结，而是要实现由认识世界向改造世界的转换，进入在正确认识的基础上建构实践思想并使其成为改造现实的活动环节。因为认识的目的不是为了认识而认识，而是为了在认识的基础上实现对现实状态的革命性变革。只有真正地实现了认识活动环节向改造活动环节的转换，马克思实践思想的现实性才能说是完整的。现实的人的认识活动环节与改造活动环节既相对独立又密不可分和相互作用、互为因果的辩证运动是对马克思实践思想最具说服力的确证。马克思实践思想的性质不论在人的认识活动环节内，还是在人的改造活动环节内，以及在认识活动环节与改造活动环节之间所体现的辩证现实运动的崭新维度上都得到了充分地证实和展现。

马克思实践思想的现实性是与科学性联系在一起的，没有现实性就不可能有科学性，而没有科学性就不可能有真正意义上的现实性，现实性与科学性是不可分割的。马克思实践思想的科学性就在于，它客观正确地揭示了人的认识活动环节和改造活动环节内部各自构成因素间相互关系的辩证性及其规律性，以及两个环节之间相互关系的辩证性及其规律性，也就是把人的社会活动完整过程的本质即认识与改造在实践辩证法的意义上清晰地揭示出来。

马克思实践思想揭示了这样一个普遍而简单的道理，现实社会中的任何个人或群体要想变革现实世界首先就必须对现实世界有正确而科学的认识，有了正确而科学的认识才可能建构起符合科学理论的变革现实世界的实践观念，有了这样的实践观念才可能有变革现实世界目的的顺利实现，进而也才会有对正确而科学的认识在改造活动环节发挥着巨大作用在现实意义上的确证。

恩格斯说：“哲学……直到今天还完全忽视了人的活动对他的思维的影响；它……只知道思想。但是，人的思维的最本质和最切近的基础，正是人所引起的自然界的变化，……人的智力是按照人如何学会改变自然界而发展的”①。马克思实践思想中的“实践”——劳动包括四种生产；除了人与自然界发生关系的物质生活资料的生产外，还有人为了传宗接代的人自身生产；人为了生活而必须从事的人与人发生关系的社会关系生产；以及与人们生活“交织在一

① 《自然辩证法》，参见《马克思恩格斯选集》第3卷，人民出版社1972年版，第551页。

起”的精神生产①。俞吾金先生认为人们以往只注意马克思的物质生产理论，这是一种“狭义生产理论”，那样做的结果首先是割裂了物质与其他三种生产形式之间的有机联系；其次那样做必然会导致“经济决定论”——这可以被看成实践本体论化的最初表现形式。更进一步，俞先生认为“马克思的全面生产理论”“为我们重新理解马克思哲学提供了一把钥匙”。这里的关键仍是完整地把握马克思的“实践思想”。因为马克思正是用自己独特的与历史上任何实践理论根本不同的“实践思想”建立起完全属于自己的“新哲学”。

（四）马克思实践思想的人性自由维度

人是哲学的秘密，有些哲学家如是说。在哲学发展史上，马克思哲学思想作为思考和探究“现实的人及其历史发展的科学”，在对人的问题的理解上，实现了一场根本性的革命变革。这场变革的前提、根据、实质和结果，就在于一种全新的哲学思维方式的诞生。这种思维方式因其鲜明的实践祈向、独特的科学精神气质及其对人文现实生活世界的肯定，具有强烈的“实践”意义。

马克思哲学思想就其根本意义上而言，实质上是一种实践人学思想，作为一种对人性问题的全新的理解与解读方式，它超越了古代自然主义人学理论的本能性的情感思维方式的局限，以及近代科学主义人学理论的理性思维的抽象性，找到了主客体内在统一的现实基础和中介途径，提供了一种从感性实践活动出发的“实践思维”——一种实现了真正的革命性超越的思维新形态。这是理解马克思人学思想——作为其实践思想一部分的要害之一。

任何哲学实质上总是与人密切相关，都是关于人的理论思考。哲学是人借助他的自由理性对现存世界及其诸种关系反思的结晶。

人学的理论源远流长。在近代哲学发展史上，作为一种思维方式的人学理论，有其特定的含义，它所指称的核心内容是指以人文学科的方法去观察人类文明生活，以人的方式认识外部世界和人自身的思维方式。就其基本倾向而言，它表达的是一种与神学和自然主义相对立的人文主义的思维方式。人文主义的思维方式曾经在文艺复兴时期，特别在意大利，得到了充分的发展。但是由于近代自然科学的迅速发展，以自然科学方法构建的近代理性主义哲学自16世纪起占据了西方哲学的主导地位，遮蔽了人文主义的思维方式。18世纪的启蒙运动猛烈地批判了神学和17世纪的形而上学，反对把哲学束缚于理智的僵硬体系之中，要求哲学的自由和思想的批判性。于是启蒙思潮就成为人文

① 参见俞吾金：《从康德到马克思》，广西师范大学出版社2004年版，第334—341页。

主义思维方式再度崛起的契机。维柯和赫尔德正是在启蒙思潮的刺激下，用人文主义的思维方式构建“新科学”和“历史哲学”，开创了新的哲学传统。

就思维原则而言，近代人文主义思维方式所遵循的基本原则是主体性思维的理性原则。这种理性原则推动了科学的发展和哲学观念的更新。这是它的巨大功绩。但是那原本合一的主体和客体，却被过分膨胀的理性抽象地分离为两个独立的实体，甚至认识也被从情感、意志诸方面所构成的整体中抽象出来、孤立起来，这就把活生生的人抽象为理性的载体，必然导致思维方式上的唯心主义和形而上学。

马克思的人学思想作为对传统人学理论的革命，他认为，人是实践者，在资本主义条件下，人是异化实践的实践者。这些还只是马克思实践人学思想的前提基础。而马克思实践思想的根本在于明确提出并适时回答了“实践自由”的问题。马克思跳出传统人学思维的窠臼，从对资本主义经济学的分析人手，把“实践”与“自由”在现实基础上联系起来。马克思在明确肯定人的本性在于实践性的同时，也把自由和自由性归还给人类，在马克思看来，真正现实的实践性不是为实践活动而实践活动，实践的实质是体现和确证人的自由本性，自由是实践的客观内容和行为旨趣。同时，人只有在实践中，只能通过实践才能感到自由，获得自由，实现自由。因此，“实践自由”与“自由实践”就成为马克思实践思想不可或缺的两个方面。

“实践本体论化”在把实践抽象化绝对化的同时，也丧失了自由的维度，使实践失去了自由内容。因此，“实践本体论化”从根本上也就不能理解马克思的自由实践思想，或者是在传统的或片面的程度上曲解马克思的自由实践思想。

尽管马克思早年是一位黑格尔信徒，但随着对不合理社会的明察洞鉴，很快就认识到黑格尔哲学只是彼岸世界的理论，只是对天国的批判，远离人性和自由。而哲学的任务和人生的目的应使多数人幸福，争取全人类的解放和自由是哲学最崇高的责任。为此自 1841 年之后，他就决心公开地向这个把劳动者变成魔鬼、剥夺其一切自由权利的现实世界挑战，尤其向腐朽不堪的德国君主制开火。他指出：“这种制度虽然低于历史水平，低于任何批判，但依然是批判的对象，正像一个低于做人的水平的罪犯，依然是刽子手的对象一样。”①从此，马克思就不再是学院意义上的哲学家、理论家和学者，而是终生都在为谋求全人类的平等和自由而战；身体力行使政治国家返回实在世界；砸碎无产阶级身上的镣铐，实现人类真正自由的理想。

① 《马克思恩格斯选集》第 1 卷，人民出版社 1972 年版，第 3 页。

马克思在论述自由问题时也不是抽象的研究，而是把自由与现实联系起来，他认为自由确实是人所固有的东西，这一点连自由的反对者在反对实现自由的同时也实现着自由。现实中，没有一个人反对自由，如果有的话，最多也只是反对别人的自由。自由向来就是存在的，只是有时表现为特权，有时表现为普遍权利而已。因此问题不在于自由是否应当存在、自由究竟应该为谁拥有、自由本身是否具有美丑善恶的性质。而在于自由究竟是个别人物的特权，还是人类精神的特权；是否“一面的有权应当成为一面的无权”；是否“反对精神的自由”应该比“精神的自由”享有更多权利？如果体现人类普遍自由的权利和行动应当摈弃的话，那么体现特殊自由的特权就更应当摈弃；因而自由是全部精神存在的类的本质，也是文化艺术、意识形态、言论和出版的类的本质。对人说来只有体现自由的东西才是好的；也只有体现普遍的或类的东西才是自由的。

在自由和人的内在统一性上，海德格尔认为“自由就是指人的存在”。① 艾耶尔也认为“有关人是自由的代理商的观念，……不仅是道德和法律判断的前提条件，也是我们对其他人或者我们自己的一种情感态度”。② 自由如同一切事物，是一种客观存在；是有关思维和行为性质的实体，是人的一种生存状态和特征，它有自身合乎整体人性的规定。只要存在人类，就存在自由，决不会由于所属对象的不同而改变其内涵。对于迄今人们赋予“自由”诸多片面的意义，我们有责任予以澄清，而人们应该重视的是马克思在实践观点基础上的自由思想。

海德格尔认为以往的哲学都只是一种无根的本体论，而只有他的哲学是一种有根的理论。与海德格尔不同，马克思不是去回答存在（本体）的有根无根问题，他所进行的是实践意义上的根本性变革。马克思真正抓住了人的“感性活动”这个根本。从分析实际生活过程入手，来理解哲学的形上追求。海德格尔运用现象学的方法，在区分“存在”与“存在者”的基础上，认为人这一特殊的存在者的现实性样态是“被抛”和“沉沦”，并对此在的生存性质进行分析，对存在进行解蔽，最后达到一种“存在”的“澄明之境”，但这种“澄明之境”只能是一种说不可说之神秘。马克思完全抛弃了西方传统哲学从本体、存在等去研究人的致思路向，马克思首先关心的是人的现实生活状态，首先关心人的实践活动，认为现实中的人处于一种异化状态，要想达到人的理想状态，只有从根本上彻底消灭现实中人的自我异化，而这种彻底扬弃异化的状态

① 参见约斯夫·科克尔曼斯：《海德格尔的〈存在与时间〉》，商务印书馆1996年版，第206页。

② A. J. Ayer, *Freedan and Morality and other Essays*, Oxforol Vniversity, 1984. P. 1.

就是“共产主义”，表现出的是一种人类解放的旨趣。海德格尔的哲学可以说是一种阶段性贵族哲学，他主要关注个人的人生境遇，是个人的人生哲学；马克思的哲学是一种大众哲学，它着眼的是人类的命运，是关于人类的解放的哲学。在这一点上，马克思要比海德格尔伟大得多，马克思的哲学也要比海德格尔的哲学伟大得多。海德格尔哲学和马克思哲学代表了现代哲学的两个不同的路向。

（五）马克思实践人学的特征

马克思实践思想以资本主义条件下异化实践为切入点，通过对人的实践解读阐明了历史的主体是“现实的人”，现实的人所面临的物质生产条件即是以往人们实践的既有结果，又是人们继续进行物质生产实践的约束条件和出发点，正是这种人类世代的连续不断的物质生产实践活动构成了一根历史链条，从而形成了人类的历史。所以马克思认为，从“现实的人”出发来理解历史的话，创造历史的并不是哲学概念的“人”，也不是什么别的神，而是一定历史条件下的活动的人。历史既不是无主体的过程，也不是超个体的人格的产物。历史是现实的人的历史，对历史主体的抽象理解必然导致对历史的抽象理解。从现实的人出发，马克思批判了那种把人和人类历史抽象化的理解：“哲学家们在不再屈从于分工的个人身上看到了他们名之为‘人’的那种理想，他们把我们所阐述的整个发展过程看作是‘人’的发展过程，从而把‘人’强加于迄今每一历史时代中所存在的个人，并把他描绘成历史的动力。这样，整个历史过程被看成是‘人’的自我异化过程，实质上这是因为，他们总是把后来阶段的普通个人强加于先前阶段的个人并且以后来的意志强加于先前的个人。由于这种本末倒置的做法，即一开始就撇开现实条件，所以就可以把整个历史变成意识的发展过程了。”①

马克思认为，实际上只要揭示出人的能动的生活过程，“历史就不再像那些本身还是抽象的经验论者所认为的那样，是一些僵死的事实的汇集，也不再像唯心主义者所认为的那样，是想象的主体的想象活动”②。历史的发源地“在尘世的粗糙的物质生产中”③，创造历史的“正是人，现实的、活生生的人”，“历史不过是追求着自己目的的人的活动而已”④，“整个所谓世界历史不

①②《马克思恩格斯选集》第1卷，人民出版社1995年版，第130、73页。

③④《马克思恩格斯全集》第2卷，第191、118—119页。

外是人通过人的劳动而诞生的过程”①。人类历史实质上就是人的生活发展史。这样，马克思的实践思想不仅完成了对历史主体的生活解读，同时也完成了对历史本质的生活解读，揭开了人类历史尘封已久的真实面目。而这正是马克思实践思想的真谛。

具体而言，如何从根本上理解马克思实践思想的问题。笔者认为：

1. 生活是人的根本

只有人才能生活，生活对于人的标识并不需要通过传统哲学的“存在”、或“本体”来解释其意义。因为在马克思看来，人本身就是生活着，生活也在标识着人，二者之间不必通过“在”、“存在”去抽象显现。马克思哲学认为生活对于人的必要性主要体现在两个方面：

（1）人类生存和人类历史的第一个前提——有生命的个体存在，首先需要通过实践与自然界进行物质交换，这是人为了维持生存和创造历史都必须世世代代每日每时进行的活动。在马克思看来，历史主体首先是“肉体的主体”，有生命的个人存在首先要维持“肉体生存”。② 而为了维持人的“肉体生存”和有生命的个人存在，人必须通过实践与自然界进行物质交换，取得自己所必须的物质生活资料。这决定了人，为了维持个体生命存在和创造历史，总是同特定的自然环境相关联的，并且第一个需要处理的关系就是与自然界的关系。“全部人类历史的第一个前提无疑是有生命的个人的存在。因此，第一个需要确认的事实就是这些个人的肉体组织以及由此产生的个人对其他自然的关系。”③ 人与自然的关系决定了，有生命的个人作为历史的主体首先是一种自然存在物，具有自然属性，是自然界不可分割的一个组成部分。正如马克思指出的：“自然界，就它自身不是人的身体而言，是人的无机的身体。人靠自然界生活。这就是说，自然界是人为了不致死亡而必须与之处于持续不断的交互作用过程的、人的身体。所谓人的肉体生活和精神生活同自然界相联系，不外是说自然界同自身相联系，因为人是自然界的一部分。”④人与自然的关系决定了实践是人生存根本，因为通过实践从自然界取得自己所需的物质生活资料是人每日每时都必须进行的，没有实践就没有生命的个人，人类历史也就是去了第一个前提。这正如马克思所指出的：“生产物质生活本身”，“是这样的历史活动，一切历史的一种基本条件，人们单是为了能够生活就必须每日每时去完

① 《马克思恩格斯全集》第2版，第3卷，第310页。

②④ 马克思《1844年经济学哲学手稿》，人民出版社2000年版，第53、56—57页。

③ 《马克思恩格斯选集》第1卷，人民出版社1995年版，第67页。

成它，现在和几千年前都是这样。”①

(2) 人类有进行再生产的需要。实践的历史事实表明，人类历史的第一个前提得到满足以后，新的需要又会不断产生，“已经得到满足的第一个需要本身、满足需要的活动和已经获得的为满足需要而用的工具又引起新的需要”②，新的需要又会引起满足这种需要的新的实践。人类有进行再生产的需要这一事实，进一步确证了实践的必要性。

2. 生活是人的社会本质的表现

马克思认为，历史主体始终是处在一定社会发展阶段当中的从事实际活动的、处在一定社会关系中的人，是具有社会属性的人，社会性是人所特有的属性，所以，“首先应当避免重新把‘社会’当作抽象的东西同个体对立起来。个体是社会存在物。”③ 这也就是说，真正意义上的人决不是某种处在幻想的与世隔绝、离群索居状态的人，抑或是抽象的概念形式的人，人并不是抽象地生活于社会之外的，而是处在一定的社会关系中的、现实的、具体的人。确切地说，马克思认为，人和社会这两个概念实质上反映的是同一个东西，二者具有同一性。“社会本身，即处于社会关系中的人本身”④，现实的人指的就是“人类社会和社会化了的人类”，人所具有的一定性质，是他所生活的那个社会的一定性质的具体反映，社会是人的社会，人和社会有着共同的本质，所以“人的本质不是单个人所固有的抽象物。在其现实性上，它是一切社会关系的总和。”⑤传统哲学所说的人的本质由于是指个人的脱离了社会的，所以是不存在的，是一个假概念。社会与人不可分离，“正像社会本身生产作为人的人一样，社会也是由人生产的”，马克思认为社会产生于人的实践活动，只有从事物质生产的人，才是具有社会本质的人，“甚至当我从事科学之类的活动，即从事一种我只在很少情况上才能同别人进行直接联系的活动的时候，我也是社会的，因为我是作为人活动的。”⑥离开人的物质生产活动的“人”，只能是一个抽象的设定。这样的“人”既不能构成社会，也不会创造历史，实践是人之为人的根本。而且就人作为自然界的一种生命存在形式，具有自然属性而言，人与其他动物并无任何区别，将人与其他动物的区别开来的，主要不是费尔巴哈所讲的意识和宗教，而是实践，实践使人与动物相区别。正如马克思所指出：“可以根据意识、宗教或随便别的什么来区别人和动物。一当人开始生产

①②⑤ 《马克思恩格斯选集》第1卷，人民出版社1995年版，第79、79、56页。

③⑥《马克思恩格斯全集》第2版，第3卷，第302、301页。

④ 《马克思恩格斯全集》第46卷下册，第226页。

自己的生活资料的时候，这一步是由他们的肉体组织所决定的，他们就开始把自己和动物区别开来。”①

3. 人在现实历史过程中才能发展

以现实生活为切入点，马克思认为，人不是天外来客，或是具有某种神性的永恒存在物，人是一种历史生成物，其自身形成过程是客观的，人在创造客观环境的同时，客观环境也创造了人。实践的历史性、连续性和双重对象性的特点说明了人的生成性。“人是由他们自己创造的现实的一部分。在此意义上，人是被他们自己创造的现实‘创造的’；我们所面对的作为我们的主观性的条件的客观性，是通过对象化的主观活动而形成的。”② 例如，人的“五官感觉的形成是迄今为止全部世界历史的产物”；“不仅五官感觉，而且连所谓精神感觉、实践感觉（意志、爱等等），一句话，人的感觉、感觉的人性，都是由于它的对象的存在，由于人化的自然界，才产生出来的”③；不是别的什么，而正是“已经生成的社会，创造着具有人的本质的这种全部丰富性的人，创造着具有丰富的、全面而深刻的感觉的人作为这个社会的恒久的现实。”④ 这里的“全部世界历史的产和”、“人化的自然界”和“已经生成的社会”其实就是人类世世代代实践活动的结果和产物，无论是人的内在本性、特征还是他所具有能力都是以往实践活动的产物，人是这种自身实践创造物的创造品，人自身实践的创造物是人类存在和发展的现实基础。所以，马克思批评唯心主义哲学家们对人的存在和发展的无前提的抽象理解，强调“人创造环境，同样，环境也创造人。每个个人和每一代所遇到的现成的东西：生产力、资金和社会交往形式的总和，是哲学家们想象为‘实体’和‘人的本质’的东西的现实基础，是他们神化了的并与之斗争的东西的现实基础，这种基础尽管遭到以‘自我意识’和‘唯一者’的身份出现的哲学家们的反抗，但它对人们的发展所起的作用和影响丝毫也不因此而受到干扰。”⑤ 可见，人并不是一成不变的存在物，而是一种生成和实践过程的产物。

4. 现实生活是人的能动性和受动性的具体体现

对于人的能动性和受动性的理解，传统哲学认为，人的能动性是指人所特

① 《马克思恩格斯选集》第1卷，人民出版社1995年版，第67页。

② 凯蒂·索珀著，廖申白、杨清荣译：《人道主义与反人道主义》，华夏出版社1999年版，第52页。

③④《马克思恩格斯全集》第2版，第3卷，第305、306页。

⑤ 《马克思恩格斯选集》第1卷，人民出版社1995年版，第92—93页。

有的认识和改造世界的能力，包括意识的能动性和实践的能动性；人的受动性是指人的活动过程中所表现出的对客体、客观环境条件以及事物发展的客观规律的依存性。能动性和受动性两个方面，是相互依存、相互制约的。马克思的实践思想则是在脱胎于传统哲学的同时又断裂于旧的观念；“人作为自然存在物，而且作为有生命的自然存在物，一方面具有自然力、生命力，是能动的自然存在物；这些力量作为天赋和才能、作为欲望存在于人身上；另一方面，人作为自然的、肉体的、感性的、对象性的存在物，同动植物一样，是受动的、受制约的和受限制的存在物”。① 但要真正理解人是能动和受动的统一，关键在于要从人的对象性活动——实践来加以说明。马克思认为人的实践表现为双重的关系；人与自然的关系和人与社会的关系，人所面临的社会条件和自然条件（包括自在自然和人化自然）是其进行物质生产实践的既有条件，是一种人发挥自己的能动性继续进行创造的条件，也是一种约束条件，这是人自身无法选择的。这正如马克思所指出的：“历史的每一阶段都遇到一定的物质结果、一定的生产力总和，人和自然以及个人之间历史地形成的关系，都遇到前一代传给后一代的大量生产力、资金和环境，尽管一方面这些生产力、资金和环境为新的一代所改变，但另一方面，它们也预先规定新的一代本身的生活条件，使它得到一定的发展和具有特殊的性质。”② 人的生活实践所面临的这种既定的客观历史前提是人的受动性的一个集中体现。就人所具有的能动性而言，主要指的是在物质生产实践中，人是有意志、有目的、有想象的生活者。

（六）马克思哲学思维方式的确立

“彼岸世界的真理消逝以后，历史的任务就是确立此岸世界的真理。人的自我异化的神圣形象被揭穿以后，揭露非神圣形象中的自我异化，就成了为历史服务的哲学的迫切任务。”③ 哲学要承担起这个历史任务，就必须进入现实的人类生活，也就是切入普遍异化的现实的“前提”之中。“自我意识”、“绝对理念”哲学的形而上学诉求缺少这个能力，它向人展示的是恒定的“纯真”“纯善”，这虽然能给人以希望和某种信念支撑，却同时起着掩饰和安慰人的苦难生活的作用，而无法使人改变生活的苦境。那么，以反黑格尔“形而上学”面目出现的费尔巴哈“感性”哲学——自然唯物主义和人本学唯物主义又如何

---

① 《马克思恩格斯全集》第2版，第3卷，第324页。

② 《马克思恩格斯选集》第1卷，人民出版社1995年版，第92页。

③ 《马克思恩格斯全集》第1卷，人民出版社1957年版，第453页。

呢？从表面上看，这种哲学直接向人自身和人的现实生活敞开，但凭借直接的"感性直观"，人们所看到的却只是一种现成地摆在那里的自在的存在，它看不到被人的活动所中介、所建构的即"属人"的价值性存在及其意义，同时也不可能了解"感性"自身的属人性质。正因为人及其世界的"属人"性进入不了这种感性哲学的视域，所以，马克思认为它和黑格尔"形而上学"一样的抽象。

在马克思看来，人们的现实就是"现世"，即属于人与周围世界的具体关系中。他据此认为费尔巴哈的问题就在于"没有从人们现有的社会联系，从那些使人们成为现在这种样子的周围生活条件来观察人们"；"把人对自然界的关系从历史中排除出去了"。① 可见，要使哲学真正进入人的现实生活，就必须彻底摈弃实体思维方式，在人与世界实质性的相互关系中认识和把握人与世界。马克思在谈到自己研究社会问题的出发点时指出："德国哲学从天国降到人间；和它完全相反，这里我们是从人间升到天国，这就是说，我们不是从人们所说的、所设想的、所想象的东西出发，也不是从口头说的、思考出来的、设想出来的、想象出来的人出发，去理解有血有肉的人。我们的出发点是从事实际活动的人，而且从他们的现实生活过程中我们还可以描绘出这一生活过程在意识形态上的反射和反响的发展。"② 马克思在这里所讲的从"天上降到地上"与"从地上升到天上"的区别，就是在出发点上是从观念出发还是从实践出发的根本区别。德国哲学家从黑格尔到青年黑格尔派都是从"所设想的、所想象的"观念出发；费尔巴哈虽然反对从观念出发，提出了从人出发，但他把作为出发点的人看作是脱离现实的、抽象的人。他把先前哲学提到的抽象物质和抽象精神，抽象地放在了人身上。其结果只能是南辕北辙。要从费尔巴哈的抽象的人转到现实的、活生生的人，就必须把人作为在历史实践中行动的人去研究。所以马克思强调他的实践思想的思维方式是以"从事实际活动的人"作为研究问题和解决问题的出发点的。

所谓从"从事实际活动的人"出发，就是从一定的"现实生活过程"出发，说到底就是从社会物质生产实践出发。这种实践思想强调的重点不是以实践观点为理论前提，而是以现实生活为事实根据的基础作用。马克思在谈到两种历史观的区别时非常明确地肯定了这一点，他指出："唯物主义历史观和唯心主义历史观不同，它不是在每个时代中寻找某种范畴，而是始终站在现实历史的基础上，不是从观念出发来解释实践，而是从物质实践出发来解释观念的

①② 《马克思恩格斯选集》第1卷，人民出版社1995年版，第78、73页。

东西”①。

正是由于马克思用实践的思维方式取代了传统的实体思维方式。所以，他把对“人”的抽象存在的探究转向对人的实践的探究：人不是独化自生的超世存在者，而是实践者；不是纯粹的单一实体，而是复杂的关系汇合。因而，具体多样的“实践”生活才是人最基本的状态。人怎样实践，他就是怎样的人。

至此，马克思实际上确立了自己实践思想的新的生活维度，并使传统的人学研究发生了根本性转向：从对“人自身”的“实体——属性”式研究转变为对人的现实生活的“实证——批判”（或“描述——规范”）的研究。人的实践生活因此获得了哲学的自觉表达并导致了哲学的自我批判、自我超越的辩证思维及精神气质的生成。

人类学的理论研究揭示出，人按其本性来说，就是一种类存在物。人的“类本性”表明：人的个性化生命，只能存在于同他人生命的内在统一的一体性关系中；人作为人的本性，只能存在于同外部世界的即人的对象性存在的内在统一性的现实生活关系之中；而且这种一体性的关系不但构成人的有意识的活动的对象，同时还是人的自为活动所遵循的一个基本原则。

马克思主义经典作家在分析、总结和预测人类社会的发展过程及其前景时，都是站在人类实践的角度来考察的，都是从人类社会内在矛盾运动规律角度进行分析的。它虽然宣称自己是为无产阶级的解放服务的，但它是从人类实践的立场来考虑实现这一目的的条件的，因为它认识到，在阶级社会中无产阶级是不可能单独获得解放的，它必须消灭包括无产阶级在内的一切阶级，才能达到自己的目的。为此，马克思、恩格斯总是把无产阶级的解放与全人类的解放联系在一起，把共产主义定义为“关于无产阶级解放条件的学说”；就其认识论立场来说，马克思主义也是站在人类实践的立场上来考察人的认识运动过程。在《关于费尔巴哈的提纲》中，马克思明确指出：“旧唯物主义的立脚点是市民社会，新唯物主义的立足点则是人类社会或社会的人类”。② 由此可见，马克思的实践思维方式在根本上是一种人类学的思维方式。

（七）马克思哲学思维方式的特征

所谓“现实生活思维方式”是一种与传统形而上学思维等观点相对立的新思维方法。

① 《马克思恩格斯全集》第3卷，人民出版社1957年版，第43页。
② 《马克思恩格斯选集》第1卷，人民出版社1995年版，第57页。

形而上学作为传统哲学思维方式的典型样式，它最根本的特点，就在于它所具有的“前定本质”的特性。物种的本质属于纯自然本质，依照自然因果关系，在这里总是先在规定着后在，一般来说，这种先在的规定同它所规定的个体的活动是没有直接的关系的。

人的实践情形则完全不同。当人们自己开始生产他们所必需的生活资料的时候，他们就开始把自己和动物区别开来。人们生产他们所必需的生活资料，同时也间接地生产他们的物质生活本身。他们是什么样的，这同他们的生产是一致的。人之所以成为人是人自己活动的创造物。人的本质并不是给予的，不是前定的，也不是固定不变的，而是由人自己的实践活动创生、处于历史变化中的“历史规定”。

“现实生活思维方式”标识着哲学方法论上的一次重要转变。意味着哲学自此开始才进到与人的实践本性相适应，真正突破传统哲学思维的规定和限制，开创了从“实践”的观点去理解人的本性的全新思路。只有以此为原则，才有可能把握活生生的人，从抽象人的彼岸王国进入具体人的现实世界。

生活观点的首要的和根本的意义就在于它为人们理解马克思实践思想提供了一种崭新的原则和方法。我们认为，这种思维方式的特点包括：

（1）要从人之为人的自身现实生活活动去理解人、把握人，确立起把人理解为自身创造者的思维方式。按照这种认识方式，人之为人的本性不是给予的和前定的，而是在人的现实实践过程中自己创生的；人是自己生活活动的主体、主人和目的，也是自身实践活动的创造者；人的命运不是操在上帝手中，也非单纯自然所能决定，而是主要由人自己的现实活动左右着人自己的命运。

（2）要从人的生活方式的历史变化中去把握人的历史的和具体的本性，也就是要把人理解为处于自我实践中的不断否定自身、超越自身的“自由自觉的人”。

（3）要从人与对象的双向决定作用去理解人的现实生活活动，自然对象制约人的活动但不限定人的现实活动，人要尊重对象规律但目的是为了从事改造世界的现实活动。

（4）要从辩证法的观点去理解人的本性，把人理解为多重性、多义性、多面性、多层性的现实的体系，克服那种一味追求单一本性、绝对本性，因而总是陷入传统的两极化的观点和倾向。

（5）要从“否定性统一”的辩证观点去理解人与自然的现实关系。人与自然既不是直接的统一关系，像古代哲学所理解的原始人那样；也不是简单的否定关系，像近代哲学所理解的与自然完全对立的那种关系；而是肯定中包含否定、否定中寓有肯定，经过肯定走向否定进入更高的肯定即否定之否定的关系。

从人的现实活动所体现的关系和所了解的人的这些性质和特点，显然与实践本体论化是根本不同的。人就是因为“现实活动”才突破了“本体”的限制，所以也只有从“生活”出发，才能突破“本体论”的思维方式，确立现实的、具体的人的观点，进而把握“活生生的人”。

在西方哲学传统中，“实践”表达人作为主动者对被动世界施加的影响。它突出的是人的“主体性”——人对世界的单向的支配性。马克思的“现实生活”则不同，它不是人对世界的“单向”的“影响”，而是人与世界“双向”的“构建”。这种双向构建关系的“实践”，在马克思的学说中，则是通过“社会关系”范畴实现的。

生活固然是人的生活，人当然是生活的主体。那么，人是什么？马克思认为，“人……在其现实性上，它是一切社会关系的总和。”① 人们在自己的社会生产中必然结成一定的生产关系、生产力和生产关系、经济基础和上层建筑作为矛盾关系处于相互作用、相互制约的运动过程中，这是马克思提供给我们的历史横断面上的动态社会关系的基本构件。人作为“社会关系的总和”而成为实践的主体，如此动态的“社会关系”便成为“实践构序”。社会关系由此通过人与生活融为一体，从而成为实践不可或缺的重要内涵。

社会关系作为动态的生活定向秩序过程，一方面表现为人的行为机制：以生产工具为核心、以物质生产活动为基础的人的活动机制；另一方面体现着人的行为取向：以人的全面自由发展为总体目标的人的活动取向。社会关系在现实性上展开为三个维度：在历史性维度上，它是历史地积淀下来的人类文明成果，在人类历代生生不息的文明发展中，它既作为“历史”不断通过现实的人而活动起来、展示出来，又通过一代代的人而充实起来、发展下去；在时代性维度上，它通过时代人的创建性活动而展现其时代的文明内涵，并以此脱颖于历史；在具体性维度上，它表现为一个个“有生命的个人”的“自主活动”（马克思语）。并由此而展开为鲜活的生活。总之，社会关系既是“人为的”（人的行为机制），又是“为人的”（人的行为取向），并且在三个维度（历史性、时代性、具体性）上展开成“立体的”动态的有序过程。由于这样的社会关系内在于“生活”，而使马克思的实践思想具有“人文世界”内涵。一方面，这作为开放的“人化自然”，是“文”，另一方面，它作为内化于人的开放性动态，是“人”，社会关系（文）历史性地进入人，从而使人成为开放性的人，并由此使人“文”化；人在现实社会生活中占有（文），并使之在现实性上

① 《马克思恩格斯选集》第1卷，人民出版社1995年版，第56页。

“活”起来，从而使之“人”化。

至此，马克思在彻底批判传统哲学、传统本体论思维方式的同时，也就完成了构建自己实践思想的主要工作。马克思高举消灭哲学“大旗”，在“实现哲学”、“改变世界”的名义下，创建了自己的实践思想体系。这个思想站在现实生活的立场上，以实践辩证法为根本方法，所关注的是现实人的异化状态，所倡导的是人类的解放。

附注

“超越”时下成为哲学理论界常有的词汇。本章用此词所取的意思，如张世英先生所言：“由表面的东西和当前的东西追究它的背后的底，这叫做‘超越’”。而所谓“纵向超越”，“这是古典的，传统哲学所讲的超越”。也就是本章（第二章所说“纵向超越”）；本书第三章所谓“横向超越”就是“现当代哲学所讲的超越”（参见张世英《新哲学讲演录》，广西师范大学出版社 2004 年版，第 59、58 页）。

“纵向超越”是指从表面的直接的感性存在超越到非时间性的永恒的普遍概念中去，这种超越是一种“物的”思维方式，它的目标是追问到的那个例子：从某一棵枣树问到树、到植物、到生命的东西……如此追问最具有普遍性的概念，存在，物，反正都是物，都是存在。这种由个别到普遍、由表及里、由感性中个别的东西到理解中普遍的东西的上升，是一种纵深发展的上升路线。毛泽东的《实践论》所说的从感性认识到理性认识都是讲的这种超越。

按照张世英先生的思想，如果把传统实践理论所讲的那种从具体事物到抽象永恒的本质、概念的超越叫做“纵向超越”，那么，与此相对的另一种超越就可以叫做“横向超越”。所谓横向，就是指从具体事物到具体事物的意思。“横向的超越”就是以“人与万物一体”为前提的追问方式。“纵向超越”与“横向超越”这两个词是张世英先生从当代美国哲学教授、海德格尔哲学专家 John Sallis 所用的“横向的架构”（horzontal structure）那里引申而来的。John Sallis 后来在写另一本著作《解读黑格尔〈精神现象学〉》时发现法国现代哲学家伊波利特（Jean Hyppolite，1907—1968）在他的著作（*Genesis and Structure of Hegel's Phenomenology*，Evanston，North Western University Press，1974）中用了 Vertical transcendence 和 horizontal transcendence 两个词（见该书第 544 页脚注），正好可以译作“纵向的超越”与“横向的超越”，但伊波利特几乎没有对这两个词作什么界定。窥其大意，前者是指无限精神或上帝超越于时间中的历史发展或有限精神的发展之外，后者是指无限精神完全表现于时间中的有限精神的发展之内，这是一种在时间之内的超越，也就是人类历史的发展过程。张先生认为他的用法和美、法哲学家的用法基本意思很相近。海德格尔所讲的从显现的东西到隐蔽的东西的追问，就是这种横向超越的一个例子。

“横向超越”所讲的是从在场的东西超越到不在场的东西，“在场”和“不在场”是西方现代哲学所用的一对比较新的术语。“在场”（presence）或“在场的东西”（the present）是指当前呈现或当前呈现的东西的意思，也就是平常说的出席或出席的东西；所谓“不在场”（absence）或“不在场的东西”（the absent）就是指未呈现在当前或不出席的意思。例如当前呈现在人们面前的各式人物，是与他们的父母、祖辈的血统、他们周围的各种环境、所受过的教育等有形的、无形的、直接的、间接的、近的、远的各式各类的东西或因素息息相通、紧密相连的，这些东西或因素并没有呈现在当前。人们要了解为什么会呈现当前这个西半球神态，就不能只看在场的东西，而要超越它，超越到背后那种不在场的东西中去，把在场与不在场结合为一个整体，这样才能真实地了解和把握当前呈现的事物。这就是现代哲学所倡导的“横向超越”。

“纵向超越”以普遍性概念为万事万物之底，普遍性概念也就是“同一性”，就是“相同性”，所以我们也可以说，“相同”是“纵向超越”所追求的目标。“相通”是不同事物之间的相互融通。“横向超越”所追求的底是无底之底，它所追求的目标是在场的东西与不在场的东西之间的相互融通的整体，“相通”是“横向超越”的目标。

“横向超越”不是摒弃概念、普遍性。我们决不是说“横向超越”讲的是从在场的具体的东西超越到不在场的具体的东西，这就意味着“横向超越”不讲概念、不讲普遍性了。“横向超越”认为概念、普遍性不是离开感性中的特殊的东西而独立存在的。所以“横向超越”中的在场的东西和不在场的东西并不只是指简单的个别的东西，而且往往是指包括概念、普遍性在内的复杂的事物，是“理在事中”的事物。所以，从在场到不在场的“横向超越”决不排斥从感性认识到理性认识的过程，它只是把这个认识过程纳入“横向超越”之内，认为在通过这一认识过程达到了对普遍性和“事理”的认识之后，还要更进而超越在场的“事理”进入不在场的“事理”。“事理”就是理在事中，就是概念在感性的个别东西之中。一般地说，现实中的事物都是事理相结合的事物，都是普遍性与特殊性相结合的事物，都是概念与感性个别东西相结合的事物。“横向超越”大多是指从在场的事理相结合的事物超越到不在场的事理相结合的事物，而不只是指从在场的个别的、简单的东西超越到不在场的个别的、简单的东西。“横向超越”所说的从在场到不在场的超越，就是从显现处超越到隐蔽处，由明处超越到暗处。

德国现代哲学家、20世纪现象学派创始人胡塞尔在很多地方就谈到事物的“明暗层次”(Abschattungen)的统一，谈一事物总要涉及它所暗含的大视野。这实际上就意味着，感性直观中出场（“明”）的事物都是出现于由其他许多未出场（“暗”）的事物所构成的视域之中。美国哲学教授 John Sallis 把它称之为“horizontal structure”,① 这个词可以译作“视域的架构”，或有人译为“横向的架构”，以表示出卖的、显现的东西出现于由未出场的、隐蔽的东西所建构起来的视域之中，前者以后者为其背景、根源或根底。这里的根源、根底不是旧形而上学所讲的抽象的本质或独立的自在世界，而是具体的东西，是作为当前出场者的背景、作为隐蔽的东西的具体事物。以上超越的内容实际上已超出了胡塞尔现象学的范围，胡塞尔的现象学只是暗含着这样的思想成分，也可以说，现象学自身在这里突破了它自身。海德格尔关于隐蔽与显现的理论，关于“此在”与“上手”的理论、关于“在此”与“世界”相融合的理论，既标志着他与胡塞尔的破裂，又是胡塞尔现象学的发展。胡塞尔的现象学是“纵向超越”的本体论旧形而上学向“横向超越”的现当代哲学（马克思哲学是现当代哲学的重要开端）的一个过渡环节。

① J. Sallis: *Delimitations*, p. 77, Indiana University Press, 1995.

第三章　马克思实践思想的“断裂”性

哈贝马斯说：“实践哲学的讨论一直都是从三个来源中获取营养的——亚里士多德伦理学、功利主义和康德的道德理论。”①

众所周知，“实践”作为哲学概念是由亚里士多德提出的。在马克思实践思想诞生之前，“实践”是传统哲学的组成部分，属于形而上学，属于本体论。因此人们可以看到的一个现象就是：凡是喜欢谈论本体或本体论的哲学家也喜欢谈论“实践”；凡是研究形而上学的哲学家也必定要研究“实践”。

在此要特别提醒读者注意的是，马克思实践思想在西方实践理论发展史上具有三大“断裂”性的重大意义：马克思思想中的“实践”不同于哲学理论史上所说的“实践”。具体而言，马克思的“实践”的第一要义是“劳动”，这接近于亚里士多德的“制作”，而离亚里士多德的“实践”——伦理政治行为相去甚远；马克思的“实践”的基本含义是“非哲学（纯理性）活动”，与康德的被知性思维认识的“现象”本身相一致，而与康德的“实践”——彼岸性的善的本体有天壤之别；马克思的实践首先是指人的物质生产活动，与黑格尔的绝对精神的外化不同——精神实践根本不同。因此，我们才说马克思的实践思想在实践理论历史上具有“断裂”般的重大意义。

因此，这使我们在研究马克思的“实践观”——实践观点时所使用的是马克思独特的实践思维，而在研究马克思之前的古代哲学和近代哲学的“实践”时又不得不同时面对古代的外在形而上学、近代的内在形而上学思想的“纠缠”；更有甚者，在马克思哲学产生之后的今天，当我们面对现代哲学中的实践时，又不得不面对存在主义——此在形而上学的纠缠；“三次纠缠”导致了我们在理解马克思实践思想时对于其“断裂”意义的深刻领会，这也是我们进一步从根本上理解马克思实践思想的关键。

因此，要真正理解马克思的实践思想，就要准确把握西方两千多年实践理论发展的实质，而要做到这一点，就必须对形而上学、传统哲学与传统实践理论的内在关联有一个清楚地认识；传统实践理论与现代实践思想（为了区别用

① ［德］哈贝马斯：《论实践理性之实用的、伦理的和道德的应用》，甘绍平译，载《德国哲学论丛1999》，中国人民大学出版社2000年版，第1页。

“思想”一词）之间的相互区别。

西方哲学经历了本体论意义上的外在形而上学、认识论意义上的内在形而上学和生存论意义上的此在形而上学三大阶段。这三个阶段也是传统实践理论的发展三阶段。二者有着对应的联系，这种对应联系有一个核心，围绕着一个“轴”：始终围绕着“人”这一范畴展开，它暗含的一个基本假定是：哲学从根本上来说是关于人的学说，体现的是人的形上之维，而不同时代的哲学具有不同的形上运思路径。

外在形而上学关注的是超越性，围绕对象意识来探讨外在于人的物质对象或精神对象，其目标是为人及其生存找寻外在的根据。这种超越性具有相对超越性和绝对超越性两种形式。在古希腊哲学中，不管是朴素的物质本原，还是理念之类的精神本原，均为相对的超越对象。我们可以说它们分别表现为人的身体和精神的某种延伸，也可以说它们分别体现为人的身体和精神的最后根据。在中世纪基督教哲学中，上帝更无疑义地属于超越的领域，而且具有绝对超越的性质。然而，这种超越性也并非与人毫无关联，这是因为：按照近代哲学家费尔巴哈的看法，上帝是人的本性的异化，因此可以说是人的本性的绝对化；而按照克尔凯郭尔的说法，人虽然不是绝对，但必须与绝对处于一种绝对关系之中，也因此必须在绝对中找寻自己的最后根据。在各种以相对超越性或绝对超越性为中心的哲学体系中，人无疑受到了掩饰或遮蔽，可以说体现出的更多的是他的被动性。在这些哲学体系中不存在着主体的自觉，也因此还没有形成关于主体的形而上学之思。

内在形而上学关注的是内向性，围绕自我意识内向地追问人自身的本性和秘密，其目标是为人及其生存确定内在的根据。自我意识有经验的自我意识（主要指内感）、先验的自我意识与绝对的自我意识三种形式，它们分别在英国经验论、大陆唯理论和德国古典哲学中体现出来。近代哲学表现为各种以人为中心的学说，是完全意义上的主体形而上学形式。近代哲学虽然名为认识论，但明显较少关注对象的性质，甚至很少关心认识者与认识对象的关系，更多地围绕着认识者的性质来展开。当此之时，所谓的人就是“被认识的认识者”、“被观察的观察者”。因此提出了“人是什么?”这样的问题；产生了“人性论”、“伦理学”、“精神现象学”这样一些学问；并且最终得出了“人是目的”这样的答案。这种主体形而上学是一种意识哲学或观念论。

20 世纪的哲学发展已经达到这样的认识高度：要么全盘抛弃传统，要么选择其中之一，要么重新改造它们。哲学就是哲学史，哲学具有非常强烈的自身历史意识。事实上，哲学意义上的 20 世纪是一个调和折中的世纪，世界、灵魂、上帝通过变形，通过含混地融合，构成为新的形而上学主题。20 世纪哲学表现为各种形式的此在形而上学。

此在形而上学关注的是生存性，围绕时间意识来描述人在周围世界、生活世界、文化世界中的处境，其目标是为人及其生存显现当下的根据。在现代哲学范畴中，海德格尔的“此在”概念、萨特的人的“实在”概念、梅洛·庞蒂的“肉身化”主体概念体现的都是世界、灵魂和上帝三者的融通与变形。这几个概念实际上都可以归于此在概念之下。它体现为外在和内在的统一，客体和主体的统一，它们把人锁定在周围世界、生活世界之中。于是近代的内在形而上学让位于现代的此在形而上学。在这一时期，“此在”意味着精神的外化，虽然有否定唯灵论的意思，但依然保留了精神性因素的核心地位。当然，精神不再是实体意义上的东西，它与人的活动（身体、话语、交往）联系在一起。此在形而上学因此揭示的是“心灵”的“物化”。按照德里达的说法，海德格尔的此在虽然不是人，然而又非人之外的什么。我们用这一概念，既可以表明现代哲学与传统主体形而上学的断裂，又可以见出它们之间的某种关联：人（实践者）的形而上学性。但20世纪哲学不再关心纯粹意识主体、超越的绝对主体，而是现身于某一处境中的主体（所谓“具体的实践”）。

在诸如“哲学的终结”、“拒斥形而上学”之类的喧嚷中，依然维护某种形式的形而上学似乎不合时宜，但用反形而上学来概括20世纪哲学确实也很不恰当。在人文领域内，大体上是对形而上学进行各种各样的“解释”与“解构”，可以放在康德意义上的“批判”的名下，出发点不是置形而上学于死地，而是重新清理形而上学的谱系，发掘其更为丰富的内涵，从而与形而上学藕断丝连。海德格尔的现象学以还原、解构和建构为其环节，为我们展示了形而上学的丰富内涵，尤其揭示了主体形而上学的秘密。从“哲学的终结与思的任务”这类话题来看，海德格尔确乎在告别形而上学；而从他认定形而上学的基本问题是“究竟为什么存在者存在而无反倒不存在”来看，他的思想仍然是形而上学的。他说尼采是最后一个形而上学家，但德里达把这顶帽子给了他，看来并非偶然。德里达本人是不是远离了形而上学了呢？至少从《哲学的边缘》看，我们把形而上学这顶帽子还给他也没有什么大错。

关于此在关注的生存论所具有的形而上学本体化的问题，我们将在本书第四章第三部分进一步讨论。

实践，到目前为止存在着两种针锋相对的实践观念：一种是传统实践理论，一种是马克思“实践思想”。（只是为了与传统实践理论相区别，我们在本书中使用“实践思想”）哲学家都是好奇心很强的人，或者如古希腊人所说都是些有诧异之心的人，他们面对当前的事物，总爱刨根问底，追问一个究竟。用英文来表达就是“what”和“how”。这两个问题虽然区别很大，但都是出于不满足于当前的东西和表面的东西，要问个底，问个究竟。由表面的东西和当前的东西追究它的背后的底，这叫做“超越”。有几种追问方式，也就有几种超越。

在西方，有两种追根问底的方式：一是传统本体论的追问方式；一是现代哲学（包括马克思哲学）的追问方式。可以说，前者是以本体认识论为前提，后者是以实践思维为前提；前者是作为主体的人站在客体以外追问客体的根底，后者是人处世界万物之中体悟人如何与无穷无尽的万物融为一体；前者追问的是外在的客体“是什么”，后者追问的是人“怎样”与世界融合的。这也就是上面说的，一个是“what”，一个是“how”，哲学史上问的“是什么”和“怎样是”，是人生的大问题，是具普遍性的问题。严格地讲，对于后一种活动来说，不能用“追问”、“追求”之类的语词，这些词总是带有外在性，总是意味着对外在的东西的一种渴望。后一种活动是一种内在的体悟的活动，它要求人体悟到自己是怎样与世界万物融为一体的。总之，前者是把世界当作一种外在于人的对象来“追问”，后者是把世界当作一种本来与人自己融合为一的整体来“体悟”。

以追问“what”“是什么”为特征的传统本体论方式属于“纵向超越”。传统的实践理论属于“纵向超越”。“纵向超越”是西方传统哲学所采用的由感性中的东西到知性中的东西的追问。柏拉图的对话《斐多》篇就是以这种“纵向超越”的方式从事自己的唯心实践理论活动，苏格拉底说他过去曾按照他的前辈们的方法考察事物，这种方法就是，为了要说明某事物，就直接地指向别的事物，也就是在别的事物中寻找某事物的根底。苏格拉底讲述了他按照这种直接的方法考察事物一再失败的经验，于是他求助于一种间接的方法。他说：“我担心如果我用我的眼睛看事物或试图借感官的帮助理解事物，我的灵魂便会完全瞎了。于是我想，我毋宁求助于心灵世界，在其中考察存在者的真理。”① 苏格拉底把他对“心灵世界”的这种“求助”叫做“奠定基础”，也就是以“心灵世界”为基础、为根底的意思。所谓“心灵世界”就是“定义”、概念。苏格拉底接着举例说，感觉中美的东西之所以是美的，是以“美自身”或“绝对的美”为原因、为根底。苏格拉底的观点后来由他的学生柏拉图发展为有名的“理念”说。实际上，柏拉图对话中的苏格拉底往往就是柏拉图自己的观点。按照柏拉图的“理念”说，方的东西之所以是方的东西，就因为以方的理念或概念为根底，凡符合方的概念的，有四个边，每个角都是直角90度，

① 柏拉图：*Phaedo* 99*e*. 译自 Benjamin Jowett 英译本：*The Four Socratic Dialogues of Plato*，204，Oxford，1949. 并参阅 John Sallis：*Delimitations*，Indiana University Press，1995.

那就是方的东西。苏格拉底在哲学追问方式上的这一转向，也就是从直接出现的东西中找根底转向在“心灵世界”或“理念”中找根底，按照美国当代著名哲学家、欧洲大陆哲学专家 John Sallis 教授的说法，就是“从感性的东西到理解的东西的上升”，① 所谓“理解的东西”就是指“理念”。这一转向开启了直接感性中的事物与作为根底的理念、概念之间的划分，也就是说把具体的看得见、摸得着的东西与抽象的概念之间划出了一个明确的界限，这样，苏格拉底的转向就构成了一个形而上学的领域，② 也就是抽象概念的领域。也就是“本体”的领域，这是传统本体论思维方式的产生基础。

于是感性中变动不居的东西就以恒常的“心灵世界”或“理念”、概念为其原初的根底，而不是以另外的感性中变动不居的事物为根底，这就是苏格拉底不再因循前辈的旧思路而开辟的哲学新方向或新的哲学追问方式的要旨。西方自柏拉图到黑格尔逝世两千多年间的哲学追问方式，就其占统治地位的方面来说，都是在这样的思路下走过的。所以海德格尔说，这一长期占统治地位的哲学基本上是柏拉图主义。

西方传统哲学中的概念哲学或形而上学，都以形而上学本体论结构为前提，按照从感性中个别的、变化着的、有差异的、表面现象的、具体的东西追问到理性中或理解中普遍的、不变的、同一的、本质性的、抽象的东西这样一条纵深的路线，以达到对外在的客观事物的根底的把握。它把普遍的、同一性的概念当作脱离具体的、个别的东西而独立存在的本体，并认为这个本体是最根本的，第一性的东西。这也就是上面所说的“从感性的东西到知性的东西的上升”的追问方式，也就是传统本体论的思维方式。

在马克思哲学产生之前，在哲学史上无论是唯心论还是唯物论，在思维方式上都属于传统本体论的思维方式。

唯心论一方面同唯物论一样，也是采取由感性的东西到知性的东西的上升路线，它们另一方面又把理解中的东西，“理念”或概念当作是预先设定的。以柏拉图、黑格尔这两位唯心论最大代表为例，柏拉图的唯心论主张作为万物之根底的“理念”、概念是“预先假定的”，③ 是潜存于不死的灵魂中的。要达到对这种潜存于不死的灵魂中“理念”的“回忆”，需要靠感性中直接的东西的“刺激”作为一种“机缘”，以便“唤起”理念。这个“唤起”的过程实际上就是从感性中个别的东西上升到知性中普遍的东西。Sallis 教授说的“从感性的东西到理解的东西的上升”路线，正好是传统本体论意义上的唯心论。即

①② John Sallis：*Delimitations*，pp. 204、5～6，Indiana University Press，1995.

③ 黑格尔：《哲学史讲演录》第 2 卷，上海三联书店 1957 年版，第 193 页。

使是集唯心主义之大成的黑格尔，他的“理念”或“绝对理念”从本体论上讲是逻辑上在先的，是第一性的，是万事万物之根底。同时他也承认，在现实的人的认识过程中，“按照时间的秩序，人的意识，对于对象总是先形成表象，后才形成概念，而且唯有通过表象，依靠表象，人的能思的心灵才进而达到对于事物的思维地认识和把握”。[①] 可见黑格尔虽然是一个唯心主义哲学家，但承认人的实际认识过程是从感性中个别的东西上升到概念，上升到理解的东西。在谈到柏拉图的唯心主义时，黑格尔说，不要以为柏拉图的唯心论就像人们“所想象的那种坏的唯心论那样，好像人什么东西也不能学习，完全不受外界的决定，而认为一切观念都从主体产生出来”。柏拉图只是认为不要“从感性的个别性中去肯定它的真理性和存在”，“唯有由思想产生出来的（按即理念、概念——引者）才有真理性”，他“反对”“真理是由感觉给予的”，但是要达到对真理、理念、概念的认识，还得从感觉开始：“认识的源泉是多方面的；感情、感觉、感性的意识就是源泉。最初的是感性意识；感性意识是我们所熟悉的，我们的认识从此开始。”[②] 黑格尔的这段话表明，唯心论不仅认为一切从主体的东西出发，不受外界的决定，而且肯定认识需要从感性开始。柏拉图不过是说不要肯定感性中个别的东西就是真理；只有“理念”、概念才是真理。但认识真理还得从感性开始。

“实践本体论化”理论也是以传统本体论的追问方式为基础，采用从感性到理性的追问方式，但它并不把追问到的普遍性、规律性作为独立于个体的感性存在的抽象概念，并认为这样的概念是第一性的。“实践本体论化”认为普遍性的、规律性的东西寓于个体的感性存在（实践）之中。所以，世界本质上是物质性的，具有这样的本质的世界是普遍与特殊、感性的东西与理性的东西的结合。但“实践本体论化”是以传统本体论为基础的，它把“实践”当成“本体”，它所理解的世界是外在于人的，或者说是独立于人的世界，只是靠认识的桥梁才把二者统一起来，这样的世界远不是作为知（认识）、情、意相结合的人与世界融合为一的、具有丰富意义的现实实践活动。

过去，由于人们只是从传统本体论的思维方式的理解框架来解释古代哲学、现代哲学，也包括马克思哲学，因而只注意挑选马克思著作中那些带有纯粹哲学思辨性的内容，并把它们编织成一个哲学体系，而把马克思更多的关于现实实践活动的论述，分别归与经济学、历史学、科学社会主义等，这就等于肢解了马克思的实践思想，既把马克思实践思想弄得脱离实际生活而显得枯

① 黑格尔：《小逻辑》，商务印书馆，37页，北京，1980年版，第37页。

② 黑格尔：《哲学史讲演录》第2卷，上海三联书店1957年版，第193、195页。

燥，也不符合马克思创立实践思想的本意。如果从实践思想的角度理解马克思哲学，其内容就不仅仅限于《1844年经济学哲学手稿》、《关于费尔巴哈的提纲》、《德意志意识形态》等基本的、有数的哲学著作，而是可以把散见于马克思著作中的许多思想重新概括、梳理，由此会得出一个新的马克思哲学的解释理论。

相对于古代伦理实践理论、德国古典理性实践理论和费尔巴哈感性实践理论的“纵向超越”式的发展，马克思的“实践”思想则发生了巨大的“断裂”：它有别于历史上所有的实践理论。从马克思的实践观点出发，马克思哲学的取向首先是现实生活。马克思在《关于费尔巴哈的提纲》中提出，对于事物、现实、感性，不能像旧唯物主义那样只从客观方面去理解，也不能像唯心主义那样只从主观方面去理解，而应当从主客观统一的实践活动去理解。这里提出的正是解释生活世界的基本原则。对此，鲁道夫·奥伊肯在《生活的意义与价值》中指出：“现代的进步，往往把生活兴趣的中心从不可见世界转向可见的世界。”① 所谓不可见世界就是传统本体论或形而上学的彼岸世界，所谓可见世界就是现实实践活动。马克思的哲学正是适应这种进步的现代思想推动力量。在马克思看来，现实世界并不是先于和外在于人类的纯粹自然界，而是由人类实践活动创造和积累起来的感性世界，这个世界已经属于社会范畴，而不再是自然范畴，外在的自然界已经转化为（经过劳动）人的社会生存条件。正是由于劳动（实践）观点的确立，使马克思不是从自然的观点看社会，而是站在社会的高度看自然，建立了自然主义和人本主义相统一的解释原则。

应当说，以劳动（实践）的观点解释现实生活世界，把现实生活世界的生成和发展奠立于劳动（实践）的基础上，这表现了新历史观的独特性和创造性。但在后人对现实生活世界的理解中，也出现了比较突出的问题：例如在主体与客体的关系上，马克思为了揭示人类生活的唯物论基础，着重强调了生产力作为物质力量的客观性和决定性，但后来的解释把它片面夸大了。实际上，对生产力同样不能只作“客观方面”的解释，不能把生产力作为与人这个主体相分离、相对立的独立客体看待。因为生产力是人类生活的基础和重要内容，是满足人类生存需要的基本方式，它既具有使用生产工具和人的肉体劳动力等客观性内容，也贯穿着人类生活的目的、需要、意义等主观性内容。与后来的哲学把劳动当作经济决定论规律看待和经济学把劳动作为纯粹经济过程来描述相比，马克思从《1844年经济学哲学手稿》到《资本论》，在劳动概念中揭示出那么多生活化、人性化的丰富内容，提示我们必须立足于人的现实活动来理

① 《生活的意义与价值》，上海译文出版社1997年版，第14页。

解劳动实践。

马克思正是在人类自身活动的维度，从人的活动的矛盾性出发来终结传统哲学，批判传统本体论的思维方式。“新哲学”的根本出发点不是人的“存在”而是人的“实践活动”。这种“新世界观”隐藏着马克思哲学的秘密。这样的理解已经超出了“实践本体论化”的限定。从来都是从本性理解存在，从存在说明活动，认为存在决定着活动；现在是存在存在于活动，活动替代了存在，这就意味着把人看作是在自身的活动中生成自身本质的，这正好与“实践本体论化”的观点相反。当然，“实践本体论化”也讲实践，也讲活动；但是，这个“活动”实际上被限于仅仅理解为“精神本体”，哲学仍然在概念的抽象世界中存在，人仍然是抽象的。只有当精神活动转变为以物质为基础同时包含精神作用的“感性活动”时，只有当哲学进入人的现实存在、现实关系，也就是进入活生生的人的现实生活世界时，才真正意味着哲学世界观和哲学思维方式的根本转换。

“实践”是人所特有的活动，体现的是人与感性对象之间的关系，贯彻和实现着以改造对象为宗旨的目的性本质。人在实践中必须尊重物的规律并以物的方式去同对象打交道，而由此换得的却是对象的人化、目的性的回报。可以说，实践就是集因果与目的、物质与精神、内化与外化、同化与异化、过去与未来、个体与社会种种矛盾于一身的一种创造性活动。人就是从这种活动中日益深入于自然、又不断从自然分化出来，逐渐生成为人的。

从这种实践中生成的人，决不会是单一性质，必然具有双重或多重的性质；他的本质也决不会是前定的和固定不变的，而只能与他的活动相适应，从实践中创生、随实践的变化而变化。

同样明显的是，如果我们从这里去了解人，我们就必须承认，“人”既是一种自然物，同时也是超自然的物；即具有生命的本质，又有着超生命的本质；既是异于他物自我肯定性的生物，又是与万物一体的自身他物的生物。也就是说，由此形成的对人的实践活动的这样的看法，它不仅与传统的存在观念相左、也与人们通常关于实践的观念有了很大的不同。

从这种观点去看人，人之为人的本性就是，一方面在于人同一切他物的区别性，另一方面也在于同一切他物相联系的性质；“人成为人”也就意味着，一方面人必须从自然物中不断提升自己，而这同时就是更加深入于自然物。这种关系表明，人与自然乃是一种“否定性的统一”关系，人需要依靠自然的力量充实、提高自己，自然也需要借助人去开掘、展示、发挥蕴涵的潜在能量。从这一意义说，人属于自然，自然也属于人，人和自然最终在实践中走向一体。

对于实践，是本体论化观点的理解还是实践思维观点的理解、所把握的是抽象虚幻的哲学还是具体现实的哲学，这并不是一个词句的问题，在根本上是属于哲学观和哲学思维方式的问题。这些概念既可以表述关于实践的抽象观点，也能够表达实践的具体观点，关键是要看它所包含的思想内容。

一、“断裂”性之一：与古代伦理实践理论

亚里士多德从自然本体论的思维方式出发，把实践确定在政治伦理领域。马克思的实践思想恰恰相反，他把亚里士多德的“制作”（技艺）当成真正的“实践”——以“非哲学”和“非实践”的实践内容替代传统实践哲学家思想中的实践形式。因而相对于亚里士多德的伦理实践理论，马克思哲学的实践思想就是一次翻天覆地的“断裂”——传统“纵向超越”的戛然而止。

（一）古代实践理论的产生及其特征

古希腊哲学是以笼统直观为基本特征的自发性理论。但自发性并不意味它们只是纯客观地研究世界，也不表明它们没有提出人与世界的实践关系、没有意识到人类实践自身本性的矛盾。早在苏格拉底之前，哲学刚刚产生之后不久，人们就已把实践存在的矛盾转化为认识的矛盾，从而形成了埃利亚学派的“思想和思想对象是同一件事情”的理论；至于之后普罗塔哥拉在“人是万物的尺度”的名言中表达得就更加清楚了。古希腊实践理论的自发性质主要表现在，它们是以自然的形式去表达人的实践观点的，即试图从自然本性中去理解实践之为实践的根据。实践的自然性化，同时也就是自然的实践性化。从实践的对象性存在去理解实践的本性，同时也就是实践的本性对象化为自然存在。随着本性的外化，主体地位也发生转移；自然成了能动的主宰，人反而成为只能顺从的客体。这就是古希腊直观实践理论的特点。这一特点同古代低下的生产发展水平正好相适应。古代的人类虽已迈进文明社会门槛，但其实践能力并不很高，很难认为已完全脱出了自然奴隶的地位。在这种状况下，人们仰望高高在上的宇宙苍穹，并赋予它以某种“超实践”的神秘色彩。

古代实践理论是传统实践理论的奠基理论，“传统实践理论”的本质和特征会比较明显地表现于同这两者的相互关系中。构成古代实践理论的有下列几个基本理论信念和原则：

1. 人物同根、同性、同源的观念。在实践中人和物同为自然存在，本性为一。人由躯体和灵魂结合而成，物亦由类似的两重本性组成，这也就是“自然”的本质。

2. 实践的观念、概念与存在、事物必然一致的信念。二者直接相互对应，因而也可以相互替换。概念即观念化的存在，实在也就是客观化的观念。因此他们坚信人的理性、思想完全能够把握作为第一原理的神圣实在。

3. 存在着一个超实践的终极实在，由它规定了包括人物在内的万物本性的信念。宇宙的密码就写在这个终极实践上面，只要掌握了它，就没有什么不能作出解释的难题。哲学的任务就在于把握这个终极实践。

这些是古代哲学思考的前提，它同时也就是后来两千余年各种哲学借以立论的基本原则。对于这些问题的理解和提法可以有这样或那样的差异和变化，但差异和变化始终以此为“宗”，并围绕这一轴心而展开论争。

古代哲学是自然本原论或自然本体论，这就意味着它是从实践的初始来源和对象性存在中去认识实践的本性的。“实践是什么”对它来说，这就看“本原或本体是什么”，本原或本体就是实践的本真的存在。这种认识方式反映出，人是从自然世界中走出来的，而且人的生存和生活又处处都要依赖自然存在，要探求人的本性当然首先就要追寻他的始源。古代实践理论注重的是人同自然存在的同源、同性关系即同一性关系，这种关系确实存在于实践，对于理解实践是首先必须搞清楚的。古代实践理论因此是认识实践的本性所必须经历的一个环节和步骤。古代理论把实践理解为自然存在，同时也就把自然理解为实践本性的存在。由于它把人所特有的本质对象化为自然存在，这就不仅使人的本质变成非人的存在，而且成为实体化的存在。所以才导致亚里士多德的那个第一本体既具有“神性”，却又可以成为理智科学的对象。中世纪神学所讲的上帝就是从对象化于自然的实践本性本质发展而来的。

亚里士多德在古代哲学家中，首先把第一哲学规定为“本体之学”，并赋予了本体论以理论化、体系化的形式。但比起后来的本体理论，亚里士多德的本体理论只能看作本体论的原始形态即直观形态的本体论，它对后来本体论的发展所起的作用主要是奠基作用。因为在他那里，“本体论”所固有的根本矛盾还只是以萌芽形态而出现的。

古代哲学从总体性质说属于笼统直观的理论。笼统直观的特点是矛盾的未分化性，或者说是正在开始走向分化。在这里人与自然未完全分化，认识与其对象未完全分化，认识自身的主观性与客观性也未完全分化。古代哲学的深化发展过程，就是逐步突破这种笼统的直观式认识，不断揭露矛盾、发现矛盾、推动矛盾走向分化的过程。而在这里，“本体论”就是矛盾分化的一种理论结果，也是促进矛盾分化的一种理论形式。

（二）亚里士多德对于“本体”“实践”的认识

亚里士多德的本体主要由质料和形式二者构成。质料和形式存在于对象中，纯属客体性的本质。但它们的关系却是基本依照人的躯体和灵魂的模型而建构的，他甚至直接把形式就说成是事物的“灵魂”。在他看来，物质作为一种永恒的存在，是一切事物得以存在的基本前提。但物质的本质却不在它自身，它在现实中能够成为具有何种性质、意义和功用的存在，要完全依靠“形式”的规定。这种关系就已非常类似物对人的关系。因为人必须凭借已存之物去做成某件东西，但把它做成何种性质的东西，在物的方面只是一种潜能，人才是这一活动的主导方面，这同“灵魂”赋予“躯体”以现实本性的关系是完全类似的，所以在亚里士多德看来，“形式”就是“质料”所追求的“目的”。

在亚里士多德的“本体”中，确实灌注了实践的本质。他的思考方法是：预先把实践所有的矛盾投射于事物本质之中，然后再返转过来从它去说明实践，因而实践的物化本质就成为君临万物之上的最高本体。这是以非实践的形式、确切说是超实践的形式，来表现实践的本性的理论。这种理论明显具有双重的本质和意义。一方面，它从“形式”方面对灵魂作用的肯定，也就是对实践的主导的和能动的性质的肯定，因为只有实践才具有灵魂的最高本质；但另一方面，这里同时也把实践混同于物，并且由于实践的本性被客体化为物的本质，结果不但抬高了客体的地位，还把实践置于自身的物化本质的支配之下。就是以这种方式，亚里士多德把实践的本质分裂开来，陷入了主观性与客观性的对立之中。

按照亚里士多德的观点，“本体”是这样的一种东西：在云谓中，是云谓的主题；在事物中，是存在的基础；在动变中，是运动和变化的主体。本体是具有决定性的那种存在。在事物中，它是基本的存在，事物的质、量、状态、动作等属性必须依附于它才能存在。在云谓中，它是基本之是，由于它之为是，其他的范畴才得以为是；在运动和变化中，它是变化的主体，只有在它身上才会有对反间的互变。这里清楚地说明了“本体”的地位和性质。亚里士多德在他早年写的《范畴篇》中就专门探讨了本体之为本体所应有的规定、特性和标志，在《形而上学》中凡论到本体时也都清楚地说明了它的特性：

1. 原始性。本体作为“基本的存在”、“基本之是”必须是始源的存在、原始之是，它比其他的存在具有优先性，只能是先于其他一切存在的那种存在。这一特点也可以叫做本体的“先于”性。亚里士多德在《形而上学》中把

“先于”和“后于”作为哲学的特有名词作了专门的分析。

2. 独立性。本体既为始原性存在，它就必须是不依赖任何他物而存在的东西，相反地，其他的事物却要依赖它而存在。所以本体必须具有独立性，才能成为其他存在依附的基础。这是本体的根本特点。独立性，就是自存性、由己性，它的存在具有无条件性。

3. 个别性。个别性在亚里士多德看来是本体最重要的特性，“每一事物的本体其第一义就在它的个别性”。个别性是相对于普遍性而言的。亚里士多德强调本体的个别性，显然是针对着柏拉图的理念。对柏拉图来说，普遍的才是实在的，而且愈是普遍才愈实在。他由此否认了感官事物的实在性。在这一点上，亚里士多德恰好相反，他认为普遍性不能自己独立存在，只能依附于他物而存在，而且还不止依附于一个事物，因此不能成为本体。

本体和实体这两个概念很复杂，它们既彼此相通，常常作为同义词使用，有时又显示出很大的不同。在近代哲学中这两个概念就经常被混用。本体和实体系两个词，本体为 Substance，而实体则为 Body。本体具有本质、基体、本性含义，实体则为实物、物体、躯体义。从亚里士多德在书中使用这两个词的情况看，二者也是有区别的。实体是相对于关系、属性说的，它强调的是实存的性质。实体都具有独立性、个别性，在这点上它与本体相同。而本体则除了相对于从属者、派生者而言具有本原存在的含义外，还包括构成实体的原理与原因的含义。亚里士多德所说的本体主要指那些具体实存的事物，他称之为“综合本体”，但他把那种使事物所以成为事物的原因和原理（如物质、形式）也称为本体，而且认为像“形式”这类存在还是具有决定意义的“原始本性”。在这一意义上，本体不同于实体概念。

在《形而上学》一书中，亚里士多德把主观逻辑与客观逻辑结合为一体，就是以“是”来表示“存在”的。他这样提出问题：“一事物被称为‘是’，含义甚多”，那么在“是”的名义中，什么是它的基本命意、基本之是、原始之是呢？其他的“是”都是说明这一基本之是、原始之是，属于依附于它的存在、对它的云谓。这个基本之是便是“本体”。

这表明在“S是P”的结构中，S和P同样为是，但由于所处位置不同，它们作为“是”的性质也便不同。S是云谓的主题，属于基本之是；P是对它的述说，属于从属之是。这样，当我们把“存在”代入这个语词结构中时，联系词“是”便把它们区分为两类。凡是能够置入“是”在左边主词位的，就是基本的存在；而在右边谓词位的，便属从属的存在。在亚里士多德看来，作为云谓主题的S之是，属于实存的事物，他称之为“实是”；作为云谓的P之是，主要是用来说明“实是”的特性、状态的，他称之为“属性之是”。“实是”就是基本之是、原始之是，即“本体”。从这一意义说，寻求本体存在，也就是寻求“实是”，因而“何谓本体”的问题也就是“何谓实是”，二者是同义的。

按照亚里士多德的观点，“何谓本体”或“何谓实是”的问题不但要指明它“是什么”，还须说明它“怎么是”、“何以是”如此这样一个存在的问题，这也是“本体”理论的内容。在《形而上学》中他于是提出了一个“怎是”的概念。“怎是”表明的是事物所以成为实是的原理和原因，他往往把这个原理和原因也说成就是“本体”。如说，“事物的‘怎是’（所以成其为事物者）其意只指一点，这就是事物的‘本体’”。亚里士多德关于“本体”的理论，就是要从诸多“存在”中找出那个基本的存在、原始的存在，同时还要探究它所以成为这样一个基本存在的原理和原因；而他采用的一个主要的方法就是辨析“是”的不同意义，从中确定出“实是”来，然后找出它的“怎是”。

“存在”属于描述客体的概念，“是”则属于主体语句判断活动的概念。把这两个概念结合在一起，表明亚里士多德是结合实践的主观逻辑去探讨客观逻辑的。这里的好处是，它充分体现了人的实践的特点。因为人总是从自我出发去对待客体的，在人的一切实践中都必然要加进人的作用，体现人作为主体的能动性。人对客体（在这里就是“存在”）的认识从来不是一种纯客观的描述活动，而是根据人的需要而对客体的一种理解和把握。就“存在”和“是”这两个词来说，它们所指的对象是同一的，但它们的性质却不完全相同。“是”这个词更鲜明地体现着“关系”内容，它既体现着不同的“是”自身间的关系内容（主谓是的关系），也体现着各个不同的是与人（说话主体）之间的关系内容。在这一意义上说，把“存在”代入“是”，就意味着把“存在”放到了自身关系和对人关系中去理解，因而便于区分出什么是对人和对它自身更基本的存在，什么是对人和以它自身从属的存在。“存在”本来也是一种包含关系内容的概念。从来不存在不对任何关系而言的什么抽象的存在。人们总是确定了一定关系以后，才能去说什么存在什么不存在。但这种关系内容在“存在”概念中是隐蔽的，往往容易被人们所忽略，而当作一种先验的和既定的东西去对待。本体论在后来的演变中就陷入了这样的泥潭，以致把哲学变成纯客体主义和客观主义的理论，使它失去了主体的意义和内容。亚里士多德能够把主观逻辑和客观逻辑结合起来这点，说明古代对于实践的思维是素朴的，在素朴性中本能地表现了人在实践中的主体地位。

古希腊实践哲学从一开始，在哲学家们所追寻的那个作为万物统一本原的永恒存在中，就蕴涵了实践的矛盾。所谓万物的“本原”，它不仅具有解释事物起源的原则意义，而且也具有价值评价的规范意义；人们企望于它的，不只是要从它了解事物的真相，同时还要获得处理现实生活的标准和评价个人行为的准则。所以随着哲学思维向抽象方向的发展，原来潜存的这一矛盾便日益暴露出来，形成了相互对立的哲学观点。古代哲学以理论形式表现出的那些矛盾，如一般性与个别性的矛盾、存在性与非存在性的矛盾、统一性与多样性的矛盾、永恒性与动变性的矛盾、物质因与动力因的矛盾、目的性与因果性的矛盾等等，就其思想内容的实质而言，都同实践的根本矛盾紧密联系在一起。作为这一矛盾的集中体现，最后形成了原子论与理念论两种根本对立的理论体系。

德谟克利特的原子世界表现了实践中人对世界的自然关系，它所贯彻的是物质所固有的因果必然性的决定作用；柏拉图的理念世界则相反，它所追求的是符合于人的尺度的世界，集中体现了人对世界的理想关系。如果说原子世界是对人的可能存在，理念世界就是人所向往的理想存在。它们共同存在的问题则是，这样的两个世界怎样能够统一，共同实现于人所面对的现实世界之中呢？这就是亚里士多德所要解决的问题。

在亚里士多德的哲学中，原来相互分裂的三类存在，既潜能的存在、理想的存在和现实的存在，现在变成了三类本体，即物质底层、形式本质和作为二者综合的个体事物。亚里士多德是这样处理它们的关系的：物质必须与形式相结合才能获得自己的本质规定，形式也只有在物质身上通过它的潜能才能实现自己的理想。二者的统一，就是现实的实在事物。

按照这样的理解，那个对人而存在的现实世界便被归结为两个根据，一是自然性的根据，一是理想性的根据；现实世界的形成也被归因于两种作用，一是自然的因果作用，一是理想的目的作用。由这两个根据经过两种作用而形成的现实事物，因而也都有着双重性的本质，一方面是自然的本质（由质料所规定），另一方面是理想的本质（由形式的目的性所规定）。要说明一个事物是什么，必须考虑两个方面的因素，一个是它作为物理存在的构成本质，一个是它对人的功能和意义本性。

因而俞吾金认为有“自然概念的实践”与“自由概念的实践”的区分：“……两种不同意义的实践活动：一种是‘遵循自然概念的实践’，亦即以认识论和技术主义意义上的实践；另一种是‘遵循自由概念的实践’，亦即以本体论和伦理学意义上的实践。……借助于对哲学史的考察，我们发现了两个不同的实践概念。”①

所谓古代实践理论就是古代阶段的伦理实践理论，它以亚里士多德为最大

① 俞吾金：《从康德到马克思》，广西师范大学出版社 2004 年版，第 268 页。

代表。①

（三）亚里士多德实践理论的特征

亚里士多德不仅是古代本体论哲学的代表，而且也是古代实践理论的最大代表。而古代哲学和古代实践理论是传统哲学的早期形式。二者在亚里士多德那里达到了古典意义的完美结合。亚里士多德不仅提出了“本体”和“实践”概念，并把它们作为哲学的重要范畴加以详尽的阐释，而且其“本体”和“实践”理论作为传统哲学的基石影响了西方哲学史达两千多年，直到19世纪情形才发生突然性改变，而其影响则贯穿古今中外，成为人类哲学遗产的重要组成部分。

亚里士多德的实践理论有两个明显特点：一是本体的形而上学性；二是本体对于实践的依赖。他把本体问题确定为形而上学的核心问题，把哲学规定为关于第一本体的理论。表明人类实践理论在寻根究底、追本溯源中的至极性特点。人们在研究亚里士多德的本体思想时往往只注意其本体思想的形而上学特点，而忽视了亚里士多德有关实践、实践对于本体的制约性等方面思想、从而极大地影响着人们对于亚里士多德完整哲学思想的理解和解释。

所谓实践对于本体的制约性，首先表现在两个方面：一方面是人与客观的实践联系。只有在实践的意义上，与客观相联系的人才是真正的存在；只有在实践的意义上，客观世界（至少包括客观对象和客观环境）才是人们的真正对象。另一方面是意识对实践的依赖。所有的意识都产生于实践的需要，所有的认识都是人对有意识的人与其对外部存在物的认知之间的联系的认识，脱离这种实践联系的纯粹“自我”或纯粹“对象”都是“无”，是不存在的，这一点马克思在《1844年经济学哲学手稿》中从两方面强调：人与环境之间和人与物之间的实践联系，马克思把人的实践活动（在《手稿》中主要是劳动）作为人的其他属性的基础性前提。正如列·科拉科夫斯基所说：“正是这种征服现实的混沌的努力，不仅决定着人的历史，而且也决定着人的需求对象的自然界的历史——而我们只有在这种努力中才能理解自然界。”②

显然，无论是马克思，还是亚里士多德，当他们在进行形上之思——进行

① 王南湜等均认为亚里士多德是“西方实践哲学的开创者”，参见其著作《后主体性哲学的视域》，中国人民大学出版社2004年版，第23—28页。

② 列·科拉科夫斯基：《马克思主义与超越》，转引自黄继锋：《东欧新马克思主义》，中央编译出版社2002年版，第56页。

哲学思维的时候无一不把实践当成哲学生存发展的基础前提，无一不从内在与超越、个别与普遍、有限与无限的整体性视界对待实践、认识实践，在这方面，亚里士多德要具有奠基的意义。

（四）亚里士多德的实践观代表了古希腊实践理论路向

亚里士多德的伦理学是关于“实践”的理论。① 按照亚里士多德的思想，“理论”最终也是“实践”。因而，“实践”就包含着“理论”的机缘。

1. 关于“实践”等的划分

亚里士多德把广义的哲学划分为三个组成部分“理论（theory)”、“实践(practics)”和“制作（poiesis)”。其中，理论，正如数学、自然科学和形而上学的理论那样，与必须的、不变的事件相关联。与此相对，实践及制作，是与偶然的、可变的、或是可能实现的将来的事件相关联的。而且，实践是自由市民的活动，其本身就是目的。相对来说，制作是生活中必要的劳动，由于其结果只具有手段性的价值，因而，制作属于实践。

俞吾金认为：“亚里士多德……在《大伦理学》中，他批评了苏格拉底关于‘美德就是知识’的著名观点，认为……混淆了人类灵魂的两个不同的部分，从而也混淆了人的两种不同的活动类型。……人类的灵魂由两个部分组成……：一个部分是理性，它涉及人的感觉、认识、理智和思辨，关系到人的制作、生产和技术方面的活动；另一个部分是非理性、它涉及人的激情、欲望和意志，关系到人的德性和伦理、正义和政治方面的活动。……”

“在《尼各马可伦理学》中，亚里士多德明确地区分出人的活动的两种不同类型：一种是‘制作’（making）真、假；另一种是‘行动’（actiong or …)，是受‘实践’的智慧指导的……告诉我们哪些是善的，哪些是恶的。(他）强调：

行动不是制作、制作也不是行动

亚里士多德已经初步区分出作为生产劳动的活动和作为伦理、政治行动的活动。……只有后一种活动，才是真正意义上的实践活动。”②

“亚里士多德按照人类的活动把所有的学科——当时的哲学包括所有的学

---

① 关于此，可参见丸山高司著：《伽达默尔——视野融合》，河北教育出版社 2001 年版，第 158—163 页。

② 俞吾金：《从康德到马克思》，广西师范大学出版社 2004 年版，第 265—266 页。

科，分为三类：一、关于理论或认识活动的理论学科，其中包括数学、物理学（包括现在所说的自然科学和自然哲学）和形而上学。……二、针对实践活动，包括政治方面和伦理方面的活动的实践学科，其中包括政治学和伦理学。三、针对创造性活动的创造性学科，其中包括诗学和修辞学。至于逻辑学，亚里士多德把它放在这三类之外，称之为工具学科。”① 因此，从亚里士多德开始，哲学就有广义与狭义两个含义，在亚里士多德看来，哲学包括所有学科，既包括理论科学（如形而上学、伦理学），也包括实践科学（政治学、伦理学），后人把哲学称为形而上学（如海德格尔、黑格尔等）有着历史的渊源；值得注意的是，亚里士多德的实践科学或实践哲学有着明确的学科范围：它只局限于政治学和伦理学领域。这一点对后来所有“实践理论”（包括马克思的“实践思想”）有着重要影响，从此之后，实践理论就与伦理学、政治学、经济学等（在不同时代、不同哲学家那里并不相同）紧密联系在一起。

在古代哲学中，人们就已探讨过实践活动的内容，近代哲学正是从哲学的角度研究了实践概念的本质和意义。直到康德对于实践的普遍性的证明，尽管它们没有达到实践的完全科学的概念，但它们已经把握到实践概念内涵的几个主要环节。没有历史上的这种研究和在这种研究中所取得的成果，不可能一下子就建立起完全科学的实践概念来的。

人们最早是从“实行”、“践履”的意义上了解实践这种活动。中国自孔孟始，就提出了知行问题。与知相对的行就是实践。知与行的关系已属实践内部包含的矛盾关系，即作为实践的行总是与知相区别而又紧密联系着的。亚里士多德从潜能的实现过程去理解实践。

2. 实践本体概念的产生

从发生学的角度看，古代伦理实践理论中的实践概念的产生有赖于实践本体观念的形成。

实践本体概念的形成，是实践神话思维向实践哲学思维跳跃的关键一环，是实践理论产生的重要标志。人类实践理论思维区别于和超越于动物感知活动的关键，在于人的实践理论思维立足于现实而又力求超越现实，立足于有限又竭力追求无限，实践离不开个别特殊而又追求普遍。一般意义上的实践理论是人类哲学思维的这种无限性、普遍性、至极性追求的典型集中表现和实现。恩格斯把人类哲学思维的这种特性叫做“至上性”，认为人的哲学思维是至上性和非至上性的统一。就哲学思维的本性、可能和历史终极目的来说是至上的、

① 张世英：《新哲学讲演录》，广西师范大学出版社 2004 年版，第 15 页。

无限的，就其个别实现而言是非至上的、有限的。正是由于非至上性、有限的存在，才有对于至上性和无限性的永恒追求。这正是实践哲学思维的生命力和活力之所在。

实践理论思维是人类哲学活动的高级形式。在发生学意义上，只有当人类理性活动发展到了实践理论层面，它才是真正完备、成熟健全的人类理性活动。回顾实践哲学思维的历史发生，它经历了由动物行为思维、经过远古实践神话思维的初级跃进，进入古代实践理论思维和近代实践理论思维的多层面洗礼，向健全完善的现代实践思想前进。但在西方两千多年前的古希腊时期，实践本体概念的形成和实践本体问题的不断探索是人类理性活动从事哲学思维的关键一步。古希腊人的实践所产生的实践理论是向着两个方向发展的：一是向客观本原；二是向概念本质。

古希腊的泰勒斯被认为是西方哲学史的开端。人们认为他提出水是万物的始基是关于世界本原的第一种哲学表达，亚里士多德指出，在泰勒斯之前的古希腊神话中就包含着“海洋之神”的传说，这些传说既是远古希腊人的实践理论的产物，也是远古希腊人实践活动的一部分。泰勒斯的“水”，赫拉克利特的“火”等观念，在根本上是古希腊人实践活动的产物，是希腊人哲学思维的表现。因为这里的“水”“火”不仅包含着现实感性的含义，也蕴涵着那时人们对实践经验中世界多样统一性的追求和在实践中感受到的那个产生了一切又成为一切的根据和归宿的“本原”存在的探求。这是一种形而上学的（即超现实、普遍的、无限）探求，是人类真正的哲学探求。这种向客观物质世界寻找本原的哲学路向最直接地表现了早期实践理论的特性，因为客观物质世界在古代人的实践活动中作为实践对象和工具直接进入实践活动，因而古希腊人自然而然地就在其所创立的最初实践理论形态中直接用它们作为本原而进入他们的思维活动中，主要体现了思维中人与自然的必然性关系。表明古希腊实践理论从对象（所指）角度证实认识可靠性的解释维度。

古希腊实践理论发展的另一路向是向概念或本质的方面，这是一种本质（概念）的解释方式。如果说古希腊客观本原的解释方式侧重于说明事实，那么本质的解释方式侧重于概念本身的规定，主要与实践中人的精神（意识、观念、思想）和行为的本性（善、恶）相关。在古希腊哲学中，客观本原的解释方式要早于本质的解释方式，这一现象只能用古希腊人的实践活动、古希腊人思维的历史发展去解释才是合理的。因为在古希腊人的实践活动中，最初占中心地位的是人与自然的客观必然性联系，古希腊人的最初的哲学思维似乎只要用构成客观事物的因素和结构方式就可说明和回答事物是什么的问题。但随着希腊人实践活动（物质生产、伦理、政治等活动）的发展和希腊人哲学思想的发展，古希腊哲学家们发现，直观的世界与理智的世界存在着差异。在表达与被表达的事物之间、被表达的事物的“显现”与自身（根据或理由）之间、事物的真（是其所是）与不真之间等问题成为古希腊实践理论思维的重点问题。柏拉图的“共相”（Universal）、“本体”（Noumenon）、理念（Ideas），亚里士多德的“实体”（Substance）、本体（Entity）、存在（Being）等一系列真正的本体概念的产生，成为人类实践理论的重要阶段：实践本体论理论产生了基础性的学理概念和范畴。柏拉图和亚里士多德的实践理论也成为在他们之前如泰勒斯、赫拉克利特实践观念的必然发展。在柏拉图和亚里士多德的实践理论中，共同具备超越物理世界、现象界、有限世界、探索终极存在、终极原因、终极解释和终极价值的哲学追求，充分表现了古代实践理论的超越性。使亚里士多德成为西方哲学（理论哲学、实践哲学）史的真正代表。

从古代到近代的哲学都具有包罗万象的性质，尽管它们包罗的方式不同。一个哲学体系，必须按类对世界上所有一切现象作出论述，不如此就称不上完备理论。所以绝大部分哲学体系都要包括如下各个部分：本体学说，自然学说，认识学说，逻辑学说，伦理学说，美学学说，社会历史学说，方法学说，等等。古代哲学主要是关于自然客体的理论。其本体论的思维方式一直对后来的哲学产生重要影响。

在近代哲学中，这些不同内容经过进一步分化形成了不同组成部分，并出现本体论与认识论互相对立、客观逻辑与主观逻辑互相对立、自然理论与社会理论互相对立、认识内容与认识方法互相对立的局面。而在哲学发展中具有重大影响的“本体论”是在17世纪形成的。近代初期哲学的两条发展线索，在理论形式上就表现为本体论与认识论的对峙。本体论与认识论的分裂和对立，同哲学观点上把自然世界与属人世界分割开来、把客体存在与主观认识对立起来的状况是完全一致的。它构成了从17世纪到18世纪资产阶级哲学的两个基本理论形式。相对来说，17世纪本体论理论占据主导地位，认识论仅居从属地位；18世纪认识论成为哲学主导倾向，同时兴起了一股否定本体论、反对“形成上学”的热潮。本体论与认识论的对立，使得主观与客观的矛盾尖锐化了。自18世纪末至19世纪初，人们便开始探寻把本体论与认识论、逻辑学统一起来的途径。正是在这种形势下，出现了黑格尔的逻辑学、认识论与辩证法三者统一的体系。在一定的意义上说，黑格尔重又使“本体论”理论复活了。但这已不再是17世纪意义上那种与认识论对立、缺乏主体性的本体理论，黑格尔的本体也就是主体，这时的本体论已同认识论和逻辑融为一体。

3. 对于实践的目的性的分析

在《尼各马科伦理学》中，亚里士多德把人的活动分为“理论”、“实践”和“制作”三种，认为实践是与将来目的事件相联系的活动，是以自身为目的的自由市民的活动。从而在哲学史上第一次明确了实践的地位。“一切技术、一切规划以及一切实践和抉择，都以某种善为目标。……由于实践是多种多样的，技术和科学是多种多样的，所以目的也有多种多样。”① 在该书中，亚里士多德多次强调实践与目的、善之间的直接联系，“人的善就是合乎德性而生成的灵魂的现实活动”②。在他看来，实践就是包括了完成目的在内的活动，潜能实现的过程如不完成目的就不是实践。把实践（行、实现）同目的性联系起来，以是否实现了目的作为实践同其他活动的区别，这是非常有意义的。把目的看作推动潜能走向现实的动力，这就意味着，他已认识到目的性构成了实践活动的基本环节，实践活动属于一种目的性的活动。这是人类认识所把握到的实践概念的第一个环节。

马克思实践思想认为，目的首先是人们对自身需要的意识；同时也包含着对现存事物及其与主体关系的认识。由于外部对象不能现成地满足人的需要，因此人在反映外部对象时，必须根据人的主观要求对外部对象进行改造。在目的观念中，这种改造是在思维中进行的。主要根据自己的主观要求，通过“思维操作”，消灭外部对象“当前存在”的自在的客观性，在思维中形成一个符合人的主观要求的“理想存在”，在观念中建立起主体与客体的新的统一关系。对外部对象的这种思维改造，对于实践活动的改造来说，是一种“超前的改造”，它是实践改造外部对象的过程在思维中的预演，是预先在头脑中设定的实践活动的理想模型。没有在思维中进行的这种“超前改造”就不会形成实践的目的，也就不可能有人的能动性的实践活动。人们在目的中对外部对象的超前改造，表明目的与一般的认识具有不同的本质。目的是要在对人的有用形式上占有客体，而不仅仅是一般的认识客体。

在目的中，是要克服客体的自在的客观性，使客观存在符合人的主观需要；而在一般的理论认识中却是要克服人的抽象的主观性，要求认识的内容不附加任何主观成分，使主观符合客观。从上述意义上说，目的与一般的理论认识具有不同的性质。

目的的本质是由目的中的基本矛盾决定的。目的的基本矛盾与实践的基本矛盾同样都是主观与客观的矛盾。这是因为，目的本来就是实践的基本矛盾在

①② 《尼各马科伦理学》，苗力田译，中国人民大学出版社 2003 年版，第 1、12 页。

主观上的超前表现，而实践过程则是目的中的基本矛盾在对象性活动中的解决过程。

包含在实践目的性中的主客观矛盾首先表现为实然性与应然性的矛盾。外部对象实际怎样，这是对象的实然性；而主观要求对象应当怎样，这是对象的应然性。实然性表明了外部对象的客观状态，而应然性则表明了人们对它的主观要求。因此主观与客观在目的中就必然表现为实然性与应然性的矛盾。

目的中的主观与客观的矛盾还表现为未来理想存在和当前现实存在的矛盾。外部对象的实然性是指对象当前的现实存在，而对象的应然性则还只是一种主观要求的理想的存在。

马克思实践思想的结论就是，目的性中的上述矛盾不能在主观范畴内得到解决，只有在实践中通过人的对象性活动才能得到解决。

（五）马克思实践思想与亚里士多德实践理论的比较

马克思的实践思想与亚里士多德实践理论的区别首先表现在实践所包含内容上的差别：马克思的实践首先指物质劳动、生产制作，而亚里士多德则认为实践是伦理的、政治的。分析亚里士多德的实践理论有助于我们准确把握马克思实践思想，从而真正理解马克思实践思想“断裂”的意义。

亚里士多德实践理论的核心是他的幸福观。他的整个学说归结到一点，就是要实现幸福，即繁盛。这是发展善的终极理由，因为他认为善将极大地影响我们实现繁盛的能力。所以，尽管提高一种值得赞赏的技艺（实践）是一件好事，但是做这件事的意义不只是成就本身。根据亚里士多德建立在观察基础之上的观点，我们具有的善越多，我们就可能越幸福。

这里出现了一个矛盾。如果我们具有善，那么我们将会更幸福。但是，假如我们为了更幸福而有意识地设法去作出善的样子，那么我们就不会获得它们。换言之，在亚里士多德理论中，实践活动本身与实践的能动意识存在矛盾。所以他才别扭地说，一个勇敢的人比一个怯懦者或莽汉更幸福，但是，要成为勇敢者，这个人的行为必须出自勇敢的动机，而不是出自更幸福的动机。如果某人成就了勇敢，那么幸福将作为副产品接踵而至，但是，幸福不是一个人能够直接成就的事。很明显，只有当我们不去过多地考虑它时，它才会实现。

人们怎样获得那些伦理上的优秀品质呢？人们怎样才能变得勇敢、节制或成熟？关键在于善是技艺，获得它们的方式犹如人们获得技艺的方式。一个重要方式是“实践”：通过重复一种活动，我们一般都会在这方面得到提高。实践的实际价值在于，它不仅有助于人形成无意识重复活动的习惯，而且也有助于培养人做事的专心和慎思能力。有意识的实践有其价值，但目的仍是发展我们的技艺，使之达到得心应手的地步。我们希望获得足够的技艺，以使我们恰好知道在这种处境下怎样的行动是正确的，然后能够纯熟地、几乎无意识地去实施它，即达到我们技艺的最高水平，无论是在具体技艺方面，还是在善的方面。显然，把“实践”同人的行为联系起来，并且认为实践的目标是“善”，这是亚里士多德实践理论的两个基本方面，这个思想影响深远。

善的实践，有一个不同于技艺实践的特殊的方面：这就是对于快乐的态度。我们在生活中所从事的活动常常伴随着快乐，这可能给发展优秀品质带来问题。亚里士多德不是一个禁欲主义者，但是他认为在快乐的问题上我们必须非常小心，因为它可能意味着堕落。我们常常从事一些活动，因为这些活动使我们感到愉快，这样就有可能导致一些不良禀性的发展。我们必须认识到，我们不只是因为要得到快乐而去从事活动。

显然，亚里士多德虽然提出“实践”、“善”、“制作”、“技艺”等概念，但并不真正理解它，只有到马克思，实践的真正哲学意义才第一次凸显出来。相对于亚里士多德的实践观念，马克思的实践思想是一次真正伟大的“断裂”。

在真正的意义上，“实践”是使人与自然的关系发生逆转的中介。在实践活动中，人按照物的方式去同自然发生关系，换来的则是物的适于人的方式的存在。实践把自然乾坤逆转了、颠倒了，原来是人从属于自然，人是自然世界的一部分，经过实践转换成物从属于人，自然成了人的世界的一部分。

以往实践理论中的观点分歧往往是在二元或两极化的传统哲学内展开。表现为一方强调自然对人的本原、支配、决定作用；另一方强调人对自然的能动、创造作用。其实这两方面都是实践转换前后两种不同关系的片面反映。如果不懂得实践是建立人与自然关系的真实基础，那就无法从理论上把这两种完全相反的关系统一起来。

如果确立了实践是解决人与自然关系问题的真实基础，那么人与自然的统一决不是把自然归结为人的意志创造物，或者从自然本原就能引申出人的一切规定的那种直接的单纯的“天人合一”关系。自然作为人的始初本原，那里并没有规定出人应当做些什么和怎样去做；反过来说，人作为创造本原也不是可以随意去塑捏、打扮自然。人与自然不是直接的统一关系，也不是一方单纯顺应另一方的结合关系。所谓否定性的统一，就是在它们相互否定的对立中，必然要走向一种新的更高的综合。在这种综合中，自然在重新生成，人也在重新生成。只有从这种观点才能理解实践，才能把握人与外部世界关系的观念的不断更新。

马克思实践思想认为，善与恶作为哲学——伦理学概念，只有从主客体的关系上才能给予科学的说明。善与恶既不是客体本身的自然属性，也不是主体的纯主观意识，而是人的行为活动的意义，它表现的是主体与客体的对立统一关系。所谓善，就是指对维护与某种特定的人和自然统一关系相适应的社会关系有利的行为。这样的行为，有利于人对自然界的改造，有利于人的主体创造性的发挥，因而有利于人的社会集团的存在和发展。

实现人与自然的统一，也要实现人和人的统一。人和自然的统一是所有人的共同要求，人们只有以一定的社会形式结合起来，组成一个统一的整体，以社会集体的力量同自然作斗争，才能更好地征服自然。但是，由于不同的个人或集团处于不同的社会地位，具有不同的特殊利益，又使个人同他人，集团同他集团，个人、集团同社会整体必然发生对立。社会整体是一个对立统一的整体。一定的人和自然关系而形成的社会统一形式问题上，人的行为活动的意义。

马克思实践思想认为，人的活动包括两个最基本的要素：一个是从事活动的主体，一个就是活动的对象即客体。这两个方面的关系即主体和客体的关系就构成了人的活动的世界或简化称作“属人的世界”的基本内容。每个人都有自己所生活的“世界”，不同的人生活的世界在内容和范围上可以各不相同；从类的观点来看，作为人的活动的世界则是共同的。不论个人的具体世界怎么不同，作为人的活动无非是对对象进行认识或改造的活动，所以它的构成要素都可以归结为主体和客体，它的本质内容都可以归结为主体与客体的关系。人所关心的主要是属人世界的问题，人的实践活动和认识活动所要解决的也是这个属人世界的矛盾。既然主体和客体是构成属人世界的矛盾的两个基本方面，那么，它们之间的关系及其历史发展也就构成哲学反思的根本内容。

人是人的一切活动的出发点和归宿。人把人以外的一切存在物连同人自身，都变成了改造的对象和认识的对象，这就是客体。客体，广义地说，就是作为对象的一切存在物。这些存在物所以被称作客体，就因为相对于主体而言，它们是人进行认识和实践活动的对象。客体是与主体相关的范畴。不言而喻，存在物之为客体是以主体的存在为前提的；没有认识者和改造者的存在，不对主体而言，是谈不到客体、也无所谓客体的。人把周围的存在物变成自己认识和改造的对象，同时也就使自己成为这一切存在物的主体。主体是人，客体是自然。人作为主体当然也是相对于客体来说的，离开客体、不对主体而言，也谈不到人的主体性，无所谓主体。

主体和客体不只是一个称谓问题。它反映着人和事物的一种特定关系，以及在这种关系中的人和事物所具有的不同地位和性质。人类作为“我”而存在，才同他所改造和认识的对象发生一种特定的关系——主体和客体的关系。人是主体，这就意味着在人与事物的关系中人是主导的和主动的方面，是人主宰物，而非物主宰人。同一问题的反面，事物作为客体，也表明它是人活动的对象，在对人的关系中处于被认识和被改造的地位，而非主宰和统治的地位。主体与客体范畴，既表明了人与物在一种新的关系中的特殊性质，又表明了对这二者关系及其性质的一种新的观点。人从自身出发去看待一切存在，必须建立起这样的观点；只有具有这种观点，才能实现人的活动的目的。

马克思的实践思想不仅是我们学习理解古代实践理论的最好工具，也是分析反思其他一切实践理论或思想的锐利武器。

伽达默尔的《真理与方法》是在德国传统的学院派世界诞生的一部哲学专著。但是，这本书不是与现实隔绝的“书斋中的人”的作品。如《科学时代的理性》（1976 年）、《理论礼赞》（1983 年）等都是讲述时代状况的。在这些文章中，伽达默尔特别就关于“理论和实践”及“理性”等谈了自己的看法，认为当我们现代人在讲到“理论与实践”的时候，讲述方式本身就已经被现代的成见在很大程度上规定了。

在启蒙主义之后的现代性境域中，“实践”被赋予了充满现代性的新寓意：“功利目的的实现”。这被认为是“实践”概念的最重要的意义。这样，无论是理论还是实践就已经被从“工具”及“技术”的观点来把握了。尤其是在现代，“理论与实践”已经被压缩为“科学理论与其技术的应用”这样的意义。正像霍克海默所指出的那样，实践理性在现代被“工具化”了。

在“工具性的理性”渐渐成为支配性的现代的状况中，“单纯事实的人”（胡塞尔语）产生了，或者说“没有精神的职业人”、“没有心情的享乐人”（韦伯语）被生产了出来。伽达默尔也同样有这样的危机意识。因此，有必要对于马克思实践思想进行再理解，这也是复兴“实践”的需要，也是在克服现代性基础上重新把握“理论与实践”关系。这是一个“时代的课题”。

二、“断裂”性之二：与德国古典理性实践理论

马克思在彻底批判和改造了亚里士多德为代表的古代实践理论的同时，也在“新哲学”基础上对于德国古典实践理论进行了彻底清算。在吸收其合理成分的同时为自己实践思想的确立开辟了新天地。

（一）近代“本体”“实体”理论的新发展

近代哲学在实践理论研究上，特别把它与认识论联系起来，并作出重大贡献。

中世纪是古代实践理论向近代实践理论转变的时代，推动这个转变的来源的仍然是现实的社会运动。令人欣慰的是这种实践的推动作用通过哲学本身的逐步发展，很清晰地显现在世人面前。最有代表性的首先是关于本体论的转变发展，包括关于上帝的本体论证明。理解近代本体论的发展对于理解近代实践理论具有重要意义。

本来，关于上帝是否存在是一个信仰问题，上帝是人的本质的异化的神圣形象。当它被古代人从现实的此岸推到超世的彼岸、理性无法证明只能以信仰来解决的时候，古代哲学的发展也达到了关键点，进入了历史的转折时期。远离人间的神圣形象又渐行渐近再次进入哲学的发展进程之中——其实上帝神学从来没有脱离开人类实践。恰恰相反，人类实践在一定历史阶段创造上帝神圣形象的同时也为打碎和摧毁上帝神圣形象提供了充分的根据和理由：这就是伴随着实践发展的实践哲学的发展。这种发展在中世纪最初是从安瑟伦、奥古斯丁等人神学理论中表现出来。对上帝的本体论证明表明神圣形象的上帝再次回归到认识领域，哲学的发展完成了一个向上发展的圆圈。表明上帝作为信仰和行为主宰的终结。意味着古代哲学关于信仰上帝的终结和解构、同时也是古代哲学在新的领域——将上帝从信仰领域引向认识论领域的延伸和开始。这成为孕育近代实践哲学理论的最好温床。正如考茨基所说：“形成一个摆脱日常劳作的阶级之后，才有可能进行一种不管行为的实践结果的，钻研并设法解决与实践无关的问题的研究和思考。从这时起，才有可能进行一种越出‘健全常识’范围的科学的、方法论的研究工作。但是这时也有了从事漫无限制的思辨的可能性；要等到科学不仅从事观察和思辨，而且开始从事实践活动的时候，那些漫无限制的思辨才受到限制——此所谓实践，并不是指那种为人类的自我保存服务的日常生活实践，而是指一种为超然的研究服务的新的科学实践。由于实践工作，特别是由于实验之故，近代自然科学取得了唯物主义性质，这种唯物主义离开怀疑主义和唯心主义是同样远的，也同建立在单纯思辨基础上的古代唯物主义完全不同。”①

① 考茨基：《唯物主义历史观》第一分册，第125页；中文版转引自：《马克思主义思想宝库》，海南出版公司1990年版，第312页。

另外，更重要的是，推动近代哲学向前发展的仍是实际生活：自然科学和工业。恩格斯说："在从笛卡尔到黑格尔和从霍布斯到费尔巴哈这一长时期内，推动哲学家前进的，决不像他们所想象的那样，只是纯粹思想的力量。恰恰相反，真正推动他们前进的，主要是自然科学和工业的强大而日益迅猛的进步。在唯物主义者那里，这已经是一目了然的了，而唯心主义体系也越来越加进了唯物主义的内容，……"①

1. 近代"本体"特性之一：与感性相对的无限性存在

近代哲学是在反对宗教神学、为科学理论争取生存权利的斗争中诞生的。它的目标是要把神学所分裂的两个世界重新统一为一个世界，它采取的方式是把上帝加以自然化和人本化，以人对自然的关系取代上帝对自然的关系。横亘在古代和近代之间的宗教神学世界观对哲学的发展并非无意义，而是发生了深重的影响作用。本体理论所追求的"实体"，一方面受科学方法的影响，是从现象存在中"分析"出来的结果；而在另一方面，它又保留了神学理论中"上帝"那种超越自然性的本质。近代本体论在理论内容和形式方面所具有的不同于古代本体理论的特点，就是来源于此。

近代哲学的"实体"概念与亚里士多德的"本体"学说具有一脉相承的关系。它也被看成一种自因性、无限性和永恒性的存在。但在进一步的理解中，近代的实体理论与亚里士多德的本体学说就不完全相同了。它们之间的一个重要区别，是实体从具体的存在变成了与感官对象相对立的某种抽象本质的存在。这里明显表现出基督教神学和科学理论发展的影响作用。经过中世纪神学把亚里士多德的"永恒不变本体"升华为上帝之后，本体就不但完全失去现实的感性特质，而且成为君临万物之上、与一切感官对象都相对立的超越性存在。近代哲学在批判宗教神学斗争中虽然否定并剔除了它们加予本体身上的神学性质，使它重新回归于自然之中，但本体那种超越感官存在的性质却被保留下来、无法再予改变。

近代本体论哲学具有多种理论形态。但它们基本上表现为两种倾向，一种倾向于神学，一种倾向于科学。不论属于那一种倾向，它们所理解的实体都不再是亚里士多德所确认的那种作为感官对象的个体事物。其中直接从神学本体转化而来的本体理论，如笛卡尔和斯宾诺莎的哲学，把实体理解为一种绝对无限性的存在，实际就是被自然化的神，他们称自然为神，保留下来"神"的名

① 《路德维希·费尔巴哈与德国古典哲学的终结》，《马克思恩格斯选集》第4卷，人民出版社1995年版，第226页。

称，这决不仅仅是一种掩饰之词，因为在他们看来，实体对万物来说也就是创造本原的神。在17世纪与斯宾诺莎哲学不同的有莱布尼茨倾向于科学的单子论。莱布尼茨没有把实体理解为无限的存在，恰恰相反，而是理解成为一种“组成复合物的单纯实体”。单子作为事物的元素，显然是运用科学的分析方法得出的认识。单子的数量无限多。而且具有各自不同的性质。在这些方面，单子作为实体与斯宾诺莎的看法都很不同。但是，在实体与感官事物相对立的这一点上，以及实体具有构成万物的创造始因的种种特点上，它们又是基本相同的。

近代哲学家对于“本体”、“实体”的新理解，表明他们在实践理论方面也有自己的独到之处，表明了他们新思想、新理论的时代意义。

2. 近代“本体”特性之二：建立在主客对立之上的单一实体

近代本体理论与亚里士多德本体学说的另一个重要区别是，近代从物质和思想、主观性和客观性的分裂和对立出发，它们追求的是具有绝对统一性质的单纯实体。亚里士多德的本体由质料和形式构成。质料和形式是具有不同本质的两种东西。他在最后虽然把它们归结为一种最高的本体即纯粹的形式，这个最高本体的存在并不否定感官事物的本质，而且还是使感官事物能够成为本体存在的一种保证。因此按照他的观点，本体可以有三类而不只是一种，他的可感觉本体还同时结合了灵魂和躯体的两种性质。但在经过中世纪的神学本体观之后，情况就变化了。首先，本体从感官对象被彻底分离出来，作为最高创造源泉的实体就像不能同时有两个上帝并立一样，它也不能有两种或多种不同的实体并存；其次，与此相适应，灵魂和肉体、思想和物质也被彻底分裂开来，单一实体只能具有单一性质，再也不可能成为二者的结合。

笛卡尔同时摆出物质和思想两种对立的实体，这就意味着向人们提出了一个尖锐的矛盾问题：这两种东西是互不相容的，它们具有各自独立的本质，现实中的存在只能或者是这个或者是那个，决不可能一个事物同时具有双重本质。笛卡尔的哲学是二元论的哲学。二元论在历史上从来都是由某种一元理论向另一种一元理论转变的过渡形式，它的主要作用只在于揭露矛盾、提出问题，而不在于解决矛盾、回答问题。二元论必然要走向一元论，这点笛卡尔并非完全没有意识到。他在物质和思想两个有限的实体之上，又设置了一个无限的上帝实体，就表明了他并不是没有意识到矛盾，而只是无力解决二元对立的矛盾。所以笛卡尔之后本体理论的中心问题就在于克服这个二元实体的对立，依据以矛盾律为原则的“非此即彼”的思维逻辑，确立一个单一性质的实体。这样就形成了从17世纪到18世纪围绕物质和精神这一根本问题而展开的哲学斗争。

消除实体的二元对立，归根结底来说，就是如何确认物质和思想之间的本原和从属关系问题。这只有两种可能的方式，或者把思想归属于物质，或者反过来把物质归属于思想。按照前一方式，世界的实体统一性就在于物质统一性；而按照后一方式，世界的实体统一性则是思想或精神的统一性。前者形成了近代的唯物论哲学，后者则构成近代的唯心论理论。依照"本体论"的提问方式，只能有这两种答案，不可能再有别的回答方式。

近代哲学中的唯理论和经验论之间展开争论的问题很多，但其根本性问题，却是普遍必然性知识的真实基础，人类认识论问题，其中也就当然地包含着对世界的终极存在的终极解释是否可能的问题。古代的哲学家不大区分世界的终极存在和对世界的终极存在的解释，将自己对世界的终极存在的解释看做世界的终极存在本身，从而陷入许多难解的困惑之中。认识论问题的突出，意味着人类理性的自觉度的提高，人们开始以哲学方式对自己的理性行为进行自我反观和反思，力图在更加自觉合理的程度上把自己与外部世界更加真实地区分开来又联系起来。康德开创了哲学史上的"哥白尼革命"，使哲学的视野由围绕客体旋转，用客体来说明主体、说明知识，转向围绕主体旋转，用主体来说明客体、说明知识。这是哲学观念的一种真正的革命，是对传统的客体中心主义的一次真正突破，也是对旧有的自然本体论、物质本体论和心灵本体论的一次深刻革命。在康德看来，旧的认识论不考察人的认识能力便去探究普遍必然性知识的可能性，这种探究本身便是不可能的。而旧有的本体论不考察人是否具有把握世界本体的能力便大谈世界的本体如何，这也是不可能的。他的任务便是在认识之前考察人的认识能力，由主体认识能力的范围和限度来说明知识的可能性、必然性及其范围和限度。尽管康德由这种考察为自己所得出的结论是消极的，他限制理性并把可知的自在之物留在了神秘的彼岸，但他对后来哲学的发展却是积极的，因为他开启了哲学研究中的主体性思维方式，开启了以主体的自我反思为出发点去观察理解和把握世界的全新视角，这实际上是哲学观上的一次重大突破。

张世英先生说："德国近代哲学家沃尔弗（Christian Wolff）将哲学分为理论哲学和实践哲学两类：前者包括本体论、宇宙论、心理学和神学，它们又统称为形而上学；后者包括伦理学、政治学、经济学。逻辑学是一切学科的导论。"① 从沃尔弗的划分中，人们可以看到，沃尔弗严格区分"理论哲学"与"实践哲学"各自的研究领域。本体论属于理论哲学，属于形而上学，而实践

① 张世英：《新哲学讲演录》，广西师范大学出版社 2004 年版，第 17 页。

哲学指伦理学、政治学、经济学（这表明近代的“经济学”的历史地位明显提高）。人们从沃尔弗的划分中也可以看到：“实践本体论化”——将实践与本体或本体论联系在一起，既与马克思实践思想的本意不符，也不符合两千多年西方哲学史发展的传统，存在根本的逻辑矛盾。它只是一种“本体论思维”在作怪的结果。

近代本体理论发展的结果是作为与理论哲学相对立的实践哲学的诞生。由此人们可以判断到的是在近代哲学中，存在着本体论的论争，存在着本体论与认识论的论争，但鲜有本体论与实践论的论争。作为行为科学理论的实践哲学只有在康德、黑格尔的德国古典哲学时期才作为重要成分进入哲学竞技场，并成为决定性角色。

（二）康德的实践理论及其重大的历史贡献

经过从 17 世纪到 18 世纪的发展，近代哲学提出的“理论哲学”与“实践哲学”的划分暴露出有关属人世界与自然世界之间多方面的矛盾关系。到德国古典哲学产生时，哲学已经发展到了必须综合地从统一观点去处理这些矛盾关系的地步。要把不同侧面的矛盾统一起来，不像对待单项矛盾那样简单，这一问题本身就是复杂的；特别是在统一的焦点尚未明朗的情况下，不得不从多侧面去进行探索，就更增加了解决问题的复杂程度。德国古典哲学就是尝试全面综合地解决这些矛盾的探索过程。所以它在短短几十年中几乎经历了哲学理论所有形式的发展，从二元论到主观唯心论再到客观唯心论、最后又回到了唯物论。它们虽然最终未解决这一问题，却使问题的焦点明朗化了，同时揭示出了解决问题的方法，为马克思实践思想的诞生准备了丰富的思想材料。

从人类认识中暴露出来的主观与客观的矛盾以及由此形成的观念世界与实在世界的对立，在进一步发展中必须统一起来。这是一个方面的课题。这一方面的课题具体表现为如何解决思维对存在（或感性）的矛盾问题；另一方面，由于法国哲学从实体基础上建立起自然世界的统一性，由此暴露出了作为主体的人与自然实体的矛盾，这也是在进一步发展中必须解决的课题。这一课题表现为主体活动与客体作用相互决定关系的矛盾。这两个方面的矛盾又是结合在一起的。认识的矛盾不可能仅从认识自身去解决。要解决认识中的矛盾必然要归结到人的主体活动与客体作用的矛盾上来。这就构成了德国古典哲学、康德哲学、费希特哲学、黑格尔哲学发展超越以往哲学的基本内容。

1. “哥白尼式革命”对于实践理论的巨大作用

康德于1781年发表的《纯粹理性批判》就是对绝对独立于经验的那种理性进行批判审查的著作。他的所谓“批判”即指对认识能力的审查，借以判定“形而上学”的可能性，并规定其源流、范围和界限。自此，欧洲哲学便从“本体论中心”转变为“认识论中心”。这不只是哲学研究重点的转换，同时也是哲学思维方式和提问方式的转换。大体说来，从洛克哲学到康德哲学的发展就可以看作这样的过程：洛克遵循经验论的原则，确立了“知识与对象一致”的对象中心理论；康德却把它颠倒了过来，提出了“对象与知识一致”的认识中心理论，这就是康德“哥白尼式的革命”的理论实质。

近代哲学从本体论中心向认识论中心的转变对于本体论的理论发生重大影响，主要表现在人们不再可能完全脱离对主观的关系去思考“存在”究竟为何的问题。认识论的中心地位并未否定本体论的存在权利，也未从根本上排除本体论的传统思维方式。它导致的结果只是本体论与认识论相互趋于结合，只能在彼此协调中去解决存在问题和认识问题。正是在这种关系中，物质和灵魂（精神）的结合问题转化为“思维对存在的统一”问题，从而构成了德国古典哲学的中心课题。

康德哲学实现了近代哲学的一个历史性转折。它以调和矛盾的二元论方式，推动哲学从单纯重视客体的本原作用转向探索主体的能动作用。从“本体论”的发展线索来说，康德也承认“本体”的存在，但却把它归结为非认知理性所能把握的“物自体”世界。在他看来，物自体是不可知的，人所能认识的只是“现象界”，而现象只是外物作用于感官在人心中产生的表象，它并不代表外部世界的状态。这样，康德就把先前那些运用理智方式描述实体状况的科学形态的本体理论，一概归结为虚构的理论而彻底颠覆了。

康德认为，理智活动所运用的范畴属于人先天具有的思维机能，它只有和感性的经验结合起来才能发挥认识的作用；而感性经验所能提供的只是关于具体事物的直观材料，一旦理性要去认识物自体，它就超越了经验直观的界域而必然陷入既不能证实也不能推翻的不同命题之间的冲突之中。这就是他所说的“二律背反”的困境。所以按照康德的观点，本体只是一种自在之物，它属于我们所不知、然而却存在着的那种东西。这也就是说，作为自在之物的本体世界只是信仰的对象、不是认识的对象。康德把本体论变成了关于超经验存在的“形而上学”理论。

认识世界无法做到，而在道德实践的本体世界却可以实现。康德这里说的本体世界也就是人的内心世界。认识必须指向外界对象，因而要受到必然因果的束缚；道德行为属于理性支配意志的活动，在这个领域人便成为只接受自己理性的命令、完全由自己主宰的“自由的主体”。康德由此就推翻了法国哲学家们“人是机器”的论断。从康德观点看来，人是一个理性自主体，人就是人自身的目的，决不是机械力学规律所操纵的机器。不但人不是机器，康德同时也推翻了“动物是机器”的观点。康德提出了“自然的合目的性”的概念，用以说明那些既不能只用机械因果性、也不能直接用自由概念去加以理解的领域和对象，有机生命就属于这样的对象。他认为生命有机体具有三大特点：①各部分只有与整体相关连才能存在；②各部分结成整体彼此互为因果；③具有自组织的功能。这些都和无机物不同，用单纯机械因果性无法解释，必须借助自然的内在目的性概念才能理解。

康德推翻了人是机器、动物是机器两个论断，却未推翻世界是机器这一本体论的最高论断。这是因为康德本人就把世界分裂为本体世界和现象世界两个领域，并且让出一半给了机械因果性去支配。康德哲学的最大弊病就在于这个矛盾性，它把世界分解开了，却无法去把它们重新统一起来。康德本体世界与现象世界的对立是以他所特有的方式，表达了世界由于人的存在而具有的“两重性”矛盾内容。这一矛盾的本质是人与外部世界、主观世界与客体世界、心内世界与心外世界、价值世界与物理世界在否定性基础上同时又处于统一关系中的矛盾。这个矛盾如果不根本改变“本体论”的哲学思维方式是不可能得到彻底解决的。但在那时人们只能在“本体论”思考方式的范围内去寻求解决矛盾的办法。只能把本体本身变成既包容机械必然性又容纳人的自由性的一种包罗万象的存在。康德之后，经过费希特和谢林从不同角度的哲学探索，最后在黑格尔哲学中终于到达了完成阶段。

认识论是康德哲学的主要部分。他的认识论主要研究知识之所以可能产生的那些先天条件，即先天的直观形式和先验的范畴，这和认识的对象、内容没有关系。所以，他把自己的认识论叫先验认识论。他的认识论和本体论是脱节的。

康德的本体论，是主张在认识论的基础上建立本体论，可是他所建立的本体论和认识论是完全对立的，他的本体论就表现在关于物自体的学说。按照康德的观点，我们运用的先天的直观形式、先验的范畴所认识到的是现象，现象是对象对人的一种表现方式，它不表现对象本身。对象本身叫做物自体。物的自身是什么样的？我们完全不知道，所以它叫物自体，是一个不可知的对象。这样，本体论和认识论就分裂了。就是说，认识的形式和认识的内容，认识的规律和认识的对象，完全是两回事，是不统一的。

康德的功绩恰恰在于，他把本体论、认识论、逻辑三者的矛盾突出了，为后来的哲学规定了研究的课题。黑格尔说："康德的功绩在于提出了思维与存在必须统一的问题。"思维与存在的统一就包括本质与现象、内容与形式、主观与客观方面的统一问题。所以黑格尔说，康德规定了以后哲学的任务，就是怎样使思维的形式、内容和主观的认识、客观体系达到统一，这就是德国古典哲学的方向。

康德的本体论同样是一种形而上学的本体论，不过它不属于自然形而上学理论，而是属于"道德形而上学"理论。本体世界既然不可认识，为什么还要肯定它的存在？这正是康德经过精心设计所安排的一种结局。因为从康德的观点看来，科学和自由是互不相容的。科学认识的世界（现象世界）是由自然因果规律所支配的必然世界，没有自然的因果必然性就不会有科学；而自由的世界却是"不受感觉世界的原因的支配"、由理性"完全自行决定的"领域，如果不使它摆脱自然必然性的支配也不可能有自由。康德为了保证科学和自由能够同时存在，他就不能不划分两个各自独立的领域，让科学活动于现象世界，而把本体世界留给自由，双方各得其所互不相扰。康德推翻了以往以科学形态出现却具独断性质的本体理论，并非要否定本体论，而是为了改变那种机械因果观点的本体理论，重新建立一种意志自由因果观点的本体理论。

2. 康德理性实践理论的巨大意义

康德的本体理论对于德国理性实践理论非常重要，因为正是在康德的本体论中，他有力地证明了实践的目的是自由和人进行实践活动的合理性、合法性。因此，康德在理性实践理论上的贡献为后来实践理论的发展特别是黑格尔实践理论的发展开辟了道路。

在康德看来，自由不能是自然的即"他律"的，自由意味着理性的自决即"自律"。康德的三大批判逻辑地展开他的理性实践理论，在第一批判中，他为思辨理性划定界限，求证本体自由的逻辑可能性，在第二批判中，他通过自由和道德意志的互证，求证在实践理性领域里本体自由的实在性，按照康德的思想，在第三批判中，他着力论述自由与必然如何和谐并存。在万事万物中，只有人是自由的，只有人是实践的，人只有在实践理性中，在道德法则的绝对命令下，人才是真正自由的。实践是一种自由的活动。

康德在《纯粹理性批判》的"先验辩证论"中，首次提出了自由问题。而在《实践理性批判》中康德把自由界定为宇宙论的一个理念，作为自在之物，它"是我们先天地知道其可能性却仍不理解的唯一理念。"①

① 康德：《实践理性批判》，韩水法译，商务印书馆1999年版，第2页。

康德的理性实践理论以理性自由为前提。他先讲理性自律的道德价值；然后由自由引申出理性平等，讲理性立法的人格尊严；更进一步引申出理性正义，讲理性个体对理性一般的敬重与向往。

人是有道德的存在，知善恶，识荣辱，从而可以有所为，有所不为。问题在于什么是善？什么是恶？比如聪明才智，荣誉地位，既可从良举善，也可助纣为虐。可见，判断善恶需要一个先决的前提条件，需要一个像支配自然界万事万物的自然规律一样的道德规律。康德认为：“自然规律是万物循以产生的规律，道德规律是万物应该循以产生的规律。”① 而道德规律来自何方，是来自纯粹理性，还是来自感性经验？这是康德在《实践理性批判》开篇引论中所提出的问题。“还是纯粹理性自己就足以决定意志呢，还是只有在它被经验所制约的条件下，才能成为决定意志的动机呢？”② 在康德看来，这个问题至关重要，因为它直接关系到哲学有没有“一个固定的立足点”③，从而也关系到道德能否成立，人能否成立的大事。

在康德看来，道德规律不能来自感性经验，其理由如下。首先，道德规律既然是规律，就必须具有必然的普遍性，即“对一切有理性的存在者的意志都有效”④。而感性经验不能提供这种普遍性。感性经验只能认识个别偶然的事实，而不能揭示这些事实之间的内在必然联系。

其次，基于感性经验的意志总是以某个欲求实现的对象的先在性为前提，其“选择的动机乃是‘对象’的表象和这个表象与主体的关系——欲望官能就是被这种表象和关系所制约，企图实现那个对象的。但是表象与主体的这种关系就是所谓实现目的之快乐。”⑤ 也就是幸福。在康德看来，幸福与道德决不是一回事，而是截然不同的两种东西。幸福只有关于人的心情与感觉状况，道德则有关人的行为与意志。所以康德力主将二者分开，他把区分基于感觉经验的幸福论与排斥感性经验的道德学看作其实理论的“首要任务”⑥。康德一再强调，如果允许感性经验混杂到道德原理中来，那就会败坏道德，就会把道德降低为谋取幸福的一种手段，一种工具，道德就变成对他物来说的一种有用的东西，也就不再有本身为善的道德，意向的道德性因此而被“连根拔去”⑦，人性就会堕落，堕落为彻头彻尾的动物。

再次，基于感性经验的幸福论所追求的对象与意志的关系乃是对象决定意志，意志服从对象。而意志受制于对象就是他律性。“如若意志在它准则与自

①③ 康德：《道德形而上学原理》，苗力田译，上海人民出版社 1986 年版，第 36、77 页。
②④ 康德：《实践理性批判》，关文运译，商务印书馆 1960 年版，第 13、17 页。
⑤⑥⑦ 康德：《实践理性批判》，关文运译，商务印书馆 1960 年版，第 19、94、72 页。

身普遍立法的适应之外，从而，走出自身，而在某一对象的属性中去寻找规定它的规律，就总要产生他律性。”① 他律性规律归根结底就是物理必然性规律，也即自然因果规律。为自然因果规律所支配的事物链锁中的每一个环节都是受制的、命定的。依据自然因果规律只能得出如下结论，“在某个时候发生的每一件事情，还有某一种行为都是先时曾发生过的事情的必然结果。但是过去的时间既然不是我所能控制的，所以我所实践的每次动作，由于不受我控制的那些决定原理，就都是必然发生的，那就是说，我在我发生行为的那个刹那永远不是自由的。”② 而没有自由，就没有道德法则，因为自由乃是“道德法则的一个条件。”③因此，如果把道德法则基于感性经验，那就等于从根本上取消道德，从而也就从根本上否定人，人将不人，而只是“万有宗匠所赋以形体、配以机栝的一个木偶，或 Vaucanoon 式的一架自动机。”④

至此，人们已经看到亚里士多德的伦理实践哲学发展到康德所发生的巨大变化。

亚里士多德的伦理实践理论属于古代哲学的一部分，他提出“实践”概念，是把它作为伦理学、政治学领域的“技艺”，把它局限于人的感性经验，属于自然形而上学。找出“实践”与“技艺”的共性，并把它们与理论相对，这是亚里士多德的历史功绩。

康德的理性实践理论是对亚里士多德伦理实践理论的超越。康德明确反对把实践局限在感性经验，而要给实践寻找形上的根据，证明实践的合理性和合法性。这一历史性的发展使得康德的理性实践理论具有非常重要的意义。

人不只是一种感性存在，从道德学的意义上讲，人甚至主要地不是一种感性存在，在感性存在之外还有着更为重要、更为根本、“更多的东西”⑤，即理性。“人们发现，在他们自身之内确实存在着一种把他们和其他物件区别开，以至把他们和被对象所作用的自我区别开的能力，这就是理性。”⑥理性是人的另一个自我，真正的自我。康德哲学的真正价值就在于他抓住了这个“更多的东西”，抓住了理性自我。在康德看来，道德法则只能来自理性，理性之所以能够产生道德法则，最根本之点就在于理性是自由的，自由是理性的本质，“自由可以看作理性存在者的一个性质。”⑦鉴于感性经验受制于自然必然性从而无自由可言，康德所说的理性自由乃是先验自由。

---

① 康德：《道德形而上学原理》，第 94 页。

②③④⑦ 康德：《实践理性批判》，关文运译，商务印书馆 1960 年版，第 96—97、2、103、68 页。

⑤⑥ 康德：《道德形而上学原理》，苗力田译，上海人民出版社 1986 年版，第 118、107 页。

先验自由有两种含义：其一是指摆脱一切经验成分并因而摆脱一般自然作用的一种独立性；其二是指经由它而后可能的那些行为的一种原因性，也即“理性的自立法度”① 康德分别称之为消极的自由和积极的自由。康德为了解决人的自由、人的道德的问题，把感性与理性、必然与自由划归现象与本体两个不同的世界。他指出：“我们如果还想挽救自由的话，那就没有别路可走，只有说，在时间中可决定的事物的存在，因而还有依照物理的必然法则而进行的原因性，都属于现象界，而自由则属于作为自在之物看的同一存在者。”② 理性作为自在之物不受时间条件的支配，任何东西都不是在他的意志决定以前发生的，诸如他的一切行为，他的存在的变状，甚至他作为一个感性存在而存在的整个系列，都只是他的意志的结果而不是原因。理性只在自身中，无待于他物，无所制约，而无制约者是自由的。康德进而从自由的消极意义引申出了自由的积极概念，他认为，如果有生命的东西是有理性的，那么，意志就是这种有生命东西的因果性，而自由就是这种因果性所固有的性质。而“因果概念就伴随着规律概念，根据这一概念，另一东西，也就是结果，通过某个称为原因的东西而被设定。所以，自由……不是无规律的，而是一种具有不变规律的因果性。”③ 这就是说，意志所固有的性质就是它自身的规律，而意志的性质是自由，那么，自由就是其规律，而自由作为规律就只可能是自律。所谓自律是指意志“所选择的准则同时也被理解为普遍规律”④。自律就是意志的自立法度。意志自立之法度为我们开启了一个全新的理性世界，从而使认识论中只能作为理念而存在的自由理性世界的空位被填充了起来，“道德法则已借下边一个事实证明自身的实在性，……就是：它在思辨理性，原先只能从否定方面加以思维，但并不能把握其可能性，可是又不得不假设其存在的一种原因性上加了一种肯定的含义，那就是能够直接决定意志的一个理性的概念。”⑤ 理性世界一经确立，它就成了我们人类道德的根源，人性的谱系，精神的家园。人类应该超越作为动物性存在的那个自我，把自身同这个具有截然不同于经验自然法则的道德法则的世界结合在一起，人类才能提升自己，才能获具人格，才有人的尊严。“自律性就是人和任何理性本性的尊严的根据”⑥。

3. 实践理性高于理论理性的思想

作为启蒙主义哲学家，康德对理性的倚重是再明显不过了。在他看来，人之为人乃因为人有理性，人可以自律。理性是人类脱离自然、超越畜类的唯一

①②⑤康德：《实践理性批判》，关文运译，商务印书馆 1960 年版，第 33－34 页、97、48 页。

③④⑥　康德：《道德形而上学原理》，苗力田译，上海人民出版社 1996 年版，第 100、94、89 页。

动因和标志，是人类向自然宣读的一篇真正的独立宣言。然而，康德也深知要真正实现独立并非易事，因为就感性存在而言，人原本就属于自然，要使人超越他与生俱来的本能无异于让希腊神话中的大地之子安泰俄斯离开大地。不过，康德更深知受命于"天"，责任重大，他必须"挽救自由"①，必须为人类巩固这个新的基点，真正实现人的基点的转换。

正如人类不可能抓住绝对真理，从此袖手无事一样，人类也不可能达到道德圣域，从而获得一种享用不尽的资本。自以为功德圆满是危险的，因为这会导致道德热狂，即超越实践理性给人类的定界，把道德动机"置于别处，而不是在法则自身"②。在认识论中，康德曾经反对理性脱离经验的僭越，反对僭越所导致的独断主义；在道德学中，康德又反对理性受经验制约的僭越，反对僭越所导致的道德狂热。康德在这两个不同领域中所表现的具体思维方式虽然不同，但二者同出于人本主义的理性思考，则是毫无疑问的。在康德看来，人生的最高成就就是获具德性，而德性的获具是需要人类时时努力、天天反省才会成为可能的。"有限实践理性的最高成就，就是能够确信它的行为准则朝着这个法则日进无疆，奋勉不息。这就是德性。"③德性在无尽的奋进中，人也在超越有限融入无限的进程中。

康德通过"哥白尼式"哲学革命，使实践理性超过纯粹理性，在先验基础上证明了实践的实在性，并论证了实践与自由的必然性联系。

康德最早提出了实践理性和理论理性的概念，康德的实践理性是高于理论理性的，认识和科学在他看来并不是人对待自然的最高态度，相反，他主张必须通过审美和自然目的生态链向人的道德过渡，把自然看作是由人的道德生成的。人的道德素质表现为全部自然历史的最终成果，人的真正自由不是体现为科学技术，而是体现为道德。把人和自然看作一体的这一立场在马克思那里发展为"完成了的人本主义就是自然主义，完成了的自然主义就是人本主义"的观点。康德把哲学区分为实践的哲学和理论的哲学。理论哲学又称作自然哲学，主要研究认识论（也包括本体论）问题；实践哲学主要研究伦理问题，又称作道德哲学。所谓实践理性，指和意志发生关系的那种理性，意志的问题属于行动问题，实践理性也就是理性通过意志在人们活动中的"实践应用"。在康德看来，作为人们道德行为核心的意志完全受人自己的理性所支配，这点就表明人的理性是实践力的，它能够不依靠任何经验的东西，而仅凭自身来决定意志。康德由此得出，人在实践领域是不受自然必然性支配的理性自主体，即自由的人。在康德的这些思想中，揭示出了实践概念的一个重要基本内容，即

①②③ 康德：《实践理性批判》，关文运译，商务印书馆1960年版，第87、33页。

实践是一种自主性的活动。

在近代哲学尤其是德国古典哲学中，实践活动已专指人的主体活动，并构成了论述主体活动的哲学的有机组成部分。

首先是康德的实践观念。对此，俞吾金分析说：“康德明确地区分了理性的两种主要类型：……‘思辨理性’……它关涉到自然必然性（……自然规律）的概念，是在现象界范围内展开的，起立法作用的是知性，另一种是‘实践理性’……它关涉到自由概念，是在本体界范围内展开的，起立法作用的则是善良意志。……思辨理性涉及的是人与自然之间的关系，人通过自己的认识活动和技术发明活动去把握和利用自然的必然性。而实践理性涉及的则是人与人之间的关系，人通过建立伦理规范来追求和实现自己的自由。与亚里士多德相同，在比较严格意义上，康德也只把后一种活动看作实践活动：与亚里士多德不同，康德更明确地揭示了两者之间的差异。”①

在先验辩证论中，康德主张，实践在“概念上”而不是在本体论上依赖于先验的自由。康德认为，为了将自身构想为理性的（亦即实践上自由的）行为者，我们有必要诉诸先验自由的理念；而不能为了在实践的意义上成为自由的，我们必须在先验的意义上真的是自由的。

从“三大批判”整体而言，康德的实践自由概念有双重含义，这一双重含义介于两种非相容论的说法之间。一方面，实践的自由，作为适用于人的意志的自由，恰恰是先验的自由；另一方面，实践的自由则与先验的自由不同，但它仍然是一种真正的非相容论的自由概念。具体地讲，它是这样一种形式的自由，这种自由可以被归之于有限的、为感性所激动但又不为之所规定的理性行为者，例如我们自己。而且，尽管前一概念即实践的自由似乎在先验辩证论中占据支配地位而后一概念即先验的自由则在纯粹理性的法规中取得主导优势，但是，每个文本至少都给另外一种自由概念留下了余地。

康德对实践自由的经验一面的最为完整的陈述，用他的话说就是，我们所经验的，乃是这样一种能力的“现象”或“感性图形”，这种能力规定我们自身在理性的基础上（按照对命令的认识），独立于任何出于病理学的必然而行动。从根本上看，这样一种能力仅仅是智性的，因而很难说，人们能从经验性上确定我们拥有这种能力。康德明确指出，我们决不可能从经验性的角度确明这种否定性（独立于出自病理学的必然）的自由，因为这种可能性始终存在，也就是说，也许有某种无意识的刺激在起作用。

康德的有关实践自由的全部讨论中最有趣的方面乃是它同先验的自由所作

① 俞吾金：《从康德到马克思》，广西师范大学出版社 2004 年版，第 266—267 页。

的对比。正如自由的任意之独特的否定性的标志在于它独立于出自感性刺激的"必然"一样，先验的自由之独特的否定性的标志也在于，它甚至独立于为感性所激动的状态。因此，在区分了作为人的自由之实践的自由和自然的自由即条件的自由（援引爱比克泰德的例证）之后，康德说："这种实践的自由依赖于意志对于出自刺激的必然的独立。但是，那种完全独立于所有刺激的自由是先验自由，它将在理性心理学中得到讨论。"① 这一段是说，实践的自由和先验的自由之间的对比，并不是介于相容论的自由概念和非相容论的自由概念之间，而是介于这样两种自由之间，其中，一种自由被归之于为感性所激动（尽管不是受之规定）的行为者，而另一种自由则被归之于甚至不为感性所激动的行为者（如果有这样的行为者的话）。简言之，这一差别介于人的自由和神性自由之间。

正是在这种"半批判的"道德理论的背景之下，我们才必须理解这样一种主张，即实践的自由对于道德性是充分的。当然，这样所理解的道德性，要求实践的自由，因为它既是可归因性的必要条件，又是有能力把绝对命令作为一个人行为原则的必要条件。但是，关键之点在于，它的要求，不过如此，决无增多，因为甚或在道德上有价值的行为，也是受到未来回报的前景（按其价值分配幸福）的推动而实行的，而不是出于对道德律本身的纯粹尊重而实行的。换言之，这一道德理论要求一种真正的理性因果性（实践自发性）。

现代形而上学已经发展到这样的程序：明确划分出"在"与"在者"的差别。在形而上学者看来实践本身是一种"在"，叫做"实践的在"，"实践的在"不同于"实践的在者"。形而上学论者的这种认识非常危险，很容易陷入传统本体论的"座架"之中。更重要的是如果人们以"在""在者"研究实践，其立场是很成问题的，其情形就像用旧瓶装新酒。另外，形而上学的思维方式可以进一步认为，实践可以被赋予形式，成为"有意义的实践"。被赋予形式的实践就是非实践存在。人的思维习惯都用实践的形式来诠释实践，实践一旦获得形式，就化为实践的意义问题。我们难以确定在现实中的实践存在究竟能赋予它多少种形式，但有一些存在形式很重要，它们是有意义实践的公认尺度，如物质、精神、人本身、生产关系（社会关系）、宗教、伦理等，现实中的实践被彻底形式化为善行、罪恶、好人、坏蛋。

对于一切成为实践形式的实践价值来说，在理论上都有共同缺点：(1) 任何实践形式都完全游离实践本身的内容而成为一种尺度，使得是否合乎尺度本身成为一个问题，也就是实践的价值问题。在价值问题中，实践总是按其是否

① 康德：《纯粹理性批判》（ML1　28：257）。

合尺度而二分为实践的肯定性形式和否定性形式。只有肯定形式的实践才是值得去做的实践；（2）任何实践形式作为尺度都设定从外部看实践的主体。

实践作为概念是指，实践事务杂多不附加任何形式的纯然内容。进一步说，实践的纯然内容就是实践事务杂多的纯粹堆积和无限增长。由此显示实践与非实践的差别：在质的方面，就是一个纯粹内容领域与一个形式化的现象领域之间的差别。在量的方面，实践表示实践事务杂多的纯粹内容可以无限增长，没有量的限制，以此保证事务内容的绝对完满；而任何非实践存在所包含的实践事务杂多有一个量的限制，因为实践形式要求一个实践所包含的事务杂多必须在数量方面满足该形成的要求。因此有意义的实践只包含某些事务内容，不包含另一些事务内容。实践成为有限存在。

康德把实践摆到与人的永恒存在相似的地位上了，他激情洋溢地说，“在全部宇宙中，人所希冀和所能控制的一切东西都能够单纯用作手段；只有人类，以及一切有理性的被造物，才是一个自在目的。那就是说，他借着他的自由的自律，就是神圣道德法则的主体。”① 康德多次讲，“人，一般说来，每个有理性的东西，都自在地作为目的而实存着，他不单纯是这个或那个意志所随意使用的工具。在他的一切行为中，不论对于自己还是对其他有理性的东西，任何时候都必须被当作目的。”②就此而言，康德讲的人既是理念的又是现实的，既包括一切人的类，又包括类的一切人；他所讲的实践也是既是理念的又是现实的，既包括一切人的实践，又包括实践的一切人。

康德更多地讲到现实世界的污浊、软弱和懒惰。“人性的高尚虽足以把一个令人肃然起敬的理念当作自己的规范，然而它却太软弱了，所以无力恪守它。本来应该为人们立法的理性，却被用来为爱好的个别兴趣操劳。”③ “人的理性，在懒惰的时候喜欢睡在鸭绒枕上沉溺于梦幻之中，把一朵云彩当作女神来拥抱，把一个由各种不同因素凑成的，谁看来就像谁的混血儿充作道德。”④“意志好像站在十字路口一样，站在它作为形式的先天原则，和作为质料的后天动机之间。”⑤有鉴于此，康德特别指出，要不断地提醒人们，以便让人们懂得，人作为自在目的尚需要一定的条件。“只有那种构成事物作为自在目的而存在的条件的东西，就不但具有相对价值，而且具有尊严。所以，道德就是一个有理性的东西能够作为自在目的而存在的唯一条件。”⑥ “唯有立法自身才具有尊严，具有无条件、不可比拟的价值，只有它才配得上有理性东西在称颂它时所用的尊重这个词。” 康德强调的是，“要通过我们的行动，把尚未存在的东

①②③④⑤⑥　康德：《道德形而上学原理》，苗力田译，上海人民出版社 1996 年版，第 81、80、56、78、50、87—88 页。

西变成现实，也就是与实践观念相符合。”①

可见，康德之用意更多的乃在于指向一种理想，作为一位启蒙主义哲学家，康德试图在道德的基础上确立一个自由平等的社会的理想是动人的。他使我们联想到被誉为法国革命的精神领袖的卢梭。在卢梭看来，人生而自由平等，然而人类历史的发展产生了私有制，产生了奴役和专制，从而剥夺了人的自由，破坏了人与人之间的平等。而这种剥夺与破坏是不合理的，从而人类有权利再度剥夺这种剥夺，破坏这种破坏，“人民据以恢复其自由的，既然就是曾经夺去他们的自由的那种权利，那就要么是人民有理由挽回其自由，要么是人们原来没有理由加以剥夺。”② 卢梭主张剥夺剥夺者，并进而建立一个基于契约的社会。作为一个理想社会之基础的社会契约所要解决的根本问题，就是“要寻找出一种结合的形式，使它能以全部共同的力量来卫护和保持每个结合者的人身和财富，并且由于这一结合而使每一个与全体相联合的个人又只不过是在服从他自己本人，并且仍然像以往一样地自由。”③ 卢梭是一位社会政治思想家，他是从社会政治的角度看问题的，而康德则是一位哲学家，他把法国人的政治问题化作一个道德哲学问题。诚如黑格尔所说的，“卢梭已经把自由提出来当作绝对的东西了。康德提出了同样的原则，不过主要是从理论方面提出来的。法国人从意志方面来掌握这个原则，……在德国，同一个自由原则占据了意识的兴趣，但只是在理论方面得到了发挥。”④ 马克思、恩格斯也批评“康德只谈‘善良意志’”。无疑这些批评都是正确的，但康德毕竟也在讲自由、讲平等，德国人毕竟与法国人在思考着同一个原则。在康德那里，伦理道德是理性法则的内在表现，政治法律是同一法则的外在表现，应该说，理性法则的内在和外在两个方面都是重要的，康德认为，理性总要为受制约者寻求无制约者，总希望超出有限而进入无限，在思辨运用中如此，在实践运用中也如此，因为这乃是理性的本性。“作为纯粹实践理性也照样为那在实践方面受制约者（这是依靠于好恶和自然需要上的）寻求无制约者，而且这个无制约者还不是作为意志的动机，而是在这个原理已经被发现之后（在道德法则中），它还在寻求纯粹实践理性的无制约的对象全体，那就是所谓‘至善’”。⑤ 至善不只包括至上的德性，而且还包括与德性相对应的幸福。

① 康德：《道德形而上学原理》苗力田译，上海人民出版社 1996 年版，第 89 页。

② 北京大学哲学系外国哲学史教研室编译：《十八世纪法国哲学》，商务印书馆 1963 年版，第 162 页。

③ 卢梭：《社会契约论》，商务印书馆 1982 年版，第 23 页。

④ 黑格尔：《哲学史讲演录》，第 4 卷，第 243 页，商务印书馆 1978 年版，第 256—257 页。

⑤ 康德：《实践理性批判》，第 111 页。

人类向往幸福不只为人类理性所认可，而且就更高的主宰者来看，就更大范围的理性秩序来看，这种要求也是应该予以充分肯定的。“因为人如果需要幸福，也配享幸福，而却无福可享，那么，这种情形是完全不符合于一位既有理性而同时又具全能的存在者的圆满意欲的。”① 问题在于如何将道德与幸福结合起来，这才是康德所关心的。

4. 对于康德实践理性无限性的分析

康德看到了实践理性的无限性与人自身有限性的矛盾，但他意识到实现之难，所以，他把它推到了遥远的未来，推到遥远的彼岸，而且求助于他在理论理性范围内曾经否定了的不朽和神。从而招致了哲学史上对他历久不衰的批评。

康德具体的逻辑思路是这样的：理性要实现至善，就必须满足一个条件，即意向与道德法则的完全契合，然而这种契合对于有限存在的人来说，乃是不可能的。“意志和道德法则的圆满契合就是所谓神圣性，而这乃是感性世界中任何有理性的存在者在其生存期间的任何刹那中所不能达到的一种圆满境界。”②要想改变并非至上的有限存在，只能通过趋向至上的无限进程，而无限进程就是康德实践理性所推崇的灵魂不朽。人类之所以如此孜孜以求，乃因为他们把至善作为目标，以期总有一日能与道德法则圆满契合，从而配享幸福。这样，就必须有另外一个前提，即确实存在着一个道德法则与自然法则相谐调的世界，即“至少得假设至善是可能的，否则要来追求一个原来空虚无物的概念对象，那在实践上本是不可能的。”③可是，在康德看来，人类自身不能建立至善世界，“尘世上能发生行为的有理性的存在者同时也并不是世界和自然自身的原因。”④这样，就还必须有一位无上的原因，即能够确立自然法则、道德法则以及道德意向谐调一致的世界的那样一位原因的存在。“因此，一个异于自然并包括这种联系（即幸福与道德的精确和谐）的根据的全部自然原因的存在，也就被悬设了。”⑤这一“悬设”就是神。如何使实践论中复活的上帝与康德整个哲学体系相谐调，对于康德来讲也成了一个问题。

康德显然明确意识到了这一点，所以，他一再提醒人们，必须把认识论与实践论分开，实践论意义的实在并非认识论意义上可以作为经验对象从而可以认识的那种现实的存在。“这里必须注意，这种道德的必要只是主观的，即只是一种需要，而非客观的，即它本身并非一种义务，因为我们并不能有假设某

①②③④⑤　康德：《实践理性批判》，第 113、125、145、127、127 页。

种事物存在的义务”[1]。也就是说，设定神的存在，只是我们主观的需要，并不意味着神有客观的存在。如果把它理解为一种认识论意义上现实的存在，那就只能是一种“臆说”。神不过是出于实践理性的需要而作出的一种假设。康德的这一思想对于我们重新理解马克思的实践思想具有重大意义。以往人们在理解马克思实践思想时往往是从亚里士多德的自然形而上学上去理解，把实践当成客观存在，当成客观对像，与康德相比，这显然是“前康德”水平的。与马克思实践思想的本意相隔甚远。

康德在确证了本体自由在逻辑上的可能性之后，便在《实践理性批判》中求证本体实践自由的实在性。但实践自由不是一个认识论领域的概念而是一个本体界的理念，因而我们不能从理论上直接认识实践自由，而只能通过一个第三者来确证自由的实在性。这个第三者就是道德。康德说：“如果道德法则不是预先在我们的理性中被明白地思想到，那么我们就决不会认为我们有正当理由去认定某种像自由一样的东西（尽管这并不矛盾）。但是，假使没有自由，那么道德法则就不会在我们内心找到”。[2]

自由是道德法则的存在条件，道德法则是自由的认识理由。

一方面，自由是道德法则的存在条件。人作为有限的理性存在，既是自然的存在者，又是自由的存在者。当人仅仅把自身作为自然的存在者而行动时，他就不可能是道德的存在，他的行为也就不具有道德价值。因为当他面对“人应当做什么”的问题时，他就会以“假言命令”作为其决定行为意志的唯一动机，也就是把每一个可能行为的实践必然性看作达到可能愿望的另一目的的手段，其动机是单从自己的利益出发，即使有时其行为符合于道德，但不是出于道德，也就是说不是单纯为了对道德规律的尊重而出于责任而行动，因此其行为仍不具有道德价值。康德认为，把人仅仅作为一种自然存在的伦理学不但可能无助于推进人类的道德，反而有可能阻碍人类道德的发展。所以，只有把人不仅仅是作为一种自然的存在而且是作为一种自由的存在时，人才是道德的存在，人才有为自己的行为承担道德责任的可能性。决定行为的道德法则之为法则，就必然是先验的，亦即具有普遍约束性，这种法则应该独立于自然法则而向理性颁布应该做什么的命令，这种命令不是假言命令而是绝对命令，它是把行为本身看作自身就是客观必然性，亦即命令本身就是目的。所以只有按绝对命令而行动，行为才具有道德价值。由于人遵循绝对命令行动时，其准则绝不掺杂任何经验的因素，而必须完全彻底地纯粹出于法则而行动，因而绝对命令

① 康德：《实践理性批判》，第128页。

② 康德：《实践理性批判》，韩水法译，商务印书馆1999年版，第2页。

必须以自由而且是先验的自由作为其存在的条件，因为唯其人类理性具有独立于经验因素和自然作用的自由时，其自身才有可能具有一种完全不同于自然法则的道德法则，它才有可能不受经验的、自然的作用和影响而完全遵循道德法则行动。总之，只有在先验的自由而不是经验的自由的基础上，人类实践理性才有可能超越自然法则的限制而完全遵循道德命令而行动，从而使人成为道德的存在。

另一方面，人对道德法则的自觉确证了自由的实在性。自由提供了道德法则的存在条件，但并不意味着就能直接由自由推出道德法则，这是因为自由之先验性只是一逻辑上的设定，对其我们不能拥有理论上的认识，如果我们要确证道德法则就还须进一步确证自由之客观实在性。但这又是不可能的，因为自由之先验性无法使我们直接达到确证自由之客观实在性的目的。面对这种困境，康德在《实践理性批判》中采取了一个类似于循环论的解决办法：我们不可能通过直接确证自由的实在性来确证道德法则，而只能以自由的可能性为道德法则提供存在条件，反过来通过对道德法则的确证来理解自由，从而确证其自身。到此为止，要确证自由之实在性，问题的关键是：我们对于道德法则的意识是否有客观性？或者更进一步，道德法则自身是否有其客观根据？按康德的见解，这是一个不证自明的事实，他写道，“道德法则仿佛是作为一个我们先天地意识到而又必定确定的纯粹理性的事实被给予的，即使我们承认，人们不能够在经验中找到任何完全遵守道德法则的实例”。[①] 因为道德法则作为先天法则既不是从自由概念中分析出来，也不是从经验中生成，而是纯粹实践理性自己为自己确立的法则，这个法则就是不受条件限制，独立于一切经验质料，因而先天地是在客观上绝对地自律的绝对命令。康德第二批判“纯粹实践理性原理”一章就是对这一“实践理性事实”的分析说明。

有人指出上述自由和道德法则之间似乎存在着循环论倾向，康德却指出，“从自由到自律，从自律到道德法则的推论中，似乎暗藏的循环论的设想是站不住脚的”。[②] 因为，这个似乎暗藏的循环论实际上是：“我们假定我们在活动因这方面是自由的，使得在目的因方面我们可以认为我们能够服从道德律；到后，我们却因为我们已经认为我们有意志的自由，就以为我们必须服从这些规律”[③]，但是在前面的分析中我们已经看到康德的两大批判实则已经分别证明了不仅可以把自由作为假定，而且人可以自觉意识到自律的客观实在性（自由

① 康德：《实践理性批判》，韩水法译，商务印书馆 1999 年版，第 50 页。

② 康德：《道德形而上学原理》，苗力田译，上海人民出版社 1986 年版，第 108 页。

③ 康德：《康德文集》，郑保华主编，改革出版社 1997 年版，第 112 页。

意识的客观性)，并且说明了它必然与道德性相结合。这样，康德通过其先验的唯心主义实际上超越了这一循环论。

康德通过确证人对道德法则的自觉是一个纯粹理性的事实，使我们"认识"了自由对人来说也是一个纯粹理性的事实[①]，同时使我们认识了自由的积极意义，这就是本体自由是实践理性领域的意志自律。康德认为，"自由这个观念与自律这个观念是分不开的"[②]，"意志自律是它据以成为自身规律的那种属性"。[③] 自律的意志是一种独立于外在原因的自行立法的意志。由此看来，康德之所谓真正的自由即自律，并没有把自由与服从规律完全割裂开来，只是这里的"规律"不是指自然之法则，而是普遍的道德法则，即自由的规律。服从普遍的道德法则之绝对命令而行动之所以是真正自由的，因为道德法则既具有普遍必然性，又是每一个理性存在者为自身所立的脱离任何自然法则干扰的纯形式的法则，我服从具有普遍必然性的道德法则，同时就是服从理性自我的内在必然性。经验的自由或心理学的自由之所以不能称为真正的自由，原因在于它们缺乏先验性，它们归根结底没有超越自然的因果关系，服从的仍然是外在的自然必然性。真正的自由也不能看作在许多可能性中做出选择的能力，因为这种选择必定是经验的和相对的：当然更不能把自由看作是为所欲为的"任性"，因其结果只能带来不自由。对本体自由的这种规定，我们可以看出卢梭社会契约论的影响，但康德又超越了卢梭，在他那里，道德并非仅仅在经验上确保人的自由，而是在先验的或本体论的意义上确保人的自由。

总之，康德通过自由和道德法则的相互佐证，终于在实践理性领域求证了本体自由的实在性。从本体论的层面上看，自由是指人能够在道德上自主自律，而人对自律的自觉又是纯粹理性的事实，因此，自由是具有理性的人的本质。康德把本体自由归入实践理性领域，也就意味着把自由从自然事实领域提升到了超必然性的价值领域。在康德的先验哲学那里，自由对人而言，与其说是一个事实判断，不如说是一个价值判断。因为就人应当和能够遵循普遍的道德法则而行动来说，"人是自由的"这是一个纯粹理性的事实，但这只是一个特殊的事实，不是一个经验的必然的事实，而是一个应然的道德理想，因而更恰当的说法，应该是"人应当是自由的"或"人应当有自由"。本体自由之探究，着眼的与其说是人的经验世界，不如说是人的意义世界。在《实践理性批判》中，康德在人类思想史上第一次将自由理解为自律，把自由和道德法则融

① 康德:《判断力批判》下卷，韦卓民译，商务印书馆 1964 年版，第 142 页。

② 康德:《道德形而上学原理》，苗力田译，上海人民出版社 1986 年版，第 66 页。

③ 康德:《康德文集》，郑保华主编，改革出版社 1997 年版，第 103 页。

为一体，这既是伦理学上又是自由观上的重大变革。但康德将自由理解为自律时，始终是在本体论或理想的层面上来谈自由的。从这一层面来看，只有存在普遍的道德自律，才能确保普遍的自由，如果允许他律的存在，就会出现自由与外在必然性相冲突而导致不自由的出现。但人人均能普遍自律和普遍自由的王国只是一个人类应当努力追求而也许永远达不到的理想状态。之所以要设定这一理念，只是为人类确定一个终极目标以便在现实状态中更好地促进人的自由。因此，这并不意味着康德主张在现实社会中单凭提倡道德自律就能确保和促进人的自由。相反，康德并没有忽视他律对促进和确保现实自由的必要性，这从他设定上帝存在和灵魂不朽作为自由在合规律的运用中要发生效果的条件和主张实现普遍法制的公民社会中可以看出来。

康德对自由的这种最初界定源于他发现的第三组二律背反中必然与自由的矛盾，这组二律背反的两个相互矛盾的论题是：

“正题：依照自然律而成的因果作用并不是世界上一切出现都能由之引出的唯一因果作用。为了说明这些出现，必须假定还有另一种因果作用，即自由的因果作用。

反题：自由是没有的；世界上一切东西只按照自然律而发生。”①

康德在此的意思是说，如把世界一切现象均看作服从自然律，则因果序列就无绝对开始而只有相对开始，无穷回溯之因果序列就不能完成，因果律就与自身发生了矛盾，即如果任何结果均有原因，则此因果序列自身也应有原因。因而在承认自然因果律之外还必须承认一绝对主动的自由因果作用是一切服从自然因果律的现象的绝对开端，这就是先验自由。但如果我们把一特殊的自由因果作用看作是现象之因果序列的原因，则此绝对在先的自由因便与因果律发生矛盾，即因果律是肯定一切结果均有原因，而自由因由于不再有原因便不属于任何因果关系。

康德通过这个二律背反实际上揭示了西方哲学史上对自由的探讨屡屡陷入困境的事实和根本原因。康德认为，从形而上的角度看，自由本来不是一个认识论的范畴，而是一个本体界的理念，它不可以认识，只可以思想，如果我们像以往哲学家那样，企图从认识论上解决本体自由的问题，企图在自然必然性领域从思辨理性的角度来证明自由的可能性，那必将陷入自由与必然的二律背反的“先验幻相”之中。在康德的论证中，从逻辑上看本体自由是完全可能的。

就像我们将亚里士多德的伦理实践理论与康德的理性实践理论相比较而指

① 康德：《纯粹理性批判》，韦卓民译．华中师范大学出版社 1991 年版，第 430 页。

出它的先进性一样；将康德的实践论与马克思的实践思想相比较，同样能看出康德理性实践理论的根本缺陷，又能看到马克思实践思想“断裂”般的伟大意义。

康德的错误在于：其一，他在将实践或实践理性（在他看来是一回事！）加以形上证明的同时，把实践先验化，更准确地说是抽象化、超验化、绝对化了；其二，康德从其启蒙主义认识论立场出发，在《实践理性批判》中所探讨的实质上是一种实践观念或实践性意识，仍属于先验形而上学。并不是马克思所说的“感性活动”的“实践”。在这一点上，康德与费希特、黑格尔等理性实践哲学家们是一样的，只有黑格尔之后的费尔巴哈突破了理性实践哲学的牢笼，为马克思的实践思想起到了一定的“空场”作用。

马克思认为，实践是一种不同于理性对象的特殊的感性运动，实践运动规律不同于外部自然运动的规律，它是主体能动改造客体的规律，这个规律，实质上是主客体关系的运动规律，是支配实践系统运动的自律规律。这个规律对主体活动的制约，不同于自然界的客观规律对自然物质运动系统的直接制约，它的最本质的特点就在于，整个过程都必须通过不同于理性认识精神活动的机制起作用。

在组成实践活动的各种因素中，不仅有理性，而且有非理性。理性与非理性是辩证统一的。马克思哲学的最伟大之处正是在于肯定人的非理性因素在人的活动、特别是在人的哲学活动中的重要作用。

5. 马克思实践思想的“断裂”意义

马克思现实生活的观点是在消灭传统哲学、与传统理性哲学彻底决裂的基础上形成的，马克思哲学是反传统理性主义哲学的哲学。马克思哲学的反理性哲学立场与坚持实践观点中的理性因素的作用是完全不同的两码事。换言之，马克思的实践思想在坚持反理性哲学立场的同时不否认理性的客观作用。马克思的实践思想是要分析生活实践系统中的理性结构，考察理性在实践活动中的功能和机制。从理性在实践活动中的功能来看，主要包括以下几个方面：第一，反映了客体的本质和规律以指导实践的理论理性；第二，体现了主体需求和意志以进行实践的实践理性；第三，体现上述二者统一，平衡主客体关系的评价理性。理论理性、实践理性和评价理性三个范畴大体表明了理性在实践中的不同功能。

（1）在现实生活的各个环节中，都渗透着理论理性的作用，理论理性是实践生活所不可缺少的内在要素。

A. 从实践的目的来看，在实践中，活动结果总是先以表象的表式存在于活动之前，由于活动结果还是尚未出现的东西，因而关于活动结果的表象并不是由活动结果对感官的刺激形成的，也不仅仅是人的想象和意志的产物。人只有依据对象的本质提供出来的多种可能性，才有可能从中选择某一种可能性作为实践的目的。这种本质与现象、必然与可能之间的变换过程，只有依据理性思维才能进行。

B. 从实践的手段来看，实践手段不是天然产生的，必须依靠人对外部对象的本质和规律的认识才能创造出来；实践的手段又是人的身外器官，它不同于人的身内器官，因而不能依靠本能对它进行控制和使用；只有运用逻辑思维的力量，在对手段的本质和规律进行认识的基础上才能做到。

C. 从实践的结果看，主体必须运用逻辑思维分析实践结果，才能了解它的价值和意义，并从中认识自己的本质和能力。同时，要在实践结果中检验原有的理论是否正确，也只有在运用逻辑思维对实践结果的分析中才能做到。因此，在实践的三个环节中，都内在地包含着理论理性的作用。实践活动一出现就已经内在地包含了这样一个循环规定：一方面，主体只有具备了一定的理论理性才能从事实践；另一方面，主体的理论理性只有在实践的基础上才能形成并显示出其价值的意义，得到充分发展。

理论理性作为实践系统的内在要素，不仅对实践起着积极的指导作用，而且还制约着人的实践能力，制约着实践的深度和广度。就人类整体来说，它的实践能力是无限发展的，但是，对每一个时代的具体实践来说，实践的有效范围都是有限的。实践的这种有限性与人的理性思维的有限性是分不开的。

(2) 从理论到实践的转化，还必须有一系列中间环节，作为行为决策机能起作用。这些环节中最为重要的环节就是实践理性。

实践理性是比理论理性更直接作用于实践的一种理性机能，具有理论理性不能代替的独立内容。它是一种反映主体的需要和意志，利用理论去进行实践的理性。同理论理性相比较，实践理性具有如下特点：

A. 从反映的内容上看，理论理性反映的是客体的关系和规律。它把客体的规定性纳入主体认识之中，转化为主体能力；而实践理性反映的则是主体的意志、情感、需求以及主体的能力、道德原则和伦理水平等内容。实践理性的实质是要把主体对象化，依据主观世界去改造客观世界。

B. 从追求的方向上看，理论理性追求的是客体的必然性，是利用对必然性的认识，向人们展现外部世界的现实的和非现实的各种可能性，以供主体行动时选择；而实践理性所追求的则是客体的应然性，以供主体根据应然性在客体发展的多种可能性中进行选择。前者主要是求真，后者主要是至善。

C. 从二者在实践系统中的功能看，理论理性主要是指导实践，实践理性则是在这种指导下把实践实现出来。二者区别的实质在于，后者体现了主体在实践中的自决性、自主性。实践活动的自决性和自主性表明，主体与客体运动的区别不在于一个自觉地为客观规律所支配，一个盲目地为客观规律所支配。如果人类实践的全部任务就在于领悟客体的规律并为实现规律而活动的话，那么，人类就永远不会超出动物的水平。人作为主体，其活动的根本特点就在于，这种活动是一种自决的自主的活动。在这个过程中，理论理性向主体展现了可供选择的多种可能性及其对各种可能性后果的估计，而实践理性则确定活动的目标，确定哪种可能性应当是现实的，并在活动中把它转向为现实。

D. 从活动的方式上看，理论理性主要是以概念、判断、推理等逻辑思维方式，把感性认识上升到理性认识。在理论理性中，可重复性受到特别的重视。而实践理性则主要是以信念、计划、方案等方式把理性目的在感性世界中实现出来。在这种方式中，主体必须抓住具体的个别事物，抓住特定的时间、空间场合，把一般的东西具体化，把观念的东西现实化。理论理性具有抽象性、一般性的特征，而实践理性却具有个别性、一次性特征。

实践理性虽然反映、表达着意志、情感等非理性因素，但它本身并不是非理性的。它以理性的方式，把盲目的冲动转化为实践的意志，对朦胧的情感、欲望进行审视、强化或抑制，把情感和欲望付诸实践。只有通过这个环节，主观的能动性才能转化为实践的能动性。

在整个实践过程中，实践理性是发挥主体能力、使用手段进行实践活动的控制中心。主体活动的自决、自主性以及由此引起的一系列道德、伦理等主体自身原则，都集中于实践理性范畴中。因此，深入研究实践理性作用机制的丰富内容，对于发展马克思主义的实践观具有非常重要的作用。

(3) 现实生活活动展开以后，就会在主体之外形成一种新的客观物质过程。这种新的物质过程改变了原来的主客体关系。

要在这种关系中保持主体的主动性，对实践结果作出肯定或否定，重新调整理论与实践的关系，就必须依靠评价理性。

所谓评价理性，就是作为实践的自觉能动机制的评价活动。评价理性的功能主要表现在以下两个方面：

A. 它依据预定的目的去评价实践的成果，判断其成败，以此决定这种活动是终止还是继续，是重复进行还是退回到起点。缺少这种理性的主体，在实践中往往出现下面两种倾向：或者主观蛮干，不及时纠正十分明显的错误行动；或者浅尝辄止，不能在暂时的失败中把正确的实践进行到底。

B. 评价理性又要根据实践的结果评价原来的目的和手段的价值。如果实践获得了成功，那么，原来的手段就将受到格外的重视，并产生出复制这些手段的新的实践。如果实践遭到了失败，那么，原有的目的和手段就必须受到审视和检查，直到找出发生错误的原因，否则这种实践就不可能继续进行。在实践中，被当作手段的理论和技术也要经受评价理性的评价，被赋予真假、利弊等属性。我们常说的实践是检验真理的标准，正是评价理性的职能，理论理性和实践理性都不能完成这个任务。

评价理性的活动是在主体的本质力量对象化之后，重新占有这些对象化的东西，实现了主体与客体化的东西的统一的一种努力。实践的感性成果正是实践目的的感性显现，因而对实践成果的评价就是对主体自身的本质力量的享受。

评价理性的特点在于，它一旦发现价值标准上的差异以后，总是倾向于较高的价值标准，这是人类理性得以不断消除个别主体的主观性、建立起较为客观的价值标准的内在根据。如果没有这种依据，人们在实践中必然要抱残守缺，维护理论与实践在既定平衡，不可能去揭示理论与实践、主体与客体的矛盾，争取在更高基础上的统一。正因为存在着评价理性，人们才会为自己和他人之间的是非曲直争论不休，追求更加公允的、客观的评价体系。人们能够比较相互的实践效果，好的实践方式一旦被创造出来，就流行开来。在不断揭露现有主客体统一标准的相对性的过程中，评价理性总是指向一种能超越当前的相对性的绝对性。正是在这个意义上，黑格尔把理论理念与实践理念的统一称为绝对理念。评价理性之所以总是不断突破有限度的相对性，追求绝对的客观标准，是因为实践的主体总是处于不断提高的过程中。人类的每一次实践都改变着主体总是处于不断提高的过程中。人类的每一次实践都改变着主客体双方的情势，打破原有的价值关系。这就需要重新认识和评价主体的主动地位以及客体对主体的应有本质。因此，评价理性是作为价值主体提高和完善自我价值过程中不可缺少的理性环节。

理论理性、实践理性和评价理性只是人们为了研究理性在实践中的作用而作出的一种区别，只是要肯定理性在实践中的积极作用。从马克思实践思想看，实践的客观存在与实践在马克思哲学中的作用是完全不同的两码事，前者应属于对于实践的科学研究，属于自然形而上学的范围；后者才属于哲学或马克思哲学的研究。换言之，对于实践既可以进行科学的真假研究，也可以进行哲学是非研究。这一区别对于理解马克思实践思想具有基础性的根本意义，而真正要理解马克思的实践思想，则必须深入了解德国古典哲学康德（如康德的关于实践“只是主观的，即只是一种需要，而非主观的”）、费希特、黑格尔等人的理论。其中，费希特的实践理论对于理解马克思实践思想具有重要意义。

（三）费希特的实践理论及历史意义

费希特的实践理论就是为消除康德实践理性理论的内在矛盾，进一步从机械因果性中解放人的实践的目的而建立的。他站在属人世界的立场，从人是完全自由的主体出发，认为人自己创造了属于人自己的世界。这一思想表达在下述三个命题中："自我建立自我"，"自我建立非我"，"自我与非我的统一"。费希特哲学把客体归并于人的世界，完全否认了自然实体的作用。它从人创造自我与非我统一的矛盾中意识到，这种创造活动可以出于自由因而非自然因果，然而却不能仅限于理智活动，必须同时依赖实践活动。只有理论活动（自我设定自己为非我所决定）和实践活动（自我设定自身为决定非我者）相结合，才能建立自我与非我的同一。因而费希特突出了人的行动在创造活动中的作用，提出自我不单是认识主体，也是行动的主体，要用"行动"同非我抗争。这是与康德相比较而言的重大进步。这表明，人们对自身主体性的意识已突破观念世界与实在世界相矛盾的圈子，开始进入建立于人的现实活动基础上的主体与客体相矛盾的世界。这可以说是德国古典哲学的另一个重大成就。马克思正是在人的现实活动统一的基础上进行新思想的创建活动的。

1. 实践是一种创造性活动

在费希特哲学中，实践一词具有宽泛得多的含义，已被扩展到了整个理性世界。费希特认为，理性活动是一种创造性的活动，它在本质上就是实践的；实践并不限于道德活动，只是它必然和道德活动相联系。这样，费希特就揭示出了实践活动的一个本质特征，即创造性活动的特征。这是人类认识把握到的实践概念的重要环节。在康德哲学中，理论理性作为认识活动是与实践理性对立的，二者缺乏统一性的联系。费希特从上述理解中不仅把理论理性与实践理性联系了起来，并且还试图从实践的基础上去理解和说明认识的产生、形成。

费希特的伦理学体系是按照知识学的原则建立起来的。知识学的任务就是要克服康德哲学的二元性和非体系性，使哲学真正成为统一的科学体系。在费希特看来，这样一种科学之科学由以建立的基点，既不是单纯的认识的主体，也不是僵死的、静止不动的物质，而是融合主观与客观为一体的、行动着的自我。自我的能动性表现在它设定自身也同时设定非我，因而是本原的行动。本原行动是自己规定自己的绝对活动；本原行动的这种自我规定性也就是自由，知识学的原理所要揭示和论证的就是自由的合理性和必然性。自由是知识学的出发点和最高概念，也是一切实践活动的基础，因而也就是一切道德行为的本原或最终根据。自由概念的确立是伦理学得以建立的前提和原则。

近代西方哲学肇始于笛卡尔的沉思。康德虽然强调实践理性的优先地位，高扬人的道德的超越性，但由于物自体和现象界的二元对立，理论理性和实践理性在批判哲学中还没有有机地统一起来。也就是说，直到康德，笛卡尔所确立的近代哲学的主体性原则一直是思维的主体性、认识的主体性；而这样一种主体性原则在休谟的怀疑论面前已经岌岌可危，康德正是认识到这一点，而不得不限制认识的主体性原则，为人的实践、自由留出地盘。

费希特同样以实现笛卡尔以来的使哲学上升为科学的理想为己任，力图使自己的哲学成为关于一切科学的科学，即知识学。费希特继承了笛卡尔的信念，要为哲学确立了一个阿基米得之点。他认为，哲学或知识学作为最根本的科学体系，它的一切原理和知识都应该来自确定不疑、明白无误的、唯一的最高原则或基点；这个最高原则依然是主体性的原则，但费希特的主体性原则已不同于以往的、单纯的思维或认识的主体性原则，而是完整的主体性原则，这就是融合理论与实践的、主客统一体的自我。知识学所要论证的不外就是人的理论与实践知识是如何在作为主客统一体的能动自我的基础上确立和发展起来的。人的理论与实践的知识都是人的认识与实践的结果，人具有认识与实践的自我能动性，离开了人的主体能动性，认识与实践及其知识便无从谈起。在费希特看来，知识不是持续存在、僵硬不动的客观事物给予的，这只能得出一种实在论的独断论；人的完整、绝对的能动性才是一切知识得以成为知识的根源。康德哲学不能认识的物自体以及由先天性所保证的知性范畴，在知识学中都通过自我设定而被构造出来。知识学的基本原理所要揭示的也就是自我的完整的或绝对的能动性是如何构造人的认识和实践的主体与对象的。

在由知识学的基本原理所构造出来的认识与实践的主体和对象的关系中，主观的东西与客观的东西要被看作是统一的或和谐的。一方面，“自我设定自己是受非我规定的”，主观的东西应该产生于客观的东西，主观的东西要以客观的东西为转移，这就是知识学在认识方面要加以探讨的理论课题。另一方面，“自我设定非我为受自我限制的东西”，客观东西应该产生于主观的东西，存在应该产生于概念所具有的因果性，这是知识学在行动方面要加以探讨的实践课题。在理论理性能力和实践理性能力的关系中，费希特一方面说明，理论能力与实践能力不是完全不同的两个东西，而是自我、理智力量的两种表现；“如果自我不是理智，那就不可能有对自我的实践能力的意识，并且根本不可能有自我意识”，也就根本谈不上按照目的概念进行的实践活动；“实践能力为了要进入意识，首先必须通过理智，首先采取表象的形象”。[①] 所以，反思（包括对实践的反思）必须从理论部分开始，“因为实践原理的可思维性是建立在理论原理的可思维性之上的”。[②] 另一方面，费希特更加彻底地贯彻了康德哲学中的实践理性至上性的原则，突出强调了实践在知识学中的核心地位。不是理论理性使实践理性成为可能的，而是实践理性使理论理性成为可能的。在费希特看来，理性自身本是实践的东西，只在它的规律被应用于一个对理性施加限制的非我时，才成为理论的东西；如果人没有一种实践能力，他就不可能有理智能力。理论是从属于实践的，“一切理论性的规律都以实践的规律为根据，而且由于只能有一个实践性规律，所以一切理论性规律都以同一个实践规律为根据”。“因此，如果说知识学终归需要一门形而上学，作为关于自在之物的臆想的科学，而这样一门科学应该由知识学的要求而成立，那么，知识学就不能不将这个任务交付给自己的实践部分来承担。正如事物越来越清楚表明的那样，知识学的实践部分谈论的唯一问题乃是一个原始实在的问题。而且，如果有人问知识学‘自在之物是怎样的一些东西？’的话，那么，它没有别的话可说，只能回答：‘它们就是像我们应该使之成为的东西那样’。”[③] 正是实践理性为理智世界和感性世界、本体界与现象界的沟通提供了“接合点”。实践哲学“使理论部分有了根据和规定，从而完成整个的知识体系，穷尽了人类精神所有的一切东西。”[④]

实践哲学在知识学中所具有的决定性作用使伦理学成为知识学极为重要的组成部分。克罗纳认为：“费希特要使康德的伦理学成为哲学体系的基础和核心，他要把它扩展为体系”；费希特把康德哲学的实践理性的优先性变为知识学中伦理学的优先性；“不是思辨的逻辑学，而是思辨的伦理学成为把康德先验哲学的结果联结成体系的第一个尝试”。[⑤]

显然，马克思的实践思想更多地受惠于费希特的实践知识学，特别是费希特的实践理性至上性、实践理性使理论理性成为可能等思想，对于马克思创建自己的实践思想有着重大影响。二者的根本不同是在承认“只能有一个实践性规律”前提下是否承认现实物质世界的始源性意义。

2. 费希特实践理论的历史意义

费希特的实践理论虽然得出了许多与黑格尔相近似的结论，但在这方面，费希特远远未能产生黑格尔实践理论所具有的影响。黑格尔哲学是认识论和本

①②③④ 《费希特著作选集》第 1 卷，第 700、539、709—719、534 页。

⑤ R. 克罗纳：《从康德到黑格尔》第 1 卷，图宾根 1977 年版，第 503—504 页。

体论、逻辑和历史的统一，而费希特则从主观唯心主义的一端跳到客观唯心主义的另一端；虽然费希特前后思想的变化是有着内在逻辑的必然性的，但前后两个阶段的思想并不是毫无矛盾的和完整统一的，自由的原则和必然性的规律、理想和现实没有得到辩证的统一，主观能动性与上帝在根本上是对立的。对谢林和黑格尔产生重大影响的费希特耶拿时期的知识学，坚持先验哲学的原则，把非认识或前认知的本原行动看作是说明一切科学的先验性的根据，因而绝对自我作为先验性的根据并不是认识的一个环节或要素，而是认识和行动得以可能的前提性条件。费希特的这一创见是意义深远的，它彻底摆脱了康德以前以我思为特征的主体概念，使知识学中实际存在的主体一方面与本原行动的先验性相联系，另一方面又必然与其他主体相联系，而关于主体间性的演绎正是在《自然法权基础》、尤其是《伦理学体系》中做出的卓越贡献。

从总体上说，费希特不但把辩证法的积极方面引入德国古典哲学，而且结束了笛卡尔以来的单纯以我思来理解主体性的片面性，使康德的实践理性至上性从空洞的形式上升到先于一切我思的构造人类经验的先验基础，哲学不再是单纯的思维的科学，而是“精神科学”（Geisteswissenschaften），不再是单纯的认识论，而是本体论和认识论、历史和逻辑的统一，这才是费希特实践理论的真正内涵。哈贝马斯说：费希特“把实践理性的首要性变成这样一种基本原理：思辨理性对实践理性的原则上的依赖，代替了纯粹的思辨理性同纯粹的实践理性的偶然结合为‘一种认识’”。① 费希特的自我不是单纯的思想、认识，而是使思想、认识得以可能的本原行动，是人对自身完整的能动性的原初的自觉，由此费希特突破了把人理解为思维的动物的传统观念，使主体性原则真正成为实践的、能力的、现实生活的原则，开辟了德国哲学超越知性的表象思维、遨游于精神世界的一代风气，重新把哲学引回其古希腊发生处的探本求源的本原性中。

黑格尔虽然是从谢林哲学的立场出发走上哲学史的，但黑格尔思想的实质更贴近费希特；谢林只满足于在自然中发现不可见的精神，黑格尔则在人的实践活动中确立精神的绝对地位，绝对精神包容人类全部的现实经验并超乎一切经验之上，而绝对精神的绝对性正是由人的血汗和劳作作保证的。伽达默尔看到了费希特与黑格尔哲学的这种亲缘性，指出：“费希特先验‘自我’概念的真理所揭示的不仅是主体，而且是理性和精神”，黑格尔所完成的传统逻辑到先验的客观逻辑的进展是由费希特的知识学发端的。② 归根结底，黑格尔的精

① 哈贝马斯：《认识与兴趣》，学林出版社 1999 年版，第 208 页。

② H. G. 伽达默尔：《黑格尔的辩证法》，图宾根 1971 年版，第 69 页。

神不是一种静止的、内在的状态，而是一种通过外化自己而实现自身的现实过程，精神作为先于主客分化的、最根本、最原始的“本源境界”，其本质是为绝对，“但有一个‘尚未’‘绝对’的过程，所以‘精神’为一种‘趋向绝对’的意志，要实现这个意志，精神要付出‘额外的劳作’（Zutat），有自己的‘经历’”。[①] 这种经历和劳作正是由费希特原初能动的自我来穿越，没有费希特的能动自我的原则，《精神现象学》乃至整个黑格尔哲学都是无法想象的。正是由于费希特哲学与黑格尔哲学之间存在着如此紧密的精神亲缘关系，新黑格尔派在对宗教神学的批判中和对于实践哲学与人的问题的关注中，日益远离老黑格尔的僵化了的公式，而日益接近费希特把人看作是能动的、实践的观点[②]，这种倾向在布鲁诺、鲍威尔和麦克斯·施蒂纳的思想中非常明显地表现出来。作为从青年黑格尔阵营走出来的马克思不可能不受到这种倾向的影响[③]，能动的、实践的观点在费希特的体系中正如在马克思的哲学中一样，都占有核心的地位。

马克思把自我的本原行动改造为人类的社会实践活动，用改造世界的实践活动解决认识世界的理论难题，从而确立了从实践观点出发，实现每个人的自由是其他一切人的自由的条件这样一种理想社会为目的唯物史观。当马克思主义从德国古典哲学中拯救出它的“合理内核”，走出唯心论的终局，结出伟大的成果之时，唯意志论又从另一方面发挥费希特关于人的能动性、意志的能动性至上的观点，开启了19世纪末以来的反黑格尔的思潮。这是因为在黑格尔无所不包的绝对知识的体系中，理念、思维、逻辑依然压抑着鲜活的、充满冲动、欲望和情感的、能动的人的生命。尽管叔本华对费希特的知识学极尽讽刺、挖苦之能事，但像文德尔班那样的哲学史家早已看出叔本华的唯意志论正是费希特自我学说的夸张变形。[④]

在马克思实践思想的“断裂”意义上费希特的实践理论具有多方面的价值，而马克思实践思想的“断裂”处在于马克思像对待黑格尔一样，彻底否定了费希特实践理论的绝对精神性。

① 参考叶秀山著《思·史·诗》，人民出版社1988年版，第116、125页。

②③ 参见T. 洛克莫尔：《费希特、马克思与德国哲学传统》，伦敦/阿姆斯特丹，1980年版，第121、126页。

④ 参见文德尔班：《哲学史教程》下卷，商务印书馆1993年版，第810页；M. 冯特：《费希特研究》，斯图加特，1976年版，第387—388页。

（四）黑格尔实践理论的重大贡献

黑格尔是近代本体论哲学的集大成者。他的突出贡献在于把传统哲学的本体论、认识论、逻辑学在主体论的基础上结合起来，提出本体即主体的重要命题，并在此基础上去建构他的哲学体系大全。他的失误则在于把主体归结为无所不包无所不在的绝对精神，从而使他的本体论哲学最终未能摆脱柏拉图主义的窠臼。

黑格尔也是近代理性实践哲学的集大成者和最高成就者。如果说，近代理性实践哲学在康德哲学中获得奠基性合法证明，确定实践理性高于理论理性；那么到了黑格尔，理性实践哲学已经发展到了这样的程度和水平：它已经以“颠倒”的形式十分接近马克思的实践思想，并成为马克思实践观点的直接来源。

1. 黑格尔实践理论的基本原则

黑格尔在前人实践理论的基础上，更进一步说明了理论理念和实践理念的辩证关系。按照黑格尔的观点，人的认识面对客观世界，表现为主观性与客观性的对立。最初，主观性与客观性二者都是片面的。为了清除二者各自具有的片面性、使它们达到相互统一，需要两种不同的活动，一个是认识活动，另一个是实践活动。在这两种活动中表现出的主观性与客观性的关系是针锋相对。认识活动主要是接受存在着的世界，以便使它进入自身即主观的表象和思想观内，扬弃理念具有的片面的主观性；实践活动则相反。在实践活动中，人将客观世界仅仅当作一个假象、一堆偶然事实的聚集，它凭借主观的内在本性去规定并改造这个聚集体，从而达到扬弃客观世界的片面性。这两种活动单就自身而言都是有局限的，只有把二者统一起来的无限过程才能达到“善”。从这些思想可以看出，黑格尔已把实践明确规定为主观改造客观的活动，并从相互作用中探讨了实践与认识的对立统一关系。

黑格尔以对立统一关系原则为标准，把认识活动与实践活动的关系同人与自然的关系联系起来，从而使德国古典哲学关于实践研究提高到一个新境界，他把人与自然的关系划分为三个阶段。第一阶段“‘精神’汩没于‘自然’之中。”在这个阶段，人尚未完全走出自然界，像动物一样，没有主体意识，受自然的支配；第二阶段是自由意识。“但是这种和‘自然’的第一次分离是片面的、不完全的，因为它是从直接的自然状态里分出来的，因此是和那状态相关的，而且是仍然和自然牵连着的，在本质上是它的一个相连的因素。”在这个阶段人虽然走出了动物界，但尚没有完全脱离动物性，仍受自然的支配；第三阶段是从第二阶段那种“特殊的自由形式提高到了纯粹的普遍性，提高到了精神性本质的自我意识和自我感觉。”① 这时，人完全脱离了动物界，回到了自己的精神家园，享受自由的乐趣。

黑格尔还从人与人的关系出发，指出人类的实践（精神性）是一个长期的、曲折的、艰难的过程。他认为，世界历史只有经历了东方世界的专制和希腊罗马世界少数人的自由而进入日耳曼世界后，人类才确立了实践自由的基本理念。世界历史的第一时期是东方王国（东方世界），包括中国、印度、波斯等帝国。“东方各民族人民不知道人本身在自身中是自由的，因为他们不认识它，所以他们是不自由的。他们只知道一个人是自由的。”即使这个人也只是一个专制君主，而不是一个自由人。第二个阶段以古希腊罗马世界为标志。古希腊罗马世界只知道一部分人的自由，而且仅仅是“昙花一现”，不能维持长久。黑格尔说：“‘自由’的意识首先出现在希腊人中间，所以他们是自由的；但是他们，还有罗马人也是一样，只知道少数人是自由的，而不是人人是自由的。”②第三个阶段是日耳曼世界。日耳曼世界通过封建制度、天主教会、文艺复兴、宗教改革、启蒙运动、法国大革命等事件，逐渐意识到一切人都是自由的。人类在这个阶段上才真正有了对“普遍自由”的认识。

那么，人怎样才能实现实践自由呢？黑格尔认为实践自由是人的本质特征。他说：“禽兽没有思想，只有人类才有思想，所以只有人类——而且就因为它是一个有思想的动物——才有‘自由’。”③他批判了实践任性的观点。他说：“‘自由’在它的‘理想的’概念上并不以主观意志和任意放纵为原则，而是以普遍意志的承认为原则。”④黑格尔认为普遍意志就是国家的法律。“当国家或者祖国形成一种共同存在的时候，当人类主观的意志服从法律的时候，——‘自由’和‘必然’间的矛盾便消失了。那种‘合理的’东西作为实体的东西，它是必然的。当我们承认它为法律，并且把它当作我们自己存在的实体来服从它，我们就是自由的。”⑤可见，在黑格尔看来，社会实践通过国家法律和社会道德对自然状态加以限制，不但不是限制自由，反而是为达到一定的实践自由所必须的条件。只有人人自觉遵守法律的时候，才算是一个真正实践自由的人。所以，国家乃是“自由”的实现，也就是绝对的实践的目的的实现。

黑格尔认为，在历史实践领域中，人是历史的主体，历史是许多个人活动

---

①②③④⑤ 黑格尔：《历史哲学》，王造时译，上海世纪出版集团、上海书店出版社 2001 年版，第 57、18、71、49、40 页。

的产物，而人的活动又是由其主观意志推动的。因而，人的热情、需要、欲望是历史的“纬线”，是历史发展的直接动力。没有人的热情、欲望、需要和基于此而来的行动，就没有历史。黑格尔指出：“我们对历史的最初一瞥，便使我们深信人类的行动都发生于他们的需要，他们的热情，他们的兴趣，便是一切行动的唯一源泉。”“个别兴趣和自私欲望的满足的目的都是一切行动的最后源泉。”① 甚至“我们简单可以声称，假如没有热忱，世界上一切伟大的事业都不会成功”。那么，什么是热情呢？在黑格尔看来“热情”是一种“从私人的利益，特殊的目的，或者简直可以说是利己的企图而产生的人类活动……”。②

从上可以看出，黑格尔实际上已经把人类实践历史的发展原因归结于人们对物质利益的追求，这就直接从“绝对精神”的高峰降到经济利益的现实基础上。唯物史观认为，正是人们最基本的物质利益的需求，才真正构成了人类社会发展的原始驱动力，推动了人类历史的进程。黑格尔恰恰看到了这一点，把人们追求物质利益的“恶劣的情欲”看作历史发展的真正动力，这显然与历史唯物主义的思想是十分接近的。列宁说黑格尔描述的是“一幅绝妙的历史图画：个人的情欲、活动等等的总和，到处都是和我们有关系的东西，因而到处激起我们赞成或反对的热忱。”这些已“接近历史唯物主义”了。③ 马克思、恩格斯在这里受到了启迪，把目光集中到历史发展的经济根源，找到了社会生产方式的内在矛盾这一社会实践发展的根本动力，形成了科学的社会实践观。

黑格尔关于精神实践历程的考察，有其唯心性。但黑格尔把实践自由当作一个具体的历史实践过程，从人与自然、人与人的关系两个方面探索了实践过程，对马克思把人类改造自然的全部历史活动划分为前资本主义时期、资本主义时期和共产主义时期具有重要启发意义。

2. 黑格尔实践理论对马克思实践思想发展的重要作用

从康德实践理论到黑格尔实践理论的变化可以看出，要想解决本体论或传统本体论的问题，第一，搞二元论是行不通的，必须搞彻底的一元论，只有彻底的一元论才能解决本体论思维方式的终结问题，才能把思维的形式和内容，思维的规律和存在的规律，思维方法、主观认识和客观对象真正结合起来，达到了这些统一，哲学才解决了怎样认识和把握客观对象的问题；第二，

①② 黑格尔：《历史哲学》，王造时译，上海世纪出版集团、上海书店出版社 2001 年版，第 24、23 页。

③ 参见《列宁全集》，中文第 2 版，第 55 卷，第 270 页。

要想贯彻彻底的一元论，必须要有辩证法。彻底的一元论要求把主观辩证法和客观辩证法统一起来，因为客观辩证法就是事物的运动过程。我们的认识要反映客观事物和它的运动，那么在思维里边必须运用辩证法，必须使思维的范畴也变成运动的范畴。在哲学发展中，唯物论和唯心论问题仅仅是解决本体和本体论思维方式的前提和基础的问题。而要彻底终结传统本体论主要是靠马克思创建的实践辩证法。形式和内容的统一、彻底贯彻一元论的哲学都离不开辩证法。

所谓现实感性活动的统一，也就是意味着把思维的形式和思维的内容，把主观认识和客观对象，把思维规律和存在规律彻底统一起来，贯彻了这个思想，就在根本上保证了现代哲学的基本内核。而把实践理解为纯粹的本体，或实践思想以本体论为核心，其结果就还是传统哲学性质的，就仍是对实践的孤立化、本体论化、绝对化的理解。那样的理解，就是对于实践的二元化或二极化的理解，就意味着认识的形式和认识的对象、内容分裂了。单纯研究客观规律，从大量的实例里概括出一些普遍的原则，这就是实践本体论的研究方法；把辩证法理解为关于本体论的学说，它就变成所谓“客观辩证法”。客观辩证法就是事物运动过程的本身，就是事物运动过程，所以不存在辩证不辩证的问题。辩证法问题的提出是黑格尔用概念表达事物的运动、反映事物运动的时候，这时候容易产生形而上学，才有辩证法和形而上学的矛盾，才提出辩证法的问题。辩证法主要解决实践合理性的问题，认识怎样反映存在的问题只有在马克思实践思想中引入辩证法，才能彻底杜绝本体论思维方式。

而创造概念辩证法的黑格尔一方面肯定社会实践的现实动力，从而使辩证法具有很强的生命力；另一方面他只在概念上研究辩证法，并把实践抽象化、概念化、绝对化，使实践只能是“颠倒”式实践。人们过去理解实践，仅仅或者从“本体论”或者从“真理标准”去理解，很少从“实践观点”的基点去理解。这必然陷于矛盾。

在当前，流行着几种明显带有实践本体论化特征的关于实践的认识，例如对实践的“本体论理解”和将实践看成“真理标准”。

所谓对实践的“本体论理解”，就是在这种理解中，把实践看作纯粹客观性的存在，在实质上它与物质、社会存在并无根本性质的区别。有人说明它们的不同，于是制造出了普遍性与特殊性的区别，认为实践是适用于人类社会的普遍的存在，而物质、存在则是适用于包括人类社会在内的所有客观存在等等。带有明显人为的主观性质。所遇到的最大难题是对例如系统科学所揭示的也明显普遍适用于一切存在对象的实践不好作出解释，因为这样的存在具有普遍性却又明显不能归入实践的范畴。

同样，对实践的“真理标准理解”，是指把实践理解为解决主观认识与客观存在的矛盾，使思维与存在能够达到一致，按照这种理解，实践是属于主观思想正确反映客观存在的认识规律，即认识与存在相互关系的规律，而非纯粹的客观存在规律。这样的理解当然有一个前提，这就是要把人的认识活动和客观存在的运动区别开来，承认它们的活动形式和运动方式是不同的。要在人的认识活动中反映出客观对象的运动，既要适应对象的运动方式又须适应人类认识活动的本性，所谓实践的规律就是使这二者相互结合的规律。这也就是说，人的认识是以自己特有的方式去反映存在的对象的，这样的方式有的适合于对象的运动性质有的不适合，有的能够正确反映对象的运动有的不能正确地反映，前者是实践，后者是理论，后者便是“形而上学”。这样的理解比前述本体论的理解前进了一步，在理论上要深入一点，在内容上也要丰富一点。

对实践的“真理标准”理解并不完善。它只是揭示了人与对象关系在一个方面的变化特点，即认识关系所发生的变化特点。认识在人的存在中还只是从属性的活动，更根本的方面是在人对外界对象的直接改造活动即实践的活动。如果说实践表现的是人类出现之后，经人的活动所变化了的那种关系，它已大大不同于原版的自然关系，所以需要以新的思想观点和方法去对待，只有从人的实践关系才能真正把握这种变化关系的内容和形式。我们看到，这里又归结到了对“人”的存在和本性的观点的问题，归根结底还是决定于如何去看人的问题。正是从这个意义上，“实践思维方式”的实质不过是从人的本性出发而对待人的活动、人与外部世界的关系的一种理论的态度、观点和方法。

这样看来，马克思的实践思想与“类哲学”，就是基本一致的理论。历史上人们对实践理论的探索，实际就是试图摆脱物种方法的局限，意欲寻求一种从新的观点和方法去理解人及其存在性质和关系的尝试。只是在黑格尔的哲学中，由于他缺乏自觉的实践的观点，他只能自发地以扭曲的形式、从显露于外的现象去看待人和人与外部对象的这种变化了的关系。当着人们已经自觉认识人的本性，已经有了实践关系的自觉的观点，也就是说有了自觉的区别于物种规定的类的意识和观念，人们对于人和人与对象的关系就会有一个更新和更高的理解和认识。

在黑格尔看来，理性应该走出康德的理性一般（即人类理性）；而在马克思看来，理性则应该完全走出自身。只有当理性走出自身、走入现实生活时，道德问题和至善问题才有望得到解决。

三、“断裂”性之三：与费尔巴哈感性实践理论

费尔巴哈的感性实践理论在一定意义上成为黑格尔理性实践理论与马克思实践思想的中间环节。

（一）费尔巴哈的感性实践理论

1. 在批判理性实践理论的斗争中构建新理论

费尔巴哈在批判德国思辨哲学、特别是黑格尔哲学的过程中，创建了自己“回到事情本身”（费尔巴哈语）的实践理论——我们把它叫做感性实践理论。由于费尔巴哈反对思辨理性哲学，反对绝对，所以他竭力要把哲学从天上拉回到人间，从绝对理性基础转变到感性基础之上。费尔巴哈把人理解为具有思维、理性的感性存在，并且把实践定义为具体感性活动。只凭着这一点，就可以奠定费尔巴哈在哲学史上的崇高地位。当然由于他仍是在传统本体论的基础上理解哲学，仍陷于二元论的思维方式困境中，在实质上他没有真正理解实践的意义。他把实践只理解为单纯满足情欲的“吃喝”、“享受”活动，将思维理性与感性活动对立起来。使得他遗憾地走到现代哲学的门口而不得入。

2. 费尔巴哈的感性实践观

我们之所以将费尔巴哈的实践理论——感性存在论作为重点介绍，是与本书的宗旨有紧密关系。在我们看来，“实践本体论化”除了将实践“黑格尔化”、陷入黑格尔的理性“狡诈”的陷阱之外，也有的在实际上陷入了费尔巴哈的感性存在论的深潭。所以，认真分析费尔巴哈的感性实践理论是非常必要的。

费尔巴哈没有在根本上突破本体论思维方式的局限，受制于德国古典理性实践理论，他关于感性实践的许多论述局限于这一层面。但是费尔巴哈对感性实践还有创造性的认识，那就是把感性看成感性活动、实践活动和人的存在活动，把实践活动作为存在本身、作为现实本体来进行探讨，这就是费尔巴哈的感性本体论。这是费尔巴哈对前人的真正超越之所在，费尔巴哈的感性本体论是感性哲学学说的一场革命。

费尔巴哈感性存在论是建立在对感性局限性的分析和批判的基础上，在他看来，以往的感性存在论有以下局限性：

（1）把感性归结为感觉经验，认为感性的全部是感觉；他们不知道，感觉与情感、意志是统一的，离开情感、意志的感觉是不存在的。休谟的《人性论》虽然对人的知、情、意都作了论述，但是他的情感和意志是建立在感觉的基础上，遵循感觉的规则；这样的情感和意志已经不是真正的情感和意志，所以休谟的感性论实际上也是对情感和意志的遗忘；

（2）以前的感性论局限于心理学上的感受性，把感性还原为感觉印象。费尔巴哈对此又进行了批判。他说，“要知道，如果一切都被归结为客体的印象，像冷酷的唯物主义和经验主义所假定的那样，那么畜类也可以成为物理学家，甚至必须成为物理学家了。”“如果把一切归结为自我，那么其他与自我有别的、存在于自我之外的实体，就会不能从同一对象得到同样的、与我们的印象类似的印象。不消说，给予自我的印象，‘不同于蜜蜡上的指印’，而蜡印又不同于滑石粉、石灰或其他任何物体上的印痕”①；

（3）以往的感性论摆脱不了二元论、怀疑论和不可知论的纠缠，并且由于经过抽象而使其丧失感性的直接性、现实性和真理性。旧哲学把感性理解为主体对对象的感知，这一理解的前提是主体与客体的二分。为了避免二元论，他们要么以主体来统摄客体，这就是贝克莱之流的“存在即是被感知”，导致“唯我论”；要么以客体来还原主体；导致朴素的“独断论”。与旧哲学相反，费尔巴哈的唯物主义“是那个肯定此岸的人、即现实的、感性的、个体的人的唯物主义，因为感觉主义和个人主义是同一的。然而，它肯定人并不是为了天职（唉！多么不道德啊!），也不是为了黑格尔逻辑的理念（唉！多么不合逻辑啊!）。不是的！它肯定人是出于纯粹的感觉主义的爱的欲望和对生活的眷恋。”② 费尔巴哈的感性论也就是他的感性实践论。

3. 费尔巴哈的感性存在论“回到事情本身”

费尔巴哈对前人感性学说的批判，就是立足于感性实践论对旧哲学感性认识论的批判，把前人的感性认识论提升为感性实践论。

在费尔巴哈的感性实践论中，其基本精神是认为感性存在是关系性的存在，而不仅仅是实体性的存在，这主要表现在：

（1）感性存在是心身统一的关系存在。在他看来，人是精神活动与生命活

①②《费尔巴哈哲学著作选集》上卷，荣震华、李金山等译，商务印书馆 1984 年版，第 89、458 页。

动的统一，“把人分割为身体和灵魂，感性的和非感性的本质，只不过是一种理论上的分割；在实践中，在生活中我们否定这种分割。”① 费尔巴哈不仅接受了德国古典哲学的精华即肯定实践理性高于理论理性的传统，而且把自己的哲学直接建立在“实践”“生活”现实基础上（只是他对实践、生活的理解仍停留在传统本体论上面）。他肯定精神活动以肉体的生命活动为前提和基础，正如费尔巴哈所说的，“对我来说，即主观上说来，是纯精神的、非物质的、非感性的活动，那么就其本身说来，是物质的感性的活动”②；

（2）感性存在是人与自然的关系存在。费尔巴哈说，“在感官活动中，我是放任不羁的，我容忍对象像我自己一样，是主体，是实在的，自己活动的实体。”③可见，作为感官活动的存在，是主体作为对象，对象作为主体的存在，是主体与对象、人与自然的关系存在；

（3）感性存在是人与人的关系存在。真正的人与自然关系存在、心身的关系存在，离开了人与人的关系，是无法理解的。感性存在首先是人的感性存在，而孤立的人的感性存在是不可能的，同样是无法理解的。正如费尔巴哈所说，“人是两个人生的，肉体上的人是这样生的，精神上的人也是这样生的。”④人之所以为人，就在于人是类存在物，这是因为人能够意识到自己的类存在，这就是人的类意识，是人区别于动物的本质之所在；

（4）感性存在是知情意的统一。在直观的意义上，感性是感觉着；在情感的意义上，感性是爱着；在意志的意义上，感性是欲望着。因此，费尔巴哈把感性存在称为：直观的存在、感觉的存在、爱的存在；存在“是一个直观的秘密，感觉的秘密，爱的秘密”，而爱、激情（也有情欲的意义）就是存在的标记和标准。⑤

正因为感性存在不是实体性的存在，而是关系性的存在，是灵魂与肉体、人与自然、人与人的统一，是知情意的统一；所以感性存在是现实的、自明的、本原的存在。感性实践论就是对这一感性存在的考察并以之为基石和出发点的哲学：

（1）感性存在是现实的存在，具有直观自明性。在这一点上，应该说费尔巴哈继承了西方哲学为哲学寻找一个直观自明的开端的传统。笛卡尔怀疑一切，但是他并不怀疑怀疑本身，这就是他的“我思故我在”；康德对“我思”本身进行批判地考察，但是对于“先验自我”为什么具有“统觉”能力，康德

①②③④ 《费尔巴哈哲学著作选集》上卷，荣震华、李金山等译，商务印书馆 1984 年版，第 458、194、197、201 页。

⑤ 《费尔巴哈哲学著作选集》上卷，荣震华、李金山等译，商务印书馆 1984 年版，第 231 页。

认为这是不能追问的；黑格尔的《精神现象学》从感性确定性出发，但是，在黑格尔看来，感性确定性事实上是感性的不确定性，目的是理性的上场。所以，感性确定性对于黑格尔仅仅是一架梯子，用完以后就把它扔了。而费尔巴哈认为，现实的感性存在是他的人本主义的立场和出发点。费尔巴哈在《论哲学的开端》中说，"从经验到哲学是必然的，而从哲学到经验则是任意的造作。"① 这里的经验自然是指现实的感性存在。

(2) 感性存在是个体的、确定的存在。"感性的、个别的存在的实在性，对于我们来说，是一个用我们的鲜血来打图章担保的真理。"②感性存在"永远只是完全确定的、感性的、个别的事物与实体。"③"在思想中的他，便就是在现实中的他，在精神中的他，便就是在肉体、在自己的感性实体中的他：他是人，或者说得确切一些——因为，费尔巴哈把人的实体仅仅放置在社会性之中——，他是社会的人，是共产主义者。"④

(3) 感性存在是直接的、本原的存在。"生就是活着，感觉着，表露着感觉。而你的感觉越强，就越需要表露；总之，你的感觉和情绪越真实、越强烈、越是本质的，它便越表示为外部的、感性的。诚然，你在感性上未曾表现出来的你，便不算是你。"⑤

所以，费尔巴哈的感性就是"回到事情本身"。许多人只知道胡塞尔作为现象学大师提出"回到事情本身"的主张。费尔巴哈认为感性存在就是哲学应该出发处，与笛卡尔的"我思"有着同样的地位。笛卡尔认为"我思故我在"，费尔巴哈则认为"我欲故我在"，他认为哲学的最可靠的出发点只能是"我感觉着、欲望着、爱着"等实践感性因素，这是费尔巴哈主张的"回到事情本身"的本意。

（二）费尔巴哈的感性一元论

费尔巴哈认为，人的本质是感性，所谓感性在费尔巴哈看来不是别的，正是物质的东西和精神的东西真实的统一。在这种统一中，必须以赋有生命的肉体为基础。人生活在自然界中与动植物一样，也是一个自然本质，他只有在自然所提供的空气和食物的条件下才能生存。因此，在费尔巴哈看来，人不是

①②⑤《费尔巴哈哲学著作选集》上卷，荣震华、李金山等译，商务印书馆1984年版，第87、86、208页。

③④《费尔巴哈哲学著作选集》下卷，荣震华、王太庆、刘磊译，商务印书馆1984年版，第435、435页。

“我思故我在”，而是“我欲故我在”。人又是有思维、理性、精神的。费尔巴哈也承认精神是人与动物不同的标志，是人中最高的东西。但他认为，最高的、最完全的东西正应该是最后的、最晚产生的东西。他明确指出“思维是人的本质的必然的结果和属性”。这样，费尔巴哈就把黑格尔的观点以感性的人为基础完全颠倒过来了。

费尔巴哈明确指出，精神是一种活动，即脑的活动，而不是什么自为的实体。脑壳、脑髓是从哪里来的，精神也就是从哪里来的。这样，按费尔巴哈的观点，精神就变成从属于物质的一种属性，它只能导源于自然的本质。

费尔巴哈认为，我们的思维是以我们感性机体的状态为转移的，身体的状态如何，精神的状态也如何。他的一个著名的命题就是认为：居住在皇宫中的人和居住在茅屋中的人，由于脑所处的空间不同，由他们所产生的思想也不完全相同。费尔巴哈试图用现实实践中的空间、容量去说明思想的不同状态。费尔巴哈用这种办法说明精神状态依赖于物质状态，精神因素依赖于物质因素。

费尔巴哈认为，人的认识都来自于感觉，而感觉的基础与原因只能是客观的，感觉本身就证明，主观和客观是可以相互沟通、相互统一的。人的肉体感官来自于自然界，有机自然界与无机自然界本质上是一个东西。自然界为人所设立的感官，不多不少恰恰合于在世界的全体中认识世界之用。费尔巴哈以这样的方式，从客观实践的物质统一性上，说明了观念是可以超越自身，认识外部世界的。

费尔巴哈的感性实践哲学也体现在他自己的命题“我欲故我在”中，体现在他关于感性对自然与人的本体论证明中。

1. 实践感性与自然关系的本体论证明

我们必须理解费尔巴哈关于实践感性对自然的本体论证明。我们知道，旧哲学对自然的存在不能作出说明。旧唯物主义经验论，从肯定自然的客观性开始，走向了“存在就是被感知”，最后否定自然存在的客观性。唯心主义也就是这样，康德独断地设定了“物自体”的存在，而又不能给予证明。费希特以“自我”来统摄“非我”，而走向了“唯我论”。谢林以“绝对同一”（“自我”与“非我”的绝对同一）作为哲学的出发点，而陷入了神秘主义。黑格尔虽然以精神的自我活动、自我超越统一了“自我”与“非我”，并消除物自体，但是又仅仅限于精神领域，同样对自然的客观性存在没有能够作出说明。这是前人留给费尔巴哈的感性实践哲学的难题。

费尔巴哈认为，本体意义上的实践感性，就是感觉着、欲望着、爱着；所以，感性必然内含有感性的对象。没有对象的感觉、爱和欲望不是真正的感觉、爱和欲望，对象是感觉、爱和欲望题中应有之义。他说，“用费希特的话来说，对象并不存在于‘自我’之中，而是呈现于‘自我’中的‘非我’中，亦即另一个‘自我’之中；因为只有当一个‘自我’转变为一个‘你’的时候，只有当我被动的时候，才产生一种存在于我以外的活动性亦即客观性的观念。但是，只有通过感觉，‘自我’才成为‘非我’。”① “如果你是在思维无限的东西，那你就是在思维和确证思维能力的无限性；如果你感受无限的东西，那你就感受和确证感情能力的无限性。理性的对象，就是自己作为自己的对象的理性；感情之对象，就是自己作为自己的对象的感情。”② “感情只对感情讲话，只有感情、感情本身，才能理解感情——因为只有感情，才是感情本身之对象。”③ 对于意志来说也是如此。“取消我的意志的对象，就是取消我的意志本身；因为什么都希望和什么都不希望——这都是一样的。”④ “在存在与意志发生联系的地方，那么单纯的愿望和希望得到幸福的愿望是同一的。无意志的感性存在——这是漠不关心的存在；但借助于意志的存在、作为意志对象的存在——这就是健康。所谓健康不是别的，而只是适应于现有的那个东西的，适应于它的本质、它的器官和需要、它的爱好和意向的存在。”⑤ 在费尔巴哈看来，离开了人的意志的存在是无意义的，事实上就是无，就是非存在。费尔巴哈所谓的意志不是唯意志主义的意志，唯意志论是费尔巴哈所要批判的。费尔巴哈的意志就是欲望、就是实践感性。离开感性的存在是无，也就是离开人的实践的存在是无。费尔巴哈通过感性为自然的本体论存在作了证明。“爱就是有一个对象在我们头脑之外存在的、真正的本体论证明——除了爱，除了一般感觉之外，再没有对存在的证明了。”⑥

2. 实践感性与人的本体论证明

费尔巴哈在证明实践感性对于自然的本体论意义的同时，也注意进行感性对人的本体论证明。感情是人的感性存在，就是人本身，是人实践的本质力量的对象化。离开了实践和人，人的本质力量无从显现。从这个意义上说，费尔巴哈的实践感性也就是对人的存在做了本体论的证明。费尔巴哈认为自己的“新哲学”“并不是将斯宾诺莎的实体、康德和费希特的‘自我’、谢林的绝对同一性、黑格尔的绝对精神等抽象的、仅仅被思想的或被想象的本质当作自己的原则，而是将现实的或者毋宁说最最现实的本质，真正最实在的存在（Ens realissimum）：人，即最积极的现实原则当作自己的原则。这种哲学，是从思

①④⑥《费尔巴哈哲学著作选集》上卷，商务印书馆 1984 年版，第 166、421、169 页。
②③⑤《费尔巴哈哲学著作选集》下卷，商务印书馆 1984 年版，第 34、35、591 页。

想之对立物，即从物质、实质、感觉中产生出思想，并且，在通过思维过程来规定对象以前，先就与对象发生感性的、也即受动的、领受的关系。”① 在这里，费尔巴哈提出人是真正最实在的存在，也就是人是实践感性存在本身，因为感性存在是关系性的存在。感性存在是真实的，关系是真实的，人无疑是真实的存在，而且愈感性就是愈存在。“一个人爱的愈多则愈存在，愈存在则爱的愈多。”②

费尔巴哈在证明实践感性的存在论价值同时，肯定理性、理智的存在价值，他认为，动物的看与人的看的根本差异，在于人能够看到看本身。“经验论认为我们的观念起源于感觉是完全正确的，只是经验论忘了人的最主要的，最基本的感觉对象乃是人本身，忘了意识和理智的光辉只在人注视人的视线中才呈现出来。由此可见，唯心主义在人里面寻找观念的起源，是正确的，但是唯心主义却不正确地要想从孤立的，被固定为独立存在的实体，固定为灵魂的人中引导出观念的起源，总而言之，要想从那没有作为感觉对象的‘你’的‘自我’中引导出观念的起源。”③ 费尔巴哈对“他者”从传统哲学的意义上进行了证明。别人，虽然也只是一个人，但他却是类之代表，他满足了我对许多别人的需求，对我来说，他具有普遍的意义，是人类的全权代表，以人类的名义对孤独的我讲话，这样，即使我只跟如此一个人相连，我也就有了集体的、属人的生活了。在这里对“他者”的类证明目的还是要进一步说明实践感性的合法性。“在‘我’与别人之间，有着一个本质上的、质的区别。别人就是我的‘你’——虽然这也是彼此的——，就是我的另一个‘我’，就是成为我的对象的人，就是我的坦白的内隐，就是自己看到自己的那个眼睛。只有在别人身上，我才具有对类的意识；只有借别人，我才体验到和感到我是个人；只有在对他的爱里面，我才明白他属于我和我属于他，才明白我们两人缺一不可，才明白只有集体才构成人类。”④

所以，“我欲”、“我爱”、“我感”等实践感性就是“我”与“你”的统一。“我之所以依赖于世界的，我之所以感到自己是依赖于世界的，就是因为我先就感到自己是依赖于别人的。如果我不需要别人，那我也就不需要世界了。我仅仅借助于别人，才使自己跟世界和解、和睦。对我来说，没有了别人，世界就不仅显得死沉和空虚，而且也显得无意义和无理智。人只有在别人身上才了解自己和意识到自己；但是，只有了解了自己，才能了解世界。一个单单自为地生存着的人，他必定既不了解自己，又没有能力，必定要迷失在自然之汪洋

①②《费尔巴哈哲学著作选集》上卷，商务印书馆1984年版，第169、13—14、173页。
③④《费尔巴哈哲学著作选集》下卷，商务印书馆1984年版，第169、193页。

大海中；他必定既不把自己理解成为人，又不把自然理解成为自然。人之第一对象，就是人。”①

通过上述费尔巴哈对实践感性本体论的揭示，我们可以初步确定费尔巴哈感性实践理论的意义。在费尔巴哈之前，传统哲学表现为机械唯物主义、思辨唯心主义和二元论哲学；费尔巴哈的实践感性论是对传统实践理性形而上学的批判，具体体现在他对机械唯物主义、思辨唯心主义和二元论的批判。费尔巴哈对机械唯物主义的批判主要表现在他批判了把感性还原为心理学上的感受性，把感性归结为感觉印象的观点；批判了机械唯物主义物质概念的抽象性；批判了“人是机器”的观点。费尔巴哈对思辨唯心主义的批判主要表现在：批判了精神的先在性；揭穿了思辨唯心主义的神学本质；批判了理性至上，在传统哲学意义上恢复感性的权威。费尔巴哈对二元论的批判主要表现在：批判了把精神活动和物质活动割裂开来的观点；批判了把存在与本质割裂开来的观点；批判了把直观和思维割裂开来的观点。

费尔巴哈对机械唯物主义、唯心主义和二元论的批判立足于他的实践感性本体论。在他看来，机械唯物主义、唯心主义和二元论都是从实体出发的实体性哲学。机械唯物主义从物质性的实体出发，把精神活动还原为生命活动，把生命活动还原为机器的运动，把现实的人还原为机器。唯心主义则从精神性的实体出发，从精神实体导出物质实体，把物质归结为精神创造的结果，事实上取消了物质。二元论哲学同时承认二个实体的本原性，在物质实体与精神实体之间徘徊。所以，费尔巴哈要回到感性，回到人的实践，回到“事情本身”。在费尔巴哈那里，实践感性就是直观自明的“事情本身”，就是他哲学的出发点。正如他所说，感性“是 ultima ratio，summa summarum（究极的根据、终极的终极）；感觉论是关于究极事物的理论，在这里一切秘密暴露无遗。”② 所以，只有在实践感性开始的地方，一切怀疑和争论才停止。费尔巴哈认为只有到了近代，人类才像在经历过东方梦想世界以后觉醒过来的希腊时代那样，重新回到感性事物，亦即回到那种对于感性事物即实际事物的未被歪曲的、客观的看法。而正因为这样，人类才重新回到了自身。这种理论直觉和天才感觉只有在像费尔巴哈或海德格尔等那里才会有。当然，这里所谓的感性事物，是关系性的感性存在，而不是感性对象（纯粹的自然）。费尔巴哈的感性存在是“主客一体”，是“自我”与“非我”的统一，既是自然本身，又是人自身。

费尔巴哈的感性哲学在德国古典理性哲学的坚固堡垒中打开了一个巨大缺口，为现代哲学的诞生打造出一个平台，可以算作后来存在主义的理论先声，

①②《费尔巴哈哲学著作选集》上卷，商务印书馆 1984 年版，第 207、182 页。

他甚至成为马克思实践思想的先导之一。传统哲学是实体主义的，又是本质主义的；实体主义与本质主义是内在共通的。不管是物质实体还是精神实体，作为哲学的出发点都被赋予了一个永恒不变的本质。在传统哲学家看来，哲学就是不断地追求和发现这个本质，直至最后把握它。费尔巴哈的感性本体论以实践感性存在作为哲学的立场和出发点，把人的本质归结为他们的存在，事实上就是消除本质，消除本质主义（即假定人有永恒不变的本质）。从这个方向发展下去，将导致存在主义，所以费尔巴哈的很多论述与存在主义是非常类似的。在费尔巴哈看来，本质主义也都是建立在主客二分的基础上，都局限于抽象理性绝对化，都局限于传统形而上学。费尔巴哈对旧哲学的批判，就是对理性绝对化的批判，就是对传统形而上学的颠覆，是一种具有历史意义的新哲学的诞生。在这一点上，费尔巴哈与尼采是一致的。[①] 费尔巴哈新哲学即人本主义的意义就在这里，就在于他已经站在现代哲学的地平线上。费尔巴哈的新哲学，不仅是无矛盾地将神学溶化于理性之中，而且将它溶化于心情之中，即融化于完整的，现实的，人的本质之中。“新哲学只是旧哲学的必然结果——因为凡是融化于人的理智之中的东西，最后也必须融化于生活之中，必须融化于人的心情之中，人的血液之中——但是同时也只有新哲学才是旧哲学的真理，而且是一种新的独立的真理；因为只有成为有血有肉的真理才是真理。”[②] 作为新哲学，“它主要地也是为人的哲学——新哲学对理论的独立性和尊严性并无妨害，甚至与理论高度协调，本质上具有一种实践倾向。”[③] 费尔巴哈把“实践倾向”作为自己哲学的特征，呈现出马克思实践哲学的萌芽，这表明了从费尔巴哈人本主义上升到马克思实践哲学的客观逻辑发展的必然性。

同后来的马克思一样，费尔巴哈进一步提出要消除哲学，哲学同样应该受到批判。“这个新哲学说着属人的语言，而不是说着没来历的和无以名之的语言；它言行一致地认为哲学之本质就在哲学之否定中，就是说，它声明只有有血有肉的、人化了的哲学才是真正的哲学。从而，当它看到一切把哲学之假象当作哲学之本质的不学无术的人甚至根本不把它当作哲学的时候，就不免要庆幸自己获得了最高的胜利。”[④] 所以，费尔巴哈认为，真正的哲学不是创作书，而是创作人，结论是“没有任何哲学便是我的哲学。”

综上所述，费尔巴哈的实践感性是现实的人的感性存在，是感性活动本身。这从根本上决定了这是一种新型实践理论，是感性实践理论。正是借助于实践感性论，费尔巴哈对传统形而上学进行了颠覆性的批判。在这个意义上，

① 可参见马丁布伯：《人与人》第五卷第1章，张健、韦海英译，作家出版社1991年版。

②③④ 《费尔巴哈哲学著作选集》下卷，商务印书馆1984年版，第13、13、13页。

费尔巴哈的感性论不仅是感性学说史上的一场革命，而且是哲学史上的一场革命。因为他开启了哲学的现代大门。但是费尔巴哈的感性依然是“哲学家的感性”，而不是真正现实的感性活动，所以，费尔巴哈感性本体论并不是彻底的感性实践理论。但在这个基础上，马克思进一步把人的现实活动引入感性，并发现了感性实践活动的真正秘密，从而把感性实践思想真正贯彻到底，引发了人类思想史上一场极为深刻的变革。

费尔巴哈的感性实践理论明确提出了这样一个问题：精神、思想，怎么能创造出具有血和肉的存在呢？精神和思想顶多只能影响存在，它们必须依赖具有生命的、人的肉体为基础，没有了肉体，精神只是一种虚无。所以，按费尔巴哈的观点，理性、精神、思维的主体只能是人。而人“先是要活，然后才是思维”。因此，在费尔巴哈看来，只有以人的感性存在（这变成马克思实践思想的先决条件）为主体，才能解决思维与存在的关系问题。费尔巴哈实现了哲学的一个重大转变，他依据生活的对象也就是哲学认识对象的原则，把人的感性存在作为哲学研究的主题，把人的生存所依赖的基本条件——自然和人的关系作为哲学的研究对象。按照他的观点，只有从人的感性存在上才能找到思维与存在统一的真实基础，从而说明思维与存在的同一关系。费尔巴哈称他自己的哲学为“人类学”或“人本学”。

费尔巴哈总的观点同黑格尔正好相反，在费尔巴哈看来，思维与存在的同一只有在把人的感性存在理解为这个统一的基础和主体的时候，才是有意义的。所以结论就是“存在是主体，思维是宾词”，思维来自于存在又能反映存在。费尔巴哈在解决思维与存在同一性问题的主要局限在于，他只把实践了解为感性的存在，而没有理解成为能动活动，因此他所讲的实践只能构成统一思维与存在的一个抽象性的基础，而不是一个现实的真正基础。

费尔巴哈以唯物论颠倒了黑格尔的唯心论，却完全抛弃了黑格尔的辩证法。费尔巴哈对黑格尔的颠倒，实质只是从抽象的“精神”（抽象化的实践）转向同样抽象化的“实践”（仍然属抽象性的感性）。费尔巴哈所说的“实践”，尽管是指尘世世界和人的生活，尽管包含着有血有肉的感性内容和思维的理性，却仍然有自在性和抽象性的弊端。因为他没有真正运用辩证法，不了解认识实践已不能采用认识生物种的那种形式逻辑方法，由于这个原因，所以他也就不可能理解黑格尔劳动概念所包含的真实意义。

费尔巴哈也看到了已往哲学家对实践的本质的理解具有某种片面性甚至抽象化的缺陷，他也曾试图克服这些缺陷。费尔巴哈特别强调要从“类本质”去理解实践，企图在“类本质”的理解中力图克服把它归结为抽象“共相”的观点。他明确指出并一再强调“类并不意味着抽象”，而是意味我以外的其他具体存在甚至生活，“男人和女人合在一起，就是类之实存”，即实在，力图赋予实践以差别性、多样性、个体性的内涵。他力求具体地把握人之本质，他的认识是有进步的。只是他未能从思维逻辑的方法上去认识人的问题，这就使他始终跳不出物种哲学的局限，摆脱不了对实践的庸俗化的理解，把握不到实践的真正具体的实质。

同样，在对待费尔巴哈的感性本体论哲学的问题上我们的态度是明确的，即费尔巴哈在当时批判黑格尔思辨哲学，提出“回到事情本身”，建立感性实践理论有其历史进步性和必然性；并且，费尔巴哈的感性实践理论也为我们今天反思批判实践本体论化提供了一个在黑格尔传统理性实践哲学之外的又一个反思维度。其意义与作用是十分巨大的。换言之，在理解和分析费尔巴哈感性实践理论的过程中，我们更容易看清当今实践本体论化的实质，也能使人更准确判断和抓住实践本体论化的要害。

费尔巴哈的类概念是从宗教的上帝本质引申而来，并不是从人的现实存在中概括出来的，因而他理解的类，在实质上也就超不出种所允许的天然差别范围，仍然是一种抽象的普遍性，用这样的概念去说明人的实践，说明不了社会关系的差别性，只能把实践抽象化。马克思批评费尔巴哈关于类的观点，主要不在于他使用了类的概念，而在于他从宗教本质引申而来的对类概念的理解是抽象化的，也就是说，这样的类概念并未改变人们运用种的观点对实践的抽象化理解。马克思在“断裂”的意义上也使用了类概念，但马克思把“类”置于现实实践之下，从而使它的基础、内涵与费尔巴哈的就完全不同。

（三）马克思实践思想的诞生是合逻辑的必然

马克思实践思想是德国古典实践理论合乎逻辑的继续，是人类哲学史的根本变革。马克思从实践出发去理解哲学，创立了实践的观点和理论，根本变革了传统哲学本体论的思维方式。按照马克思的观点，“一个种的全部特性、种的类特性就在于生命活动的性质”，而人的生命活动已变成人的意志支配的对象，它“对人说来不过是满足他的需要即维持肉体生存的需要的手段”，因而人就完全超出了种的限定，“人的类特性恰恰就是自由自觉的活动”。

从历史上实践理论的演化中可以看出，人们在不同时期拥有的实践思想是根本不同的，在这些思想观念中，既包含着传统哲学观念的内涵，但也明显体现出了人们要克服旧的观念、试图赋予它新哲学的特殊本性的努力。只是在马克思之前的哲学家们找不到能够与传统实践理论区别开来的现实基础，并没有完成这一任务。这个问题马克思把它解决了，因此也就赋予实践理论以新的生命。

从马克思实践思想的产生看，包括马克思实践思想在内的西方两千多年实践理论经历了一个从起点出发又回到起点的完整过程。用高清海先生的观点来说，马克思实践思想的产生也经历了一个历史发展“圆圈”。最初人们从自身实践活动出发去认识外界对象，原始时代后期的万物有灵论观念就是这样，把事物看成都是有灵魂支配的，是从人低下的实践出发，因为人的实践活动有灵魂。后来人的实践活动发展到另一个阶段，不管人自身，把人看成也和外物一样。由于是研究整个自然，古代实践理论成为一种自然实践理论，到了近代就形成实践本体论的理论。近代后期出现了实践认识论的理论，最后出现了费尔巴哈的实践人本学的理论。这是一个圆圈：从人出发认识整个世界，然后认识事物的本体，研究认识的本性，最后又回到人（人本学）。所以费尔巴哈提出实践人本学也就顺理成章了。

形成这一历史圆圈的根据在于，因为思维与存在的矛盾本来就是在人的现实活动中产生的，没有人的活动就没有思维与存在的矛盾、主客观的矛盾，矛盾是从现实活动中产生的，最后还得从人的现实活动中去解决。正因为如此，马克思同意费尔巴哈的观点。在他之前的康德陷入了思维和存在的矛盾，黑格尔用自我意识、绝对精神统一思维与存在的对立；而费尔巴哈认为思维和存在统一的真正基础在人的身上，这种认识比较而言是提高了一步，方向是对的，所以到了费尔巴哈，哲学发展聚集到必须解决现实生活的问题。而费尔巴哈没有解决这个问题，马克思解决了。由于马克思从人的活动中提出了实践活动的思想，才找到了把人与世界统一起来的现实基础。

对实践的理解，也就是对人之为人的本质的理解，这两个问题是紧密联系着的。哲学是怎样理解人的，它也就怎样去理解人的实践活动。德国哲学家康德、费希特、黑格尔等只限于从理性活动去理解实践，这表明他们把实践看成是一个理性的本质。与他们把人的本质抽象化的观点相适应，他们对实践的理解也是抽象化的。实践如果不被理解为感性活动，它就没有直接现实性的意义，也就不可能去消除客观性和主观性的片面性、实现二者的统一。在康德、费希特、黑格尔等之后的费尔巴哈竭力反对绝对理性，反对抽象、力求回到感性，他把人理解为富有思维本质的感性存在，与此相适应地，也把实践看作感性的活动。但他并未解决思维与感性在人身上的真正统一问题，因此也就不可能理解实践的真正意义。他所了解的感性活动不过是指单纯满足情欲的活动，就是纯粹“利己主义”的吃喝自然、“享受对象”的行为。这样的实践，当然毫无能动性可言，与动物的活动没有什么本质不同。费尔巴哈本人对他所说的这种“实践”活动也采取鄙夷的态度，当他讲到属于真正人的活动时，又回到了理论和思维的抽象之中。

综上所述，在马克思哲学产生之前，实践理论已经发展到了一个历史转折点。人们对实践作了多方面的探讨，关于实践概念所包含的几个基本要点人们已都接触到了。总结起来说，先前的哲学家已把实践看作具有下述特点的活动：实践是①实现目的性的活动；②具有自主性的活动；③能动的创造性活动；④主观改造客观的活动；⑤感性的活动；等等。马克思哲学所面临的最大问题是如何解决实践的能动本质和感性基础的统一。如果承认实践是一种富于创造性的能动活动，那么它就只能被理解为抽象的理性活动；如果把实践活动看作属于一种感性的活动，这种活动就不可能具有能动的意义，因而也就不可能是真正人的活动。很明显，理解马克思实践思想的关键在于，如何在人的感性活动中赋予它以能动性和创造性的内容。

马克思的实践思想建立在对西方实践理论纵向超越的三次“断裂”式发展的基础上。

马克思的实践思想产生于西方近代哲学发展为现代哲学的转折点上，它本身开启了现代哲学。马克思实践思想变革的实质，从否定性的方面看，无疑应当从它与传统西方哲学的批判性扬弃关系中去寻求。我们认为，马克思的实践思想是在西方两千多年实践理论史上最具深远意义的革命变革。它在批判传统本体论的实践理论中，开创了哲学发展的新方向，奠定了现代哲学发展新形态的基础。从肯定的方面看，正面揭示这一变革的具体内容和伟大意义，是一件有待于进一步深入研究的艰巨的理论任务。

这一变革不仅表现在它的具体理论观点与传统实践迥然有别，而且首先表现在它的实践观点与传统实践理论根本不同，它改变了实践哲学的对象、性质和功能，改变了哲学问题的提法和探讨哲学问题的思维方式。

1. 马克思实践思想的产生宣告了那种超越实证科学的反思或思辨实践理论的终结

传统实践理论是运用先验逻辑的范畴演绎方法构造的思辨体系，马克思坚决批判这种实践理论。马克思写道：“只要按照事物的本来面目及其产生情况来理解事物，任何深奥的哲学问题……都可以十分简单地归结为某种经验的事实”①；“经验的观察任何情况下都应当根据经验来揭示……，而不应当带有任何神秘和思辨的色彩”②；“在思辨终止的地方，在现实生活面前，正是描述人们实践活动和实际发展过程的真正的实证科学开始的地方。关于意识的空话将终止，它们一定会被真正的知识所代替。对现实的描述会使独立的哲学失去生

①② 马克思、恩格斯：《费尔巴哈》，人民出版社 1988 年版，第 20、15 页。

存环境，能够取而代之的充其量不过是从对人类历史发展的观察中抽象出来的最一般的结果的概括。这些抽象本身离开了现实的历史就没有任何价值。”①就根本性质而言，马克思不是提供什么终极真理知识的哲学家，不是寻求一切存在背后的所谓隐秘本性或终极本体的思想家，也不是妄想为世界建立统一体系、提供世界整体图景的学者。马克思把传统的实践理论作为一种过时的理论形态远远地抛在了自己身后。

2. 马克思实践思想使哲学的致思取向从抽象的概念世界和自在世界，转向人的自为的现实生活世界

马克思彻底打破了旧实践理论由以出发的前提，他所关注的不再是建立关于整个世界的严密完整的哲学理论体系，而是直面人的现实生活实践。传统实践理论作为先验哲学，它提供的是可以到处套用的刻板公式和现成结论；与之相反，马克思的实践思想“首先是进行研究工作的指南，并不是按照黑格尔学派的方式构造体系的诀窍。”② 在马克思看来，“哲学没有任何单独存在的权利，它的材料分布在实证科学的各种不同部门”③。哲学家企图绕过实证科学径直把握世界，只能得到思辨哲学和传统实践理论，决不会得到科学的实践思想。

海德格尔从批判人们对哲学误解的形式的维度对传统的哲学观进行过批判。他认为传统哲学的错误在于“对哲学的本质要求过多”，把自己的目标指向“最初的和最后的根据”。“由此，就极容易造成这样一种假象，仿佛哲学能够而且必须为当下以及将来的历史的此在，为一个民族的时代创造出文化足以建筑于其上的基础来。然而，对哲学的能力的本质做这样的期望和要求未免过于奢求。”与传统哲学的这种过分“奢求”不同，海德格尔对哲学的理解是：“哲学按其本质只能是而且必须是一种从思的角度来对赋予尺度和品位的知之渠道和视野的开放。……正是这种知，激发着而且迫使着而且追求着一切追问和评价。”④ 海德格尔还批评了对哲学作用的误解，这种误解认为，“哲学可以用来从概观和体系上整理在者整体，提供一幅关于各种各样可能事物以及事物领域的世界图景、世界画面，并由此指明一般的和带有规律性的方向。”

海德格尔的这番话对于反思一些人坚持的实践本体论哲学观具有警醒意义，因为稍加思考就不难发现，实践本体论化所坚持的哲学观念，正是一种企

① 马克思、恩格斯：《费尔巴哈》，人民出版社 1988 年版，第 17 页。

② 《马克思恩格斯选集》第 4 卷，人民出版社 1995 年版，第 692 页。

③ 《列宁全集》中文第 2 版，第 1 卷，第 379 页。

④ 海德格尔：《形而上学导论》，熊伟等译，商务印书馆 1996 年版，第 11—12 页。

图为整个世界寻求最初根源和最后根据的哲学观，它与传统哲学难以划清界限。

从马克思实践思想所批判的黑格尔哲学和费尔巴哈哲学来看，黑格尔哲学活动的领域，是一个由纯粹先验的范畴推演所构成的抽象王国，自然界和人类历史不过是这个纯逻辑的世界的外化；费尔巴哈批判黑格尔的思辨哲学，要求把自然界和人作为哲学的对象和出发点，但是，由于理论与方法的限制，他最终没有找到一条从他自己所极端憎恶的抽象王国通向活生生的现实世界的道路。马克思实践思想视野中的“世界”，既不同于旧唯物主义哲学的“自然世界”，也不同于唯心主义哲学的“精神世界”，而是以人的实践活动为基础和纽带联结而成的自然、社会和人相统一的“感性世界”、“现实世界”。自然、社会和人是这个世界的三大领域，但它们不是彼此分隔和互相外在的三个世界，而是通过人的实践活动联结而成的一个整体世界。

海德格尔在批判传统哲学时，坚决地指认马克思实践思想的重大变革意义。他说：“纵观整个哲学史，柏拉图的思想以有所变化的形态始终起着决定性的作用。形而上学就是柏拉图主义。尼采把他自己的哲学标示为颠倒了的柏拉图主义。随着这一已经由卡尔·马克思完成了的对形而上学的颠倒，哲学达到了最极端的可能性。”① 海德格尔的看法是有道理的。解读马克思的哲学著述，不难发现，马克思与他之前的哲学家们的一个重大区别，就在于他思考的中心已不再是思辨的形而上学问题，相反，他完成了“形而上学的颠倒”，要求哲学的重心从注目于先验的外在实体，转换到现实的生活世界；从追寻世界的至终究极的解释原则，转换到关注人的具体生存境遇。因此，他的哲学思考自觉地拒斥一切先验的教条和经院的气息，并把现实生活世界作为他从事哲学批判和创造的最重要的“文本”。

3. 马克思实践思想是把传统实践理论的知性概念思维转变为从实际生活出发的思维方式

马克思明确提出，与旧哲学不同，他的新思想对“对象、现实、感性”，“是把它们当作感性的人的活动，当作实践去理解”，“从主体方面去理解”。② 这里所谓“当作实践去理解”，就是把现实历史过程上升为一种思维方式，用它去解决以往哲学中抽象探讨和争论的问题。因为“凡是把理论引向神秘主义的神秘东西，都能在人的实践中以及对这个实践的理解中得到合理的解决。”③

---

① 海德格尔：《面向思的事情》，陈小文、孙周兴译，商务印书馆 1996 年版，第 59 页。

② 马克思、恩格斯：《费尔巴哈》，人民出版社 1988 年版，第 83 页。

③ 马克思、恩格斯：《费尔巴哈》，人民出版社 1988 年版，第 83 页。

所以马克思不是从思维和存在的抽象对立的意义上，去总结自己的新哲学与旧哲学的对立，而是从实践的观点来总结这种对立的：“它（指马克思的新哲学——引者）不是在每个时代中寻找某种范畴，而是始终站在现实历史的基础上（现实历史的基础即实践——引者），不是从观念出发来解释实践，而是从物质实践出发来解释观念的东西”①。

以上提及的几个要点，已足以显示马克思实践思想与传统实践理论的天壤之别。正是由于这些（以及其他）巨大差异，马克思甚至提出要“消灭哲学”，恩格斯也说马克思的实践思想已经“不再是哲学”。这些都说明了马克思实践思想与传统实践理论的根本区别。

① 马克思、恩格斯：《费尔巴哈》，人民出版社 1988 年版，第 83 页。

附注

我们在本书中所使用的“断裂”一词的含意是这样：它不是如阿尔都塞自己或分析阿尔都塞哲学的理论所谓的“认识论的断裂”中的含意。“‘认识论的’这样的用语，是指读懂从内部秘密组织言说系统这样的理论上的‘问题结构’，以及再三分析共存的多种理论上的‘问题结构’的各种各样的条件和界限的操作。”“所谓‘断裂’则意味着从一个问题结构向另一个问题结构的‘结构性过渡’……断绝性过渡。”①

本书认定马克思的实践思想对其前任何实践哲学理论而言是“断裂”，首先是着眼于整个哲学体系的整体性、根本性的“断绝”，而不仅是“认识论的”。在此意义上，本文所用“断裂”只取其“断绝”之意，意味着马克思的实践思想既不同于亚里士多德的“伦理实践哲学”；也不同于德国古典时期的理性实践哲学、感性实践哲学；更不同于马克思以后出现的各种“实践哲学”。

① 今村仁司：《阿尔都塞——认识论的断裂》，河北教育出版社2001年版，第289页。

第四章　马克思实践思想的当代性——对实践本体论化的分析

一、马克思实践思想的当代进程

马克思实践思想的当代进程也就是马克思主义哲学的当代遭遇。在20世纪，马克思主义哲学的发展经历了深刻的演化，主要表现在东西方马克思主义哲学的分化。一支是始于列宁、形成于斯大林的东方传统马克思主义哲学，另一支则是以卢卡奇、柯尔施和葛兰西以及之后的法兰克福学派和存在主义的马克思主义为代表的西方马克思主义哲学。二者同是面对马克思哲学遗产，但不同的实际需要和不同的文化传统使得东西方追随者们采取不同的解读模式，从而导致东西方马克思主义哲学观在总体上呈现出极大的差异。从历史发生学角度看，东方正统马克思主义的产生和发展成为西方马克思主义诞生的母体；西方马克思主义正是在对东方正统马克思主义的批判、否定中发展起来。

因此，我们将采取“东西”比较的方法进一步分析西方马克思主义的实质，从中看出西方马克思主义的“实践本体论化”倾向的历史必然性和发展片面性。在学理上进一步分析“实践本体论化”的历史局限性。

总起来看，无论是东方传统马克思主义还是西方马克思主义，二者都带着浓厚的传统本体论色彩、都从传统本体论思维方式出发理解和阐释马克思哲学思想。但在“实践本体论化”的程度上却有着明显差别。总的说东方传统马克思主义是前康德哲学或18世纪法国机械唯物主义的翻版；而西方马克思主义则由于受到“黑格尔主义”的严重影响，使其马克思主义带有明显黑格尔化的痕迹。二者的差别在今天的人们看来是分明的。因此，经过对20世纪东西方马克思主义的比较分析，我们认为，西方马克思主义对东方传统马克思主义的批判主要集中在四个方面：一是用方法论哲学批判体系化哲学；二是用主体性哲学批判客体性哲学；三是用解释的哲学批判意识形态的哲学；四是用学院的哲学批判暴力的哲学。

（一）东方传统马克思主义的产生及其本体论化的失误

作为一种博大精深的理论，马克思实践思想是一个可以从多层次展示其内容、多角度予以阐释、多方面进行拓展的开放的思想视域。同时它注重适应时代变迁与实践发展，善于概括、总结新的社会现实提出的重大问题，接受其挑战，除旧出新，大胆修正，在新的形势下寻求新形式、新发展的内在本性，无疑为后来者的理解、阐释和发展留下了极大的空间。把马克思实践思想置于“马克思之后的马克思主义”一个半多世纪的发展历程中进行比照，可凸显它持久不衰的科学价值和生命活力。

1. 东方传统马克思主义的产生过程

马克思之后对其哲学思想作出传播、宣传、阐释的首先是他的战友和学生。狄慈根在对思辨唯心主义的批判中就哲学的基本问题、哲学思维的特点和哲学的党性功能作了阐发；梅林则着重阐明了历史唯物主义对哲学社会功能的规定，并在众多的哲学史论著的写作中表述了他所理解的马克思主义的哲学史方法；考茨基则在对资本主义矛盾的分析与对机会主义的批判中力求体现哲学的批判性、本质论；拉法格从认识论上阐明思想观念的起源从而说明哲学观念的发展；拉布里奥拉在对社会有机体系统、对社会意识形态独立性的说明中再三强调了马克思在哲学问题理解上的全面性、整体性；普列汉诺夫算是颇有“体系意识”的理论家，他的理论活动涉及马克思主义的方方面面，并试图以自己的理解系统化、条理化，正是在他的著述中首次出现了把“辩证唯物主义”和“历史唯物主义”联系在一起的提法，出现了本体论、辩证论、认识论和唯物史观的分割。然而无论就对哲学体系的全面性分析，还是对马克思哲学在有关哲学探究的对象、哲学把握世界的方式和哲学的社会功能等方面内涵的理解，他们都没有达到马克思的水准。

列宁的出现是马克思主义发展史上的一个新现象，这就是经典作家的职业和身份发生了变化。马克思虽然注重自己学说的革命性、实践性，也曾参与过共产国际和世界工人阶级的实际运动，但终其一生，就其职业和基本身份来说，始终是学者和理论家。从列宁开始，情况不同了，与马克思相比，他们首先是政治家、革命家、社会活动家，他们所思所为更离不开直接当下的社会现实，这种深切关怀使他们致力于探索与寻找到一条社会变革的成功之路。他们的学说与政治活动融为一体，或者说是为政治活动提供论证和服务的。他们的哲学家资格不容置疑，但却是归属政治家类型的哲学家。他们的哲学思想也显示着一个政治家特有的思路和视角，使马克思哲学在他们身上呈现出新特点。

列宁突出强调哲学理论的政治性、批判性、社会性和阶级性。在列宁看来，不可能存在处于唯物主义与唯心主义对立之外的第三个哲学派别，声称“介于两者之间、动摇于两者之间的中间派别”即不可知论归根到底也是唯心主义的一种变种；鉴于驳斥经验批判主义“无党性”的需要，列宁在马克思主义哲学史上第一次明确地提出哲学的党性原则，即“在解决哲学问题上有两条基本路线、两个基本派别”，“哲学上的党派斗争……归根到底表现着现代社会中敌对阶级的倾向和思想体系”①；列宁倾其一生研究自己所处的时代，他对时代的鉴定源于政治经济形势的分析、革命策略的选择和对马克思主义辩证法思想的运用；他还提出在普通民众中普及哲学特别是马克思主义哲学的问题，要求“从外部进行灌输”。列宁之后马克思主义哲学在苏联特别是斯大林时代成为载入国家宪法的“统一的指导思想和共同的世界观”。宣传、普及、研究和发展的规模空前扩大，并且纳入国家发展的计划，具有鲜明的目的性、指令性；经过系统的整理、加工、总结和概括，逐步建立起马克思主义的各个学科完整的体系。1938 年斯大林的《论辩证唯物主义和历史唯物主义》更是影响巨大，以致发展成为后来在我国具有“独尊”地位的“教科书哲学”。

东方传统马克思主义哲学的体系化是有一定历史渊源的。尽管马克思、恩格斯一直是以反对体系哲学而从事自己的哲学活动的，不过在 19 世纪 70 年代，为在工人运动中进一步传播的需要和在德国社会民主党内批判杜林错误思想的需要，恩格斯撰写《自然辩证法》、《反杜林论》等著作，为建立包括马克思主义哲学在内的整个马克思主义理论体系奠定了基础。之后，随着社会历史背景的变化，新康德主义、实证主义的流行，使得第二国际的理论家漠视了哲学体系与体系哲学的内在区别。恩格斯以上努力也被视为将马克思主义哲学体系化的开始，并且他们作为“正统的”马克思主义者也开始了把马克思主义哲学在内的整个马克思主义学说进一步体系化的过程。作为东方传统马克思主义哲学开创者的列宁，一开始是反对第二国际和实证主义的。但是，他在捍卫马克思主义哲学的基本原则的时候，一定意义上，也在与论敌论争中而进入对方的体系化哲学的语境。② 后来，马克思的学说被作为一种革命的理论引入东方并指导东方的革命斗争，又经历了一个进一步体系化的过程。十月革命以后，马克思主义哲学在苏联的地位，特别是 1938 年斯大林参与编写的联共（布）历史教科书的第四章第二节，即《辩证唯物主义和历史唯物主义》单行本的出

---

① 《列宁选集》第 2 卷，人民出版社 1995 年版，第 227、240 页。

② 参见孙伯揆：《体系哲学和马克思主义哲学》文章，载《江苏社会科学》2000 年第 1 期。

版，标志着以传统教科书为代表的、以辩证唯物主义和历史唯物主义为经典内容的东方正统马克思主义哲学体系的基本框架的形成。在此以后，在这种体系化的东方正统马克思主义哲学中，他们强调的是作为马克思主义哲学体系框架的基本结论重要性以及它对马克思主义哲学的内在规定性。这一体系化的哲学有悖于马克思哲学超越于近代一切体系哲学的基本精神，背离了马克思的实践思想特质。

早期的东方传统马克思主义在变革旧世界的过程中，充分挖掘马克思哲学的辩证法思想，在很大程度上体现了马克思哲学的批判性。然而在随后上升为国家的指导思想后，其理性的批判性则日益削减，以传统教科书为代表的马克思主义哲学更主要的体现在对现实社会制度、政治模式和意识形态的论证，甚至为了论证的需要，在一定程度上有无视理论之科学性的问题。如果地位的转变只是其批判性削减的外部原因，那么前面谈到的，以传统教科书为代表的东方传统马克思主义哲学对于实践只是在认识论的意义上理解，而没有从最为根本的意义上去理解，才是其批判性趋向缺失的内在原因。马克思哲学的实践性与其批判性、科学性是相一致的。可见，如果不能对马克思哲学思想的实践特征有一正确的理解，无论怎么强调马克思主义的辩证法，也不能从根本上树立马克思哲学的批判性，马克思哲学的批判性正是源自于马克思实践思想的批判性。加之，在现实生活中由于一味强调哲学与政治现实相一致，哲学成了对苏联模式和斯大林著作的诠释。需要指出的是，尽管以传统教科书为代表的东方马克思主义在论及资本主义或帝国主义世界时表现出其一贯的批判性，但这种批判性由于是源自于与批判对象在意识形态上的对抗这一事实，导致其批判的科学性为其情绪化的批判所遮掩。概而言之，东方传统马克思主义在很大程度上倾向于一种解释论证现实社会的体系哲学。

我们现在称作“马克思主义哲学”（它主要表现在原理教科书的形态中）的内容和体系，主要是由苏联学者在40年代制定的，它的最初蓝本是斯大林的《辩证唯物主义与历史唯物主义》，以后则以哲学原理教科书的形式通行于社会。

2. 东方传统马克思主义的失误

我们承认，马克思创立的哲学，对以往的哲学来说并不仅仅是某几个原理、观点、范畴的改变，或在已有的哲学基础上又增添了几个什么新的范畴、观点和原理，而是整个哲学理论，包括从对象、性质、功能到观点和方法的根本性变革，即我们通常称之为“革命性”的那种变革。苏联学者很强调这一种，可惜的是，从他们所叙述的内容和体系中却又很难体味到这点。我们看到的不仅许多哲学范畴、命题、观点是旧有的，连哲学的倾向、原则和方法，甚至对于哲学问题的提问方式、探讨方式，也都很难同以往的哲学区别开来。唯物主义与辩证法的统一及其彻底贯彻被认为是马克思哲学的基本标志，但在教科书哲学中这也往往限于抽象的论断，因为它脱离开或者说丢掉了马克思创立的“实践”概念和学说，使这种统一失去了现实的基础，统一便变成只是人为的拼合。以马克思名字命名的理论，其中还大量引用了马克思恩格斯著作的语句，却很像旧哲学理论。这种情况就是由于制订体系的学者包括蓝本作者自己没有转变哲学思维模式，运用的是旧哲学框架、旧哲学观点、旧哲学方法去理解马克思的哲学思想所出现的结果。

从历史上看，凡属哲学理论的重大变革，大都同时伴随着哲学观的改变。在这种状况下，要理解创新理论的实质只能依据新理论改变了的哲学原则、观点和方法，而人们熟悉的往往又只是旧有的哲学原则和观点，而从原来的哲学观念去看新的理论，这种理论总是不大像“哲学”，必须把它加以还原、纳入到旧的哲学框架才能够理解，这样一来新理论往往也就失去了它的创新本质。这是一个难点。这个难点表明，理解创新的哲学，实质上是意味着理解者的观念的转变，而他如果没有理解，他的观念也难以转变。

这里不去说在理解一种新哲学时还有其他许多因素，如政治的因素、社会的因素、历史的因素在起作用；单单这个认识论因素的作用，对人们的理解就足以构成新理论失真的原因。

苏联学者使马克思哲学变成了脱离现实，远离生活，背离时代，以不食人间烟火的天使为人性假定的一种理性主义哲学。在这种哲学里边，“感性活动”（实践）这一马克思的重大理论发现，没有作为一个核心概念来对待。而把抽象的自然原则作为整个哲学的前提。这样的体系哲学就变成了不是贯彻实践的原则，而是贯彻抽象理性原则。

在这种理性主义哲学中，实践被驱逐到认识论的一个小角落。只在论述到检验真理标准的时候，才讲实践。讲到认识的本性的时候都不讲实践，认识的本性没有反映实践的本性。虽然人们说，认识来源于实践，但实践在认识当中没有打下自己的印记。在这种体系哲学中关于认识的解释跟旧唯物论的解释基本是一样的。所有这些说明这种所谓马克思哲学或马克思主义哲学理论是倒退，实质上退回到旧哲学理论那里去了。

比如物质这个概念，在过去我们哲学体系里是最高的范畴，把它作为观察一切问题贯彻始终的出发点，这就意味着要把一切事物都还原回基本上是实体的存在。因为在始初的物质存在面前，大家都是一样，不分彼此。在物质前提下人没有特殊性，重物抑人，失落了人；“群众”是历史唯物论一个重要概念。

但是在群众决定一切的名义下，我们过去的理论里边不讲个人的作用，没有个人的差别，没有特殊人格，也没有人的个性。把许多人划归在一起堆成一个大堆，这就是群众，是个集合概念。那么作为群众的人格化身的就是领袖。我们讲的个人不是群众当中的单个人的个人，个人只是指领袖的个人，而领袖实质上是群众人格的一个代表，群众人格化是一个表现。马克思在许多地方反复强调个人在整个历史发展中是基础，是一个主体。

3. 东方传统马克思主义的本体论化倾向

以传统教科书为代表的传统马克思主义由于不能对马克思的实践思想以全面的理解，把马克思哲学降至马克思生前所一直批判的旧唯物主义水平。所奉行的哲学解读模式，主要有两个特点：一是“自然决定论”，二是“客体决定论”。

首先，“自然决定论”主要是从世界观的意义上说的，即归根到底，最终把与人的实践活动相分离的自在自然作为整个哲学体系的基础和出发点。在这样的体系中，当然看不到人和人的活动的基础性意义的。坚持这一“自然决定论”在于其逻辑上有一个僭越，即把“物质”等同于“自然”，从而把“物质决定论”等同于“自然决定论”。这样，就把马克思哲学中本来是用来说明物质和意识的关系的原则，简单套用在自然界和人的关系上，最终导致将物质决定意识归结为自然决定人。

其次，“客体决定论”主要是从认识论和价值论意义上说的。即自觉或不自觉地把唯物主义当作一种类似“客体主义”的模式来思考问题，把“物质第一性”等同于“客体第一性”。这样，在说明认识问题时，它总是单一地强调客体对认识的决定作用，而忽视主体及其活动在认识中的地位；在说明现象时，它总是从客体的存在和属性上，去寻找客观性的基础和根据，而看不到主体的基础意义。与以上两种观念相适应，它强调把人类社会历史的发展看作一个自然历史过程，强调这个自然历史过程中客观规律的决定作用，而对在历史活动中人的主观能动性、历史发展的选择性和多样性则在很大程度上则予以忽视或重视不够。

造成这种状况的原因在于其对实践本体论化的理解——物质本体论的理解，未能真正理解实践在马克思哲学中的地位和意义。只是在认识论意义上被理解，而没有从更为根本性的意义上去理解。马克思说：“……实际上对实践的唯物主义者，即共产主义者说来，全部问题都在于使现存世界革命化，实际地改变和反对事物的现状。”马克思所强调的物质、自然，不是与人的实践活动无牵涉的“只是从客体的或者直观的形式去理解的”抽象的物质、自然，而是当作“感性的人的活动”、“当作实践去理解”从“主体方面去理解”的物质、自然，即自在自然只有被纳入人的实践活动中才具有直接现实的意义。由于传统教科书解读模式对实践的意义理解的空场，马克思哲学对旧唯物主义的超越和断裂就无法体现出来，从而导致东方传统马克思主义趋向于一种客体化的哲学。

东方传统马克思主义一开始就被赋予较强的政治功能。无可否认，每一种哲学都不能不和特定的政治相联系，不存在脱离任何政治的哲学。但“哲学”毕竟不同于“政治”，“哲学上的说理”不同于“政治上的说教”。哲学的政治化有赖于一定的社会历史条件。东方社会主义革命并不完全具备马克思所论及的欧美发达国家进行社会主义革命的条件，由于东方社会的落后性不仅表现在其经济和政治方面，还突出体现在其思想文化方面。无论怎么强调革命爆发的必然性，如何在小农和小资产者占多数的革命群众中进行包括马克思主义哲学在内的宣传教育，以便在革命中规范纪律，提高觉悟，统一行动，都是一个极为关键而艰巨的工作。本来应是成熟工人阶级自觉接受的马克思主义思想，在这些远非成熟的革命群众身上不得不体现出政治教化的特点。随着革命的胜利，对全体民众进行包括马克思主义哲学在内的宣传教育更是一项艰巨的任务，使得东方马克思主义哲学的政治教化功能进一步增强，以致哲学沦为政治的附庸。把哲学政治化势必导致，把生动的哲学原理凝固化为一系列让人熟记的教条，这是东方传统马克思主义哲学教条主义泛滥的根源之一。把哲学政治化，对哲学的任何创新都可能意味着对现实政治的挑战，学术上的争论被视为阶级斗争，往往最终以政治决议的形式加以解决，哲学创新的权利也就自然只被赋予少数几个领导人甚至某一个人，这样东方马克思主义哲学的传统教科书直接或间接出自国家最高领袖之手也就不足为怪了。把哲学政治化，也导致东方传统马克思主义哲学无视与教条不符的活生生的现实，造成理论与现实的脱节。以致西方的科学也好，哲学也好，在还没搞懂的情况下，先用自己的哲学武器将之作为资产阶级的意识形态地去批判。

（二）西方马克思主义的产生及其黑格尔化倾向

1. 西方马克思主义的产生

卢卡奇以其《历史与阶级意识》（1923年）开“西方马克思主义”之先河，提出一条既不同于第二国际的“经济决定论”，又不同于列宁的唯物主义“反映论”的“发展马克思主义”的路线。他提出“正统的马克思主义”“仅仅是指方法”。① 力图通过马克思理论中所蕴涵的“更新和发展了的黑格尔的辩证法和方法论”来“恢复马克思理论的革命本质”。经过柯尔施《马克思主义和哲学》（1923年）中关于“理论与实践统一”关系的新解释和葛兰西的“实践哲学”，到五六十年代，“西方马克思主义”发展为一种广泛的社会思潮，虽然并没有形成统一的观点，但以其所创立或服膺的哲学去“比附”、“嫁接”、“补充”马克思主义成为其共同的特征，出现了诸如“黑格尔主义的马克思主义”、“弗洛伊德主义的马克思主义”、“存在主义的马克思主义”、“新实证主义的马克思主义”、“结构主义的马克思主义”等等派别；而影响颇大的法兰克福学派则把马克思主义解释为一种“社会批判理论”，结合当代实际对现存的资本主义社会从各个角度进行了一系列的批判。

此外还应该包括南斯拉夫的“实践派”、波兰的“哲学人文学派”、捷克的“存在人类学派”、匈牙利的“布达佩斯学派”等东欧的“新马克思主义”各派。这些学派虽然对马克思思想的解释以及对现实问题的研究侧重各不相同，但他们所面对的一些共同的问题（包括政治的、经济的、思想的以及社会的问题）又使他们具有相同的特征。这就是都致力于对苏联哲学模式的批评、对马克思主义的人道主义的阐发和对社会主义“异化”问题的研究以及对“实践”问题的探讨。

南斯拉夫的“实践派”的主要代表人物马尔科维奇认为，“实践派”的意义主要在于反对哲学上的教条主义，反对把马克思主义的历史唯物主义理解成一种“经济决定论”、“阶级论”和“政治至上论”。按照他的理解，马克思哲学的中心问题是人在宇宙中的地位，马克思主义人道主义也就是历史唯物主义，马克思主义人道主义的基本内容也就是历史唯物主义的基本内容；波兰的沙夫则在其《马克思主义与个人》（1965年）中写道，我们的时代是重新发现马克思的时代，“青年马克思是我们时代的一大发现”。刻板的马克思主义的理论模式同马克思早期著作的思想是相抵触的，现在到了“重新评价青年马克思的著作”、“用一种新的方式解释马克思”的时候了。沙夫认为，“马克思主义的出发点就是把人作为最可宝贵的财产，就是为推翻压制人的社会关系进行斗争。这个贯穿整个马克思主义思想体系的出发点，决定了马克思主义的人道主义性质”。如果说“西方马克思主义”更多的是表达了对“列宁主义”的分歧的话，那么，东欧“新马克思主义”则更多地表达的是对“斯大林主义”的不满。

① 卢卡奇：《历史与阶级意识》，商务印书馆1996年版，第48页。

2. “西方马克思主义”的概念界定

西方马克思主义[①]这一概念最初由柯尔施于30年代在《马克思主义和哲学》一书中提出。意指20世纪初在马克思主义阵营内由于对西方革命道路的争论而形成的一股理论思潮，主要包括卢卡奇、葛兰西和他自己。

对于柯尔施所提出的“西方马克思主义”概念，我国理论界主要有三种观点：第一种观点以徐崇温为主要代表，他从柯尔施对列宁哲学提出批评这一点出发，认为其“西方马克思主义”概念反映了一股反列宁主义的“西方马克思主义”理论思潮。徐崇温指出，“西方马克思主义”概念，应指“第一次世界大战以后，在十月革命胜利而西方革命相继失败的背景下，在西方资本主义国家中产生出来，既反对第二国际的新康德主义，又反对共产国际的‘机械唯物主义’，在对现代资本主义的分析和对社会主义的展望，在革命的战略和策略等问题上，提出了不同于列宁主义的见解。在哲学上，则提出了不同于恩格斯和列宁等马克思主义者所阐述的辩证唯物主义和历史唯物主义的见解，要求重新发现马克思的原来设定，主要表现为‘左’的思潮的意识形态”。[②]

第二种观点以杜章智为代表，他指出，“西方马克思主义”是一个含糊的、可疑的概念。他列举了国外比较常见的三种用法：(1) 地域性概念。如A. 南斯拉夫学者格尔利奇科夫主张按地区把马克思主义划分为“东方”、“西方”和“第三世界”三类；(2) 梅洛—庞蒂的概念。他所说的“西方马克思主义”是指卢卡奇在《历史和阶级意识》一书中阐述的那种强调辩证法、强调无产阶级主观革命性的理论，并以此与列宁主义对立；(3) 佩里·安德森的概念。安德森在《“西方马克思主义”探讨》一书中提出的“西方马克思主义”概念，是指1924年斯大林执政以后，在西方出现的一批与马克思主义经典传统代表人物截然不同的思想家，如卢卡奇、柯尔施、葛兰西、本杰明、霍克海默尔、德拉·沃尔佩、马尔库塞、勒菲弗尔、阿多尔诺、沙特、戈尔德曼、阿尔都塞、柯尔施、布洛赫和哈贝马斯等的马克思主义理论。杜章智还详细地分析了安德森概念所存在的问题：A. 安德森把不同思想倾向的人放到一起，不利于研究问题；B. 他按照世代分类研究的方法，脱离了具体的政治经济环境；C. 他是按照正统托洛茨基主义历史编纂学的标准来对时代进行划分的；D. 他提出的“西方马克思主义”理论家的名单极不完备，并且带有明显的托洛茨基主义色

---

① 关于“西方马克思主义”的研究历史与现状，可参见衣俊卿等著《20世纪的新马克思主义》和韩秋红，李万玲著《断裂还是传承？——西方马克思主义及其当代资本主义观》等。

② 徐崇温：《“西方马克思主义”》，天津人民出版社1982年版，第23—25页。

彩；E. 他所说的“西方马克思主义”的共同特征大都不能成立。在此基础上，杜章智进一步提出应该废弃“西方马克思主义”这一概念，代之以国外当代马克思主义。① 李忠尚也提出可以用“新马克思主义”来代替“西方马克思主义”概念。②

第三种观点以陈学明为代表，建议统一到柯尔施的概念上来。其理由主要有四个：（1）柯尔施、梅洛—庞蒂的“西方马克思主义”概念是原本意义的用法，其他用法都是在此基础上演化而来的。（2）柯尔施是“西方马克思主义”的创始人、梅洛—庞蒂是存在主义马克思主义的主要代表人物之一，他们对“西方马克思主义”概念的规定更有权威性。（3）柯尔施、梅洛—庞蒂的“西方马克思主义”概念，包含着地域性含义又不以地域性为限，内容比较全面。（4）柯尔施、梅洛—庞蒂的“西方马克思主义”概念，从思想路线的角度考察问题，强调特定的思想内涵。因此，他们的“西方马克思主义”概念更科学、而佩里·安德森的概括只是表面的、形式上的。③

本书在宽泛的意义上使用“西方马克思主义”一词。众多专家比较一致的看法是在“西方马克思主义”的总称谓之下存在着各自相对独立，相互差异较大的派别。对此，国内专家也都有自己的看法。

徐崇温认为，“西方马克思主义”包含了6种基本流派。第一个基本流派是以卢卡奇的《历史和阶级意识》、柯尔施的《马克思主义和哲学》等著作为代表的黑格尔主义的马克思主义：法兰克福学派的代表，在初期也奉行黑格尔主义的马克思主义的思想路线。第二个基本流派是以赖希、马尔库塞、弗洛姆等人为代表的弗洛伊德主义的马克思主义。第三个基本流派是以萨特和梅洛—庞蒂为代表的存在主义的马克思主义。第四个基本流派是以意大利哲学家德拉—沃尔佩和科莱蒂为代表的新实证主义的马克思主义。第五个基本流派是以法国哲学家阿尔都塞等为代表的结构主义的马克思主义。第六个基本流派是以英国哲学家科亨为代表的分析的马克思主义。各流派分属于人本主义（批判的）和科学主义两种倾向。在人本主义方面，有黑格尔主义的马克思主义、弗洛伊德的马克思主义和存在主义的马克思主义；而在科学主义方面，则有新实证主义的马克思主义、结构主义的马克思主义和分析的马克思主义。④

杜章智反对徐崇温把卢卡奇、葛兰西、阿尔都塞等人作为“西方马克思主

① 杜章智：《西方马克思主义是一个含糊的、可疑的概念》，《马克思主义研究》1988年第1期。

② 李忠尚：《“新马克思主义”析要》，中国人民大学出版社1987年版。

③ 陈学明：《西方马克思主义论》，辽宁人民出版社1991年版，第23—24页。

④ 徐崇温：《“西方马克思主义”论丛》，重庆出版社1989年版，第9—12页。

义”的研究对象，指出他们都是忠诚的共产党人，杰出的马克思主义者，不应该被扣上“西方马克思主义”的帽子。[①] 张翼星认为，把卢卡奇、葛兰西视为“西方马克思主义”创始人或奠基者的观点值得商榷。因为“西方马克思主义”很难说形成了有某种共同特点的思潮，也就很难有什么确定的“奠基者”；而且，卢卡奇、葛兰西一生尽管经历过各种曲折，但他们从来没有把自己置于与列宁、列宁主义相对立的地位。[②] 张翼星就“西方马克思主义”的对象问题与徐崇温商榷，他认为，徐崇温所列举的代表人物之间是有本质区别的。就政治而言，葛兰西是坚定的无产阶级革命家；法兰克福学派基本上是自由资产阶级激进派；即使是作为《历史与阶级意识》作者的卢卡奇，也没有背离无产阶级的革命方向。在革命的战略和策略上，葛兰西是倾向于列宁的；而法兰克福学派则否定工人阶级的主体地位和领导作用。在哲学上，卢卡奇的错误是未能把握和贯彻马克思主义唯物主义的实质来探索主体和客体的辩证关系；马尔库塞的错误则是从唯心主义的立场篡改了马克思主义的唯物史观。此外，张翼星还建议扩大“西方马克思主义”的范围，把西方共产党的理论家的理论也包括到“西方马克思主义”中去。[③]

陈学明既反对不加区别地把“整个卢卡奇”说成是西方马克思主义者，也反对否定青年卢卡奇开创了“西方马克思主义”的思潮。他认为葛兰西哲学思想与青年卢卡奇、柯尔施理论是一致的，而与列宁主义有重大分歧，也应属于“西方马克思主义”。陈学明反对把以阿尔都塞为代表的结构主义的马克思主义和以德拉—沃尔佩为代表的新实证主义列入“西方马克思主义”，还反对把西方共产党的理论家的理论包括到“西方马克思主义”中去。他把“西方马克思主义”的理论家归纳为：青年卢卡奇、柯尔施、葛兰西；法兰克福学派（包括其第一代代表人物——霍克海默尔、阿多诺、马尔库塞、弗洛姆等，第二代代表人物——哈贝马斯、施密特、内格特等）；存在主义的马克思主义者（包括从马克思主义走向存在主义的列斐伏尔和从存在主义走向马克思主义的萨特、梅洛—庞蒂等）；弗洛伊德主义的马克思主义者（赖希、马尔库塞、弗洛姆等）；以及70年代以后新的一代法兰克福学派成员（韦尔默尔、奥菲等）、新的一代存在主义的马克思主义者（高兹等）、新的一代的弗洛伊德的马克思主义者（查列茨基等）、新出现的“西方马克思主义”的分支，例如“生态学的

① 杜章智：《谈谈所谓“西方马克思主义”的问题——兼与徐崇温同志商榷》，《现代哲学》1988年第1期。

② 张翼星：《卢卡奇、葛兰西与一般西方马克思主义者的区别》，《马克思主义研究》1988年第4期。

③ 张本：《关于当代西方马克思主义的研究对象》，《现代哲学》1988年第2期。

马克思主义”（威廉·莱易斯、本·阿格等）、“分析的马克思主义”（G. A. 柯亨等）。①

3. “社会本体论”派和“实践本体论”派

西方马克思主义从总体上看有三种类型：一是以卢卡奇为代表的“社会本体论”和以葛兰西为代表的“实践本体论”；二是以法兰克福学派为代表的批判的马克思主义理论；三是以阿尔都塞为代表的“社会结构论”的马克思主义。三种类型都严重存在着“实践本体论化”倾向。其中尤以卢卡奇、葛兰西、柯尔施等为代表的所谓第一代西方马克思主义最明确，影响比较大。

西方马克思主义代表人物卢卡奇、葛兰西和柯尔施三人的理论兴奋点是如何探寻一条西方人走向自由和解放的西方社会主义革命道路；其理论的历史背景是既要反思和总结20世纪初西方社会主义革命失败的经验教训，又要反对资本主义市场经济发展过程中出现的异化现象；其理论的文化背景则是西方人文主义哲学传统或历史主义的文化哲学传统；其理论批判的锋芒则是指向那种对马克思主义的唯科学主义的、实证主义的理论解说。在此基础上，他们提出了要重新反思马克思主义哲学的真谛，特别是要重新界定马克思主义本质的任务。

卢卡奇在他的《历史和阶级意识》一书中，提出了“什么是马克思主义的正统，即实质”的问题，他对这个问题的回答是“总体性的辩证方法”。按照他的看法，即便是马克思主义的所有个别结论都被证明为过时的，但只要坚持了这一方法，那你就仍然坚持了马克思主义的立场。

卢卡奇的这一观点得到了葛兰西的赞同，葛兰西把马克思主义哲学定义为一种“历史方法法”。对马克思主义哲学实质的探求，必然会进一步追问，马克思主义哲学的研究对象是什么？提问方式是什么？西方马克思主义者认为，作为对近代哲学的超越，马克思主义哲学有着自己独特的研究对象。如果说近代哲学是把整个世界作为自己的研究对象，把探寻绝对的“物质本体”或“精神本性”作为哲学的任务；马克思主义哲学研究对象则是“人类社会历史”。葛兰西在他的“实践哲学”中反复强调，历史唯物主义的重点在“历史”，而不是“唯物主义”上；哲学研究对象的不同决定了哲学提问方式的变革。和传统哲学“本体论的提问方式”不同，马克思哲学关注的不是超越现实世界之外“绝对本体”，而是把眼光投向了“人的现实生活世界”，进而形成了“实践论的提问方式”，这就决定了“人及其实践”在马克思主义哲学中占有突出的基

① 陈学明：《西方马克思主义论》，辽宁教育出版社1991年版，第25—41页。

础地位，因此，它也必然会落实到人的现实生活世界，关注人的生存境遇，由此卢卡奇提出了“物化理论”，突现了西方现代化进程中人受制于物，人的价值下降，物的价值上升这一异化现象，并把这一异化现象产生的根源归因于商品经济的发展、技术理性的盛行以及资产阶级意识形态的作用；而葛兰西则把实践哲学的基本理论运用于政治批判、文化批判和道德批判，形成了“意识形态和文化的领导权理论”，并从根本上奠定了西方马克思主义哲学批判理论的主题。

西方马克思主义理论家虽然主观上立足于和近代哲学的断裂，但他们在实质上仍没有摆脱传统哲学，在思维方式等根本问题上仍是本体论的思维方式，他们追问“马克思主义哲学的本质”，进而把马克思主义哲学理解为一种现代实践唯物主义哲学，这种哲学在哲学本体论上体现为实践哲学。这种哲学本体论必然外化为政治批判、文化批判、道德批判。这种观点打碎了传统马克思主义理论的经济话语系统，法兰克福学派接过了西方马克思主义的批判话语，在马克思的唯物史观、西方人道主义理论传统、弗洛伊德的精神分析学等多元文化背景之下，重新审视了当代西方社会的现代性问题，形成了他们以哲学批判、社会批判、文化批判为主要内容的社会批判哲学。这些社会批判在意识形态的上层建筑等方面来说是有力的、相当深刻的。并因此使“法兰克福学派”一时成为影响巨大的社会思潮。但是，由于法兰克福学派所倚仗的仍是传统本体论的思维方式，使得他们的“批判哲学”暂时热闹但缺乏对马克思哲学思想的准确理解，虽然影响很大但缺乏理论上的重大突破和崭新内容。

4. 法兰克福学派的理论

法兰克福学派认为马克思主义的本质是一种批判性哲学，但从恩格斯到第二第三国际，马克思主义理论发展经历了从“批判性到科学性的转移”，他们就是要重新继承马克思的批判精神，以马克思的政治经济学批判为依据，从人道主义出发，建立一个公正、合理的社会。为了恢复马克思的批判精神，他们首先把批判的矛头指向了实证主义和工具理性。在他们看来，实证主义所信奉的经验主义和唯科学主义原则，割裂了主体和客体、理论和实践、价值和事实的关系，其结果是把作为批判性的哲学变成了证明性的哲学，从而对社会采取一种顺从主义的思维方式和态度，承担着维护现存社会的功能。由此，他们提出了“否定的辩证法”，并运用这种“否定的辩证法”，批判了作为科学技术理性核心的“启蒙理性”。霍克海默尔、阿多诺在《启蒙的辩证法》一书中认为，近代“启蒙理性”虽然以“人性”代替了“神性”，把人类从恐惧、迷信中解放出来，确立了人类作为自然界的主人。但是，“启蒙理性”却又使人受制于科学技术理性，科学技术反过来成为一部分人统治另一部分人的工具，“启蒙理性”成为一种新的极权主义神话。

这种对于“启蒙理性”的批判显然没有超过马克思在《共产党宣言》中对资本主义“技术知识”等异化的机制，而只是马克思《手稿》异化理论的具体化和细化；而且从根本意识上，由于法兰克福学派的本体论立场，这种批判哲学在根本上遮蔽了马克思实践思想的真谛。

法兰克福学派指出，尽管物质财富迅速增加，工人阶级的生活水平有了较大的提高，但是这并不意味着当代西方社会是一个公正、合理的社会，也不意味着当代西方人更加自由和幸福。恰恰相反，由于当代西方社会对人的统治越来越从原来的外在政治统治转向了进入人内心深处的总体统治。因为当代西方社会通过大众新闻媒体，如广告、电影等，控制了人们的消费需求，使人们的消费需求完全服从和服务于资本追求利润的需要，也使人们的兴奋点和全部热情为商品所牵引和支配，而这些需求对于人的生存的本质而言，则是一种“虚假需求”，这种“虚假需求”掩盖、压倒了人们对于自由和解放向往和追求的“真实需要”，从而消灭了人们对于现实世界的批判和反抗向度，形成了人们对于现实世界的顺从意识。针对这种情况，马尔库塞在他的名著《单向度的人》一书中，把这种只知道追求物质商品消费，而忘却对自由和解放追求的当代人称为“单向度的人”，把这个充满顺从意识，缺乏批判力量和批判向度的社会称为“单向度的社会”；弗洛姆在《逃避自由》、《健全的社会》、《为自己的人》等著作中，对当代人的精神困境进行了深入的诊断，认为当代西方社会和当代西方人处于“总体异化”的状态中；而霍克海默尔和阿多诺则在《启蒙的辩证法》一书中，提出了“文化工业论”，宣告了当代西方社会文化的异化和堕落，文化丧失了其创造性、个性化和为人性的特征，而成为大批量流水线生产的、缺乏创造性和个性的复制品，文化沦为一种服从资本追逐利润的特殊商品；哈贝马斯则在《合法性危机》等著作中揭示了当代资本主义社会基本矛盾表现形式越来越体现为经济危机、合理性危机和合法性危机三种危机形式。面对当代西方社会中存在的种种危机和异化，法兰克福学派提出的具体解决办法各不相同，如马尔库塞的“艺术审美救世主义”，弗洛姆的“文化心理革命”、哈贝马斯的“交往行为理论”等，但他们的共同的价值趣旨则在于：革命必先革其心，只有首先从资本主义的意识形态、商品大众文化、商品经济所造就的物化意识中摆脱出来，才能摆脱异化的生存状态，才能说实现了自由和解放的第一步。显然，这是明显受“黑格尔化”的影响，与马克思实践思想相去甚远。

法兰克福学派的工具理性批判、社会批判、文化批判，提示了当代西方社会中的一系列“现代性问题”，提示了现代社会统治方式的变化，这种变化突出体现在越来越通过文化认同和意识形态的作用来实现阶级统治。也正是由于上述统治方式的变化，导致了当代西方社会越来越呈现出非政治化的倾向，工人阶级的政治意识、革命意识越来越淡化、钝化，从而使“革命主体”的寻求长期成为法兰克福学派理论家感到困惑的问题，并不时流露出对当代西方社会和当代西方人实现自由和解放的悲观情绪，无法找到西方人解放的实践之路，而只能诉之于文化批判、艺术审美、心理革命这样精神的层次。

5. 萨特、阿尔都塞的理论

20世纪60年代是一个动荡的年代，一方面是苏共“二十大”后的非斯大林化运动，中苏论战和分裂；另一方面则是西方青年学生造反运动不断。这些历史性事件的发生，自然也会引起理论上的争论。“什么是马克思主义的本质”这一问题又一次提到了人们的眼前，当时对这个问题有两种对立的回答。一种是人道主义的马克思主义思潮，他们用青年马克思思想中的“异化”、“抽象的人道主义”来解释和统领马克思主义；另一种则是苏联模式的马克思主义，即“辩证唯物主义与历史唯物主义”的解释模式。在这样的历史和理论背景之下，在法国产生了阿尔都塞和萨特这两种著名的马克思主义理论解释模式。

萨特之所以向马克思主义理论接近，从理论上讲，主要是因为他在《存在和虚无》一书中所宣扬的绝对自由理论在“二战”中越来越显示出其虚幻性；从历史背景上看，工人阶级及其先锋队组织共产党在“二战”中的巨大作用和献身精神，对萨特的思想转变起了很大的作用。萨特开始从社会历史的角度探讨人的自由、价值和命运问题。他一方面承认马克思主义是时代不可超越的哲学，但他并不赞同当时的“辩证唯物主义和历史唯物主义”，认为这种混淆自然规律和社会历史规律的机械决定论、经济决定论式的马克思主义理论存在着一个“人学的空场”，必须用存在主义人学予以补充和完善。因此，他提出了要注重对社会历史和个人之间相互作用的“中介和方法问题”的研究，并提出用“人学辩证法”代替“唯物辩证法”，用“历史人学”代替“历史唯物主义”，形成了以强调对历史中人的活动的进行微观考察，以“个体实践”为基础，以“人的需要”和“物质匮乏”为基本矛盾的社会历史理论。这一理论虽然批判的对象是指向苏联模式的马克思主义理论，而非马克思哲学本身，并且他对苏联模式的马克思主义理论的批判是中肯的、深刻的。

阿尔都塞的理论主要要求解决下列问题。问题之一：如何才能捍卫马克思主义的科学性？为此，阿尔都塞既反对人道主义的马克思主义，也反对苏联模式的马克思主义理论。他把马克思主义理论分为“历史唯物主义科学”和“辩证唯物主义哲学”，把历史唯物主义定义为“理论上的反人道主义”，认为马克思分析历史和政治的理论工具并非是“人道主义”，而是“唯物史观”。这种唯物史观不是一种人的哲学，而是一种关于社会结构的哲学，即社会历史的发展是由社会经济、政治、文化结构所构成的历史总体所决定的。其中，经济结构具有归根结底的决定作用，而政治和文化结构能够在一定的历史时期决定某一具体历史事件的发展。只有这样才能和苏联模式那种对唯物史观的经济和技术决定论、还原论的解释区别开来；问题之二：如何解决马克思主义理论的科学性和意识形态职能的关系问题。阿尔都塞从“科学和意识形态对立论”的原则出发，把意识形态看作是一种“虚假意识”，这样他也必然会否定作为意识形态基础和核心的哲学所具有的客观内容——即人和世界、人和人的关系，认为哲学“既无对象，也无历史”。从这种观念出发，他认为，马克思的历史唯物主义是科学的理论，它承担着科学认识的功能，和政治意识形态无关；辩证唯物主义哲学并不承担科学认识的职能，主要行使着意识形态斗争的职能，因此它是“理论领域的阶级斗争”，也就是争夺世界观的武器。他认为这样就可以保证马克思主义理论的科学性和意识形态职能的统一。显然，这种统一是以割裂马克思的历史科学和哲学的内在联系为前提的。这样，他所提出要捍卫马克思主义理论的科学性，正确处理马克思主义理论的科学性和意识形态职能关系的愿望势必就会落空。

从价值取向的角度看，萨特、阿尔都塞的理论和早期西方马克思主义者具有一致性。这种一致性主要体现为：他们都反对那种对马克思主义理论的经济决定论、技术决定论、机械决定论的理论解说，并站在与实体哲学的断裂点上来理解马克思主义理论。阿尔都塞理论的核心之一就是要在马克思主义理论、前马克思主义理论以及对马克思主义的经济唯物主义解释之间划一条原则的界限；此外，他们都是在现代西方哲学的背景之下来建构马克思主义理论。在萨特理论的背后，有存在主义哲学和弗洛伊德的精神分析学；在阿尔都塞理论的背后，则有西方实证主义哲学，如结构主义、巴士拉的历史认识论和科学哲学等。正是在现代哲学的背景中思考马克思主义哲学，使得他们的理论形态具有不同于传统教科书体系的鲜明特征。可以说，尽管他们在实质上仍是在本体论哲学的思维方式的框架下理解马克思哲学，但是可以说他们都在不同程度地推进对马克思主义理论的自我认识。

此外，西方马克思主义还包括其他学派和思潮。如当前比较流行的生态学马克思主义。生态学马克思主义理论是针对当代西方社会日益严重的生态问题逐渐形成和发展起来的。

和一般的生态学理论不同，生态学马克思主义理论把“生态问题”当作是资本主义危机的征兆。在他们看来，资本主义基本矛盾的表现形式已不再表现为“经济危机”，而是表现为“生态危机”。这是因为，当代资本主义社会的统治方式就是通过科学技术的进步，不断地向人们许诺提供越来越多、越来越新的商品，并向人们宣扬一种消费主义的生存方式，把对人生幸福和自我价值的体验寄托于商品消费之中。也由于社会生产和生活的一体化和总体化趋势，人们越来越受制于资本主义生产体系，人们的劳动日益失去了创造性，也越来越失去劳动过程的主体地位。因此，为了逃避劳动过程中的异化，人们也乐于接受消费主义的生存方式，并由此形成一种对经济增长和物质财富增加的“应享”意识，最终沉醉于商品消费中。生态学马克思主义理论认为，这种以“应享”意识为基本特征的消费并不是人为了实现自己的价值的一种“真实需要”，而是由“资本”所控制的一种“虚假需要”，并由此导致一种“异化消费”。而“异化消费”盛行的必然结局是进一步强化业已存在的生态危机，但这种生态危机恰恰为西方革命提供了可能性。这是因为生态危机使人们认识到：资本主义的生产体系也必然会要受自然生态系统的制约，这就决定了资产阶级不断提供越来越多、越来越新的商品的许诺事实上是不可能实现的，这就会导致人们期望的破灭，生态学马克思主义称这为“期望破灭的辩证法”。它也必然会使人们反思当代西方社会盛行的消费主义生存方式和异化消费，从而把自己幸福和价值的确证置于劳动过程之中，而不是置于闲暇时间之中。可以说，摆脱消费主义生存方式和异化消费正是人们走向自由和解放的第一步。生态学马克思主义理论家就是在此基础上，设计出一套用社会主义取代资本主义的革命方案，并最终形成了在当代颇具影响的“生态社会主义思潮”。

6. 西方马克思主义的特征

总体而言，“西方马克思主义”的思想理论具有如下共同特点：

(1) *西方马克思主义认为方法乃是马克思主义哲学最基本的东西。*

为了找出欧洲工人运动失败的原因，同时也是为了消除第二国际中的新康德主义、实证主义倾向及稍后的斯大林哲学体系，卢卡奇认为，马克思的研究方法比马克思的研究结论更重要，“正统的马克思主义并不意味着不加批判地接受马克思的研究结论。它不是对这个或那个命题的‘信守’，也不是对一部‘圣书’的注释。相反，正统的马克思主义只是指方法。”① 而这种方法就是马克思继承黑格尔的总体的辩证法。他说，“总体性的范畴，整体对于部分的遍及一切的优先性，是马克思取自黑格尔并且创造性地把它变成一门全新科学基

① 卢卡奇：《历史与阶级意识》，商务印书馆1992年版，第47—48页。

础的方法实质”。与卢卡奇一样，柯尔施也视总体性的辩证法为马克思主义哲学最基本的东西，他认为，“如果人们忘记了马克思主义的唯物主义从一开始就是辩证的，那就会使他们的唯物主义受到致命的和无法补救的歪曲。马克思主义的唯物主义始终是历史的和辨证的唯物主义。换言之，它是一种在理论上把握社会历史整体并且在实践中进行变革的唯物主义。”① 法兰克福学派也看中马克思的辩证法，认为这种批判精神体现在其社会批判理论的“否定辩证法”。存在主义的马克思主义者萨特则是把马克思主义的精神实质归结为“人学辩证法”。可见，尽管西方马克思主义者在何为马克思主义方法的问题上存在分歧，而对方法的强调和认同则是他们的普遍倾向。把马克思主义方法化有助于突破对马克思主义理解上的教条思维模式，恢复马克思主义的实践特质，但这也难免产生对马克思主义理解上的抽象化，并进一步产生“本体论化”倾向。将方法僵死化是“本体论化”的基本形式。

（2）西方马克思主义把马克思哲学人道主义化、主体化。

他们强调，恢复主体在历史过程中的地位和作用，是重建马克思主义哲学的一项重要任务。早在20年代初，卢卡奇、柯尔施、葛兰西就提出，当第二国际的理论家预先假定客观历史过程受它自己的法则支配的时候，他们就严重地歪曲了马克思主义哲学。由于他们赋予物质以本体论的意义，使客体在哲学中的地位变得特别引人注目；客观规律的强调取代了对人的主体性的尊重，结果，历史过程就不再表现为主体统摄客体的过程，而是一个“自然历史”的过程。正统马克思主义虽然一开始就反对对唯物史观的这种庸俗进化论的理解，体现更多的辩证法，然而由于缺乏对实践的正确理解，使它也没能摆脱哲学的客体化倾向。因此，必须高扬主体性原则。西方马克思主义十分看重马克思的早期学说中的异化和实践学说，体现了其解读模式的人本化、主体化，他们普遍看重实践对人之存在的意义，称自己的哲学为实践哲学；他们反对恩格斯的自然辩证法，称那是把马克思学说实证化的做法。后期法兰克福学派的代表人物霍克海默尔也认为：批判理论和传统理论的区别主要在于主体，而不是客体。存在主义的马克思主义的主要代表人物萨特，也同样认为：唯物主义作为一种哲学剥夺了人的主观性，把自然界和人的世界表述为一种单纯的客体，主张物质对精神在因果联系上的优先性。于是马克思主义哲学中人的学说“被肢解了”。马克思主义哲学要改变这种状况，就必须重新思考人，把存在主义的“主观性”理论补充到马克思主义哲学中去。所有这些，都一再表明西方马克思主义哲学倾向于一种主体化的哲学。同样，由于西方马克思主义的理论缺

① 柯尔施：《马克思主义和哲学》（英），布莱克维尔出版社1970年版，第76页。

陷，使得他们在强调主体性、标榜“人学”时明显表现出不彻底性。

(3) *西方马克思主义始终是一种批判世界的哲学。*

如果说，东方马克思主义的批判性通过其现实的社会政治革命而体现了马克思对资本主义的否定，那么，发生在1918—1922年间的德国、匈牙利等国的无产阶级革命的相继失败，则使他们对传统及东方的无产阶级革命观提出质疑，认为东西方社会结构的不同，无产阶级自身的状况不同以及所处的社会文化背景不同，才是东西方革命导致不同结果的真正原因。面对西方发动经济和政治意义上的革命已不可能，他们认为在西方发动以意识革命和文化革命为先导或主要内涵的革命则是可能的和现实的。在他们看来，自康德特别自黑格尔以来，近代西方的文化传统一直处于批判和反省之中，马克思正是继承这一批判传统的真正代表，马克思主义哲学作为一种强大的批判武器，只有运用它，才能有效地批判资产阶级的意识形态及资本主义社会，以开展他们所设计的以意识革命和文化革命为先导或主要内涵的革命。早在20世纪二三十年代，卢卡奇等提出所谓“总体革命”，就特别强调批判资产阶级意识形态的地位，认为要是忽视了这种批判，无产阶级革命是不可能取得胜利的。之后，法兰克福学派的理论家们大都继承了这种批判传统。30年代，霍克海默尔把自己这一派的理论称为“社会批判理论”。他把“批判理论”当作马克思主义的代名词。他认为，马克思本人的著作的主线是批判，其证据就是马克思把他许多重要著作的标题或副标题定为“批判”；但是后来从恩格斯起，经过第二国际、列宁主义，经历了所谓的“从批判性到科学性转移”。特别是第二国际，强调马克思主义是一种科学，忽视了人的能动性，陷入了实证主义。他提出应恢复马克思主义作为批判理论的本质，把马克思主义理解为统一的批判整体。在西方马克思主义批判当代资本主义的各种理论中，最著名的是马尔库塞的“一体化”理论。在他看来，资本主义社会虽然达到了空前富裕的程度，但是社会病态并没有消除，恰恰相反，病态越来越严重了。这种病态主要表现为所谓“一体化”。“一体化”社会对人的统治主要表现为意识形态的统治，也即是社会制造的虚假意识的统治，这种统治导致人的精神的完全划一，个性的丧失和个人的毁灭。而科学技术，在今天也起到了意识形态的作用。因而他极力强调批判对于改造现实社会的意义。

(4) *与东方传统马克思主义哲学的现实政治化倾向相反，西方马克思主义则具有学院性特点。*

西方马克思主义学院性具体表现在以下几个方面：首先，与东方传统马克思主义的政治实践旨趣相反，西方马克思主义哲学更满足于理论旨趣。大多数西方马克思主义哲学的代表人物同西方国家的工人运动几乎没有任何联系。他们建立了各种名目的“马克思主义”的思想体系，但大都并不想把自己的理论付诸实践。他们虽然自称马克思主义者，但从不试图建立马克思主义的政党或组织，大多数人也不参加现有的任何党派的活动。他们绝大多数不是实际的活动家，而只是一些学者、教授。他们的学说也主要只是在知识分子和学生中发生影响。有人曾经说道，在西方，“马克思主义只是在大学里作为一种学说和思潮而存在着，出版的都是一些纯理论和文化方面的著作”。其次，与东方传统马克思主义哲学理论的统一性相反，西方马克思主义哲学理论则呈现出多样化的特点。西方马克思主义者们没有国际性的组织，也不开展国际性的活动。他们各自独立地进行理论研究，著书立说，除同属于一个分支外，彼此很少联系。第三，与东方传统马克思主义哲学理论与现实脱节、教条主义倾向相反，西方马克思主义哲学则主动从理论上迎接现实的挑战。西方马克思主义的学院性仅仅是指他们研究问题的方式以及不主动将他们的理论付诸实践而言的。从他们所关注的一些理论问题来看，他们实际上并没有回避现实的挑战，在他们那深奥难懂的语言中负载着大量关于急剧变化的资本主义世界的信息，跳动着这个时代的脉搏，也倾注了他们对社会主义和马克思主义命运的深刻关注。可以说，他们实际上是在书斋里，用他们特有的语言和方式曲折地反映他们生活的那个时代。西方马克思主义哲学在其产生后的半个多世纪里，对于人们普遍关注的现实问题几乎都进行了探讨，并作出了自己的理论回答。

尽管西方马克思主义对于东方传统马克思主义而言，具有明显的思想理论上的先进性，但是在根本立场上，在哲学的理论出发点方面、东西方马克思主义又有着惊人的相似处；他们都是在传统哲学的视阈里理解和解释马克思哲学；所不同的只是在于程度上，只是“五十步笑百步”的差别。这不能不是西方马克思主义的最大悲哀。而从另一方面看，这也说明对实践本体论化的批判，对传统本体论思维方式的批判具有非常大的必要性和重大意义，也向人们昭示对“实践本体论化”的批判并不会一帆风顺。

二、对实践本体论化实质的分析

自马克思提出实践思想之日起，就存在着被本体论化（传统哲学化）的可能。实际上，在马克思实践思想诞生之后，如何理解和诠释这一新思想就充满着分歧和混乱。许多人主观上是要学习、传播甚至发展马克思哲学（因而才可能产生马克思主义哲学)，但实际上是在用传统本体论的“普罗克拉斯提斯的床”(恩格斯语，见《自然辩证法》)① 理解和解释马克思哲学(包括其实践思想)，这是出现一系列“实践本体论化”的直接原因。

事实上，19 世纪末在马克思主义内部出现的所谓“经济决定论”就是一次比较早的将马克思哲学本体论化的思潮；接踵而至的就是苏联正统马克思主义将马克思哲学降到了康德之前的近代哲学水平。这种思想理论上的严重倒退自然引起众多马克思主义思想家、理论家的不满和反思。因而当卢卡奇在《历史与阶级意识》对其进行批判，提出总体性思想，以物化理论分析批判现实的时候，才会出现众人欢呼喝彩的局面。至此之后，作为马克思哲学核心内容的“实践思想”受到越来越多地重视。马克思实践思想在马克思哲学中的地位也随着研究的深入而日益彰显，逐步成为马克思哲学的理论基础。从这一方面看，20 世纪的“新马克思主义”者们功不可没。然而，20 世纪的“新马克思主义”在倡导马克思实践思想，主张文化批判的同时，由于他们仍是在传统本体论思维方式的架构内“发展”马克思主义，因而其“发展”程度也就大打折扣。并遗留许多后患，其中最具危害性的就要算“实践本体论化”倾向了。

真是“成也‘实践’、败也‘实践’”，以苏联正统马克思主义，西方马克思主义(包括法兰克福学派)、东欧新马克思主义、科学主义马克思主义(如阿尔都塞)为主体构成的 20 世纪“新马克思主义”打着“实践”大旗，上演着 20 世纪马克思主义哲学发展的大场面。曾几何时，没有人会想到，恰恰在对待马克思哲学的核心问题——实践上存在着根本分歧和根本缺陷。对于“西方马克思主义”概念上的纷争表明国内对于西方马克思主义内容上的认识也是有差别的，表明作为“西方马克思主义”总名下的差异确实存在的。

限于篇幅及本人水平，在本书中只打算着重分析以卢卡奇为代表的西方马克思主义所表现的“黑格尔化”倾向和目前在国内名噪一时的“实践生存论”中的实践本体论化表现。

(一) 对卢卡奇“黑格尔化”的分析

关于卢卡奇哲学中的“实践本体论化”的问题，中外诸多专家早有研究，只是起初并不称作“实践本体论化”，而往往以“黑格尔主义”、“黑格尔化”指称。

① “普罗克拉斯提斯的床”来自于古希腊神话，是将比床长的锯短，比床短的拉长。我以此比喻传统本体论的作用。

所谓“黑格尔化”实质上就是海德格尔所说的“柏拉图主义”化，二者实际上是一回事。按照高清海先生的意见，传统本体论就是指由柏拉图开创又由黑格尔推向最高阶段的传统形而上学的一种哲学样式。海德格尔明确指出：“形而上学就是柏拉图主义”。本书所谓的“实践本体论化”实质上就是将实践“形而上学化”或“柏拉图主义化”。因而“实践本体论化”在本质上只能是或必然是“模仿性的复兴及其变种”[①]，海德格尔不仅深刻批判了全部传统形而上学（当然包括传统本体论），而且在现实意义上深刻地揭露和批判了在卡尔·马克思哲学之后包括“实践本体论化”在内的任何复活传统本体论、推崇传统形而上学的思维方式的种种表现。

就20世纪“新马克思主义”[②] 而言，“实践本体论化”是他们通犯的基本倾向。在很大意义上，“新马克思主义”将实践本体论化取得了正反两方面的效果。同历史上许多新鲜的有生命力理论的命运一样，当“新马克思主义”最初将实践本体论化（如卢卡奇用黑格尔精神来阐述其“总体性原则”）时人们对于这一叛逆观念萌芽感到欢欣鼓舞，在清一色的暴力革命和物质决定论等正统马克思主义独尊之时是卢卡奇（包括葛兰西、拉布里奥拉等）为人们开启了马克思思想研究的新原则和新视阈，用实际行动表明马克思哲学的开放性实质。但是，卢卡奇等人在阐释“总体性原则”、“物化理论”、“实践哲学”的过程中，存在着严重的“黑格尔化”倾向，其突出表现就是从传统哲学出发理解马克思的实践思想，在肯定实践的超越性和文化批判性的同时，将加速实践本体论化。

1. 卢卡奇对待马克思思想态度上的“最终”终极性

卢卡奇说：“我们坚持马克思的学说，……的基本前提是相信，在马克思的理论和方法中，认识社会和历史的正确方法已经最终被发现了。”[③]（着重号系原文所有的）众所周知，自从黑格尔之后，“方法”就是不脱离内容的方法，卢卡奇尽管天才地发现了物化现象，并把它内化为无产阶级意识，但在对待马克思思想态度的根本问题上仍强烈表现出黑格尔式的“狂妄”。他轻率地宣称

① 参见海德格尔：《哲学的终法和思的任务》，载《面向思的事情》，商务印书馆1996年版，第68—72页。

② 此处的“新马克思主义”概念采取衣俊卿等著的《20世纪的新马克思主义》一书中的观点，将20世纪的“新马克思主义”划分为“正统的马克思主义（列宁等代表）”，“西方人本主义马克思主义（卢卡奇等）”、“西方科学主义马克思主义（阿尔都塞等）”、“东欧新马克思主义（如南斯拉夫实践派等）”等诸多。

③ 卢卡奇：《历史与阶级意识》，商务印书馆1992年版，第41页。

作为哲学“方法”的真理在马克思那里已经“最终”被发现，马克思思想成为了“终极”真理的化身。很明显，这是黑格尔哲学的态度，也是传统哲学追求绝对真理。人的终极存在的本体论“情结”的表现。可悲的是，自从卢卡奇之后，众多的“马克思主义”研究都无一例外地从这样传统本体论的根基处——终极认识和人的终极存在的维度来理解和解释马克思主义，因而导致后来的“实践本体论化”的社会思潮也是合情合理的了。

2. 卢卡奇对于“总体”和“历史”等的黑格尔哲学的立场

卢卡奇认为，马克思的整体观来自黑格尔哲学，并对其进行了唯物主义的改造，马克思那里的整体就是对人类的社会生活进行总体全面的理解，突出人类物质存在活动的实践性、社会性、具体性。进而卢卡奇认为马克思所理解的过程是一个具体的整体的一个方面。[①] 在黑格尔那里，绝对精神的任何一个阶段，任何一个方面，都是绝对精神自我运动的一个过程，绝对精神的运动过程也就是绝对精神的存在过程。所谓整体不过是绝对精神的代名词而已。而卢卡奇对于马克思整体和历史的理解同黑格尔对于绝对精神的理解如出一辙，在思维方式上表现出惊人的一致性。因此，尽管在卢卡奇看来，他对于马克思思想的理解已经超过了当时“正统马克思主义”（像他在《历史与阶级意识》所说的）理解的话，但是我们有理由断定，“正统马克思主义”的理解水平只是康德之前近代哲学水平，而卢卡奇等的理解只是达到了康德、黑格尔、德国古典哲学的水平。卢卡奇的理解在超越了前康德的理解的同时，也将马克思思想（包括实践）黑格尔化了，即成为新的概念本体论。

在《历史与阶级意识》的序言中，卢卡奇开宗明义地宣称：“我们的任务——而是这本书的基本信念——就是正确地理解马克思的方法的本质，并正确地加以运用。”[②] 卢卡奇对马克思主义的“理解”和“运用”，是从对“历史”解释入手，通过对实践的“历史”和“总体性”范畴的重新阐释，卢卡奇建立起自己的辩证法体系。然而，一方面，卢卡奇的早期辩证法思想，把握了马克思主义的精髓，发展了马克思主义的历史唯物主义，另一方面，卢卡奇以实践的历史本体论代替恩格斯的自然本体论，曲解了马克思哲学，重新陷入了黑格尔哲学的神秘主义。

在对卢卡奇的思想进行分析前，我们应肯定历史上的卢卡奇在批判东方传统马克思主义，推动马克思主义发展上所做出的巨大历史贡献。正如詹姆逊所

---

① 参见杜章智翻译《历史与阶级意识》所写的“译序”。

② 卢卡奇：《历史与阶级意识》，重庆出版社 1989 年版，第 48 页。

说："卢卡奇教给了我们很多东西"[①]，卢卡奇是从对德国古典哲学批判中走向了历史辩证法的。为解决德国古典资产阶级哲学遗留的"二律背反"问题，卢卡奇通过对实践的"总体性"和"历史"范畴的重新阐释，构建出一个本体性的辩证法体系，以此来调和其哲学中历史与自然、主体与客体、内容与形式之间的矛盾。

3. 卢卡奇将实践"黑格尔化"了

实践范畴是卢卡奇《历史与阶级意识》一书的"中心概念"。在卢卡奇看来，实践的本质含义是主体客体的统一。作为主体，它是人类自己的能动创造。作为客体，它是人类活动的产物，也是人类社会实践的客观历史过程。"所谓历史，不过是历时态的人类社会实践，其本质是社会的、实践的。"[②] 这样，卢卡奇在马克思实践范畴基础上，用"历史"范畴纠正了当时马克思主义研究理论界流行的"自然本体论"倾向。

卢卡奇认为，社会存在的形成过程都是以劳动为基础。再生产则是一个具体范畴，是劳动的具体化。再生产的首要特征是分工。随着再生产中分工的出现，进一步发展了城乡分工、脑力和体力的分工，所有这些社会分工发展交织在一起，就形成了分工的最重要形式：即阶级分化的形式。这个劳动再生产过程以及由劳动中产生的分工，在本体论上重新塑造着社会存在的结构。阶级分化是社会经济发展的结果，随着劳动实践的发展，开始出现了社会分工、产品交换和剩余劳动，逐渐产生了私人占有。卢卡奇分析马克思的阶级斗争学说中得出："阶级的客观存在是从具体的生产关系中，从相关的社会形态结构中产生的"。[③]

卢卡奇把社会历史看作一种自然历史过程的观点，体现了其历史观上的唯物辩证的性质，他指明社会历史本质上是物质资料生产方式的历史，物质资料的生产是人类社会存在和发展的必要的物质前提。卢卡奇十分赞同马克思的观点："马克思认为经济历史都是人类生活中那些决定性形式的物质基础，也是人的历史发展的基础"。[④] 同时强调辩证法与自然界有着不可分割的联系，自然辩证法是社会存在的前提，"社会的生活过程是包括到自然的有机和无机的

① 王逢振主编：《詹姆逊文集（第1卷）·新马克思主义》，中国人民大学出版社2004年版，第136页。

② 卢卡奇：《历史与阶级意识》，重庆出版社1989年版，第2页。

③ 卢卡奇：《关于社会存在的本体论》下卷，重庆出版社1993年版，第168页。

④ 卢卡奇：《关于社会存在的本体论》上卷，重庆出版社1993年版，第275页。

存在阶段里”。[①] 他由此完成了对自然辩证法的超越——胜利地进行了实践辩证法的重要实验。

卢卡奇同黑格尔一样，也是以劳动入手进行自己的超越活动。对劳动的分析构成了卢卡奇理论的全部核心。卢卡奇从《资本论》入手，通过对使用价值和价值的深入分析，提示劳动的本体论意义。正是在对劳动的分析中，卢卡奇一方面提示了自然与历史的关系，另一方面提示了社会存在的特殊性——目的论设定。指出历史是人创造的，是作为历史活动主体的人追求自身目的的能动过程。但历史发展的合目的性，并不否定历史发展的合规律性，因为后者受前者制约。历史发展的合目的性也不可缺少，否则，历史发展的客观规律性就无法得到实现，这是人类社会区别于自然界运动的不同特点。合规律性和合目的性两者之间的制约和被制约及两者统一是一种客观的辩证发展过程，在这一发展过程中，自然对象被进一步现实化和客体化，人自身的自然也在不断地得到改变。

卢卡奇认为，作为人类活动产物的静态历史，具有以下两个特性：其一，实践客观性是历史的根本特性，“历史制度的真正性质在于它是由人们之间的关系构成的，而不是某一社会制度的道德承诺。”[②] 只有这样，历史才不会成为神秘的历史，才不会是一种道德上的主观评价，而是人们自己的一种实践体验。其二，人是实践的中心。卢卡奇认为，整个人类社会表现为一种能动的变化系统。在这个系统中包含着人与自然、人与人之间互动，“历史的本质就在于这些结构形式的变化之中。”[③]实践体现为主体与客体、人与自然、形式与内容的统一。这样，实践的客观性与人就实现了统一，实践范畴的本体论特征就体现了出来。

卢卡奇认为，从实践的动态发展看，实践还具有辩证的特性，而不是当下事物的永恒态势。实践的辩证特性还体现在实践具有“总体性”的特征，总体性的辩证特性，使无产阶级在对具体事实的认识上必须采取一种“总体性”方法。这样，通过对“总体性”的重新阐释，卢卡奇就把实践与辩证法联系起来，他也像黑格尔一样，把实践看成意识，看成无产阶级意识，因而他的实践辩证法就是实践意识的辩证法。其“黑格尔化”倾向十分明显。

卢卡奇认为，实践的辩证特性具体体现在历史和自然观念的演化史中。在人类社会历史发展的初期，人与自然之间的脐带，还没有被现代文明的进程所割断，“自然关系占上风。”然而，随着科技发展和社会进步，自然关系日益被

---

① 卢卡奇：《卢卡奇社会存在本体论和马克思社会观》，载《哲学译丛》1991年第5期。

②③ 卢卡奇：《历史与阶级意识》，重庆出版社1989年版，第72、173页。

打上了社会关系的烙印，“自然的范畴具有一种服从社会化的任务”,[①] 自然日益被纳入社会生产的范畴，社会关系的优先性就体现出来。因此，在社会实践与自然的关系中，实践的特性凸显出来，自然与历史的两极关系中愈向历史的一极倾斜，人就愈受异化的自然所束缚，人就愈不成为人。在现代社会，自然界的“畏缩”直接体现为资本主义社会关系的异化，现代社会的自然与历史的关系就归结为资本主义的赤裸裸的“物化”关系。

卢卡奇的“实践辩证法”体系的新颖之处在于：他将辩证法建立在实践的平台之上，否认了自然辩证法的存在，将恩格斯所设想的自然、社会、人的三维辩证法体系，压缩进实践与人的框架之中，并以人的辩证法取代了自然辩证法的基础地位。“辩证法的范畴必须作为衡量一切事物的标准运用到人的问题上，同样也应包括对资产阶级社会的经济结构进行全面的说明及其对现实有一个正确的认识。”[②]

然而，卢卡奇的“实践辩证法”对“实践”的改造，对马克思实践思想发展有着双重效应。一方面，卢卡奇确实发展了马克思主义的唯物史观，强调了实践的历史特性和总体特性；更重要的是，卢卡奇在处理自然与社会历史关系中认为只有实践的辩证法，没有自然的辩证法；只有革命的辩证法，没有“科学的辩证法”；“恩格斯错误地追随了黑格尔，把这种方法扩大到自然界。然而，辩证法的决定因素——主体与客体的相互作用，理论和实践的统一，在现实中历史的变化范畴的下面，作为我们思想上变化的根源等等——都不存在于我们对自然的认识中。”[③] 另一方面，由于卢卡奇强调实践必须内化为无产阶级意识，变成“实践意识”，他的“黑格尔化”严重影响了他对马克思实践思想的真正理解。

4. 对卢卡奇的“总体论”辩证法的分析

通过对实践范畴的重新阐释，卢卡奇将自然的辩证法转换成为实践的辩证法，而从自然辩证法到“实践辩证法”的完成，卢卡奇是借助“总体性”（totality）这个范畴来完成的。通过对资产阶级哲学的抽象性和资本主义社会的片面性批判，卢卡奇阐释了“总体性”范畴，期望在“总体性”范畴基础上获得对马克思辩证法的重新理解，从而超越资本主义生产关系的“物化”，建立起无产阶级新的阶级意识，卢卡奇的辩证法也因此获得总体性辩证法的美誉。

简单地说，卢卡奇的总体性范畴是指主体与客体的相互作用和统一，主体客体的相互作用又表现为一种历史过程，这一历史过程则具体化为直接性

①②③　卢卡奇：《历史与阶级意识》，重庆出版社 1989 年版，第 250、84、176 页。

(immediacy) 和中介性 (mediation)、主体与客体的相互关系之中。

在卢卡奇看来，直接性是指任何历史事实所呈现的直接的事实性 (factcity)，超出这种事实的直接性就是中介性。与此同时，卢卡奇反对把中介性作为价值判断的产物，明确指出直接性和中介性都具有客观性。“中介性只表明它们真正的客观结构，客体本身是经中介性环节的。”① 卢卡奇认为，中介性具有客观性，而承认中介性具有客观性，既可以克服黑格尔主观辩证法的神秘性，又可以摆脱恩格斯的那种脱离人的纯粹客观的辩证法。

在对直接性和中介性进行界定后，卢卡奇从方法论和认识论的角度，阐述了直接性和中介性之间的辩证关系。“直接性和中介性本身就是辩证过程的两个方面，而且这两个方面存在于理解它的认识中的两个阶段。”② 直接性和中介性体现了人的两种不同认识论，前者是脱离中介性僵化的直接性，这种认识只见树木，不见森林，后者是能透过直接性把握事物本质的中介性。

卢卡奇还将这种认识论同他的社会革命理论联系起来，认为资产阶级哲学只看到事物或事件的直接性，因而不能认识事物或事件的本质，而无产阶级哲学——实践辩证法则能超越直接性，达到对事物或事件的中介性认识，这样，卢卡奇就把总体性的历史辩证法，改造成为一种实践的、革命的辩证法。

卢卡奇实践理论内的基本关系是主体与客体的关系。主体与客体也是卢卡奇总体性辩证法思想的又一对重要范畴。卢卡奇认为，在社会历史领域，“总体性”不仅表现为主、客体的相互关系和作用，而且“总体性”还决定认识的主体和客体，因为只有把主体自身作为一个整体时，才能把客体作为一个整体来认识。资产阶级哲学是以主体和客体相分裂为特征的，之所以会造成这种现象，是由于他们不能从社会历史的角度来看问题。马克思的唯物史观完成了主客观统一，因为它把认识论问题成功地转化成社会历史问题，把认识的自然客体转化成为历史的客体，把认识的主体从单个认识者转化成无产阶级集体，从而达到一个“总体性”认识。

总体性体现为一个历史过程中主体与客体互动过程。主、客体在不同历史时期有不同的关系。例如在奴隶社会，由于主体不能意识到自身的主体性，因此二者的关系为自在的主体与自在的客体的统一。然而，到了资本主义社会，由于人们控制、改造自然的能力增强，自在的客体变为自为的客体。但随着资本主义的发展，无产阶级的阶级意识沦为物化意识，从而窒息了无产阶级主体性的张扬，这样不仅导致科学不能从总体上把握实在，而且最终导致总体性的覆没。

①② 卢卡奇：《历史与阶级意识》，重庆出版社 1989 年版，第 184、176 页。

卢卡奇对马克思主义哲学的贡献主要表现以下两个方面：

从理论层面上看，卢卡奇的辩证法思想最大贡献在于抨击了当时马克思主义研究中的纯自然主义倾向，突出了马克思主义的历史唯物主义的精髓，通过揭示自然的历史特性，以一种极端的方式扭转了对马克思主义的自然本体论错误倾向。

从实践层面上看，卢卡奇辩证法的核心宗旨是通过强调实践特性，在历史的高度上将马克思主义的理论与实践辩证地统一起来，强调了辩证法是作为革命原则的理论基础，是一种革命的辩证法，重申马克思主义辩证法的革命性和指导性。从这个意义上讲，卢卡奇的辩证法，对纠正把辩证法非价值化和神秘化起到了理论先导作用。在国际共产主义运动斯大林主义的历史背景下，无疑具有重要的现实意义和实践价值，这也正是卢卡奇思想的生命力所在。从这种意义我们可以说，卢卡奇的历史辩证法具有现代哲学的特征。

如果说实践概念是卢卡奇哲学思想的基石，那么可以说总体性范畴是在历史的地平线上的思想中枢。通过对马克思自然辩证法思想的“历史”重建，卢卡奇不仅完成了对马克思主义哲学基础的改造，而且把这个辩证法大厦看作是诊治百病的灵丹妙药。从而呈现出传统本体论思维方式作祟的特征。

卢卡奇认为，辩证法的总体性具有本体论的特征。总体性范畴不仅决定认识的客体，而且决定着认识的主体；辩证法的总体性还具有认识论功能，“总体性的辩证法概念似乎把自己放在和显示很远的位置，它似乎很不科学地去构造现实，但实际上，它是能够理解现实的唯一方法。”而正是由于资产阶级哲学家不能把总体性的辩证法转化成为认识论，在他们那里，“历史就变成无法认识的了。”[①] 而无产阶级哲学如马克思主义，用总体性的辩证法来指导认识，就能认识和改造历史。

总体性辩证法既然被看成是无产阶级革命的新本体，它也就变成预设的，先所有现实无产者存在的根本原则和根本方法。从这一根本思维方式出发，卢卡奇认定，因为哲学是实践的哲学，辩证法是实践的辩证法，那么辩证法也就是人的辩证法。总体性的辩证法是一种规范，是一种借以衡量现实的价值尺度，它能克服资本主义社会的“物化”或异化现象，使人成为尽善尽美的总体。

不仅如此，总体性辩证法具有革命性。卢卡奇的总体性辩证法是直接针对第二国际的修正主义理论的，是总体性辩证法革命的根本指导作用，是卢卡奇的真正的良苦用心之所在。“总体性范畴的首要性在于它在科学中是革命原则

① 卢卡奇：《历史与阶级意识》，重庆出版社 1989 年版，第 14 页。

的支撑者”。[①] 这显然是现代版的黑格尔主义。

卢卡奇在《历史与阶级意识》中提出的总体性辩证法，具有很强的解释柔性，因而受到了形形色色的马克思主义者和非马克思主义者的广泛关注，并在20世纪的西方哲学界引起了激烈的争论。不同的哲学流派从各自的哲学要求出发，对卢卡奇的总体性辩证法进行断章取义的理解，建立起自己的辩证法体系，并掀起了一场论战。

在这些论战中，不同的哲学家从对卢卡奇总体性辩证法的不同理解出发，形成了不同的辩证法思想，其中有代表性的有：霍夫曼反对卢卡奇的历史辩证法，为恩格斯的自然辩证法声辩，主张自然具有优先性；法兰克福学派的代表施米特主张中介性具有优先性，试图在恩格斯自然辩证法和卢卡奇的历史辩证法之间找到一条中间道路；萨特从卢卡奇总体性的辩证法具有人道主义特性中受到启发，提出了人的辩证法思想等等。

然而，卢卡奇辩证法的内在矛盾及其理论体系概念化、抽象化和绝对化倾向，使其哲学理论无论是在理论上，还是在实践意义上，都具有一定的缺陷。

(1) 卢卡奇对马克思实践思想的改造是不成功的。“卢卡奇的历史概念的确击中了‘自然唯物主义’的马克思主义的要害，但他却出现了一种‘反向歪曲’；卢卡奇主张用历史本体论来取代自然本体论，的确给马克思主义哲学的解释提出了一条生路，但他对历史本体论的理解却发生了偏差。”[②] 这种“歪曲”和“偏差”都是基于对马克思自然与历史关系的理解基础上的。马克思认为，自然是历史的自然，历史是自然的历史，二者存在的辩证关系，决定了在自然和历史之间不存在着谁具有优先性问题，卢卡奇历史辩证法从形式上看是从对马克思对历史与自然的关系出发，但它有意强调了历史优先地位，造成了在自然和社会历史关系中向历史一极倾斜的后果。从这个意义上，可以说卢卡奇无意中歪曲或庸俗化或简单化了马克思主义。

(2) 卢卡奇的实践理论赋予了总体性范畴以过高的功能，从而蕴藏着总体性抽象化的可能。尤其是把自然从总体性中排除的时候，这种总体性就脱离了马克思实践思想的具体性的轨道，滑向了某种抽象的总体性，重新导致了神秘的黑格尔主义。这种神秘主义的实践观是无法承担革命的任务。卢卡奇理论中遗留的浪漫主义色彩以及由此产生的对资本主义社会异化的愤懑和对美好未来的渴求，这与马克思实践思想的人的发展与社会发展进程相联系的观点是格格不入的。

---

① 卢卡奇：《历史与阶级意识》，重庆出版社1989年版，第31页。

② 张西平：《历史哲学的重建》，三联书店1997年版，第50页。

(3) 马克思实践思想是具有革命性的思想，但马克思从整个国际无产阶级的斗争需要出发，讲究无产阶级革命性的坚定性和斗争策略的灵活性。卢卡奇的实践理论以总体性为中心，虽然突出其理论的实践性和革命性。然而，由于卢卡奇总体性范畴的神秘性，卢卡奇“把实践化又重新理论化，并且想象为哲学的革命化实现”，这样卢卡奇就赋予了历史实践一种形而上学的形式，“卢卡奇犯了决定性的错误。”① 这个错误不仅加剧了对马克思理解的混乱，而且在根本上使得对马克思哲学的理解又重新陷入新型本体论思维方式理解框架的深渊之中。这样，卢卡奇实践理论的革命意义就大打折扣，成为对人类和社会生活有害的哲学。

通过我们对卢卡奇哲学具体的分析，可以看到“实践本体论化”在卢卡奇那里的明显表现，可以看到以卢卡奇为典型代表的前期实践本体论化的一些共同特征。这就是对马克思实践思想或实践观点的抽象化、概念化和绝对化。

（二）实践本体论化的抽象性

关于传统本体论哲学的抽象性特征，马克思和恩格斯有着精彩的论述：

马克思：“在最后的抽象（因为是抽象，而不是分析）中，一切事物都成为逻辑范畴，……在最后的抽象中，作为实体的将是一些逻辑范畴。所以形而上学者也就有理由说，世界上的事物是指逻辑范畴这块布上绣成的花；他们在进行这些抽象时，自以为在进行分析，他们越来越远离物体，而自以为越来越接近，以至于深入物体。哲学家和基督徒不同之处正是在于：基督徒只有一个逻各斯的化身，而不管什么逻辑不逻辑；而哲学家则有无数化身。既然如此，那么一切存在物，一切生活在地上和水中的东西经过抽象都可以归结为逻辑范畴，因而整个现实世界都淹没在抽象世界之中，即淹没在逻辑范畴的世界之中，这又有什么奇怪呢?”②

恩格斯认为经验论者的“抽象”，事物的存在方式离开事物，都是“无”，都是“空间的观念、抽象”。他说“先从感性的事物得出抽象，然后又期望从感性上去认识这些抽象的东西，期望看到时间，嗅到空间。经验论者深深地陷入体验的习惯之中，甚至在研究抽象的东西的时候，还以为自己置身在感性体验的领域内。我们知道什么是一小时或一立方米，但是不知道什么是时间和空

① 哈贝马斯：《交往行为理论》第一卷，重庆出版社 1994 年版，第 460 页。

② 《哲学的贫困》第二章“政治经济学的形而上学”；《马克思恩格斯选集》第 1 卷，人民出版社 1995 年版，第 138—139 页。

间！仿佛时间不是实实在在的小时而是其他某种东西，仿佛空间不是实实在在的立方米而是其他某种东西！物质的这两种存在形式离开了物质当然都是无；都是仅仅存在于我们头脑之中的空洞的观念，抽象。”①

马克思、恩格斯剖析了传统哲学的抽象性特点，而在我们看来，这也是对包括实践本体论化在内的所有传统哲学思维方式的最好分析。实践本体论化的根本特征是传统本体论的思维方式。而实践本体论化尽管可以表现为黑格尔化的社会本体论，物质本体论的辩证唯物主义，或者实践唯物主义、实践本体论、实践生存论等多种学说派别，但其实质却是相同或相通的，其共同点之一就是如马克思在《哲学的贫困》所指出的抽象性特点。

实践本体论化的抽象性特点可以从哲学形而上学的思维方式的历史传统中找到解释。

马克思实践思想的最重大贡献，就是从抽象的人转向现实的人。马克思批判以往哲学特别强调它们所有那些理论的弊病都是来自把人抽象化了。所以马克思要求把人还原到现实的、具体的人，这是马克思实践思想的立足点、基点。

任何哲学所关注的核心都是人。马克思是怎样观察人，怎样把人与现实生活世界融合在一起的呢？马克思抓住了人的根本活动，这就是劳动生产。马克思从现实活动来理解人，这样就把人看作生活在一定历史条件下现实活动当中的人。克服以往哲学将人抽象化的观点。马克思在理论上所有新的创造都来自于实践观点。由于各个方面贯彻了实践观点，必然引起整个哲学理论革命性的变革。从这个意义上说，如果抓不住现实的人，抓不住实践这个核心概念，就不可能真正理解马克思的思想。那就必然把先进的科学性的哲学经过误解倒退回去，变成旧唯物主义。“实践本体论化”就是这样，用传统哲学框架去理解现代哲学的思想，这样就在他们哲学理论里边，关于像哲学的性质、哲学的主题、哲学的思考方式，等等，都引向到历史倒退，倒退到18世纪法国启蒙哲学家的水平。当然还夹杂其他的传统理论，有黑格尔的，直观唯物论的，经验论的，等等。

传统哲学，包括传统本体论，首先规定哲学是本体论。它们先认定哲学是什么？肯定哲学是回答世界之奥秘，回答世界归根到底是什么，世界是怎样发展到今天，也就是给世界构造一个完整的图画。这些也是“实践本体论化”的任务，也是“实践本体论化”的特点。

在这样前提下，必然把哲学引向追求终极、永恒、绝对。“实践”概念就

① 《自然辩证法》，《马克思恩格斯选集》第4卷，人民出版社1995年版，第342—343页。

是一种永恒，就是一种绝对。人们把它作为最高本体，然后试图从它引申出我们行为的根据，我们的一切思维原则。“实践本体论化”哲学给我们的最深刻观念，就在于要你相信一切都是客观规律，都是物质，都是不以人们意志为转移，在处理这些关系问题上，总的倾向就是在人与自然的关系上，要承认自然是老大，自然第一；客观与主观关系上，客观是老大，客观第一；活动与规律关系上，规律是老大，规律第一；真理与价值关系上，要承认求真理是第一的，价值要服从真理；自由和必然的关系，要承认必然性第一，自由应顺从自然；情欲与理性关系，理性是老大，情欲要服从理性等等。这个倾向在某种意义上，也就是客体中心论、客观决定论、外在决定论、先在本质论。按照这种方式，人什么时候都要在与自然的对立中和二极化中，按照自然的方式去活动，那就没有人。人被失落了，也就是把人抽象化，因为人与自然的关系，本来有一个逆转关系。原来自然是主宰人的，人的实践活动恰好相反，把“关系”逆转了。实践就意味着要把自然变成人的改造现象，在对象中灌注人的目的。

作为实践对象的事物具有自然的和属人的两重性矛盾关系本质。由于这种两重性的矛盾内容，才使它们成为对人而存在的“现实的具体的”事物。实践本体论化的一个奇特现象是：它从人的实践起步，结果却走到与实践对立的另一个世界中去，它本来要去肯定、说明实践，为此所建立的实践理论反而否定了实践的实在性。实践陷入瓦解，就因为被抽象化了，就因为那种单一性质的本原存在否定了实践对象的“两重矛盾”性质。实践本体论化的各种哲学或是从中抽走了自然一面的性质，或是从中抽走了属人一面的性质。如果把“实践”看作现实事物的本真状态，那就不论从何种本原（自然性或属人性）去肯定它的存在，都只能使它变成一种抽象的或者“半真半假”的存在，而不是实在的即现实具体的事物。

对于实践的认识来说，抽象性的观点是失真的，却又是容易发生的，因而具有一定必然性。不经历抽象认识的阶段，实践在人看来像是一种很确实的对象，但它却是未为人所把握的、仅是一个模糊的存在，人对这样的对象是难以有所作为的，所以它也同抽象存在差不了许多。只有经过对它所含诸种因素的抽象认识之后，由这种抽象因素重新合成的那种对象，才是对人而言的真正实在的即现实具体的事物。这就是人把握事物的特有方式。这里的辨别关键在于抽象认识阶段与抽象化的明确区别。

实践本体论化的各种哲学，它们对事物的抽象化理解和观点虽然是认识中的步骤，对于从人的观点去把握事物都是有意义的。但是，实践本体论化的抽象化不仅在于其认识中的抽象过程，而在于将这种抽象又加以凝固和绝对。人们不害怕抽象化的认识，怕的是停滞于抽象化的认识。在经历过抽象化阶段之后，必须进入综合化的认识。

进一步而言，实践本体论化的抽象性主要还不在于上述对认识的抽象、对实践的抽象，实践本体论化的抽象性主要是对人的抽象化。

人对人自己的认识，向来为抽象化的观点所支配。人们可以很具体地去理解和把握一件“物”事，一当人们面对“人”这个对象，就往往自觉不自觉地陷入了抽象性的观点。

人们比较习惯于运用认识“物”的观点和方法去认识人，人们总是试图运用与物相同的观点和方法，从人的身上寻找与物不相同的特征和特点，人们以为这样就抓住人的本质。岂不知，这样以物的观点和方法认识出的结果，不论怎样去区别人与物的不同，都只能把人认识为一物。哪怕我们把人看成是一种特殊之物、高贵之物、甚至是神物，他也毕竟还是一物，而不会是现实的活生生的人。我们可以把这种观点和方法，称之为认识人的“物种”的观点和方法。运用这样的观点和方法，当然不能把握活生生的人，必然会把人物化，而人的“物化”，也就是人的“抽象化”。

对于人，不但不能适用“物种”的观点和方法，甚至不能完全使用“形式逻辑”的认识方法。求同法，求异法，即以思维抽象为基本特征的形式逻辑，是千百年来人们普遍采用的认识方法。而这种逻辑正是从认识物的经验总结中形成，主要用于认识物的思维逻辑，可以称它为“物种逻辑”。

这并不意味物种的观点或形式逻辑的方法不能用来认识人。形式逻辑仍然要使用的，因为认识人也需要思维的抽象。不仅如此，由于人原本也是来自于物，属于自然的存在，而且在人的身上始终存在着物的特性，物种的观点对人也同样是需要的。

当人通过实践把自己从物剥离出来、提升为人以后，便突破了物的规定限制、超越了物种的规定方式。人是有着双重本质的存在，人有生命的本质，又有超生命的本质。人之所以成为人、能够走出动物家族，首先就在于突破生物物种的限制，取得了人的第二生命或超越生命本质。而超越“物种”的限制，也就是超越了“形式逻辑”的规定。因而对人来说，仅仅使用物种的观点和形式逻辑的方法已经不能把握他作为人的本性，必须同时采用适于人的特殊逻辑和特殊方法，才能把握人的特殊的本质。

这就是说，人要认识人自己，就要把“人”变成认识对象，而对人这个对象又不能运用把握“对象”的通常认识方法，这就是认识人的困难所在。在这里如果仅仅使用通常的形式逻辑方法，那就会把人归结为类于物的存在，使他失去“活生生”的本性和特点。以物种的方式去规定人、说明人，必然会使人失去异于物的那种特有本性。这就是人的抽象化观点的思想来源。

认识人需要与人的特有本性相适应的认识方法。从这一意义说，人虽然也是科学认识的对象，却只有哲学、而且是不断变革中的创新的哲学才能把握人之为人的真实本性。

因为实践本体论化和实践观点的根本区别就在于抽象化的人与具体化的人的对立，虚幻的人和现实的人的对立。实践本体论化哲学的特点就是把人抽象化了。是从抽象化的人的观点去理解世界而形成的一套理论。

实践本体论化是从本原或试图追究那种本真的人，它不满足于对现存的人的认识，却要追根溯源，追来追去，追到最终的本原，它已经不是人。比如，人们要追溯鸡蛋从哪里来，不能从鸡蛋本身，而是要超出鸡蛋本身，追溯到小鸡那里去。如果要问小鸡的来源，那一定是非鸡，从非鸡产生小鸡。实践本体论化的思考方式就是这样。从本原追求本真，结果就追求到非人。把非人当做真正的人，把人变成不是人。按照德谟克利特的观点来看，什么是人，人的本真就是原子，不过是一种更加精致的原子而已。按照柏拉图的观点，什么是人，人就是一种理念，最高的理念。以这种思考方式，把人追溯到非人存在，反过来，又试图从先于人存在的绝对本体当中引申出人的一切行为根据。如果本真的人是非人的存在，那么这个根据就是预先规定在非人的里边了，这就是实践本体论化所讲的实践本体的实质。概括来说，实践本体论化的主题、对象是追求终极存在，永恒本体，绝对真理，它试图投靠身外权威，在人以外去寻找一个更高的权威。总是相信本体的先定，人的后天的一切本质事先就给规定好了。这样实践本体论化就变成一种客体中心论，外在决定论，本质先定论，人变成从属的存在。外在决定论，人的活动都是由人的身外，先天来规定的；先定本质论，本质总是预先就存在的；抽象理论性，哲学的意义作用就在于从先定的本质推论出结论，发现了先天的原则，然后衍生出结论。

为什么实践本体论化以这种方式去研究人，把人抽象呢？按照高清海先生等人的说法，因为实践本体论化基本上是反映自然经济、小生产状况下的人的本性、人的追求、人的理想的一种理论。所表现的一些特点，和自然经济条件下的人的发展状况，完全是一致的。因为在自然经济条件下的人，本来就是发育不完全的，也就是说是抽象的。个人都不是独立的，仅仅具有原始的丰富性，空疏性，实质上是一种片面性。人对自然的关系有两面性，人对自然一方面有肯定性的关系，这表现在自然是人生存的基础，人需要依赖于自然而生存。人还有对自然否定性的关系。人恰恰是在否定自然原有的形态的活动当中，才突破性地成为人的，在人身上所表现的真正人的特点不是对自然的肯定性，恰恰是对自然的否定性。但是在自然经济条件下，人虽然已经是人，脱离动物界了，人的生存方式跟动物在很大程度上还没有原则差别。这就表现在，主要靠肯定自然获得自己的生存。这就形成在自然经济条件下，人的状况完全处于自然的威力之下，人的否定性还不具有现实性，还是属于人的理想、追求的目标。在这个意义上，反映这样的人的状况的哲学理论，必然要把人的现实本性变成理想的目标。在现实中得不到的东西，它希望在终极时实现。

（三）实践本体论化的概念性

我们在前面反复强调马克思所说的“实践”不是如实践本体论化者们所讲的“实践”概念。因为把“实践”特别是马克思实践思想中的“实践”简单地说成概念，将它等同于类似传统哲学中的概念或范畴，则是完全错了。这既违背了马克思的原意，也割裂和遮蔽了实践的超越性和批判性。

人在劳动生产活动中首先突破的，就是物种对动物的那个限制。由此出发便形成了人的类本质以及人所特有的生存方式、活动规律和行为特点。突破物种限制，也就是超越了传统本体论思维方式的原则。从这一意义上可以把人看作实践的和非概念的存在。

在人漫长的发展时期，人对自己都没有一个真切的了解，总是以抽象的非人的观点去认识人，或者把人看作自然中的一物，在这一意义上人与动物无异，或者把人看作超自然的存在，在这一意义上人又变成了神，因而本体论思维方式始终不能把握人的两重本性。对人的这种抽象化的观点，表现的实质就是用来认识物种的观点，也就是传统形式逻辑抽取共同点或差异点的那种概念化的抽象方法。按照这种观点，只要抓住了人的个体身上某种区别于他物的共同特点，似乎就是理解了人的本质。柏拉图就曾经试图从两足直立、无羽毛……种种特征去区别人与动物。这样的特征可以列出许多，我们不否认从这样的特征也能把人和动物区别开来，因而在特定场合是有意义的，但由此怎能把握人之为人的本质呢？运用这样的方法，不论我们把人理解为什么，思想动物也好，政治动物也好，或者什么理性自主体、自我意识存在、有理性的感性实体等等，它总不会是活生生的人，因而也就无法逃出对人的抽象化概念化观点的局限。

“实践本体论化”将“实践”概念化的目的是推崇理性。理性被近代思想家特别是黑格尔抬高到了独尊的地位，从而排斥了人的思想研究的其他一切内容。对此，作为现代哲学开山鼻祖之一的叔本华彻底批判了黑格尔。叔本华认为，哲学是用理性来表达的学问，却不仅仅是表达理性的学问。他对理性作了系统地分析批判，即并不否认理性是人的主要特性，有理性正“是人的意识不同于动物意识的区别，由于这一区别，人在地球上所作所为才如此的不同于那些无理性的兄弟种属。”① 但是，从古到今人们谈论理性甚至最后把它置于绝对的境地，却从来没有认真地搞清楚什么是理性，在历史文献中也找不到关于理性的精确定义。叔本华认为理性的定义很简单，理性是构成概念的功能。由此，理性的诸多表现和作用可概括为间接性，抽象性和不确定性。根据这个定义，“理性的应用有好处，也有坏处。”②就好处而论，理性使直观的认识在概念中沉淀固定下来，并向别人传达和说明自己认识的结果；它使人过着两种生活，即具体的生活和抽象的生活，从而使人不仅生活于过去，还生活于未来；它使人的认识和行为成为持续的、组合的和有计划的；它使人能够从事各种科学的和艺术的活动。但理性还有坏处，叔本华着重揭示了理性抽象的空洞无意义；理性对直观细节的遗露；理性给人们带来持久的谬误与灾难；理性在实践中对人们手脚的束缚以至于成为人的自由发展的障碍等等。因此，人们不仅要研究理性，遵从理性行事，还要注意研究人的感性直觉能力，研究人的本能和情感等一些非理性因素，因为人本来就是理性与非理性的统一体。叔本华对理性的系统批判，目的是提醒人们，理性并非是包罗万象和无所不能的。同样，非理性也并非是邪恶的和一无是处的。

实践只有经过改造即观念化以后，才能够移植到人的头脑中来。实践总是生动的和具体的，而概念则属于枯燥的一般性。人们运用概念的形式去表达实践，是把不间断的实践割断，使活生生的实践简单化、粗糙化。抽象概念是全面反映实践运动的认识发展中的一个必经阶段，但是，实践本体论化停止于抽象概念的阶段，把概念具有的隔离性、僵化性绝对化起来。这样一来，实践本体论化的认识就会通过僵化的概念使实践失去具体内容和超越特性，从而造成实践本体论化的概念性。

实践思维是从实践的本质的层级上反映人的实践活动的。要透过现象抓住本质，就必须运用概念。认识与实际的不一致，不在于概念具有隔离性和僵化性，问题主要在于人们在认识的抽象中把概念的隔离性和僵化性绝对化。实践本体论化对实践的歪曲反映，就是由这种概念的绝对化造成的。因此，克服实践本体论化，并不是要我们抛弃实践，回到静观和单纯认识中去；也不是要否定认识活动中概念的作用，从而陷入神秘主义。而是要求我们必须正确地运用实践思维，通过符合于概念本性的思维运动的特殊形式，去反映实践，这就是实践思维必须完成的任务。

①② 叔本华：《作为意志和表象的世界》，商务印书馆 1982 年版，第 70、100 页。

（四）实践本体论化的绝对性

绝对性不仅是实践本体论化的根本特性，也是实践本体论化的对象——“实践”概念或范畴被给予的根本特性。本来，客观实践本身是对绝对性的彻底否定，因为实践总是“在实践之中”，总在进行过程之中。但经过实践本体论化，经过其抽象化和概念化，实践否定对绝对化的否定。实践变成绝对性的肯定，实践变成了非实践。

具体而言，实践本体论化的绝对性表现在以下几方面：

1. 追求先天本质

本真（本原）存在高于现实的存在。实践是什么，人是什么，不决定于当下存在事物和现实活动的人，而决定于存在它们之上或隐蔽于它们背后的那个永恒的超验的本体或本质。所以实践本体论化在理论上通常都把实践分裂为两种存在，一种是外在的、偶然的、现象的存在，一种是内在的、必然的、本真的存在；哲学的任务就在于排除现象的纷扰，深入到“事实后面去”，把握它的真实底蕴，要在世事生活之外，去追求人生的终极价值。对外在超越本质和力量的追求，这是实践本体论化最高目标。

人是一种从不满足于当下生活的动物，它总在希望和追求一种更高的生活。人本身就具有自身超越的“形上”本性。人又是自身力量最为软弱的动物，它必须借助某种身外的工具去实现自己的愿望。这在人们只有很少量的现实工具可供利用的发展阶段，就往往幻想出某种强大的“权威”来充当依靠力量。实践本体论化所确立的实践本体所以得到了人们的信仰，就因为它们既能满足人的形上追求，又能满足人们祈求权威保护的渴望。所以这种理论本质的形成，既有其人性的根据，又有它们历史状况的根源。实践本体论化把这种绝对本质不但表述为一种实体化的异己存在，而且规定为一种超越的主宰力量。

2. 追求绝对理性

在实践本体论化的观念中认知理性居于精神活动的首位，被看成压倒一切、决定一切的东西。在他们看来，哲学是理性的认知理论，文化也是以理性为支配力量的认知文化。理性的目的在于把握真理，“求真”是精神活动追求的根本目的。最高的真理是对那个永恒的“绝对”的把握，因而哲学就成为整个精神活动的最高权威。

实践本体论化把认知理性抬高到绝对权威地位，是同它对人的本性、乃至

“绝对”的本性的理解直接关联着的。从苏格拉底和亚里士多德提出“求知”是人类的本性，传统哲学一直都把理性看作人的最高本质。人是理性的本质，也是理性的存在。从他们的观点看来，最高的存在“绝对”在本质上也是以理性为本质的存在。人区别于其他物的主要之点就在这里。

3. 在两极对立间追求绝对统一

按照实践本体论化的观念，最高的绝对只能是单一本质，即“元一”性质的存在，正因如此它才成为最高的绝对，否则它就不是永恒的东西。所以，追求绝对的统一性、独断的一元论是哲学的最高原则，也是最终目的，他们研究马克思哲学的唯一目的就是从中寻找到一个“绝对”的东西，而这个“绝对”的东西既可能是“物质”，也可能是“实践”。“实践”变成了“绝对”替代物。“实践本体论化”实质是绝对观念的表现。

叔本华为现代西方哲学打通的第一个突破口，就是批判了在传统中被认为是天经地义的绝对概念。他认为，世界根本就没有绝对的本源，事物根本就没有绝对的真理，人也根本就没有绝对的本性。一切都处在相对的关系之中，而这种相对的关系是无法用绝对来解释的。他说：“一切知识和学问的根本基础都是那无法解释的东西。”“研究这个无法解释的东西，便展开了形而上学。”① 他把哲学研究的主题归结为主体与客体的统一，其统一体就是意志。意志是什么？叔本华认为在最广泛的意义上，它就是生命力。任何事物都有生命力，否则它们就不会存在和运动。叔本华把世界的本源、人的本性归结为这样一种非实体的、绵延生长过程中的东西，其目的就是针对传统的绝对观念而发的。对于黑格尔等人关于绝对观念的论争，他说：“如果这些先生们绝对地想要一个绝对，那么我就要把一个绝对交到他们手里，这个绝对比他们瞎聊的那些云不云雾不雾的东西更能满足这种绝对的一切要求：这就是物质。物质是不生也不灭的，也就是真正独立而无所依的，是‘由自身而存在，是自生自育的’；一切都是从它的怀中产生的，一切又回到它那里去；人们对于一个绝对还有什么可要求的呢？”② 叔本华当然不是唯物主义者，但他对绝对观念的批判却是十分尖锐的。

把变化多端、充满对立矛盾的实践归结为一种单一性质的本体，这就使哲学不能不完全脱离开“现实世界”而陷入空洞的抽象思辨境地。理论远离现实，只能以极其抽象的方式表达现实的要求。一种不能回答现实问题的抽象实

① 《叔本华选集》，台湾志文出版社 1985 年版，第 103 页。

② 叔本华：《作为意志和表象的世界》，商务印书馆 1982 年版，第 657—658 页。

体观点，必然会有完全相反的另一种抽象实体观点为之补充。这样，实践本体论化哲学理论便总是陷入两极对立哲学观点的冲突、斗争之中而无法超脱、自拔。哲学始终沉陷于两种极端理论的对立和斗争之中，这构成现当代哲学特别是马克思主义哲学的一道“风景”。

以实践观点为根本的哲学不再去追求那种绝对统一的抽象实体，也根本否定了绝对一元化的思维原则，使哲学摆脱二元对立的僵化模式，真正回到了现实的生活世界。哲学表现的主要是生活世界自身的复杂性和矛盾性，以及人们从不同视角、立场观察和研究这一世界的多歧性，它同如实践本体论化的两极思维的抽象对立性已有原则的不同。

关于时下喧嚣的实践生存论，本人认为仍属于实践本体论化之一种表现。关于这一点将结合实践本体论化对人性的割裂和虚化在下一节中涉及。

三、对实践生存论和哲学解释学的分析

（一）对实践生存论的分析

1. 什么是实践生存论

什么是“实践生存论”呢？我们认为，“实践生存论”不同于当代哲学中的“生存哲学”。“实践生存论”作为马克思哲学发展到当今的特有现象在实质上属于“实践本体论化”的新形式，新形态之一。而生存哲学则是当代哲学的一个共同发展趋势。“实践生存论”是“生存哲学”在与“实践生存论”“视域融合”过程中所开出的“不结果实的花”。下面引用两段较新的材料说明什么是“实践生存论”。

“当代哲学正在发生一场整体性和历史性的转型，这就是从传统的超验性的、实体性的抽象存在论，向感性的、历史性的生存存在论转换，这一转换即是生存论转向。生存哲学作为当今哲学的新的生长点具有很大的意义，‘生存’概念是中国哲学、西方哲学、马克思主义哲学进行融合的交界点，是三大哲学共同的论域和主题，可以成为对哲学进行综合创新的基础。生存哲学的研究是对马克思主义人学研究的推进和超越，也是价值哲学研究的内在要求。”

“当今学者大多认为马克思主义实践哲学本意是关于人的存在方式的生存

哲学，是理解建构生存哲学的内在依据。有的学者对马克思主义实践哲学进行了深入细致的分析，认为马克思主义实践思想对认识和解答现在人类的困境具有很大的意义。还有的从本体论的角度分析，认为生存论转向是在马克思主义哲学本体论层面进行的转换，马克思主义哲学终结了形而上学，使西方哲学从知识论形态转向生存论形态，从而展示了一个新的思想地平线。”①

“实践生存论”所提出的根本问题也是人们研究哲学多年来遇到的一个根本问题。那就是对“人”总是陷入抽象化的理解，经常会看漏了人、失落了人。尽管人人都努力去把握具体的人，结果还是免不了抽象化。并不是在人的前面加上“具体的”三个字，或者附加多少形容词，就能解决理论本身内容的空泛性问题，人就会具体化了。

这促使人们考虑，是否应从理解人的方式上去寻找原因，而不单是对人给出什么样的定义的问题。必须改变以往那种用认识“物”的方式去认识“人”的观念方式，用“物种”的观念去理解人的本性，必然会把人“物化”或者“神化”，把人看成“神物”运用的也是物种的思考方式。物种的认识方式必然导致绝对化的和两极对立的“非此即彼”、“是就是‘是’，否就是‘否’”的形而上学的观点，这就是人被抽象化的认识的和逻辑的根源。

马克思在《神圣家族》中说过，“对任何一个人来说，最近的存在物就是他自己。”显然，人的存在是一个事实。它是千百年来人们最关注的问题之一，也是人们最迷惑最争论的问题之一。纵观人类社会发展史，它既是人类自己创造自己的历史，也是人类自己认识自己的历史。

人之为人的最根本的存在状态就是人作为自由自觉的活动主体即社会的实践主体而存在的那种状态。人之所以为人，首先就是因为他能够实践，他能够在自然面前做主，能够改造周围的自然，使之成为为人服务的东西，变“自在之物”为“为我之物”。人之所为人，还在于他是社会历史的主体。他能够在人与人的社会关系方面做主，能够改造人与人之间的关系，使其由“自在状态”变成为“自为状态”。这种人实质上就是马克思所讲的“现实的人”。因此，马克思关于“现实的人”思想是人学研究的基石。

2. 实践生存论的本体论化倾向

我们把“实践生存论”看成是“实践本体论化”的新形式，主要是基于对“实践生存论”历史的理论的考察，基于对现代西方哲学的发展状况的综合分析所得出的结论。

---

① 参见熊春兰主编：《观点 2003·哲学》，福建人民出版社 2004 年版，第 7 页。

现代西方学者对人学研究大体可以归结为四种情况，即人本主义的人学观、存在主义的人学观、人文科学的人学观和西方马克思主义的人学观。而与“实践生存论”有着直接关系的是西方马克思主义人学观。

西方马克思主义人学大都能从批判和揭露西方资本主义社会对人性的扭曲，寻找人的解放出发来研究人的问题，具体包括人的本性、人的实践、人的未来发展等根本问题。总起来看，西方马克思主义都将实践作为自己立论的出发点和基础。但各派的结论差别很大。以卢卡奇与弗罗姆为例。在卢卡奇看来，人的解放不只由社会的经济发展所决定，还由人的自觉意识和实践等因素决定。所以，现代资本主义国家的无产阶级要想取得胜利，就必须首先具有“集体主义”意识，也就是阶级意识。卢卡奇主要研究的还是集体的人，而不是个体的人；主要研究的还是如何争取解放的人，而不是在阶级解放任务已经完成后如何更好地去创造自己生活的人。弗罗姆在《马克思论人》一书中，较详细地介绍了他自己理解的马克思人学思想，批判了一些学者的误解。他在其他著作中阐述了自己关于人的思想。弗罗姆把人的本质定义为“人固有的矛盾”，即人与周围世界的矛盾。人是自然社会的产物，这是人不能超越的事实，但人又意识到自己的无能和渺小，又企图超越这个事实，这就是人所固有的矛盾。正是这种矛盾使人成为人，显示出自己的本质来。另外，在《占有还是存在》一书中，他着重研究了人的存在方式问题，把人的存在方式区分为主动方式与被动方式；重占有的存在和重存在的存在。他以这种思想为武器批判了现代资本主义社会的罪恶，即使人成为被动的人、破坏性的人、面具性的人和重占有物的人。

人是哲学的真正的主题和核心的内容。“人”作为类存在，就是需要不断去“思索”自己的存在，而真正的哲学正是求解人的自身奥秘的理论。真正哲学理论的一切特殊性格，正是人的性格的写照。

哲学的理论性质近于科学，也近于宗教，哲学始终纠缠于这二者的矛盾之中，这是反映了人来自于自然，而又超越了自然的限制，人原本也是物的存在，而又具有了超物的性质的这种矛盾本性；哲学理论的内容具有包罗万象的性质，被看作与一切存在相关联的世界观理论，这点正是表现了人是世界意义的存在性格。人不仅来自于自然、集万物精华于一身，而且与万物一体，人的生存价值就在于融合自然存在、开掘自然潜能；哲学不管采取何种形态，形而上学性始终是它的本性。这点则是表现了人的超现实的存在性、超存在的本质性。人生存于自然世界，原本的自然世界却不是人的家园，人的家园不在“形而下”而在“形而上”处，它有待人自己去建造。人之为人的“本质性”也不在人的现有生存里，它是人的活动永在追求的理想的价值目标。反映这一特点，哲学就不能像生物学、人类学、社会学那样，眼睛只是瞄在形而下的现实，它必然要把眼光提到理想这个高度。

我们说“实践生存论”是“实践本体论”的更新形式，实质上仍是“实践本体论化”的又一表现。这是有明确学理根据的。2006 年国内的一位知名马克思哲学学者在其著作中说：“我们必须把对马克思哲学，尤其是对他的实践概念的考察转移到本体论的立场上。但这种本体论既不是传统哲学中的世界本原论（实际上是宇宙起源论）或理性本体论，也不是抽象物质的本体论或抽象自然的本体论，而是马克思意义上的生存论的本体论。从这样的本体论出发，马克思的实践概念首先就是‘本体论解释框架内的实践概念’，说得更确切些，就是‘本体论解释框架内的实践概念’。”① 这段话把“实践（作者所理解的)”、“本体论”、“生存论”之间的关系说得非常明白：在马克思哲学中它们简直就是一回事。这种典型理论仍无法解除我们的困惑：既然历史上有过“世界本原论（宇宙起源论)”、“理性本体论”、“物质本体论”、“自然本体论”，所谓的“生存本体论”是否也与它们是一丘之貉？既然马克思哲学的“实践”就是“生存论本体论”，那么马克思为何在其一生的哲学活动中反复强调“劳动”、“感性活动”、“实践的”等的革命的、批判的意义？这些使我们疑虑重重的问题只能把我们引上对于“实践生存论”的深入反思和分析批判之中。

“实践生存论”把人的存在归结为所谓“生存方式”、“生存结构”，这实际上明显受到 20 世纪西方马克思主义理论（如卢卡奇物化理论中“人的数学化”、“主体的客体化”）影响。但这种影响不是建立在对 20 世纪西方马克思主义理论深刻反思的基础上，而是继承了其消极或不完整的方面。换言之，“实践生存论”在理论上把马克思在《手稿》等的“异化理论”中四种异化样式都进行了抽象，使其变成空洞的观念，企图为实践生存论寻找理论依据，却在根本上抛弃了马克思在“异化理论”中的批判性和革命性，抛弃了马克思的“感性活动”、“劳动”所具有的现实性和超越性的根本内核。

这样一来，在抛弃了马克思异化理论中的现实超越和革命批判性之后，实践生存论所依靠和发挥的只是卢卡奇“物化理论”中人的异化的抽象方面：即人的数字化、主体的客体化、人的原子化等。而卢卡奇物化理论的真正积极的方面也同样被抛弃了。实践生存论在抽象和肢解了马克思的异化理论的同时也以同样的方式来对待卢卡奇的物化理论，尽管他们总是不断从《1844 年经济学哲学手稿》和《历史和阶级意识》等书中“能够”找到在他们看来是适合的理论依据。因此，人们从实践生存论对于卢卡奇理论的矛盾态度上可以充分看

① 俞吾金：《从康德到马克思》，广西师范大学出版社 2004 年版，第 280 页。

出本体论思维方式作祟的根本特点。

首先，卢卡奇的物化理论为实践生存论提供了“普适性”的维度。“实践生存论”中的“生存”是指个体的生存，普通人的生存，这里的“生存”并不是马克思《1844年经济学哲学手稿》和其异化理论所特指的劳动者的生存，二者在范围上和属性上有着根本的不同。为了论证自己理论的真理性，实践生存论者就必须一方面将马克思异化理论和《1844年经济学哲学手稿》等加以“汽化”——而这种汽化又不得不依靠抽象化的思维方式才能完成，另一方面又必须在马克思主义发展史上，特别是20世纪新马克思主义中找到直接理论依据。因而，使用或利用卢卡奇的个别思想就变得合情合理了。例如，卢卡奇认为“资本主义生产的‘自然规律’遍及社会生活的所有表现；在人类历史上第一次使整个社会（至少按照趋势）隶属于一个统一的经济过程；社会所有成员的命运都由一些统一的规律来决定。……但是，这种表面现象是一种必然的表面现象”。①“物化是生活在资本主义社会中每一个人所面临的必然的、直接的现实性”②。在实践生存论看来，既然异化（或物化）由于是现实中每一个人的必然现象，它也就获得了普遍性或一般性的意义，而实践（在他们看来是异化劳动的同义词）也就具有普遍性的意义，超出劳动和劳动者、超出新哲学概念的原意而具有本体性和普遍性的意义；而“实践生存论”正是这种“本体”的最好表达。可见，实践生存论是通过模糊马克思的“实践”、“劳动”等词汇的原意，在传统哲学的“座架”中通过抽象的改造达到自己的理论目的的。

其次，卢卡奇物化理论的内化意识为实践生存论提供了抽象的根本方法。实践生存论作为实践本体论化的一种表现，抽象或空洞的观念是其根本特征之一。卢卡奇说，“无产阶级的历史认识开始于对现在的认识，开始于对自己的社会地位的自我认识，开始于对其必然性（即其起源）的阐明”。问题的关键在于卢卡奇这里所说的“认识”存在着截然相反的运思路向：一个路向是如马克思所做的，通过对现实的具体分析（如经济学分析）、通过思维活动之外的社会实践（感性活动）来获得这种认识；另一个路向是如实践本体论化所做的，从物质的或“实践的”认识的“生存”一般观念的抽象出发，抽掉实践的现实具体内容，把“物质”、“实践”、“生存”等抽象、空洞化并进而使之成为“实体”本位。“变成可以解释一切而实际上什么也解释不了”的超级哲学概

① 卢卡奇：《历史与阶级意识》，商务印书馆1992年第1版，第154页。

② 卢卡奇：《历史与阶级意识》，重庆出版社1989年版，第224页；转引自衣俊卿等著《20世纪新马克思主义》，中央编译出版社2001年第1版，第47页。

念、范畴，不仅如此，实践本体论化不仅实际上只在“意识”、“认识”视域中研究实践，与卢卡奇、葛兰西等思想相通，而且更进一步，连20世纪西方第一代马克思主义而具有的批判性革命性也完全抛弃了，从而使“实践”不仅丢掉了具体现实的内容，而且丢掉了革命批判的意义价值，使实践哲学倒退到卢卡奇、葛兰西之前的水平，成为与康德、黑格尔比肩而居的陈词滥调了。在这个意义上，实践本体论化就是将实践黑格尔化，甚至康德化。

再次，卢卡奇物化理论在实践本体论化中的遭遇说明，无论是卢卡奇的物化理论还是马克思的异化理论，在对它们的理解和解释中，都存在着两种截然不同的运思路向，都存在着将人的生存、将人的本质非现实化非实践化的危险。

问题的关键在于对于马克思实践思想，我们是在“思想”的范围还是在“实践”的范围理解它；是用“抽象”的方法还是用“分析”的方法解释它。前者是实践本体论化的运思路向，后者是实践思维的运思路向。对此马克思有着清醒的认识：“思想从来也不能超出的世界秩序的范围；在任何情况下它都是能超出旧世界秩序的思想范围。”① 在这方面，卢卡奇的物化理论和实践本体论与马克思的异化劳动理论之间有着根本的区别。卢卡奇的物化理论在将物化“内化”为内在意识的问题上和实践本体论化的思维方式是一致的，它们二者都通过实际上的抽象，“先从感性的事物得出抽象，然后又期望从感性上去认识这些抽象的东西”②，把马克思实践思想的现实具体内容抽象掉，将实践“形式”——“物化”或“生存”——作为意识因素进入人的理论活动，他们的思想理论与马克思实践思想的根本差别也就在于此。

上述的分析可以看到，实践生存论作为实践本体论的表现形式之一，其实质与其他实践本体论化各种理论在实质上都是一样的。

3. 马克思实践思想不能归为实践生存论

实践生存论围绕着人的问题展开，马克思实践思想的核心也是人。哲学研究的主题虽然回到人本身。但有关人的问题依然广阔无边，究竟从何种起点出发、以何种方法对人进行理性关注，则是当代哲学家们主要的任务。

在这方面起开创作用的无疑是马克思。他把自己哲学中最具光辉思想的唯物史观起点归结为“现实的个人，是他们的活动和他们的物质生活条件”，确

---

① 马克思、恩格斯：《神圣家族》，《马克思恩格斯全集》第2卷，第152页。

② 恩格斯：《自然辩证法》，《马克思恩格斯选集》第4卷，人民出版社1995年版，第342—343页。

立了前提之后，马克思又指出，“个人怎样表现自己的生活，他们自己就是怎样。因此，他们是什么样的，这同他们的生产是一致的——既和他们生产什么一致，又和他们怎样生产一致。因而，个人是什么样的，这取决于他们进行生产的物质条件。”① 这两段话包含了内容递进的五个方面含义：

(1) 马克思指出哲学研究的起点是人，而不是高于人的某种神秘本体或人的某一方面的本质特征，并把人分割成不同状况下的各个部分加以进行不同方法上的关注，这样的研究得出的结论必然是一个破碎的人，非本真意义上的人；

(2) 作为逻辑前提的人并不是费尔巴哈所指的抽象的、脱离了社会现实的人，也不是高于现实的异化的人，而是特别强调要把人放在他所生存的社会物质生活条件之中，把人与他的时代境遇联系起来；

(3) 这个前提是不言自明的，是经过人类几千年的历史实践验证的，是可以用纯粹经验的方法来确定的。正因为有了这个前提，唯物史观才能显示出来，同时也为整个哲学研究找到了一个现实而具体的基础和出发点；

(4) 必须从人的生活本身来研究人，生活即人自身；

(5) 人的生活主要通过人的活动方式体现，其中起决定作用的是生产方式。归根结底，唯物史观就是通过人的主要活动形式——生产方式入手来研究人的整体生活状态。

但是，马克思逝世之后马克思主义哲学发展史表明，马克思的实践思想有时也被误解。以“实践生存论”为例，它在继续着西方马克思主义本体论化的同时，也在外部存在主义思潮严重影响下，在海德格尔“超越”观念等作用下，变成了一种显学。马克思之后，以存在主义为代表的人本主义思潮把人的存在作为哲学研究的主要目的，在批判社会现实矛盾基础上强调人的存在意义，成为实践生存论的直接思想来源。

尽管存在主义眼中的“存在”带有强烈的抽象色彩且限于意识范围，但他们试图挖掘出存在的丰富性及生存研究的空间，为人们把哲学与现实的结合提供了新角度。② 海德格尔不认同胡塞尔意向性理论中的“超验还原”的“超越性”。在他看来，通过数学式的括弧法所获得的不是自我本身，而是将自我本身缩小了，使自我片面化了，实际上将自我的最本质的特点给片面掉了。现象学不应该置自我的实际存在于不顾，而是应该将描述分析的注意力返回到并集中于自我的实际存在之上。不应该将自我从世界中孤立出来，而是将自我的实

① 《马克思恩格斯选集》第 1 卷，人民出版社 1995 年版，第 65—68 页。

② 参见叶秀山《哲学的三种境界》，载《江苏行政学院学报》2004 年第 1 期。

际存在放回到世界之中去，把在世界中存在的自我当作研究对象，这样才能贯彻“回到事情本身去”的现象学原则。

为此海德格尔提出了与胡塞尔超验还原相对立的另一种方法：Aseendenz，即超越。这种超越，意味着使自我从传统哲学为其设置的孤独中摆脱出来，步入世界之中，将它作为“世界中的存在”来把握，即作为一个人类生存的可能性从整体上来把握。而且，这种新发现的自我或此在（Dasein）的内在结构并不与外在世界相对立。一句话，“他把先验的自我把握为实际的生存”。

海德格尔认为，胡塞尔所谓的意向性突破完全忽视了意向性的存在以及存在本身的意义问题，胡塞尔现象学之“面向事情本身”独断地与面向意识画起了等号，而事实上，“现象”不是意识，而是与自身遮蔽相对的自身显示。在《论根据的本质》中，他明确指出，“如果我们把一切对于存在者的行为都标示为意向行为，那么，意向性就只有根据超越才是可能的，但它既不能与这种超越相同一，根本也不是反过来本身就成为使超越可能的东西。”这表明，如果没有海德格尔的“超越性”奠基，则胡塞尔的“意向性”理论就是无本之木、无源之水。

胡塞尔认为主体及其体验是不可置疑的自我领域，而海德格尔则认为“正是意向性本身而不是别的什么东西才是超越性的所在”，意向性不应在主体、自我及主体领域这一类随意概念上遭到误解，相反，“主体首先在其本性上应在意向性特质及超越性无偏见的基础上得到界定”。所以，海德格尔决意不再使用“先验自我”、“主体”之类的术语，代之以“此在”——Dasein。原来在胡塞尔那里充当意识本质特征的意向性，在海德格尔这里成了Dasein生存性、超越性的一个标志。

海德格尔对主客内外二分法的扬弃，使我们清楚地看到，意向性既不是现成者意义上的客观范畴，也不是传统内在主体意义上的主观范畴，它源始地隶属于Dasein的生存。而Dasein的行为意向性构成本身恰恰正是任何超越性可能性之本体论的条件。在传统哲学中，“超越性”往往与意识之外的东西画等号，海德格尔则是指出“超越”即是“超出自身”，Dasein即是“超越的存在”，Dasein生存着、筹划着、揭示着，也就是超越着。Dasein的生存本身即是“揭蔽”——“真理”。源始之真理在于Dasein的生存，而知识论、认识论的真理正是奠基于此。正是在对海德格尔“超越”此在生存理论的把玩中，一些当代马克思主义理论思想家找到了某种似是而非的理论基础，受到重大影响和启发，“实践生存论”思潮的诞生也就是必然的了。

哲学的发展历史，实质也就是人及其本质的生成、演进历史的一种理性映照，它的演化和发展与人的历史发展是完全相适应的。人的类本性作为“自为本性”只能在历史中生成。人类史就是人通过劳动而诞生为人的历史。人生成为人的过程，同时也就是人脱离种本性的限制，类本性逐渐生成、展开、实现的过程。从这一意义来说，“人”不只是历史发展的产物，应当认为人就是历史，现实的人只不过是特定历史状态的人。这种不同历史状态的发展，也就是人的本性的历史生成、历史展开、历史实现的过程。真正的人，也就是充分自觉了的获得自由的人。

人从自然发展而来，类本质也是从种本质演化而来，哲学的历史完全体现了这点。哲学在一个很长的历史时期里，都是从物性（或者神性）去了解人性，以非人的形式去表现人，也就是说，是按照物种的方式去理解人与物的区别的。简言之，人的存在状态与对这种状态的理解是一致的，是一个历史过程。

尽管“存在”与“生存”同属本体论思维方式，与传统哲学有着内在联系。但也应当看到，“存在”并不和“生存”等同，从二者出发进行研究的方法论也是不同的。“存在”是一种状态，一个动态过程中每一个静止的扩大与拉伸，虽然也强调人的社会性，但在研究方法上为了使对人的研究更加清晰化、纯净化，则侧重于把人从现实生活本身剥离出来加以考察；而生存更强调人的动态活动、复杂性和生存状况。在方法论上侧重于生活方式本身的变化。维特根斯坦就强调：时代的病要用改变人类的生存方式来治愈。如果可以把人的生活分为“低”和“高”两个层次的话，无疑，“存在”的层次更接近于一切有生命的存在，是基础层次，而作为高层次的“生存”则是此在“存在”基础上又赋予了一种全新的生命意识和信念，使得精神世界的“超越”也构成了人的生存维度或层面不可或缺的重要组成部分。在某种意义上，此在“生存”已经内在地包含了“存在”的概念本身。

进入 90 年代以来，人的生存问题在理论研究和意识形态争论中的重要性不断增强，涌现出一系列哲学研究创新和发展点。“人的生存”直接成为生存哲学的研究对象。这种生存哲学以“强调指出了长期以来几乎被遗忘的哲学任务：从本原上观察现实，并且通过我在思维中对待我自己的办法，亦即通过内心行为去把握现实”为基础，提出其研究的主题是“人的生存、生活的自我理解、自我批判，……是作为人的生存、生活的内在要素发挥其反思的功能。”①

生存哲学是以哲学的方式对“生存”的反思。“生存”从现象学方面分析，必然包括对生存主体、生存境遇（自然或世界）以及生存活动的统一。这样生存哲学乃是对“生存活动”中相互结合过程中的生存主体与生存境遇的“关

① 张曙光：《生存哲学——走向本质的存在》，云南人民出版社 2001 年版，第 6—9 页。

系”的理论反思。从这个意义上可以说，以往哲学的不同形态不过是以不同的理论表现方式涉猎了“生存”哲学。它们共同的特征是从“现实性”出发，都无例外地与生存哲学的本真性质相去甚远。

生存哲学不同于实践生存论，生存哲学是从可能性的角度研究生存，而实践生存论是从现实性的角度研究生存，而这个“现实性”实质上是传统哲学意义上的，因而实践生存论是从传统本体论的“现实性”维度对人的存在的追问。

从“现实性”的维度理解哲学，哲学的存在方式或者表现为对外在对象的终极性解释，或表现为对观念前提的先验设定，或表现为对“现存”的世界图景的思辨说明。“现实性”毕竟要通过“概念”加以糅合，进而“浓缩”成以不变应万变的“世界观”。“在场”取代了“不在场”，“在场”规定了“不在场”，甚至“在场”“消解”了“不在场”，这种理解的维度是从传统物性逻辑的既定性、先定性、设定性出发，将哲学理解为“真正”意义上的“形而上学”(科学之科学)。

从历史上看，虽然哲学的奥秘归根到底都归结为人的奥秘，但表现的形式却以游离于人自身的理论形态，并似乎与人相对立。于是我们看到了自然哲学的本体论以人与自然的直观朴素联结的方式，将人比附性地推及到对自然的依赖性。人的生存是在纯然的自然维度上加以诠释的。经院哲学的本体论也以隐含的方式触及了人的生存，但却将人的生存给予了毫无客观限制的“精神提升”，人的生存性质也就离开了现实前提成了神圣精神的空泛遨游。二者都以既定的“现实性”从外在方面对人的生存给予了抽象的指认。近代哲学的观念将人的生存活动演变成为主客观二分的认知模式，“现实性”的“客观性”与“主观性”的对立似乎以更为冲突的“二律背反”的方式表现了人的生存活动，并且成为新一轮思想所描述的单向度运作模式。

黑格尔从形而上学本体论的立场出发，认为现实性乃是高于可能性的因素。从现实性出发大抵是论证、求解哲学的一种方式。如果从现实性角度审视哲学的话，哲学总是将“在场”的当下“现实”静态化或“普适化”，如柏拉图将“eidos”概念提出并演申为“idea”(理念)一样。“在场”是“现实性”，将“现实性”的“在场”变成某种“永恒”，这是古典形而上学追求的最高目标。本体论或本体论化的哲学大都从“现实性”出发，把“在场”的东西看作是重要的，而忘却了“不在场”的潜在或可能的东西，无论这些哲学是如何理解“在场”规定的。

所谓的“人学本体论”、“实践生存论”、“社会存在本体论”及“社会关系本体论”等其他理解，虽然在不同程度上推进了对马克思哲学的解释，但它们实质上还是在“何物实际存在”的维度上来探讨马克思哲学，仍没有跳出传统“实体本体论”的圈子。

换言之，“实践生存论”仍沿着传统本体论哲学的老路，只不过是以“生存”取代了“存在”而已，从“存在论”转向了“生存论”。我们认为，“实践”是马克思哲学首要和基本的观点，马克思哲学的变革就在于把“实践”当作自己哲学的核心思想。而“实践本体论等在表面上虽然突出和强调了实践的重要地位，甚至在部分领域也贯彻了实践的观点，但是，由于它不是内在于实践活动中的理解方式”，而是“外在于实践去描述实践”的传统哲学的思考方式[①]，所以它本质上仍然按传统本体论的方式来理解马克思哲学。它无论如何抬高和提升实践的本原地位，实践在它那里仍然是与存在一样的抽象的“实体”，缺乏应有的历史性、现实性和丰富性。实质上，实践生存论仍然是以抽象的观点看实践、看生存，而不是以真正实践的观点看实践、看生存。它只不过是为马克思哲学更换了“名称”，并没有、也不可能根本改变对马克思哲学，特别是其生存“旨趣”和“追求方式”的理解。因而实践生存论等，仍然是还原式的传统本体论的思维方式，它仍然把对“生存”的理解和解释追溯为某种抽象的、绝对的、最高的“实体”。在这一意义上，它仍然是一种“独断”的本体论，仍然缺乏可靠的现实生活的根基和维度。

H. 李凯尔特在《文化科学和自然科学》对所谓“唯物史观”的批判应把它看成是对“经济决定论”进而可以引申为对于实践生存论的批判：“这种唯物史观很大程度上取决于一种特殊的社会民主主义愿望。……所考虑的主要是一种多半是动物的价值，结果只有那种与群众直接相关的事物，即经济生活才是‘本质的’。因此历史也是‘唯物主义的’。这根本不是经验的、与价值联系的历史科学，而是一种以粗暴的和非批判的方式臆造出来的历史哲学。……从这种观点看来，人类的全部发展归根到底被看作是‘为在食糟旁边占得一个位置而斗争’。”[②] 历史有惊人的相似之处：“实践生存论”的旨趣多半是人生存的“价值”，只有与生存相关的事物“才是本质的”。“实践生存论”的口号也只能是“为在地球上占得一个生存位置而斗争”。对于20世纪的“新马克思主义”而言，“实践生存论”的理论来源恰是以“经济决定论”为特征的所谓唯物史观。换言之，许多人在为“实践生存论”而欢呼的时候，并没有注意到它身上带着庸俗唯物主义的徽章。当人们更仔细地对其加以分析时，才会发现其

① 参见高清海、孙利天：《马克思的哲学观变革及其当代意义》，《天津社会科学》2001年第5期，第13页。

② H. 李凯尔特：《文化科学和自然科学》，涂红亮译，商务印书馆1996年版，第100—101页。

中内容上的新东西并不多，唯一不同的是形式上的替代品——具有形而上学性的“此在”。

实践生存论是从现实性的维度研究生存，而生存哲学是从可能性的维度研究生存。

马克思作为现代哲学的开创者之一也是从可能性维度理解哲学。因此，马克思哲学完成了同传统哲学的根本“断裂”。从可能性的维度出发，马克思认为，历史的第一个前提是有生命的个人的物质活动，而人类所从事的具有可能性发展空间的生产活动使人有了与动物相区别的根本特征；马克思认为，“解释世界”是从既定的“现实”说明进而所产生的世界图景，这是在观念范围而不会产生任何现实变化的理论活动，而“改造世界”是从可能性维度揭示了实践活动的无限性；马克思认为，人不仅以“物的尺度”去提出自身的活动目标，而且更重要的是要用“任何物种的尺度”和“内在固有的尺度”即“自由的可能的尺度”去实现自己的创造性。马克思实践思想所包含的内在可能性实质就蕴涵着现代哲学所涉足的丰富内容。

对马克思实践思想再理解的目的是要回归生活并重新恢复哲学真正批判的本性，而不是化解为人的常识和经验，更非要哲学与世沉浮、随波逐流。实现这一目的的可能性与保障源于人类生命活动的自我否定、创造性与超越性，和人们对生活及其意义的领悟与理解。用马克思的话说就是要“使世界认清本身”、“在批判旧世界中发现新世界”。为此尚须努力维护、发展人的思想自由探索和创新的能力。中国传统哲学一向主张“道不离器”、“道在器中”，虽然由于它不主张否定和斗争，容易使和谐的理想流于折中调和与平庸保守，但它总是反对物化、避免分裂，维护人生现世的目的性和自足性，并讲究和而不同、执两用中，居尘出尘、因势利导（“道”古义通“导”），这一在人的具体生活境遇中抉发践履人生义理、应时而动从容中道的思想和方法，在当今无疑具有不可小觑的正面价值和启示。事实上，现当代西方哲学着眼于人的在世和非理性，其目的既在于敞开人性的底蕴，也是为了让人在生活中体验人生宇宙之道。

“实践生存论”作为“实践本体论化”的一种表现形式，它具备着实践本体论化的一般特性：即把人的生存抽象化、概念化和绝对化。

传统西方哲学是以人物同源、天人同性的观念为起点，去理解人的存在的。在这之前西方已有了把人分解为肉体之我和灵魂之我的对立观念为思想前提。因而当古希腊哲学家从自然存在去追究人的始源本性时，同时也就把两个我的对立观念投射到了自然本体之中。这样，在他们关于自然本性的理解中，一开始就蕴涵了不同观点的矛盾。古希腊哲学家力图把精神和物质的对立消融在同一哲学体系中，这曾造成西方古代哲学共有的物活论的和二元论的矛盾性质。精神和物质作为两个对立原则不能相容共存，它们随后便走向分裂，不但分裂为唯心论和唯物论相互对立的哲学派别，而且演化、形成了西方文化中宗教与科学长时期的对峙和斗争。

现代人本主义思潮实际上是以变形的方式承接了人类理性对于人类生存迷惑的意向性追求。与科学主义思潮一样，人本主义反对传统哲学的绝对主义、本质主义、理性主义。但与科学主义思潮不同的地方在于，人本主义者并不是一般地反对研究存在，而是反对从实体本体论研究那些与人无关的终极存在和终极解释。在他们看来，哲学就是研究存在的学问，但哲学研究的存在既不应当是自然物质的存在，也不是抽象的精神存在，而是人的现实存在，即所谓“此在”。海德格尔认为，问题不在于研究不研究存在，而在于研究什么样的存在，在于“我们应当在何种存在那里解答存在的意义”？“我们应当把何种存在者作为出发点，以便存在得以展开？出发点能够随意选择吗？也许在我们拟定存在的问题的时候，某种存在者便已具有优先地位？我们应当选择什么存在作为我们的模本呢？他在何种意义上具有优先地位呢？”① 这就是哲学应当研究和回答的问题。海德格尔所说的这种能够作为出发点并具有某种优先地位的存在，就是人的存在，人作为存在者能够观察、体验、理解、选择，能够发问和答问。而根本上的问题是，抛开传统哲学从实体存在去研究人生存是否就是真正与传统哲学划清了界限？用现象学的超越方式是否就能根本上得证不去受传统本体论思维方式的纠缠？显然，理论上的分析和哲学史的客观发展表明这些担忧不仅非常必要，而且成为整个现代哲学的软肋。

此在，就是人的生存状态，哲学就是研究人的生存状态的理论或叫人本主义。海德格尔把人的生存状态作为哲学研究的主要对象，对现代人本主义哲学的发展具有重要影响。整个人本主义哲学的延续和发展，就是把对人类生存的意向性追求投向人自身，去探寻人的生存活动中那些最为基础最为根本的东西：力必多、性欲、生命冲动、情感、意志、价值、烦恼、焦虑、恐惧等成了哲学的主题，非理性主义、相对主义成为哲学研究的主导原则。我们认为，一方面，人本主义思潮强调哲学应当关心人、关心人的现实状态——在人自身的活动和发展问题上寻根究底、追踪溯源，为人的自由全面发展和彻底解放探寻道路，这正是哲学对于人类自身应当具有的关注；然而另一方面，由于现代人本主义在根本上仍大多在传统本体论思维方式的框架内研究人的生存，“此在”

① March Heidegger, *Being and Timer*, Translated into English by Macquarrie & Edward Robinson, Blackwell Publishers, 1992 (reprinted), P. 26.

尽管是“自知”的“在”，可能的“在”，人特有的“在”，但它毕竟是一种“在”，这毕竟不是在形而上学的“极端”处研究人的生存，而只有马克思，只有马克思实践思想才彻底摆脱了传统本体论思维方式的纠缠，运用实践思维研究人的生存，才在根本上完成了对人生存的理解，从而突出马克思实践思想的伟大变革的历史性意义。

作为人本主义思潮在马克思主义哲学内部的表现，实践生存论的传统本体论本质是十分明显的。实践生存论作为一种观念，即认为我们感官所观察到的生存并非生存本身，隐藏在它的后面、作为它的基础的那个超感官的对象，才是真正的生存，即所说的“本性”。经验生存与本体生存是一种决定论的演绎关系：经验现象中的一切都来源于本体的规定，所以只有从后者才能使前者得到理解和说明。相反地，本体却不受经验现象的规定，它本身是一个绝对自在的、具有终极始因性的存在。把生存的事实和生存的本体分离开来、对立起来，是实践生存论思维的基本前提。所谓的实践生存论，在这里也可以说就是从某种超生存的绝对实在去理解生存的一种理论认识方式。

实践生存论作为对象的解释原则完全是属于人的，它表现的是人从人的观点以理解和把握对象世界的一种方式。抛开可见的生存世界，去追求一个不可见的本体世界，这是只有人才会具有的特性。这通常被称作人的“形而上学”本性。实践生存论就是以探寻对象之外和之上的本真存在这种方式，来表达人的形而上学追求的。

实践生存论作为人生存的研究理论，其最终目的也是为了说明人的存在的性质和规定。它所以采取了这种迂回的说明方式，是因为从传统本体论思维方式看来，人原本就是从存在而来、同其他存在同样的存在，所以只要弄清了存在固有的本性，也就等于是从本真状态理解了人。这样一来，在它把人并入存在的同时，也就把人的身影投射进存在的构成、把人的特性泛化为世界的本性。这就形成了一种现象，历史上的生存论哲学家实际都是按照对人的理解去确立他们的本体观点的。关于本体不同观点的论争，实质上也只是关于人的不同观点的分歧。

生存本体作为超经验存在，本是一种虚拟的悬设，人们无法加以确证的，这非常方便于赋予它以人们所需要的品性。于是，许多哲学家便把人在现实世界中暂时还不具有或达不到的性能、品格和力量加在了本体身上，使它成为人所祈望的一个最高保护力量。关于这点，我们从柏拉图的“至善理念”、亚里士多德的“不动的推动者”、斯宾诺莎的具有神力的自然本体乃至黑格尔的绝对精神都可以清楚地看到，那里明显地凝结了人的最高理想和愿望。

这一切表明，实践生存论就其本质而言，不过是以生存本体形式表达人的本性和观点的一种理论。这一理论形式在个别情况下可以充任人们的精神支柱，能够发生影响，特别在人们尚缺乏现实力量的状况下，它具有鼓舞人心、升华人性、解放思想并满足人们寻求外在权威保护的意义和作用。

然而从马克思实践思想的观点去认识，实践生存论这种理论形式的最大的弱点、缺陷乃至弊病，又正是表现在这里，它以生存本体的形式去表现人、以本体世界的形式去表现人的现实世界，恰恰是把人变成了非人、把现实世界变成了非现实的世界。实践生存论的根本问题主要并不在于“本体”的虚构性质，主要是在于这种理论失落了人、瓦解了人的现实世界，这才是问题的实质。换言之，实践生存论的最大问题是从传统哲学的思维方式出发，将“现实的人”割裂和虚化了。

（二）对哲学解释学的分析

实践生存论在理论的意义上，属于“此在的理解”。即哲学意义上的人对自身的理解或解释。具体而言，“实践本体论”作为现当代“实践本体论化”的新表现新形态之一，它与哲学解释有着内在的固有的联系。从施莱尔马赫（狄尔泰）——海德格尔——伽达默尔的所谓“理解本体论”中人们可以看到“理解”与“实践”之间、“此在”与“人”之间、“生存”与“活动”（或经验）之间直接的内在联系。

1. 解释学本体化的历史进程

伽达默尔的哲学解释学不仅使解释学实现了从作为一门理解技艺和一般方法论的学问向哲学意义的解释学的创造性转变，而且在一个科学主义时代以及力求将人文科学科学化的浪潮下，构建起了一种新兴的哲学本体论。这种本体论就是从人与世界的基本存在经验出发，认为理解和解释是人与自然、人与人、人与社会之间的根本交往形式，是人类原始的而又是最基本的生活经验，人们是在理解的关系中生活、交往和思想，理解是人类存在的基本事件。因此，伽达默尔通过哲学解释学所构建的就是一种“理解本体论”。这种本体论的目标则是要阐明理解问题是包括自然科学在内的一切科学的根本问题，一切真理都是理解的真理，真理并不一定就意味着确切性、明晰性、必然性，从而以此来捍卫哲学、历史、艺术的真理性，并依据理解本体观说明了所有科学尤其是精神科学以及社会政治文化中的理解、解释和应用现象。

“理解本体论”经历了一个漫长的演化过程。古代解释学着重于对本文的意义理解，基本上把本文的意义展现过程看成是通过解释去发现和确定本文含义的过程。这一时期的理解只局限于人对某些本文（圣经本文、法律本文以及文献）的解释活动和关系；到了近代施莱尔马赫和狄尔泰那里，理解问题变成了神学研究、历史研究和精神科学探讨的普遍方法。他们通过一般解释学企图说明，在精神科学领域，真理是理解的真理，解释学是普遍的研究方法，人类基本精神活动就是理解活动。不过，尽管古近代解释学肯定了理解在人类文化活动中的重要意义，但却都是将理解视为人类的一种主体行为活动，把理解活动当作一种给予的事实。这种情况只是到了海德格尔那里，才有了实质上的转变。海德格尔通过“存在论差异”的探索，以现象学方法将“决定在者的在本身”作为哲学之最高本体，这种本体又必定通过一种特殊的在者——“人的此在”(Dasein) 来加以解释和展现。故而，海德格尔将理解问题看成是人的此在的自我活动问题，看成是对“在”本身的理解的同质化问题。换言之，对在本身的展现和领悟就是通过人的此在对自身存在的理解和解释来达到和实现的。人的此在的自我表现和理解就是对自身存在可能性的筹划、规定与创造，真正的存在正是通过人的这种自我表现理解活动逐步得到显现的。因此，到了海德格尔这里，理解第一次与存在问题联系在一起，具有中心的、本体论的意味，生存论也成为一种理解的本体论。

应该说，海德格尔从存在高度上来阐明理解之本体论意义，这是传统解释学理论发展的重大转折点。紧随其后的伽达默尔，就是直接承续了海德格尔的这一做法，“试图阐发海德格尔提供的新出发点的意义”[①]，真正建立起根本不同于传统实体性本体观的新型本体理论——作为非实体主义的“理解本体论”。伽达默尔指出，海德格尔晚期主张遮蔽的存在只能接近而不能达到，从而放弃解释学而用半诗化的语言来体悟神秘的存在问题，这是一种误区。但海德格尔将存在与对存在的理解、把存在与对存在理解的语言联系统一起来，则是一个十分正确的哲学探讨方向。伽达默尔就是通过引入效果历史意识概念开辟了通往后期海德格尔的通道。伽达默尔宣称，“我的哲学解释学正是试图遵循后期海德格尔的探究方向，并以新的方式达到后期海德格尔所想完成的工作”。[②]

海德格尔的“实存性解释学”通过对人的此在的时间性分析，将理解看作是人的此在的存在方式，把理解活动看成是人的此在的前结构向未来进行筹划的存在方式。因此，理解和解释在海德格尔那里开始实现了由精神科学方法论向哲学本体的转变。但真正将理解明确地作为哲学本体来看待，建立起一种新的哲学解释理论，则是伽达默尔完成的。伽达默尔在《真理与方法》一书第 2

① 林格：“编者导言”，见伽达默尔：《哲学解释学》，第 40 页。

② 伽达默尔：《真理与方法》，第 638 页。

版序言中有一段清楚的说明："我们一般所探究的不仅是科学及其经验方式的问题——我们所探究的是人的世界经验和生活实践的问题。借用康德的话来说，我们是在探究：理解怎样得以可能？这是一个先于主体性的一切理解行为的问题，也是一个先于理解科学的方法论及其规范和规则的问题。"① 这就是说，在伽达默尔那里，哲学解释学的提出，从根本上说，并非要去研究理解的技艺和理解的规则体系问题，也不是要去研讨精神科学的理论基础问题，恰恰相反，是要从传统哲学的本体论的高度来研究理解的意义问题。那么，伽达默尔是如何来构建起他的理解本体论，或者说是如何使其理解本体论获得理论上的证明，而实际上是坠落回到本体论框架的提问方式并试图回答"理解是如何得以可能的"这一问题的呢？这个问题对于我们而言，也就是实践本体论化在与哲学解释学的合流过程中是如何顽强地坚持自己的传统本体论思维方式的立场的。

2. 本体论化使理解（解释）获得优先地位

关于"理解在本体论上的优先地位"问题，E. 林格说："解释学起源于主体间性的断裂"②，理解问题要被当作本体论问题来肯定和强调，确实在认识意义上否定了传统理解观上的那种将主体与客体对峙起来的模式。在伽达默尔看来，正如海德格尔所指出的，理解是人的此在的存在方式和普遍规定性，理解支配着人，规定了具有历史性、有限性的人的限度，从而决定了人的认识限度和世界经验的范围。这就是说，一切认识都是理解过程，人的生活经验具有理解和解释性质。解释学强调的理解是人的存在方式，理解支配着人的观点，由于其进行了本体化，就变成了本体（或哲学）是人的存在方式，本体支配着人的结论。这是哲学解释学的要害。

正是在理解中，主体与客体发生了关联，也使主观与客观截然对立的观点失去了存在的根据。理解过程不是主观的，也非客观的，同时又可以说，它既是主观的也是客观的东西。伽达默尔针对理解的这种非主观性或非客观性的性质，指出："我们的思考阻止我们用解释者的主观性和要解释的意义的客观性去划分解释学问题。这样一种划分方法来自一种错误的对立，而这种对立是不能通过承认主观性和客观性的辩证关系加以消除的。"③ 既然与主客双方均有关联，因而，理解对两者都有规定作用，就像谈话游戏一样，谈话本身决定着

① 伽达默尔：《真理与方法》，第 6 页。

② 林格："编者导言"，见伽达默尔《哲学解释学》，第 1 页。

③ Cadamer，*Wahrheit und Methode*，Tuebingen，1986，S. 316，019.

谈话者双方参与的整个谈话。具体到对本文的理解上，理解本身既形成了解释者的视域，也支配着本文的意义显现，正是在理解中，理解者获得了对本文意义的创造性说明，本文也从一种无意义的文字符号重新获得了意义之规定。从本文的角度来说，理解并非它的一种外部行为，而是“属于本文的意义事件”；就解释者而言，“理解也绝非一种针对一个所予‘对象’的主观行为，而是……属于那个被理解的东西的存在的”①。理解意义上的“主体间性”在抛弃传统本体论的本体性之后，又落入现代哲学本体论框架——生存论的“集置”之中，理解的这种本体意义，要从理论根据上得到说明，这是伽达默尔哲学解释学要解决的首要的核心问题。可以说，伽达默尔的《真理与方法》从根本上要说明、要构建的就是这种理解本体论。同样，人们在对伽达默尔的分析中，也感到同实践本体论化的相通相似之处，所不同的是理解变成了“实践”认识的本体论、变成了实践的本体论或生存的本体论，但在方法论上，在思维方式上，在哲学上并没有根本的差别。伽达默尔理解本体论对于20世纪的“此在”生存理论具有重要意义，而究其来源，也可看出“实践生存论”作为“实践本体论化”的“似新而旧”的实质。

伽达默尔生活的时代，一是受到新康德主义的强烈影响，伽达默尔就自称他是从“新康德主义”走出来的思想家；二是科学技术控制着对真理的理解，支配着人类生活。前者表现出先验主体性思想，主体主义盛行，一切认识变成了高悬于世的主体规定和创造世界的过程；后者则表现为以科学实证意义上的真理来取代真理本身，进而否定了一切人文科学的真理性问题。整个人类生活处于科学技术的所谓“真理性”统治之中，社会生活演化成专家型的社会生活，人对人自身的存在和生活失去了反思的理性力量。伽达默尔就是要来解决这样两个问题，首先要确立起理解的本体论，将真理作为理解的真理来显明真理的本质，进而捍卫精神科学的真理性；其次就是在理解本体上批判传统的先验主体思想，超越胡塞尔和海德格尔，将理解活动看成是融于“主客统一”之中的一种人类生活基本经验，一种存在方式。归根结底，认识是主客参与的过程，是作为世界经验的理解过程。由于根本出发点的传统思维方式的局限，使得伽达默尔等的努力除了使人看到现代哲学方法上的新花样之外，在根本上鲜有大的作为，也无法同马克思实践思想的伟大变革的历史价值相提并论。

---

① Gadamer, *Wahrheit and Methode*, Tuebingen, 1986, S. 316, 019. 参见洪汉鼎中译文，第8页。

3. 伽达默尔实践哲学的本体论化倾向

对于伽达默尔来说，创立哲学解释学，当然决不仅仅只是一种纯粹的理论工作或理论游戏，相反，是有着人类生活实践意义的，他的根本目的就在于从解释学本体上将理解看作是人类生存的基本经验，进而将理解与人类的实践行为联系起来，为重新提出和研究有着深厚传统的实践哲学，具体分析和探讨自近代以来科技文明时代人类实践行为与生活意义上存在的问题，为建立一种立足于真正实践理性指导下的人类理想生活状态做出实践哲学的思考。反过来，这也构成伽达默尔说明其解释学之普遍性、有效性的真正现实的基础与依据。因此，将伽达默尔建立在哲学解释学基础上的实践哲学看成实践本体论化的翻版或新版之一，也有很大道理。

问题的关键是要看具体内容。人们只有从实际内容上去判定“此在”解释学的传统形而上学实质。伽达默尔曾宣称，哲学解释学要获得自己理论的真正合法性，就必须从其在人类实践领域的运用中去寻找，或者说必须从作为理论解释学与实践解释学的内在联系中去确证。之所以要从实践领域去说明哲学解释学的合法性问题，是因为在伽达默尔看来，“在实践的领域中决不能容忍距离而是要求义务”①。这是说任何理论的研究毕竟是远离现实的，而一旦参与到实践活动之中，现实就要求理论的解释，而能否履行这种义务，能否对现实做出合理的解释，这便是衡量一种理论合法性的最根本的依据所在。在这里，伽达默尔的思维路线与康德是一致的，二者可能在确定实践的价值地位问题上有差别，但在追求本体的根本问题上是相同的。

伽达默尔还从现代解释学在社会科学的逻辑这一领域中的表现来说明解释学的实践性目的。他认为，以哈贝马斯为代表的法兰克福学派，坚持对社会的意识形态批判，坚持用心理分析的模式来使社会批判合法化，即通过自由的理性讨论来“治愈”错误的社会意识，如同运用心理疗法的对话将病人引回到对话共同体之中。这样一来，尽管哈贝马斯等人强烈地批驳解释学的普遍性要求为“唯心主义”的，但事实上，社会病症通过对话、理解、交往而得到的康复就是一种突出的解释学现象。在伽达默尔看来，哲学解释学理论是与人类实践行为和人类实际生活相通的，它具有强烈的实践性目的和意义。“在《真理与方法》中所进行的解释学反思也完全不是一种概念游戏。这种解释学反思完全是从科学的具体实践中产生出来，它对于方法的思考，亦即对于可控制的过程

① 伽达默尔：《真理与方法》，第653页。

和证伪性却是不言而喻的。此外，这种解释学反思也总是由科学实践得到证明。"① 那么，解释学反思怎样才算获得科学实践的证明，或者说，解释学反思的普遍性怎样才能从科学实践中获得说明呢？伽达默尔在1974年发表的《解释学》一文中对此作了解释，他说："解释学的普遍性依赖于，解释学的理论的先验的性质在多大程度上被限制在它在科学内部的效用上，或者它是否证明了感觉通性（sensus communis）的原则，因而证明了将一切科学的应用统一在实践意识中的方式。"②。这实际上就明确提出了，解释学能否具有普遍性就完全视它能否有效地去对科学经验事实做出解释，能否说明人与人所具有的感觉通性，而这一切都终究可归结到一种解释学的实践意识和实践哲学上。伽达默尔就指出，"解释学在做如此普遍的理解之后又接近了实践哲学"③。

显然，伽达默尔的哲学解释学作为一种理解哲学来表现出的和实际推崇的是具有一般性为实践意识，是指向人类实践领域的客观精神实体。他要去说明科学经验事实，要去说明人类实践行为和生活意义、哲学解释学的普遍性、合法性和有效性。在伽达默尔那里，也总是从其运用中加以说明的。换言之，实践问题虽然是伽达默尔全部哲学理论所要去指向和探讨的最根本的问题。正是基于这种认识，伽达默尔对自己的哲学工作有过自我评价，他说："如果有人想确定我的工作在本世纪哲学中的地位，那他就必须从以下这点出发，即我力图在哲学和科学之间进行调解，尤其是试图在科学经验的广阔领域——虽说我对这些领域只有概略的了解——创造性地继续扩展马丁·海德格尔所提出的根本问题，这些问题对我具有决定性的影响。"④。这里所讲的根本问题实际上是人的生存问题，人的实践行为问题。解释学是要考察和解释科学经验事实问题，但它又并不以科学研究本身作为自己的目的，"而是用它的哲学提问使科学在整个人类生活中的条件和界限成为主题"⑤。并且把这些当成了"实践"，显然，这里的"实践"与马克思所说的"实践"相去甚远。伽达默尔就已明白无误地告诉了人们，解释学在科学研究与人类生存和实践行为之间所可能起什么作用以及如何起作用。

通过对哲学解释学与实践运用之间内在联系的探索，伽达默尔根本意图在于从中引出与西方哲学平行的另一传统：实践本体哲学，并且将实践纳入理解本体论的框架内。

伽达默尔自称，在创立哲学解释学理论之后，使他继续发展他的研究的一个主题就是实践哲学。实际上，这两者在伽达默尔那里是一回事儿。尽管在伽达默尔的思想发展上，有一种从理论解释学向实践解释学的转向，只不过是表

①②③④⑤伽达默尔：《真理与方法》，第734、732、732、734、734页。

明伽达默尔前后期研究的侧重点不同，并不构成它们之间的差别。伽达默尔是遵循亚里士多德对 phronesis（实践智慧）的分析来探讨解释学过程的结构的。这一点又是受到海德格尔研究的启发，海德格尔在早期所开辟的路线就是运用“实存性解释学”来研究存在问题，来战胜新康德主义和价值哲学，实际上这就冲击、批驳和否定了整个现代哲学的主体性概念、意识概念，以及历史主义赖以作为基础的那种亚里士多德的作为“托体”或“载体”（substance）的“现存在手的本体论”。师承海德格尔，伽达默尔重新发掘了亚里士多德的实践哲学的意义，认为这是从人的现实存在出发的对人的实践行为的理性反思，是从人的生活经验出发来考察人类的实践行为和生活意义问题。所以，“亚里士多德对柏拉图‘一般理念’的批判，尤其是他证明了善与在行动时所需要的对善的认识具有相似的结构”① 是值得人们重新重视的。伽达默尔在无意之间，也重蹈海德格尔甚至亚里士多德的覆辙，重新在形而上学和实践理性（伦理学）的框架作用下构建自己的“实践哲学”。

伽达默尔从人类的存在经验阐释理解的本体论意义理解一定与人的实践活动相关，一定是在人类的生活世界中获得表现的。他认为，对人类实践生活本身进行理性反思，就构成了实践哲学，它蕴涵着人类的实践理性和实践智慧。实践哲学是一种哲学，这就是说，它是一种反思，并且是对人类生活形式所必须是什么的反思。这种实践哲学是以解释学为基础的，它是对人类实践行为活动及其生活形式的一种解释学反思，其核心仍然是关于生活事实的理解和解释，可以说，“理解和赞同正是在交往活动中才得以建立”②。这样一来，这种实践哲学的基本特征仍然同传统哲学一样，是反思性。

伽达默尔指出：“在透彻思考解释学现象的过程中，我之所以越来越趋向亚里士多德的实践哲学的模式，是有一个重要原因的。海德格尔在他 1929 年研究康德的著作中——这当然是他思想中的一个过渡阶段——发展了一种有限的形而上学的思想。”③ 伽达默尔之所以强调实践哲学在其整个思想中的统率作用，这是与他的本体论哲学观相联系的，也是与他力图用一种新形而上学本体论的哲学观念去看待和处理社会现实与人类实践行为的问题相关的。伽达默尔继承海德格尔的思路，从人的基本存在经验出发来考察哲学本体问题。他反对近代自笛卡尔以来的那种远离现实、只作为事物知识本质的形而上学，因为这种哲学以探讨事物知识和内在结构的那种抽象的最高本质为终极目的，而难以与人的现实生活相沟通。由此而产生的近代思维特征则极具危害性地影响了

①② 伽达默尔：《真理与方法》，第 712、731 页。
③ 伽达默尔：《科学时代的理性》，第 53 页。

直至现代哲学的思维方式，即“近代思想的基本过程是把世界征服为图画，因此‘世界观’就意味表述构筑的产物。在这种产物中人力争另一种地位，使得他能够成为提出所有在者标准并为它们提出主导原则的那种存在。”① 简言之，这种将人这个主体置于统治地位，把人的科学技术理性和科学方法论置于世界之上的观点，便是人类中心主义的表现，也就是近代思维的特征。伽达默尔认为这种哲学观与哲学方法完全是值得怀疑的，因而他就是要通过创立哲学解释学来改变传统的这种远离人的现实存在的哲学理论，而将哲学存在问题与人的生存经验联系起来，并进而从根本上将哲学理论与人的实践生活问题联系起来，以求突出实践哲学的优先性、重要性。对此，伽达默尔明确地宣示了自己对“真正的哲学是什么”的理解，即“哲学研究事物并不仅限于对科学的程序进行反思的阐明。它也不在于从我们现代知识的多样性中得出‘总和’，并把这种总和知识修饰成一种整体‘科学观’。哲学必须处理的乃是我们世界经验和生活经验的整体——它绝不像其他科学，而只是像我们在语言中表达出的生活经验和世界经验自身所做的那样。”② 伽达默尔所做的一切恰好使实践进入了一个抽象性的“虚化”程序。

从另一方面来讲，近代科学的极度发展，已使科技理性形成了对人类自身行为的压制，人们失去了对自己实践行为作理性反思的热情和要求，而越来越倾向于将它交给科学理性和代表科学理性的权威、专家来处理。人不再承担起自己生活的责任，而完全把它托付给了专家，这样一个社会变成了一个过度依赖科学而人却失去了自己的社会。在伽达默尔看来，这便是存在于现代文明和人类实践生活中的最大问题，产生这种最大问题或导致这种混乱的“最后根据是实践概念的衰亡”③。伽达默尔就是要在哲学解释学基础上通过强调实践哲学的意义来改变这种社会状态，使人能够在实践理性的反思下来进行实践行为，来理解世界存在的意义，来实现人们之间的交流、对话和沟通。在伽达默尔看来，“哲学解释学就以这种方式加入了我们这个世纪的一种哲学运动中，这种哲学运动旨在克服片面指向科学事实的倾向”④，并最终重新复兴存在于西方哲学传统中的实践哲学，并依靠这种哲学帮助我们用这种方式免受近代科学概念的技术自我理解观的影响。伽达默尔认为，要解决好在现代科学时代中的自我理解问题，“哲学史为这个现实问题准备好的最重要的教导之一就在于，实践以及由实践所阐明和指导的知识，即被亚里士多德称为 phronesis 的实际

① 海德格尔：《林中路》，德文版，第 87 页，法兰克福，1950 年。参见孙周兴译：《林中路》，第 90—91页，上海译文出版社 1997 年版。

②③④ 伽达默尔：《真理与方法》，第 746、739、734 页。

聪明或智慧在亚里士多德的伦理学和政治学中所起的作用”[①]。

应该说，伽达默尔深刻地看到了科技时代人类生活世界存在的突出而重要的问题，他提出的解决方案是回到希腊哲学的“实践哲学”中去，但他所讲的“回归”和“复兴”虽然不是简单意义上的还原，而是要在现代科技文明的背景下，通过对亚里士多德、康德等实践哲学的认真分析，重建起实践哲学的地位，以使哲学以一种新的形式焕发出对人类实践生活的意义与作用。在伽达默尔看来，这一实践哲学地位的复兴与重建工作，既出自哲学解释学本身的理论特性所致，也源于现实生活的迫切需要。“如果有谁相信，科学因其无可争辩的权能而可以代替实践理性和政治合理性，他就忽视了人类生活形式的引导力量，因为唯有人类的生活形式才能够有意义并理智地利用科学和一切人类的能力，并能对这种利用负责。”[②] 作为一个具有强烈社会责任感与使命感的哲学家，伽达默尔并不欣赏那种学院式的书斋哲学，而一直试图使哲学走向现实、关心生活，与人类的存在息息相关。正如日本哲学家丸山高司所言：“伽达默尔决不是游离现实的‘书斋学者’，他始终根据自己敏锐的时代感觉和现实的（actual）问题意识，力图批判地诊断‘现代’，克服‘现代的危机’。他再次切入‘人是什么’这一根本问题，肯定人是‘历史的存在’。并企图通过彻底自觉这一问题展示新的人类形象。”[③] 对于要以实践哲学来统率其全部思想并构成哲学解释学的思想落脚点和理论归宿，伽达默尔在1974年所写的“解释学”一文中的最后一句话中，以一种宣言式的口吻表达了他的这一哲学态度和哲学看法，那就是：“关于实践的理论显然是理论，而不是实践，但是关于实践的理论也不是一门‘技术’或一种使社会实践科学化的工作：这就是真理，面对现代的科学概念，捍卫这些真理乃是哲学解释学的一项最重要的任务。”[④]

至此，我们完全明白了，伽达默尔所说的“真理”，所要构建的“实践哲学”尽管充满着现代性的内容，但在根本上他仍然没有摆脱亚里士多德、康德哲学传统的影响，他仍然把“实践”看成真理所在，看成面向未来的本体，看成诊治现代性社会和人的良方好药。他仍然把实践当成“物”当成概念范畴。对比之下，马克思实践思想完全荡然无存了。这种将“实践”“理论化”的结果是“实践生存论”——从而也是“实践本体论化”的必然产生。

伽达默尔是当代解释学的最大代表。他师承海德格尔，从人的基本存在出发，把理解问题与人的基本存在经验同一起来，实现了传统解释学的现代创造性转换——由一种作为理解技艺的和方法论的解释学转变为作为本体存在论的

①②④　伽达默尔：《真理与方法》，第739页、654、732页。

③　丸山高司：《伽达默尔——视野融合》，第2页。

解释学，建立起了哲学解释学。起初，海德格尔将理解与人的存在问题等同起来，确立了解释学的本体论发展路向，这为其学生伽达默尔正式并系统地建立一种新哲学观——哲学解释学奠定了基础。

伽达默尔极为赞赏海德格尔在解释学上的工作，认为海德格尔的存在本体论为解释学的发展打开了一个崭新的空间，也从根本上揭示了比一切知识方法论更为根本的人类的生存经验，剖析了理解即为存在的模式，语言便是存在得以显现的基本媒介。伽达默尔对此所作的评价是："我认为海德格尔对人类亲在（此在）所作的时间性分析令人信服地指出，理解不只是主体的各种可能的行为方式之一，而且是此在本身在的方式。'解释学'这个术语在这里就是在这个意义上使用的。它表示此在的根本运动性，这种运动性构成此在的有限性和历史性，从而也包括了此在的全部世界经验。"① "通过他对理解先验的解释，解释学问题获得了一个普遍的构架，甚至一个新的范围。"② 深受海德格尔思想方式的影响，伽达默尔首先即从人的生活经验来展开对存在之真理和意义的探讨，并从他所选取的艺术经验、历史经验、语言经验三个层面的研究，说明了作为一种存在本体论的理解即哲学解释学是如何可能的。

在伽达默尔看来，人类的基本生存经验就是理解，世界的存在意义正是通过理解来得以展现的。本文意义的存在过程就是对本文意义的理解过程。理解就是人的存在形式，它也构成了人在社会历史活动中的一种"世界经验"，所以，理解并不是存在意义的所谓外在表现形式，恰恰相反，它是存在意义的组成部分，其本身构成着存在意义。这就是说，"理解是属于被理解东西的存在(sein)"③。这种从哲学本体意义上来讨论人类的理解经验，在伽达默尔那里，实际上就构建起了一种理解本体论。正因为如此，伽达默尔一再宣称和强调，他所建立的哲学解释学决不是一种精神科学方法论，也不是一种"避免误解的艺术"，根本上是一种本体论，要探究所有知识"对我们的世界经验总体的关系，证实理解是存在的基本特性"④。伽达默尔就认为，哲学解释学的目的既不是去重新复活那种作为一门理解技艺的解释学（所以他并不想炮制一套规则体系来描述或指导精神科学的方法论程序）；也不是要研讨精神科学工作的理论基础，以便使获得的知识付诸实践（所以必须从狄尔泰的那种将解释学作为建立类似自然科学的精神科学的方法论意识中走出来），而是在于这样一种哲学主张："问题不是我们做什么，也不是我们应当做什么，而是什么东西超越

① 伽达默尔：《真理与方法》，英文版，第 xviii 页，纽约，1975 年。

②③ 伽达默尔：《真理与方法》，第 234、8 页。

④ 伽达默尔：《真理与方法》，英文版，第 xiii 页，纽约，1982 年。

我们的愿望和行动与我们一起发生。"① 这种东西就是理解经验和理解关系。所以，哲学解释学乃是探索人类一切理解活动得以可能的基本条件，试图通过研究和分析一切理解现象的基本条件找出人的世界经验，在人类的有限的历史性的存在方式中发现人类与世界的根本关系。② 归根结底，哲学解释学所探究的"是人的世界经验和生活实践的问题。借用康德的话来说，我们是在探究：理解怎样得以可能？这是一个先于主体性的一切理解行为的问题，也是一个先于理解科学的方法论及其规范和规则的问题"。③

经过上述的分析，我们可以看到，伽达默尔关于实践理解的理论在西方实践哲学发展史上带来了几个显著的变化与意义：(1) 哲学解释学蕴涵着从认识论、方法论意义的理解到理解的本体论意义的变化。这一变化虽然一时使解释学重新焕发出现代的理论力，也为从理解经验本身去融合现代分析哲学与人文哲学的过度分野提供了可能；但由于其思想方式的根本局限，使得它不可能有如马克思实践思想那样根本性的发展。(2) 由解释学"视域融合"理解的变化虽然为从方法论上改变传统的理解观，强调理解的历史性、相对性、语言性奠定了基础，也为重新分析传统、权威和前见等问题提供了依据；但同时又设置了新的"框架"。(3) 由只局限于本文意义的理解扩展到关于世界存在意义的理解的变化，这一变化虽然将理解与人和世界的意义联结起来，从人的经验来看待理解问题，就为把人文科学真理与自然科学真理统归于解释经验之上，从而捍卫精神科学的科学性、真理性；为将解释学运用于对人类实践活动的分析，实现由理论解释学向实践解释学的转变，凸显出解释学作为实践哲学的时代理论价值与社会实践意义确立了其内在的必然逻辑。但从根本上说，解释学是人的理解经验的理论化，深入研究以理解为核心的人类实践行为虽是解释学的分内之事，但并不是其根本意义之所在。这一变化并不像伽达默尔本人所宣称的可以为讨论现代文明存在的问题和人类生活世界的诸多问题打通了研究渠道。哲学解释学"提供了一个可靠的理论基础，能使我们正确研究当代变化，即科学及其工业和技术功用的基本要素"④。"解释学普遍化的这种片面性本身就具有自身矫正的真理性。它启发了人的创造、生产和构造活动对于其所受制的必要条件的现代态度。"⑤ 当历史的车轮跨入了崭新的21世纪，对于新世纪之初的人们来说，伽达默尔的话是经不住推敲的。"当科学发展到全面的技术统治，并因而导致'在的遗忘'的'世界黑暗时期'这种尼采曾预言的虚无主

①③⑤　伽达默尔：《真理与方法》，第4、6、16页。

②　参见洪汉鼎：《真理与方法》译者序言，第3页。

④　伽达默尔：《解释学问题的普遍性》，见《哲学解释学》，第10—11页，伦敦，1977年。

义时，难道我们要目送黄昏落日那最后的余晖，而不欣然转身去期望红日重升的第一道朝霞吗?”① 而在我们看来，或许这一道彩霞只是实践本体论化哲学放射出的虚假色彩。

① 伽达默尔:《真理与方法》，第15—16页。

第五章　马克思实践思想的开放性——“实践之后”

一、马克思实践思想的开放性

从20世纪开始，马克思哲学发展进入了一个新的时期。以马克思主义哲学命名的哲学体系的内在矛盾越来越尖锐，这种哲学体系与现实之间的根本矛盾日趋明显，以致陷入了深刻的困境甚至危机之中。这突出表现在原来作为马克思哲学巨大进步的实践思想以及对人类现实解放的具体追求因被极端化而陷入了困境。对实践的鼓吹导致了实践的本体化，用本体论化思维方式建构的哲学体系（可以“教科书哲学”为样板）变成了脱离人的现实生活的新式形而上学体系。本来，实践的变革意义为传统哲学本体论“理论硬核”的被摧毁、克服传统哲学的思辨性创造了必要的前提，但是由于变革已经被纳入传统本体论哲学的轨道，马克思哲学重新被抛入传统本体论的窠臼。诸如此类的矛盾使曾经获得强大发展的马克思哲学陷入困境。

（一）马克思实践思想的现实合理性

为了促使马克思哲学的进一步发展，必须克服和超越实践本体论化的“座架”。这意味着马克思哲学要有新的突破性发展。由于实践本体论化不只是涉及现当代马克思主义哲学的某一局部和方面，不只是涉及当代某一哲学家或某一学派的哲学，而是涉及将它们联系成为一个整体、体现整个时代的精神功向的哲学思维方式，因此，当代马克思主义哲学发展所需要的，不是某种或某些哲学流派和理论之间的论争，而是它们作为一个整体的变革，或者划时代意义的哲学思维方式的转向（变革）——实践观点的思维方式（实践思维）的意义才真正凸显出来。只有这样，以亚里士多德、康德、费希特、黑格尔等为代表的传统哲学才能从整体上被超越，具有实践思维的新哲学思维方式特征的哲学才真正形成。这种转向不可能简单发生和迅速完成，它必然是一个有相当长时期的复杂和曲折的过程。20世纪80年代之后是这一发展的阶段性关键时期。

哲学面对的是一个多重结构和多重内容的世界。这里既有自然的本然世界，又有理想的世界；既有客体的物质世界，又有主体的观念世界；既有过去的世界，又有未来的世界；既有现实的世界，又有可能的世界；既有必然性的世界，又有自由性的世界；如此等等。哲学追求的正是要把世界分解成为不同的存在，然后再把它们结合成为统一的世界。在这点上，哲学反映了人的实践本性。人的实践活动是一种分化世界的活动，又是在分化基础上统一世界的活动。实践的分化就是为了树立对立面，以便突破旧有的自然一统格局，动摇自然的绝对统治地位；经过分化而达到的统一，是一种新的一统格局，在这里居于主导地位的方面已从原来的自然转移到作为主体的人的方面。哲学的理论活动在这一点上只是人的实践活动的理论翻版，它也就是实践活动的思维预演，或者叫做思维的实践活动。哲学通过这种分化世界、统一世界的思维活动为人的实践活动提供理论的前提和根据，发挥其功能和作用。

作为当代中国哲学界主打的哲学思潮，“实践本体论化”相当地占有中国哲学界对马克思思想文本的解释权。该思潮以马克思哲学的“实践”原则作为重建马克思哲学的唯一基石，并将之扩展为一切哲学研究的基本原则。由于有的论者径直将“实践本体论”发展为“人类存在论”。因此，对当代中国哲学来说，哲学今后的发展方向与态势，必须建立在对实践本体论化的反省与超越基础上。

作为现代中国哲学中的话语主流，“实践本体论化”虽然占有对马克思哲学文本的解释权，却遗失了马克思思想中的超越取向，并导致个体精神的自主性的丧失。为此，本书在马克思哲学的范围内提出“实践本体论化之后”的理论致思取向，就是旨在恢复马克思价值，寻求实践维度与超验维度的整合，为人的个体位性格和精神的自主性寻求超越奠基。

马克思实践思想在20世纪哲学转向中起到了灵魂的作用。在对传统哲学的拒斥、批判和摧毁中，哲学实现了“语言的转向”、“解释学的转向”、新实用主义的转向等等，这些转向实质是使哲学的现实生活世界的实质日益清晰地显露出来，先于传统本体论和认识论的生存论，先于科学和哲学的日常语言及其说话方式，先于逻辑和理论的日常生活信念和直觉，受到哲学从未有过的热切关注。遵循马克思实践思想的哲学变革不仅是现代西方哲学经历的事情，而且我国十几年哲学改革的探索也在悄然地实现着这种转向。

（二）马克思实践思想的定义域

在一些可能的区分中可以初步界定马克思实践思想的定义域。

首先，马克思的实践思想不是科学认识所建构的科学灵魂，不是科学认识所描述的物理思想和心理思想，亦即它是一个未经科学术语作用而变形的日常语言和日常意识中的思想。实践思想是科学认识的前提，因为在科学认识之前已有了海德格尔所说的先行领悟，科学认识是哈贝马斯所说的一种认识旨趣，这种认识旨趣已经受到了实践思想的先验定向。

其次，马克思实践思想不是哲学反思建构的观念思想、本体思想或理想思想，它是未经反思的、主客统一的现实实践活动，是未经实体化概念和反思的逻辑所规范的生动鲜活的自在世界。实践思想也是哲学认识的前提，任何哲学理论都是实践思想本然具有的理想倾向的观念表达。再次，马克思实践思想不是各种符号建构的文化思想，它是自然和文化、肉体和灵魂浑然一体的思想，也可说是自然文化或文化自然的思想，所以它也不是哲学解释学所说的本文思想。

最后，马克思实践思想也不是独立于职业生活的日常生活思想，各种文化形式和职业生活方式以实践思想为根基，并且渗透着实践思想的意义，日常生活也只是实践思想的一种形式。

总之，马克思实践思想的主要规定在于它是“活的”思想，不是观念或符号所建构的“死的”思想；是根源性的直接性的存在，不是反思规定和建构的间接存在；是未分化的统一的人类生活的意义整体，不是分化的、专门的文化样式和生存样式。

（三）马克思实践思想的可能性维度

实践思想总是先在地规定了哲学的价值态度和致思取向，任何哲学总是包含着实践思想给予的某些隐蔽的前提。因此，全部哲学都自觉或不自觉地表达着对实践思想的某种理解。这样看来，哲学总是面向实践思想的思考。但是，哲学要思考表达实践思想却必须一定程度地离开实践思想，只有在一定距离中哲学才能反观实践思想，这就使哲学又总是包含着离异实践思想的倾向。此外，哲学把握世界的方式基本是概念认识的方式，它所建构的观念世界总是对实践思想的理想表达，这也使哲学的本文世界与实践思想有了差异。哲学按其本性只能以理想的形式参与实践思想的创造和发展，但是哲学本文和哲学的理想又可能遮蔽着人们和后来哲学家对实践思想的观照与思考。哲学转向实践思想的根本原因在于实践本身的发展和变化，它使哲学家获得了新的信念、旨趣和理想，这就必须对已有哲学隐蔽的前提进行批判，而这些隐蔽的前提是实践给予的。所以划时代的哲学变革在哲学前提批判中必然地转向实践。

20世纪哲学的转向和变革确有它的必然性和真实的历史内容，转向实践思想绝非哲学史类似变革的简单重复，它表达了现代哲学对自身使命和意义的新理解，表达了一种新的哲学观。

1. 在马克思哲学看来，寻求事物普遍原理和原因的希腊哲学已为现代科学所完成

哲学面向世界的科学解释和概括已成为各门实证科学的任务，直面事情本身的科学思辨和猜想虽然仍有意义，但却是科学的事情。因此可以说作为科学解释的哲学确实终结了。逻辑实证主义从哲学命题的不可证实或证伪的分析中看到了科学与哲学的区别，在哲学非科学的意义上坚决拒斥冒充科学的传统形而上学。但逻辑实证主义并不否认哲学作为意义的追问或澄清意义的价值。石里克甚至认为，苏格拉底式的生活意义的追问是哲学工作的典范形式，哲学的未来仍要从事这种澄清意义的活动。因此现代哲学转向实践思想的哲学变革就不再是在传统哲学的思路中重建形而上学的现代形态，而是对任何客观知识形态的形而上学及其尝试的拒绝，哲学必须自觉地成为某种不同于实证科学的文化形式。

2. 在现代西方哲学的发展过程中，转向实践的内在要求不仅是拒斥传统形而上学，而且也是对科学技术的新专制和统治一切的自然科学思维方式的反抗

胡塞尔从来不是反对科学的非理性主义者，但他晚年却洞见到单纯效法精密自然科学的思维方式给欧洲文明带来的危机。马克思在全新的意义上提出“实践”思想，把久已被人遗忘的先于科学的领域带进了哲学思考的视野。我们认为，科学活动只是人的多种存在方式之一，而且不是人的最本己的存在方式，先于科学的实践的理解已经先行划定了科学的基本区域。因此，转向实践就不仅是对传统形而上学的摧毁，也是对传统形而上学的超越，是对先于任何科学和哲学理论的更为原始的东西的追问。转向马克思实践思想的哲学变革不是哲学思考的感性化和表象化，而是哲学理论思维深度的新拓展。

3. 转向实践思想的哲学变革从根本上说是实践本身变革的必然结果，或者说是时代精神和文化氛围变化的哲学表现

随着第二次世界大战后新科技革命的兴起和生产力的发展，个人日益获得了较大的自由空间，日常实践活动逐渐具有重要的生活意义，从而文化的世俗化、大众化和多元化成为文化的主流。在这样一种文化总体趋势中，作为一种文化形式的哲学乃至科学的优先地位必然受到置疑。现代西方哲学激烈地反对

学科帝国主义、概念帝国主义，反对哲学作为一级真理的特权地位，反对盲目的科学和逻辑崇拜，实际是哲学适应时代要求的自我约束和调整，是一种罗蒂所说的走向后哲学文化的哲学观。在否定了任何文化形式和社会主体的优先地位之后，哲学或者成为沟通不同文化形式的解释学，或者成为自然进化的文化和生活的一部分，或者成为一部分人特有的生活方式和存在方式，不管怎样，哲学转向实践是势所难免的。

二、实践本体论化的建构性

实践本体论化作为本体论思维方式的一种现实表现与近代哲学的基本问题有着血缘关系。

（一）实践本体论化承袭近代哲学思维方式

1. 思维与存在的关系问题只是近代哲学的基本问题

恩格斯在《路德维希·费尔巴哈和德国古典哲学的终结》第二部分写道：“全部哲学，特别是近代哲学的重大的基本问题，是思维和存在的关系问题。”① 关于思维与存在的关系问题，早在恩格斯以前黑格尔就提出来了。黑格尔认为古希腊哲学家柏拉图还只是把“理念”了解为一和多、普遍性与特殊性等，“却没有把它了解成思维和存在”。只是到了文艺复兴以后，人“发现了自然和自己”，于是近代哲学才把古希腊哲学所达到的“自我意识的立场”（即意识到与外物有分别的自我）以及中世纪已蕴涵的主观思想中的东西与客观实在的东西的“差异”明确发展成“思维与存在的对立”，并力图通过认识思维去克服这种对立，以达到统一，这也就是主体与客体的对立和统一。所以，自我意识的立场虽然早已有了，客观与主观的差异虽然早已有了，但明确“意识到”主体与客体、思维与存在的对立，那是近代哲学完成的。近代哲学的两大流派——经验派和理性派——就是探讨如何达到主体与客体、思维与存在统一的两条途径的学说。② 以上这些，就是恩格斯为什么说思维对存在的关系问题

① 《马克思恩格斯选集》第4卷，人民出版社1995年版，第223页。

② 参见黑格尔：《哲学史讲演录》，第四卷，第4～8页，北京，商务印书馆，1981年。

是“全部哲学上，特别是近代哲学的重大的根本问题”的缘由。恩格斯还说，这个“全部哲学的最高问题”“只是在欧洲人从基督教中世纪的长期冬眠中觉醒以后，才被十分尖锐地提出来，才能获得它完全的意义”。① 恩格斯这段话表明，思维与存在的关系问题作为传统本体论思维方式的理论表达，是在近代哲学中充分明确起来和发展起来的。所谓“近代哲学”主要是指自笛卡尔到黑格尔这段时期的哲学。笛卡尔是近代本体论哲学思维的开创者，黑格尔是其集大成者。

我们在这里应当关心的一个问题是，唯物论与唯心论的二分法是否适合于“全部哲学”。20世纪以来，特别是改革开放以前，我们所广为宣传的哲学都是用唯物论与唯心论来评定和框架“全部哲学”，这“全部哲学”不仅是指西方近代的“本体论”哲学，而且扩展到古希腊早期哲学或整个古希腊哲学，扩展到黑格尔死后的西方现当代各个哲学流派，还扩展到全部中国哲学史。总之，只要是哲学，就要划入唯心论或唯物论的框框之中。其实，思维对存在、主体对客体的关系问题，就其充分明确的形式而言，只是西方近代哲学的问题。根据这一点，按这个问题的回答而划分的两大阵营（且不说这种两分法的划法是否过于简单），也应该主要地只属于近代这个时期。

从哲学史的现实内容来说，硬用唯心论与唯物论来套中国传统哲学和古希腊哲学以及西方现当代哲学的一切思想流派，也是显然不合适的。古希腊哲学包括早期哲学，其主要问题是普遍与特殊、一与多的关系问题。中国传统哲学的“天人合一”的思想缺乏本体论思维方式的导引，缺乏思维与存在的对立，难以用关于思维与存在的“哲学基本问题”的回答——唯物论与唯心论——来给中国传统哲学各个流派划框框。

2. 现当代哲学的基本问题是人生在世

现代哲学也有自己的基本问题。我们认为现代哲学基本问题应是实际生活问题，人与世界的关系问题，是“人生在世”的问题。因此，实践本体论化问题不仅与传统本体论的理论思维方式有关，而且与传统本体论的现实基础——人与世界的现实关系密切相关。分析实践本体论化就不能不在批判其局限性和缺陷的同时，着力分析它的历史内容和形成过程。

从分析实践本体论化的维度看待“人生在世”的实践问题，至少可以得出下面的两个基本判断。第一个判断：人的生活要有生活关系基础。也就是人与世界万物融为一体。海德格尔的“此在与世界”的关系，梯利希的“自我——

① 《马克思恩格斯选集》第4卷，人民出版社1995年版，第224页。

世界”的关系，王阳明的人心与天地万物的关系等论述内容实质上都是对这种生活关系的重视。与此形成鲜明对照的第二个判断：实践本体论化所表现的是“主体——客体”的传统本体论关系。第二个判断是一个反的判断，意思就是人作为主体，世界作为客体，两者一是主一是从，分离对立，只是通过认识的桥梁才达到统一，例如实践本体论化，等等。这两个判断不是平等并列，而是后者以前者为基础。实践关系是“主体——客体”关系在近代可以发生的前提。

从中西哲学史看，人的实践生活关系表现为三个阶段：第一个阶段是不包括“主体——客体”在内的前实践阶段，也就是说，这种前实践的观点缺乏（不是说完全没有）主客二分和与之相联系的认识论，我把这种原始的实践现象叫做“前生活关系”。关于这一点，海德格尔在他的著作《黑格尔的经验概念》中已有明确的论断。古希腊早期哲学也属于这个阶段；第二个阶段是形而上学本体论的“主体——客体关系”，这是西方近代哲学的主导原则。中国自鸦片战争以后，19 世纪末到 20 世纪初一批先进思想家们所介绍和宣传的，就是这种思维方式；第三个阶段是经过了“主体——客体”式思想的洗礼，包含“主体——客体”在内而又超越也就是通常所说的“扬弃”了“主体——客体”式的“生活融合”。例如西方现当代人文主义思潮所提倡的人与世界的融合。

“前生活关系”不重视区分主体与客体，不重视主体对客体的认识和支配作用，不重视认识论和方法论，不利于科学的发展。原始的“前生活关系”无助于认识自然和发展自然科学。古希腊早期的自然哲学，也属于不分主客的原始阶段，但它又有不同于中国传统的天人合一思想的地方，它包含有认识万物的始基的科学意味，所以我们可以说古希腊早期的自然哲学虽然总起来说属于不分主客的阶段，但它也包含有认识论的因素。而且，柏拉图已开始了把真理当作渴望和追求目标的哲学知识，为近代哲学的“主体——客体”式开了先河。

人类由“前生活关系”发展到明确地以“主体——客体”为思想的主导原则，也就是近代哲学的原则，这是人类思想史上的一大进步。黑格尔就说过，只是到近代，“历史才踏上了一个转折点”，“在这以前，精神的发展一直走着蜗步，进而复退，迂回曲折，到这时才宛如穿上七里神靴，大步迈进”，“人发现了自然和自己”，思维与存在、主体与客体的对立被明确地意识到，对二者的统一是近代哲学的兴趣，主客关系中人的“主体性（‘主体性’原译作‘主观性’）自由地、独立地思维着”，它“不承认任何权威”。其结果一是发挥人的主体性，推翻教会神权，“教会失去了支配精神的力量”；另一个是现代科学的发展：客体得到主体的尊重，“从这种尊重中就产生出各种科学的努力”，也就是通过认识把握外在的客体，掌握客观事物的本质和规律，以达到主客的统一。科学发展是主客关系和主体性原则的必然结果。科学的发展在给人带来福祉同时，也会必然带来它的负面作用物——传统哲学思维方式的作用，传统本体论的绵绵不绝是产生实践本体论化的思想基础。

近代哲学（作为传统哲学的重要组成部分）的“主体——客体关系”式有它的弊端：一是把主体与客体看成是彼此外在的实体，这就很自然会产生一个超乎感性之上和之外的独立永恒的超验王国，这恰是本体和本体论产生的内在原因。西方近代哲学的旧形而上学是与主客关系模式有密切联系的，它把哲学引向脱离现实、脱离人生的境地。二是主体性越来越被抬高到至高无上的地位，以致不尊重自然，造成自然对人进行报复的现象。在实践本体论化的问题上，表现为利用人性的至上性而构建起实践本体论化的现实政治基础。

西方现当代的人文主义思想家们为了克服上述的流弊，大多主张“生活融合”，强调人与世界的融合为一以及对这种合一体的体悟。这种体悟或者说境界，不是抛弃“主体——客体”关系，而是包括“主体——客体”关系而又超越它，不是抛弃科学，而是包括科学而又超越它。

我们今天需要的也是一种“生活融合”——“后实践本体论化”观念，需要讲人与世界的融合，但我们不能把西方现当代的东西照搬过来，我们应当从自己的现实基础出发，走一条具有特色的“生活融合”——“后实践本体论化”的哲学之路。

（二）实践本体论化来源于马克思哲学极端化

中国人爱说“人生在世”，人怎样生活在这世界上？人怎样与世界万物打交道？人怎样与世界万物发生关系？这个“怎样”就是人与世界万物打交道、发生关系，也可以说就是古今哲学研究的核心问题。从中西思想文化史的整体来看，人生在世的哲学研究方式可分为两种：一是传统本体论的方式：把世界万物看成是与人处于彼此外在的关系之中，并且以我为主（体），以他人他物为客（体），主体凭着认识客体的本质、规律来征服客体，使客体为我所用，从而达到主体与客体的统一。西方哲学把这种关系叫做“主客关系”，又叫“主客二分”，用一个公式来表达，就是“主体——客体”。这种“本体论”或传统本体论研究方式的特征是：（1）外在性。人与世界万物的关系是外在的。世界万物在我之外，是独立于我——人这个主体的。（2）人类中心主义。以人为主，以世界万物为客，世界万物只不过处于被认识和被征服的对象的地位，这个特征也可以叫做对象性。所以从传统本体论立场出发建构的这种主客关系是一种不平等的关系。“主——客”关系中的主与客的关系是主与从的关系，客随主，物随人，客或物要听从人，服从人。“主——客”关系中的主对客的态度是不客气的。(3) 认识桥梁型。就是通过认识而在彼此外在的主体与客体之间搭起一座桥梁，以建立主客的统一，所以有的西方哲学家把主客关系叫做“认识桥梁型”。从这里也可以看到，主客关系或主客二分并不是只讲主客的分离、对立，不讲统一，只不过这种统一是在本质上处于外在关系的基础上靠搭桥建立起来的统一，这个桥就是认识。我国近半个世纪以来，一般都是按照传统本体论模式中的这种主客关系来讲人与世界的关系。把人看成似乎只有认识的功能，只讲人如何通过认识，把握客观规律，以便改造自我，改造外物，改造客体。

“实践本体论化”，是起于对纯粹精神哲学的批判。此前的哲学把精神活动看作是自主性的实体活动，看作是普适性的存有规定。哲学家的任务只在于解释世界，对世界的改造还没有纳入到有意识的活动中去。“实践本体论化”的革命意义在于第一次提出哲学乃至其他精神性活动，并不是自本自根的活动，而是根植于人类的实践活动的产物。在社会生活领域，知识生产及其产品则被归入意识形态。精神的形上根基一经抽去，就演变为现实资本权力的自我论证。这就是马克思的意识形态理论所揭示的道理。西方马克思主义的社会批判理论以及后现代主义对知识的态度都是与此相关的。为颠覆精神领域的不合理现象，现实的社会革命就成为所谓的历史必然。在社会革命的历史进程中，一切精神性活动丧失了绝对的自主性，而成为社会动员的方式和历史前进的承担者自我确证的手段。“实践本体论化”作为理论文本，是一种社会批判理论和现代性社会的探索性理论蓝本。

肇始于 20 世纪 80 年代初，至今仍方兴未艾的中国“实践本体论化哲学”的重建，旨在于将“传统教科书哲学”从意识形态的教条主义话语中解救出来。这次中国马克思主义者的哲学活动是以所谓“回到原典”的形式来确证自己在现实文化语境中的言说权利。他们企图通过对马克思思想文本的再阅读与再诠释，恢复实践哲学的生命力，恢复马克思主义的实践品格及其社会批判能力。中国当代哲学思潮“实践本体论化”的重建者们声称他们立足于中国当代的社会发展状况，汲取西方马克思主义的理论成果和思想方向而成就的。这一思想流派以恢复马克思的精神智慧为起点，并逐步引向社会发展理论的探讨，更有离开传统哲学研究的领域而转向实证社会科学的倾向。中国马克思哲学的教学科研的从业者，虽或有与其思想观念不同者，乃至相互辩难者，却依此思想方向推动中国马克思主义的发展。中国哲学界重建马克思主义哲学体系的活动，并没有彻底扭转哲学教科书的束缚，只是使哲学教科书体系不再成为思想界的唯一标准，并对“讲坛哲学”发起了进攻。但到目前为止，中国的“实践本体论化哲学”除了对马克思哲学文本的加以重新辨析外，并没有形成自己的具有原创性的丰富思想，从思想原则到学术术语，都没有超越马克思的思想原典。

三、实践本体论化的自我解构性

（一）实践本体论化的症结

1. 实践本体论化的内在矛盾

实践本体论化的最大问题主要表现在两个方面：一是理论方面的，实践本体论化在思想方面的无法克服的矛盾性；二是现实方面的，实践本体论化在现实品格、现实意义方面的非常深刻的矛盾性。

“实践本体论化哲学”作为当今马克思主义哲学的一种倾向，它们在最初似乎只想实现现代哲学的实践品格。在张扬自己的实践品格的同时，“实践本体论化哲学”的意识形态性得以体现。即“实践本体论化哲学”在对教条主义意识形态进行进攻同时，力图确立自己在意识形态上的主导地位和话语权。然而由于论坛“实践本体论化哲学”，没有自己的社会法权保护和文化制度保障，它和主流意识之间就存在着现实的张力。其中的原因有三：一是主流意识形态顺利地实现了从理想主义到经验主义的转变，并且利用自己对社会学问体制的控制，顺利地吸收了相当的民间的思想资源。二是“实践本体论化哲学”的重建依然停留在对“经典”文本的诠释基础上，并且缺乏自己的社会实践主体。三是由于“实践本体论化哲学”的“反乌托邦”的精神取向和改良主义的现实趋向，使其缺乏社会动员和精神感召的力量。由此，论坛“实践本体论化哲学”至多充当一种社会批判理论而已。由于中国的“实践本体论化哲学”没有依照其实践哲学的言路建构出立足于中国现实的社会科学方法，因而也只能是“西方马克思主义”思想文本的“中国化”而已，因而值得人们特别的警惕和防范。

就20世纪“新马克思主义”在西方社会的发展线索而言，它所承继的是马克思哲学的社会批判精神和意识形态理论，并以此为出发点在资本主义体制内实施对资本主义文化体制的颠覆。它不是简单地重复马克思的思想，而是将其转变为一种具体的可操作的社会批判方法和话语批判方法。这也是西方马克思主义以及部分后现代主义者的思路及言路。这样的精神取向固然不无现实的进步作用，却现实的导向精神文化的相对主义和绝对主义。这个相对主义表现在将一切精神文化看作是与现实实践结构同构的东西，看作是情欲冲动、阶级利益、国家民族、社会阶层的现实的利益表达。绝对真理不再存在，一切都是历史的、实践的产物。一切精神产品的合理性都只有历史的合理性。社会批判与知识话语批判的任务据说就是要揭示出一切被奉为神圣价值的虚伪与相对。它的绝对主义体现为将某一特殊的实践主体确定为历史价值与普遍规律的承担者。

2. 实践本体论化的自我终结

“实践本体论化”的自我终结意味着它已经进入最后阶段，具体是指实践本体论化哲学在现实的运作中出现了“实践”与“本体”的分离。这种解构性体现在“实践本体论化”和“反对实践本体论化”两方面。

实用意识形态的“实践本体论化哲学”以真理标准讨论为契机，摆脱教条主义的束缚，完成由理想主义向现实的转变，现实改革具有了务实的品位（这里面蕴涵中华传统务实精神与马克思实践思想的置换）。而哲学理论文本依然停留在传统教科书体系之中，尽管其中穿插了许多现实实践的例证。这种哲学理论文本的陈旧不仅是由于教条主义作祟，更重要的是现实体制的合法性论证来自于经典文本，而新的合法性论证又没有找到的缘故。由此也就可以理解为什么许多现实的可操作的理论、方针都发生了重大的变化，而作为思想根基的哲学却依然故我。

对传统马克思主义来说，重新挖掘马克思文本的思想智慧并使之获得现代的表达依然是一个严峻的问题。对“反对实践本体论化”来说问题恰好相反。回到马克思的经典文本，固然消解了现实意识形态的教条主义，却没有完成制度文化的合法性、正当性论证。因此“实践本体论化哲学”只能是中国语境中的社会批判理论，它虽有意识形态的强烈诉求而无法上升为意识形态。因此改造世界对其来说依然是只具有理论的意义。所谓的“实践本体论化”只是“本体论化”，而丧失了“实践”的品格。此派思想家也分化为不同的致思取向和行动指向：一是从实践哲学退回，从事传统形而上学存有论的研究；二是转向经验实证的社会学研究；三是放弃理论研究而直接投身现实政治理论的纷争中去。此派思想家的思想转向，固然与其个人的学术情趣和自我定向不无关联，也许更和实践本体论化哲学的理论密切相关的。

3. 马克思实践思想发展的紧迫性

当代中国马克思实践思想研究要超越现状，获得突破性进展，至少需要从如下方面加大研究力度：

(1) 加强对“生活实践”的反思、批判和重建。

生活实践的观点是马克思哲学的首要的、基本的观点，从生活实践出发而不是从观念、理论出发，对此人们耳熟能详。但在实际上，人们却有意无意地把“实践”、“生活的立场”理解成“自明的”、“不言而喻的”。于是，在某些人那里，本来极富批判性的马克思哲学，却被曲解成对其立论的基点——“生活”本身缺乏必要的批判态度。由于人类生活实践本身的复杂、多样、多义和多变，人们对于“生活实践”的理解也必然具有多样性、历史性。就马克思哲学研究来说，它要保持自己的革命性、批判性，也必须时常对自己的立论前提进行批判性反思。在当今时代，人类生活实践的内容、形式、性质、特点、功能等都发生了巨大变化，传统的实践观念已经难以完全解释当代实践的新变化，这促使人们对马克思哲学的“生活”范畴进行前提性反思。从变化了的生活实践出发，或者基于对当代实践的理解，人们可以进而对马克思哲学中的其他范畴，如人、社会、存在、主体、客体、中介、社会时间、社会空间、主体性、主体势、对象化、非对象化、价值、代价、社会控制、自由等，进行认真反思和深入研究。由于生活实践是马克思哲学的核心，对实践生活的反思必然促进对马克思哲学其他思想的重新理解。

在现代哲学看来，人与世界万物存在着另一种血肉相连的关系。没有世界万物就没有人，没有人，世界万物是没有意义的。美国当代哲学家、神学家梯利希（P. Tillich，1886—1965）说过：“我——自我与世界的相互依赖，就是基本的本体论结构，它包含了其他的一切。……没有世界的自我是空的，没有自我的世界是死的。”所谓“空的”就是没有内容的魂不附体的幽灵，所谓“死的”就是无灵魂的躯壳。梯利希把人与世界万物的这种融合关系称为“自我——世界结构”以区别于“主体——客体”的传统本体论模式结构。[①] 梯利希的观点，直接来源于海德格尔。海德格尔说的“此在”是“澄明”，是世界万物的“展示口”，又颇有点类似我国明代王阳明所说的“天地万物与人原本是一体，其发窍之最精处是人心一点灵明”。“我的灵明便是天地鬼神的主宰。……天地鬼神万物离却我的灵明，便没有天地鬼神万物了。我的灵明离却天地

① 参见《20世纪西方宗教哲学文选》，上卷，第827、819页，上海三联书店1991年版。

鬼神万物，亦没有我的灵明。”[1] 没有世界万物固然没有人心，但没有人心，世界万物没有意义。与传统本体论模式相对立的现代哲学模式的特征分为三点：①人与世界万物的关系是内在的。人是融于世界万物之中的有“灵明”的聚集点，世界因人的“灵明”而成为有意义的世界，用中国哲学的术语来说，这就叫做“人与天地万物一体”或“天人合一”。天人合一在中国哲学中有很多种含义，“天”的歧义也很多，这里只是取其自然万物的意思，不是说“此在与世界”关系就是中国的“天人合一”关系。②人是万物的灵魂，这是人高于其他物的卓越之处，但承认人有卓越的地位，不等于认定人是主体，物是被认识、被征服的客体或对象，不等于是西方的人类中心论。在“人与天地万物为一体”的关系中，人与物的关系不是本体论哲学所说的“主——客”关系中的对象性的关系，而是互动的关系，不是主动和被动的关系。③人与天地万物相通相融。人不仅仅作为有认识、有知的存在物，而且作为有情、有意、有本能、有下意识等在内的存在物而与世界万物构成一个有机的整体，这个整体是具体的人生活于其中的世界，生活不仅包括认识和生产斗争、阶级斗争的实践，而且包括人的各种有情感、有本能等的日常生活中的活动，这是一种广义的实践，可以叫做“生活世界”。这个世界是人与万物相通相融的现实生活的整体，不同于主客关系中通过认识的桥梁建立起来的统一体或整体，那是把客体作为对象来把握的整体。用哈贝马斯的话来说，后者叫做“认识或理论的对象化把握的整体”，前者叫做“具体生活的非对象性的整体”。主客的统一和人与世界的融合为一，不能混为一谈。

（2）进一步发现马克思实践思想的当代意义。

马克思实践思想不只是描述性、解释性的，它更是革命的、批判的、理想性的。为了发现马克思哲学的当代意义，哲学界主要形成了三种思路，即通过“回到马克思”或重新理解马克思的文本，把握马克思实践思想的精神实质；通过与西方哲学、中国传统哲学等的“对话”，揭示马克思实践思想的真实意义；通过“面向当代生活”推进马克思实践思想的研究、运用和发展。应当说，上述三种思路对于发现、发挥马克思实践思想的当代价值都是必要的，但“面向当代生活”的思路要更具根本性。否则，如果仅仅局限于“返本”，就有可能在强调马克思文本的重要性的同时陷入某种“原教旨主义”；如果仅仅局限于“对话”，就有可能在突出哲学学科的学理性和可交流性的同时，淡化乃至在一定程度上抹杀了哲学的意识形态性和差别性，使马克思哲学变成非马克思哲学的东西。可以说，马克思实践思想脱离当代实践，当代实践是马克思实

① 王阳明：《传习录》（下）。

践思想存在和发展的根基。

处于21世纪的我们如何研究19世纪马克思的哲学，是一个必须慎重对待的问题。毫无疑问，在新的时代马克思的哲学也需要有新的突破和深化，而要获得这种突破和深化，前提是要对过去的研究进行清理和总结，对过去的文本解读方法进行反思和更新。

A. 在文本解读的方式上，过分强调文本的现实价值和意义阐发是否会影响对文本本身完整性、准确性的把握？从苏联对马克思文本的研究情况看，真正经得起考验的，是那些对文本写作过程的甄别、版本的考证、结构内容的分析等等，而不是那些对其现实意义的挖掘。诚然，我们不可能如洛克所说的带着一块“白板”式的心灵去解读文本，必然会有自己的主体认知模式、自己预设的观念系统，“嵌入”和参与到具体的解读过程当中，这是一个不争的事实；但这不应当成为我们无限膨胀自己的先验观念的理由；换句话说，这种主体性究竟强化到什么程度，而不致影响对文本的理解，是一个非常值得注意的问题。真正意义上的文本解读，却一定是要以文本本身为本位、把其作为一个客观的对象来进行探究的，这种解读应包括对诸如产生背景、写作过程、版本渊流、文体结构、内容与思想、研究历史与最新动态以及现实价值与意义等多个方面翔实的梳理、考证、分析和阐发，而不应当人为地舍弃某一部分，或过分突出某些方面。

B. 当我们面对文本的时候，是否需要充分估计到思想与文本之间的复杂情形？就是说，思想家的思想与表述其思想的文本之间是否就一定会存在完全契合、一一对应的关系？思想家在形成其思想、观点之后，要借助适当的体裁与方式表述出来，形成文本；然后解读者通过对呈现在他面前的文本表层结构（文字、声音、图画等）的解读，来理解潜藏于其中或其后的深层意蕴，进而达到对思想家思想的把握。由于这些复杂因素的加入，使思想与文本之间的联系必然会呈现出非常复杂的局面，完全契合、一一对应并且为解读者全部理解的情形反倒成为非常特殊的例外。想想我们过去面对经典文本时的情形，总是把例外当成了通常，认定文本是思想的准确表述，文本是什么，思想也必然就是什么。其实马克思早就注意到了这种文本解读方式的危险性，他在《德意志意识形态》中讽刺说：“在日常生活中任何一个shopkeeper（小店主）都能精明地判别某人的假貌和真相。然而我们的历史编纂学却没有达到这种平凡的认识，不论每一时代关于自己说了些什么和想了些什么，它都一概相信。”①

C. 在解读文本的过程中，解读者角色、身份意识是否有强化与限定的必

① 《马克思恩格斯全集》第3卷，人民出版社，第56页。

要？对于同一文本，身份不同的人解读的动机不同，关注的部分、突出的观点、做出的解释会不一样。这虽然也属于正常现象，但如果以此为理由取消或否认对“真正解读者”角色的期待却是不对的。在我看来，真正的文本解读者应当是研究者；而对于研究者来说，他必须尽量避免先入为主的评判和感情因素的干扰，只服从理性的原则和客观、公正的结论，而不随意与权威和时尚趋同；同时，他也明白自己的局限性，不奢望自己结论的绝对性和普遍适应性。那么，对于马克思文本的研究能不能也作如是观？答案也是肯定的。诚然，它不是已走进历史的陈列物，它指导并且参与了对当代现实的“塑造”，迄今仍发挥着不可忽视的作用；但是今天我们来读这些著述，不再是救亡图存的岁月急迫地需要从中寻求拯救危难的有效武器，我们虽然认同它的现实价值，但不认为解决纷繁复杂的时代课题会从那里找到现成的答案；这种“时间上的在后”，使我们可能会比前几代马克思主义研究者获得更多的从容，相对地更能把经典文本当作一种客观的研究对象，审慎地作出分析与评价。

苏格拉底、柏拉图以前，古希腊早期的自然哲学关于人与自然的关系的看法，属于素朴的“天人合一”观点。柏拉图的“理念”说，从认识论的角度讲，客观的理念是“认识”的目标，这实际上开了“主体——客体”式思想的先河。明确地把主体与客体对立起来，以“主客二分”式为哲学主导原则，这是以笛卡儿为真正开创人的西方近代哲学的主流；但笛卡尔的哲学也包含有“天人”合一的思想因素，他的神就是人和世界万物的共同的本根或创造主。黑格尔是近代哲学的“主客二分”关系思想之集大成者，他的“绝对精神”是主体与客体的最高统一，但他所讲的最高的主客统一包含着“此在——世界”合一的思想，蕴涵了实践对传统本体论或形而上学的颠覆，为他死后的西方现代哲学特别是人文主义思潮的哲学思想铺设了道路。

黑格尔以后的大多数西方现当代哲学家，还有一些神学家，贬低以至反对“主客二分”。尼采（F. W. Nietzsche，1844—1900）就公开表示要摒弃主体、客体这样一些概念；狄尔泰初次提出“生活世界”的概念，强调人与世界交融的生活世界；胡塞尔（Edmund Husserl，1859—1938）后来又发展了狄尔泰关于生活世界的思想。在这方面海德格尔是一个划时代的人物，他把批评“主客二分”同批评自柏拉图至黑格尔的旧形而上学传统联系起来，认为这种旧形而上学传统的根基是“主客二分”。海德格尔可以说是西方现代哲学中“此在——世界”融合思想和反旧形而上学思想的一个主要代表。西方现当代哲学，特别是人文主义思潮的哲学思想，共同的倾向是超越“主客二分”式。

当然，海德格尔决不是一味否定“主客二分”。海德格尔明确主张“此在与世界”的“在之中”关系优先于“主体与客体”的“在之中”关系，也就是

“人——世界”优先于“主——客”式，而且，他还论述了“主——客”式以“此在——世界”合一式为根基的道理。很明显，海德格尔的这个思想是欧洲“主——客”式思想长期发展之后的产物，它和古希腊早期的“天人”合一的思想，有明显的高低之不同。古希腊早期自然哲学是原始的“天人”合一，那么，海德格尔等人的哲学就可以说是经过了“主——客”式和包摄了“主——客”式的一种更高一级的“天人”合一。从古希腊早期自然哲学的“天人”合一思想，经过长期的“主——客”式思想发展过程到以海德格尔为主要代表的现当代哲学的“天人”合一思想，正好走了一个否定之否定的路程，这是整个西方哲学史的特征之一。

（3）坚持“理论与实践相统一”的原则。作为彻底的实践思想，马克思实践思想具有其他哲学难以比拟的“革命的”、“实践批判的精神”，这使它能够有效地超越传统本体论及其思维方式。不过，由于种种原因，马克思实践思想在发展过程中依然经常受到传统本体论及其思维方式的干扰。在对待马克思主义哲学这一问题上，传统本体论及其思维方式是一种把马克思哲学置于实践之上并进而将之绝对化、凝固化的观点，歪曲地理解实践并由此怀疑、否定马克思对于实践的反思、批判和规范作用。曲解理论与实践的关系，则是实践本体论化在认识论上的一个共同的根本错误。因此，要克服实践本体论化的干扰，就必须始终坚持理论与实践相统一的原则。在当今时代，面向当代实践，推进当代马克思研究，探索建构马克思哲学的新形态，同样需要克服传统本体论。

（二）实践本体论化的自我解构

中国语境中的“实践本体论化哲学”，并不完全等同20世纪西方“新马克思主义”的实践哲学。它所谋求的是对教条主义意识形态的批判和马克思思想文本的解释权。马克思思想在现代中国文化体制中的合法性，使20世纪80年代以后的“实践本体论化哲学”的回到经典的思想努力，不仅是一种实践理论，也是一种叙事策略。借助在学术领域马克思思想文本解释权的确立，“实践本体论化哲学”的意识形态诉求就十分明显地体现出来，并力图通过自己的实践理论为当代中国的现代化道路确立理论根基。然而中国的“实践本体论化哲学”与“新教科书体系哲学”对马克思文本的解释存在着明显的差距。这使得“实践本体论哲学”的意识形态诉求显得一相情愿。而过于匆忙的意识形态诉求和实践冲动，使“实践本体论哲学”的“哲学性”仅仅停留在哲学体系重建和意识形态批判的层面，而没有留下真正可以传承的哲学经典文本。

正如马克思、恩格斯在《神圣家族》中说：“思想从来也不能超出旧世界秩序的范围：在任何情况下它都只能超出旧世界秩序的思想范围。思想根本不能实现什么东西。为了实现思想，就要有使用实践力量的人。”①

1. 人与世界关系同主客二分关系的差别

在人与世界的根本关系问题上，传统哲学与现代哲学、“实践本体论化”与马克思实践思想之间有着原则的不同。对此，19 世纪末 20 世纪初德国哲学家狄尔泰（Wilhelm Dilthey，1833—1911）说：“我们的自我意识的根基乃是这样一个不变的事实，即没有世界，我们就没有这样一种意识，而无此意识，就没有为我们而存在的世界。在这种接触中所发生的，是生活而不是一种理论的过程；它是我们叫做经验的东西，即压力与反压力，向着可以反过来作回应的事物的扩张，一种在我们之内和围绕着我们的生命力，此生命力是在苦和乐、恐惧和希望、对不可更易的重负的忧伤以及在对我们从外面接受的礼物的欢欣之中所经验到的。所以此我并不是坐在舞台之前的一个旁观者，而是纠缠在作用与作用之中……”② 狄尔泰强调人不是站在世界之外“旁观”世界，而是作为参与者“纠缠”在世界万物之中，而这种“纠缠”就是“生活”。说明狄尔泰把人的生活看成人是与世界万物融为一体的，而不是主体与客体二分的。狄尔泰还认为“生活”比主客二分和认识更根本、更原始。“一切沉思、严肃的探索和思维皆源于生活这个深不可测的东西。”“一切知识都植根于这个从未充分认识的东西。”③ 狄尔泰的这些话说明生活、实践是第一位的，思维认识是第二位的。

海德格尔对传统哲学与现代哲学对于人与世界的区别与关系作了更生动的说明。海德格尔说：人“在世界之中存在”（in-der-Welt-sein）。这句话非常类似中国人的口头语“人生在世”，这句话里所谓“在世界之中”的“在之中”（in-Sein）有两种不同的含义。这两种含义实际上也就是关于人和世界的关系的两种不同的样式或结构。海德格尔说，一种意义是指两个现成的东西，其中一个在另一个“之中”，例如我桌上这个杯子里的水在杯子“之中”，椅子在教室“之中”，我和你们在这个教室“之中”。按照这种意义上的“之中”来理解人和世界的关系，那么，人就不过是一个现成的东西（人体）在另一个现成的东西（世界）“之中”，这两者的关系是两个平等并列的现成的东西彼此外在的

① 《马克思恩格斯全集》第 2 卷，人民出版社 1957 年版，第 152 页。

② 里克曼（H. P. Rickmann）：《狄尔泰——人的研究的先驱》（*Dilthey-Pioneer of the Human Studies*），113 页，加利福尼亚大学出版社 1979 年版。

③ 引自 Rudolf A. Makkreel and John Scanlon 合编：《狄尔泰与现象学》（*Dilthey and Phenomenology*），第 79 页，Washington，1987。

关系。即使是把人理解为以肉体为基础的精神，只要你把人和世界看成是两个现成的东西，就像“实践本体论化”所理解的那样，那也还是属于这种意义的“之中”关系。在这样的“之中”关系之中，人似乎本来是独立于世界的，世界似乎是碰巧附加给人的，是碰巧和人聚会在一起的。海德格尔认为，西方哲学传统中主客的关系就是这样的“之中”关系：客体是现成的被认识者，主体是现成的认识者，两者相互外在。相互外在的意思就是你在我之外，我在你之外。实践本体论化的认识路线就是这样认定主客关系的。这样看待人与世界的关系，必然产生一个问题，就是，主体怎么能够从他的内在范围里走出来而进入到一个外在的客体范围中去？也就是说，属于人内部的认识怎么能够有一个外在的对象？主体、认识怎么能够超越自己的范围？或者再说简单一点，主体怎么能够认识客体？

与实践本体论化所理解的“主体——客体”式的“在之中”相对应的，是另一种理解的“在之中”，海德格尔把它叫做“此在和世界”的关系。这种意义的“在之中”不是一个现成的东西（主体）在另一个现成的东西（客体）之中。按照这种意义的“在之中”，人是“融身”在世界之中，“依寓”于世界之中，世界是由于人的“在此”（Dasein，being there）而对人揭示自己、展示自己。人生在世，首先是同世界万物“打交道”，也就是对世界万物有所作为，而不是首先进行认识。换句话说，世界万物不是首先作为外在于人的现成的东西而被人静观、认识，而是首先作为人与它打交道、人对它起作用的东西而展示出来的。人在认识世界万物之前，早已与世界万物融合在一起了，早已沉浸在他所活动的世界之中了。世界万物与人同它们打交道不可分，世界只是人活动于其中的世界。所以，所谓融身于世界之中，依寓于世界之中，繁忙于世界之中——这样的“在之中”，就是人的特殊结构，人的本质特征。“此在”，也就是人，他是“澄明”，世界万物在“此”被照亮，在人这里被照亮得具有意义。至于“主体——客体”式的“在之中”关系，在海德格尔看来，必须以这里所说的“此在和世界”的“在之中”关系为基础才能产生，也就是说，认识根植于这第二种意义下的“在之中”关系中。人为了让世界万物作为现成的东西而可能被认识，人首先必须有与世界万物打交道的活动，然后才从制作、操作等打交道的活动中抽出空来，对事物进行认识，这样，人才不致因主客彼此外在而弄得主体不可能越出自己的范围使认识成为不可能。按照海德格尔的这种解释，认识之所以可能，是因为人一向就已经融合于世界万物之中，也就是在认识之前已一向生活于、实践于世界万物之中。海德格尔的语言很晦涩，但他的基本意思还是比较清楚的。他的意思就是，生活、实践使人与世界融合为一，人一生下来就处于这种一体之中，所谓“一向”如此，就是指一生下来就是如此，所以“此在与世界”融合为一的这种关系是第一位的。至于使人成为认识的主体，世界成为被认识的客体的这种“主体——客体”关系，那是后起的，是第二位的，是在前一种“一向”就有的关系的基础上产生的。第一位就是第一性的，英文是 primary；第二位就是第二性的，英文是 secondary，“此在——世界”是 primary，“主体——客体”是 secondary。“此在——世界”的结构产生“主体——客体”的结构，生活实践产生认识。梯利希根据他对海德格尔的理解，明确地说：“自我——世界的两极性是理性的主体——客体结构的基础。”“理性的主客结构是植根于自我——世界的相互关联之中，并从其中发展起来的。”产生认识的“主体——客体结构得以可能的东西”是“自我——世界”相互融合的结构。① 总之，只有在生活实践中人与世界融合为一这个大前提，然后，人才可能作为主体而认识客体，没有这个大前提，主体是不可能越出自己的范围而认识外在的客体的，也就是说，不可能达到主客的统一。

2. 哲学是一种对待多重世界的思维方式理论

所谓哲学世界，也就是人所面对、人生活于其中、并由人参与而形成的世界。这个世界决不是一个单一存在、单纯关系、单义性质的世界。人在实践活动中把世界多重化、多义化，使它充满了多重复杂的矛盾关系。哲学要为人们提供的不是那个人产生以前、与人无关的非人世界的图画，也不是人虽产生却仍然像动物一样顺从自然支配的那种自然一统的世界图画，而正是这个业已充满着人的矛盾的多义世界的情景。哲学的作用应在于，通过揭示这一世界的上述基本矛盾关系，使人们清醒地意识到自己的身世、地位、处境、价值、义务和责任，以便自觉地采取适于自身性质的态度和方法去对待它们的关系。从这一意义说，哲学就是一种对待多重世界关系的思维方式理论。

人所关注的是人生活于其中的那个现实世界。这个世界既然是多重、多义的世界，人们要回到这个世界中来，就必须彻底变革传统的哲学思维方式。这也就是为什么现代哲学当它从诸神的天界、无人的自然转向现实的人间闹市世界的同时，必然要去批判传统本体论的哲学观念，具有注重于人的存在方式、人的交往关系、人文的精神，强调与绝对一元文化相反的相对关系、多义关系、中介关系等方面的特点。在批判了“实践本体论化”之后提出的实践观点作为思维方式来看，就是从人现实活动中体现的否定性统一关系去把握现实世界的多义性质、多重矛盾的一种新的哲学思维。

① 参见《20世纪西方宗教哲学文选》，上卷，第828、827、825页，上海三联书店1991年版。

哲学思维方式的变革是一种根本性的变革。只有从哲学思维方式的变革入手，人们才能进入由现代实践所开拓的新的世界，有可能理解这个世界，把握这个世界，建设好这个世界。

3. 实践本体论化完成了对“旧教科书哲学”的清算

中国“反对实践本体论化的哲学”虽然目前没有取得意识形态的主导地位，却依然是以意识形态诉求为目的的“大叙述”的“主义”话语。“反对实践本体论化”或“实践无本体论”的话语实践旨在确定一种新的思维原则，即将实践作为超越传统形上学的基点。实践成为一切知识的根基性的东西，形而上学存有论则是在实践基础上衍生出来的东西。马克思原典中隐然存在的超越性的精神指向，在这种哲学中则被规约到现实的实践之中。这一做法或许有感于现代虚假“乌托邦”的惨痛教训。然而，这样一种彻底世俗化的哲学如何杜绝社会生活的平面化，其理论中抽象的“自由而全面的发展”如何变为现实具体的人生依然缺乏有效严密的证明。

“实践本体论化哲学”以总体性的实践为精神活动的根基，以实践替代了传统形上学存有论的合法叙述权利。甚至连在马克思那里的作为叙述景观的超越意向也被取消。其结果是“实践本体论化哲学”在完成对“旧教科书哲学”的清算之后，“实践本体论化哲学”也完成了自己的“哲学”使命，而转向具有生活意味的“社会科学”，或转向现实的实践活动。同时“实践本体论化哲学”中“实践”的总体化倾向和“主义”语式，使个体实存活动在“实践哲学”中丧失了自己的言说地位和权利。个体作为异值性“个体”的不可替代的独一无二性，被统摄到“人民”或“群众”之中的。如此在经典马克思主义文本中所极力渲染的“人的自由全面发展”就被淹没在承担所谓“历史必然性”的阶级斗争或群众性的运动中去了。然而“实践本体论化哲学”对“21 世纪哲学”的重建，由于缺乏社会动员力，已无力承担人们所期望的社会改造功能，除了具有对教条主义话语的破除功能之外，只能是为价值虚无主义和价值相对主义的彻底的“媚俗”导向作理论张本。理论丧失了对现实生活的批判性约束以及对人生的终极指向，必然使历史文化中存在的各种偶像崇拜得以滋生，当前中国民间文化中的偶像崇拜的泛滥与此不无关联。

四、“实践之后”的哲学走向

（一）“实践之后”的提出

针对“实践本体论化”的理论症结，我们提出了“实践之后”的理论构想。“实践之后”将自己定位为“实践本体论化哲学”之“后”的精神诉求。在实践本体论化哲学所造就的历史文化景观下，寻求人类生活活动的先验乃至超验的根据，为人的个体位格性与精神自主性寻求奠基。可以说，“实践之后”，乃是通过发掘马克思思想文本中内在蕴涵着的，而又长期被忽视的超验维度与个体精神价值，来重建马克思的哲学。是力图在现时代寻求对马克思思想文本的再解读。以为我们时代迷失的文化方向，探寻一条可供参考的精神路向。

1. “态度决定一切”

无论从精神的发展历史看，还是就哲学的理念演进看，“实践之后”都必须面对“实践本体论化哲学”及其所提出的问题，这就涉及态度问题。这里首先要指出的是所谓态度，不是一种哲学对另一种哲学的态度，而是力求在一种新的精神姿态下审视“实践本体论化”。它所要完成的不是建构一种新的哲学以取代“实践本体论化哲学”，而是探求如何为个体精神确立超越性奠基，并实现哲学言说方式的改变。因而“实践本体论化之后”，在目前还只能表现为一种哲学的姿态，而非是一种具体的哲学。“实践之后”的哲学建构活动，是以实现超验形上学的重建和个体位格的重新奠基为前提。

一提到“实践之后”，人们会情不自禁地把“实践之后”与后现代主义关联在一起，好像后现代主义对“实践之后”既具有时间先在性又具有逻辑先在性，或者说后现代主义是“因”，而“实践之后”是“果”，后现代主义是“蔓”，“实践之后”是这个蔓上结出的“瓜”，其实，这样的理解带有很大片面性。我们不能仅仅从理论分析的方式与工具来断言一种理论的性质，而更应该从理论的内容、核心观点出发来把握理论的实质。

2. “实践之后”谋求一种哲学态度

应该说，“实践之后”在很大程度上是导源于对教条主义的马克思主义尤其是斯大林主义的马克思主义的不满与批判。正如斯图亚特·西姆（Stuart Sim）断言“卢卡奇早期著作，特别是他的《历史与阶级意识》已显示出后马克思主义方向”；[①] 约翰·巴尔达克海诺（John Baldacchino）在《后马克思主义的马克思主义》中直接把卢卡奇和阿多诺归入后马克思主义的大脉络之中[②]。如今，我们从“实践之后”的原初运用的分析中，同样可以肯定地得出结论，“实践之后”这个指意符号，并不是从后结构主义、后现代主义那里获得的灵感，我们主要基于对斯大林主义的马克思主义的批判，而从后批判哲学的比附意义上提出这一术语的。这是第一层意义。“实践之后”的更深一层的意义是对于“实践本体论（如实践哲学）”对于斯大林主义批判得不彻底的不满和批判，因为实践本体论化哲学脱着一条传统本体论思维方式的大尾巴，所以尽管“实践本体论化”和“实践之后”的现实源泉来自一处，但二者的理论深度与广度却差别极大，“实践本体论化”是初始的不彻底的最早阶段，“实践之后”则是完全成熟阶段。

“实践之后”的“后”不是“超越”，而是“终结”和“逾越”。“实践之后”的本意是确定我们这个时代哲学有别于前实践时代的哲学。人们不再顽固地推崇、迷信、思维和理解着固定的几个概念、范畴。预设作为基础的不变的人类本质，主体性等被否定。“实践之后”的“后”之所以不是“超越”是因为“实践之后”不是要从外部否定实践的哲学，而是实践本体论哲学的终结。这个终结可能一直持续下去；所谓“逾越”既是时空意义上的，更是指内在性的。对实践本体论哲学的逾越不是在实践哲学之外发生的。相反，它是对实践的哲学的永不停息的追求。德里达说：“要颠覆形而上学，没有形而上学的概念就没有任何意义。我们的语言——句法和辞典——都不是外在于历史的，显然，我们所提出的任何一个破坏性命题无一不是已经包含在它试图予以抗争的那种形式、逻辑和内在基本原则之中的”。[③] 要解构实践哲学，没有实践的哲学的概念与范畴是无所作为的。不仅我们的工具和武器：语言和思维方式从实践哲学脱胎而来，而且实践的哲学是有历史性的，它就是内在的来自于实践哲

① Stuart Sim：*Post-Marxism*：*A Reader*，Edingburgh University Press，1998，P3.

② John Baldacchino：*Post-Marxist*：*Questioning the Answer*，Avbury 1996. P4.

③ 《写作与差异》，第 280—281 页。转引自恩斯特·贝勒尔著《尼采，海德格尔与德里达》中文版，社会科学文献出版社 2001 年版，第 9 页。

学的自身历史发展中。“实践之后”作为破坏性“命题”都包含在它要予以解构的实践本体论哲学之中。

“实践之后”并不采取虚无的态度，它承认“实践本体论化”哲学及其重建在人类思想变革中的历史地位，也承认它对传统哲学批判所表现出的卓识，更不否认“实践本体论化”哲学的妄想立足于人类的实践活动来审视精神活动的哲学价值。“实践之后”所要追问的是：人类的精神活动是否可以完全规约于本体论思维方式之中，是否可以完全规约于有限的几种实践活动之中？人的个体精神即位格（persona）固然不离人的肉身及其活动（实践），但是否因此可以认为个体精神不具有某种生存论的优先性，则依然是一个需要重新审视的哲学问题。所谓的“实践之后”的自我超越与自我发展。在“实践本体论化”哲学的经典作家那里，个体价值与超验价值维度，虽然在哲学的文本结构中，不占有突出地位，却构成其思想的隐性线索，甚至可以说是一个自明的前提，因而他们的哲学论述自然就不将重点放在对超验价值与个体位格的阐发，而是落实在如何建立一种社会机制，以确保个体价值的真实实现。在这个意义上，我们似乎可以说“实践之后”，就是建立在超验价值与个体位格基础上的“实践本体论化”哲学再次重建。如果说与整个世界性的世俗化浪潮相适应，以“实践本体论化”哲学来诠释或总括马克思哲学思想文本具有某种社会历史价值的话，那么在面临价值虚无主义威胁日益严重的今天，重新发掘马克思实践思想文本中的有关超验价值和个体位格的精神主旨，建构以马克思实践思想为文本为主要精神资源的“实践之后”，就显得十分必要了。

3. “实践之后”的视域

从“实践之后”的视野来看，原有“实践本体论化”哲学的哲学论域应当有所分化，在自身合法论域之内，“实践本体论化”哲学依然具有自己的思想价值。它的论域转向三个层面：一是转向实证社会科学的研究，以突显“实践本体论化”哲学的“实践性”；二是转向文化哲学的研究，以建立在“实践”基础上的文化现象学；三是转向对“实践本体论化”哲学自身哲学基础的反省，这既是哲学信念的自我确证，也是哲学信念的自我怀疑与反思的过程。而“实践之后”的精神姿态是从其第三个转向开始的。从这个转向入手，“实践之后”将首先寻求确立的是经过限制的“实践本体论化”哲学的互动或整合来谋求文化哲学及其相应的实证社会科学的确立。

“实践本体论化”哲学的重建旨在恢复被遗忘的马克思在哲学发展史上的革命，即为人类的精神活动确立现实的根基：“实践”，完成人类思维方式的转折，进而突破哲学史上“心物”对立的困境，并以此为基点进行意识形态批判。“实践”作为对传统形上学存有论的超越，确立了精神活动与现实活动的关联性，也导致了精神活动自主性的剥夺。“实践之后”的一个基本努力方向就是要重新探求精神活动的真面目，恢复精神活动的自主性自明性。消解“实践本体论化”哲学中的“实践本体论”倾向，重新审视传统形上学的价值。借助于对超越基点的探寻，实现对现实实践的超越审视，以避免价值的虚无化和虚假化。

“实践之后”话语也是一个历史性的缓慢积累过程。“实践之后”这一术语就像一个漂浮不定的能指，每一个使用者都能在未来在它上面寄托一些特别的东西，即是说，这些不同的运用在政治情境上和学术范围上不尽相同，其表义上也有诸多差异。我们不能因某人使用了“实践之后”概念，或声称他们是“实践之后”者，就随意地把这些人列入一个统一的“实践之后学派”之中，必须对各种使用情况进行仔细地甄别和具体分析。另一方面，也要看到，作为一个共同的指符，“实践之后”这一术语在可能的光怪陆离的运用中，还是有着一定的意义关联和某种共同指向，在营造“实践之后”的学术氛围及形成“实践之后”的问题域方面，自有它独特的话语价值。

（二）“实践之后”的哲学走向

我们认为，“实践之后”的提出在反思批判“实践本体化化”的前提下是理所当然的。并且，“实践之后”在实质上既是对马克思实践思想（在此也可称实践哲学）的再理解、再阐释，也是对传统哲学、现代哲学进行反思批判的一个合理性倡议。在“实践之后”的视域内我们既能看到马克思哲学，也能感受到传统哲学、现代哲学的瑰宝光芒。

1. 我们不能离开马克思

当我们把马克思实践思想的产生置于世界哲学演进的总进程和总图景中予以观照的时候，就会发现，它既是这一发展之链中的一个重要环节和阶段，与其他形形色色的哲学形态相比，在有关哲学探究的对象、哲学把握世界的方式和哲学的社会功能等方面，又显现出自己独特的存在与价值；同时，由于它是一个具有多种蕴涵的思想宝库，便为后来者的各种诠释留下了极大的空旋余地，在世纪之交它又面临新的境遇——这是一个需要悉心甄别、认真思考的重大课题。

19 世纪中叶既是马克思哲学诞生的时刻，同时西方哲学也酝酿着从传统哲学向现代哲学的根本转换。思想史上的这两个重大事件之间是否有关系、有怎样的关系、抑或没有关系，这在国内外学术界看法并不一致。在西方学术界，长期以来有的论者片面强调马克思作为经济学家和社会学家的身份，而剥夺了他作为哲学家的资格，把马克思的思想理论认定为政治经济学和社会主义学说，而没有看作是哲学。还有的论者倒是不否认马克思哲学作为哲学形态的存在，但它被置于黑格尔哲学的巨大阴影之下，被看作是黑格尔哲学的延续。有的反马克思主义的论者则径直把它说成是“黑格尔主义的翻版”。这些看法实际上是否认了这两个事件之间的内在关联性。

在苏联和我们国家的一些马克思主义哲学史教科书中，一致认为“马克思主义哲学的产生是哲学史上的重要变革”，这似乎是把两件大事联系起来了，但在对这一“变革”的意义进行解释时，把它概括为只是对德国古典哲学的批判和超越，特别流行的说法是，马克思批判了黑格尔的唯心主义实质，吸取了他的辩证法的“合理内核”；批判了费尔巴哈的人本主义，吸取了他的唯物主义思想。按照这种理解，马克思哲学就成了二者不同部分的“有机组合”。这怎么能谈得上“重要变革”？还有的论者把马克思哲学逐出现代哲学的领地，把它看作是由黑格尔哲学生发出来的、西方现代哲学之外的另一种思想体系。[①] 这样马克思哲学既不属于近代哲学，也不属于现代哲学，它处于一种很尴尬的境地。

在我们看来，以上各种观点，无论是否将马克思哲学与西方哲学发展的进程联系起来，都没有从哲学“转折”的意义上看待马克思主义哲学的问世。而所谓“传统哲学（包括古代哲学和近代哲学）”和“现代哲学”的划界，事实上并不是基于时间的阶段性考虑，而是缘自哲学思维框架的根本转轨。所谓“变革”，也不可能只是对它同时代或者以前相距不远的哲学形态的扬弃，而是对全部旧哲学、传统哲学的超越。实际上，在马克思哲学研究所涉及的领域内，梳理其自身与德国古典哲学的关系占了比较大的比重，但从古希腊直迄同时代的全部哲学历程，都纳入了他们的视野。回答马克思哲学在哲学史的这种“转折”中是否显示出独特的价值，同时它本身是否就是这种“转折”的产物，就要看传统哲学存在着哪些特征、痼疾促成了它必须向现代哲学转变、马克思哲学对此又做了怎样的分析、批判和建构。

---

① 比如，美国哲学家怀特在《分析的时代》一书中把“以攻击那位思想庞杂而声名赫赫的 19 世纪的德国教授（指黑格尔——引者）的观点开始的”思想运动的后果概括为马克思主义的产生和“20 世纪的哲学运动”。见怀特：《分析的时代》，第 7 页，商务印书馆 1981 年版。在国内也有学者持相同的看法，其表述是“以马克思主义哲学为标志的哲学的革命变革和以现代西方哲学改变形态，是这个转折点（指从传统哲学向现代哲学的转折——引者）的体现”见《现代西方哲学主要流派》，第 1 页，中国人民大学出版社 1988 年版。

包括古希腊罗马哲学和近代哲学在内的西方传统哲学，作为总体来看，具有一个基本信念，就是相信万物本原的存在，并把解决本原问题作为解决其他问题的基础。古希腊哲学家已经清楚地说明："一样东西，万物都是由它构成的，都是首先从它产生、最后又化为它的（实体始终不变，只是变换它的形态），那就是万物的元素、万物的本原了。"① 因此绝大部分传统哲学家，尽管他们对万物本原的理解彼此不同，甚至截然相反，但都坚持认为存在着万物的本原这一信念；在传统哲学发展的不同阶段，尽管对万物本原探讨的角度不同，但总是这样或那样地围绕这一问题展开（重本体论的古希腊罗马哲学直接地探讨本原，重认识论的近代哲学则从主客体关系着手间接地探讨本原）。泰利斯的"水"、阿那克西曼得的"无限者"、赫拉克利特的"火"、毕达哥拉斯的"数"、德谟克利特的"原子和虚空"、柏拉图的"理念"、亚里士多德的"形式"、经院哲学的"上帝"、莱布尼茨的"单子"、斯宾诺莎的"实体"、笛卡尔的"心灵和物体"、康德的"物自体"和"现象界"、霍尔巴赫的"物质"、黑格尔的"绝对观念"等等，不一而足。这样一种哲学思维框架力图从一种"终极存在"、"初始本原"中去理解和把握事物的本性，以及人的本质和行为依据，哲学的研究对象被限定在抽象化的自在的自然界或者绝对化的观念世界，它以建立关于世界的本原、本质的理论体系为目标，以基础主义、本质主义等为理论特征，实际上是一种"思辨形而上学"，即关于超验存在之本性的理论。

马克思实践思想是对这种僵持于本原问题上进行抽象的传统本体论的思维方式的根本转换。马克思对这些哲学形态从"类型"的角度进行了归纳和划分，切中肯綮地进行了批判：他指出，旧唯物主义中的"纯粹唯物主义"坚持客体至上原则，"敌视人"；"直观唯物主义"坚持自然至上原则，关注的是人的自然性、生物性，因而只能是一种"抽象的人"；唯心主义中的客观唯心主义坚持观念至上原则，追求绝对化了的"理念"和"自在之物"；主观唯心主义坚持自我至上原则，追求的是"自我意识"。而无论是传统哲学的哪种形态，恰恰是对"自己时代的现实世界"的遗忘、对真正的"人的世界"的遗忘、对"现实的""感性世界"的遗忘。因此它们除了以歪曲、变形或夸大的形式反映和再现了人类理性思维的探索轨迹之外，在本质上，愈来愈成为一种脱离感性世界、不着边际的形而上学的抽象侈谈和"醉心于自我直观"的玄思妙想。特别是在时代推进到 19 世纪中叶这个风云变幻的时代，资本主义"世界历史时代"的来临及其面临着不同以往的社会格局和阶级结构，这种情势下，传统哲

① 《西方哲学原著选读》（上卷），第 15 页。

学的信念已成为一种“过时的梦幻”，衰落是必然的。

与传统哲学的这些形态不同，马克思实践思想以满腔的热忱、深层的理智去拥抱和审视这个与人的命运息息相关的活生生的感性世界，密切关注现存世界的变化，注目于现实的人及其发展。在它看来，随着人与世界的对象性关系的现实生成和展开，哲学当然应当思考和探询人之外的客观世界。然而，严格地说，哲学是既站在人的立场上来审视人之外的“世界”，又站在人之外的世界的立场来审视“人”，亦即是从现实的人和现实世界的相关性角度来把握“人”与“世界”的关系的。人周围的现实世界不是形而上学的无人或超人的“宇宙”，它本质上是被人化着的“对象世界”，是人的本质力量对象化了的“人的世界”。这个感性的“人的世界”，就是人们自己通过对象化的实践活动所创造的、并时时刻刻生活于其中的现实世界和生存环境，它是人类世世代代实践创造的结晶，是打上人的烙印和体现人的本性的对象性存在。因此，哲学作为一种世界观，是一种人的世界观，而不是无人或超人的世界观。要以人的现实存在和发展为标志来重新“安排周围世界”，“把人的世界和人的关系还给人自己”。[①] 这样，马克思实践思想便把哲学的聚焦点从整个世界转向现存世界，从宇宙本体和观念本体转向人类世界，从而使哲学探究的对象和主题发生了根本的转换。

我们说马克思实践思想使哲学的关注目标和聚焦点发生了改变，这其中实践视角的选择和思维框架的转换起了很大作用，相应地“实践”在马克思哲学体系中应占有很重要的地位，这是毫无疑问的。但这不意味着要把“实践”当作马克思哲学的“本原”或“本体”。如前所述，“本原”、“本体”是传统哲学的范畴和对象，如果把“实践”作为马克思哲学的本体，那表明马克思哲学只是变换了本体论的某一范畴、外在形式，还是在新的旗号下“复活”了“形而上学”、“第一哲学”，还是新的基础主义、本质主义，从而没有走出传统哲学的藩篱。那种把马克思实践思想称为“实践本体论”的观点之所以是我们所坚决反对的，就是因为它没有从传统哲学向现代哲学转轨的意义上理解马克思实践思想的重要价值和意义。

回归“生活世界”，这是现代哲学的共同特征。正是在这个意义上，我们说，马克思实践思想实质上完成了从传统哲学向现代哲学的转换，是真正现代意义上的“新哲学”。

① 《马克思恩格斯全集》第 1 卷，人民出版社 1956 年版，第 443 页。

2. 哲学走向的“阿基米得支点”

近年来不少学者把哲学同人的“生存”、“生活世界”联系起来，把它作为推动哲学发展的主要研究方向之一。把哲学概括为“生活观”。通常所说的生活观就是关于人类生活的根本观点，即通过对生活世界的深刻观察和理解，为人类提供一种能充分表达生活目的、特点和意义的生活理念。它的研究对象是人类的生活世界，研究主题是人类的存在方式，研究的核心是人类生活意义，哲学即生活观就是对于人类“生活理念”的系统表达。

也有人提出“‘哲学’是一种‘存在方式——生存方式——生活方式’”。①

马克思进行哲学探索的宗旨就是要创立一种能够引导人们正确理解并积极参与生活的新哲学。就是“只想透彻地理解在街头巷尾遇到的事物。”在马克思看来，传统本体论哲学是从天上降到地上，它虽然也是从“人”出发，却是从抽象的、理性的人出发解释人的现实生活，因此“他们从来没有为历史提供世俗基础”。而马克思实践思想则是从地上升到天上，即把人的世俗生活上升为哲学。在研究人类生活时，马克思选择了“劳动”、“实践”作为切入点。虽然自有人类存在就有劳动，但正如人们千百次地接触商品却未必能认识商品一样，尽管人类千百年来一直在从事劳动和实践，却并未真正懂得劳动和实践的本质和意义。马克思则通过对劳动和实践的哲学分析，真正揭示了人的本质和存在方式，揭开了人类生活世界的奥秘，从而使这个被以往哲学家普遍忽视的世俗问题成为哲学变革的“阿基米得支点”。所以，从崭新的观点理解马克思的实践思想，既反映了哲学的主题从关注自然世界到理性世界又转向生活世界这样一种历史逻辑，也符合马克思创立新哲学的实际过程和思想本意。

哲学作为现实性的理论活动，它的宗旨本来是要寻求万物的统一性；然而从事活动的方式却是分裂存在的活动，总是陷入相反世界体系的对峙之中。哲学家们有意地分裂世界、制造矛盾，他们要去认识现存世界，却从不满足于对可见世界的了解，还要虚构或悬设一个不可见的世界，在把存在分裂为两个对峙的世界之后，然后才去设法使它们统一起来。德谟克利特的原子世界、柏拉图的理念世界、笛卡尔的实体世界、莱布尼茨的单子世界、康德的物自体世界、黑格尔的绝对精神世界等等，都属于这类超越感官世界之外，由哲学家创造出来用以说明现存事物的不可见世界。把世界分解为不同世界，从多重世界关系去理解世界的统一本性。这是哲学研究世界的特有方式。其原因仍然在人

① 参见叶秀山：《哲学的三种境界》，载《江苏行政学院学报》2004年第1期。

本身。

人本来就是一种超越性的存在，只能在分化世界中生存，也只能在分化自身中存在。人有一个生命本质，必须服从自然生命的生存本性；人还有一个超生命的本质，这是由它自身活动创造出来的无形本质，它也只能由自己的创造性活动所支配。人的双重本质投射于客观对象，通过人的生存活动同时也就分化了外部世界，即在自然世界之上又创造了一个为我存在的属人世界。

这种分化世界和自我分化的活动就是人的现实生活活动。“生活”就成为人的生存本性和存在方式；人可以说就是一种以生活为本性和生存方式的动物。而存在方式决定思想方式。哲学分化世界的理论活动方式与人类分化世界的实践活动方式是相适应的。不管人是否意识到自己的实践本性，在人的一切活动里作为存在方式的实践都会本能地发挥基础性的支配作用。人从不满足于给予的存在，总在追求一种尚无存在的理想事物，非得经过自己的脑和手把得到的东西改铸过以后才肯罢休，这就是人作为人的一种本能，追求“形而上学”的本性。

哲学的发展无非就是从对世界的分化走向统一，而后又在更高基础走向分化的过程。

3. 提出“实践之后”的意义

“实践本体论化之后”这一问题提出的实践意义，也就是现代哲学的实践意义。现代哲学的主要功能，在于使人达到人的自觉，在对待和处理一切事物中能够充分发挥人的态度、人的观点、人的作用，并进而不断地提高自己作为人的思想境界、升华自己的人性品格，使人成为真正自由和自觉的人。“实践本体论化”的哲学，由于内容不成熟、形式不完备其主要实践功能受到很大的局限。在批判反思“实践本体论化”后，被彰显的马克思实践思想便有可能做到这一点，充分发挥出哲学的巨大功能和作用。

社会的发展根本上就是人的发展。过去我们在处理社会发展的问题上，又经常忽略了人的主体，甚至常常是“见物不见人”。现在只有从实践生活出发，才能真正搞清人和社会、自然的关系，从而也才有可能把三者关系处理得合理一些。

人的真实观念的确立，毫无疑问地，它对整个人文社会学科乃至整个的人类文化，包括经济理论、政治理论、社会理论，文学和艺术，科学技术的发展，都会产生重大的影响作用，因为这一切都需要了解真实的人和真实地了解人。今天的科学技术应该认为已经达到相当高的发展程度，愈是如此，它就愈需要对自己做恰当的估价、愈需要正确的导向。科学和技术一向都是由人的需要导向、沿着满足社会需要的方向发展的，什么是人的真正需要，什么是社会的真正需要，特别是什么才是人作为人的那种真实需要，这是科学自身无法解决的问题，它需要有关人的科学尤其是哲学来回答的。

人有多重本质，也就有着多重的需要和多样的要求，并不是人的所有需要都能提高人作为人的品格、价位。我们的科学和技术不能总是靠工具理性引路，受少数或部分人的如此需要的支配，一味沿着纵容人的享乐、助长人的贪欲的方向发展。现代哲学的发展会有助于这些问题的解决。现代哲学为人类的未来发展指出了明确的道路和方向，现代哲学从人的实践本性这一角度去理解人的和社会的未来发展，不仅可以为未来提供人性的深层根据，而且能够为实现人类伟大的理想提供具体和现实的途径与方法。

现代西方哲学从生活世界的变革中获得了新的生活世界的根基，并在对旧哲学的拆解和解构中，重新获得对生活世界的哲学理解。从观念转向语言，从科学和理性转向文化，从逻辑转向体验或原始经验，是现代西方哲学转向生活世界的不同途径，这些转向共同地显示着生活世界的优先地位。

奎因认为，由观念转向语言是现代经验论哲学的一个重要转折。后期维特根斯坦哲学明确地实现了向生活世界的转向。他认为，日常语言分析不仅是对形而上学的消解，也是对逻辑的积极显示，从观念转向语言也是从逻辑转向原始生活经验的一种努力。

当海德格尔在现象学研究中实现了语言的转向时，转向语言和转向原始生活经验的哲学变革就成为转向生活世界的直接组成部分。他在现代西方哲学的发展中，把生存论提升为本体论的基础环节，把人们的生存状态作为哲学思考的重要主题，把解释学作为一种方法转变为此在的本体论，这虽然表明他与传统哲学、传统形而上学的千丝万缕的联系，但在哲学史发展上，他的所为的积极意义是明显了，他都直接促成了转向现实生活世界的哲学变革。海德格尔之后的欧洲大陆哲学鲜明地呈现出转向生活世界的特点。无论是伽达默尔在历史的本文中寻求和唤醒沉睡的意义，还是德里达通过分裂和延迟对意义世界的埋葬，抑或是哈贝马斯关于交往与社会进化的研究，一方面都是对实体本体论的西方传统形而上学的摧毁和解构，另一方面都是面向生活世界或直面事情本身的哲学思考。

在转向生活世界的哲学变革中，近代以来把自然科学作为哲学基础，把科学作为理性典范的信念开始动摇，哲学作为理性批判和知识论批判转向多向度的文化批判，英美哲学与欧陆哲学由此开始合流。在转向语言、转向生活经验的哲学变革中，卡西尔、海德格尔、利科尔、福科等人都实现了转向文化的变革。英美分析哲学通过转向语言也转向了文化，按照罗蒂的说法是转向了后哲学文化。

从反省的内在经验转向语言或书写的语言，从似乎自明的逻辑转向先于逻辑的原始经验或生活体验，从以自然科学为典范的理性转向人文科学和文化，哲学转向生活世界的实质是转向人的“现身情态”，是在人的现实活动和生存状态中理解人本身，所以这就是对任何先在本质决定的否定。对于自由生成中的个人和历史来说，在自在的意义上当然是被规定的既成的存在，但在自为的意义上一切先在本质都是虚无，因而转向现实生活世界的哲学变革总是直接表现为对实体本体论先在决定的拒斥和摧毁，表现为从生活世界之中寻找人的自我理解和自身发展的根基。

4. 对马克思实践思想认真理解的现实意义

对马克思实践思想的再理解，除涉及人类生活的根本问题外，还涉及认识和理解生活的方法。狄尔泰曾提出认识物的方法与认识人的方法的区别，认为“自然需要说明，历史需要理解”。过去的包括实践本体论化的传统哲学基本上是用认识物的方法去认识人，如旧唯物主义从自然界出发解释人，用物的特性去解释人的特性。黑格尔虽然立足于人的理性，但他要解释的是整个世界，他解释世界的方法是科学世界观方法，并用它来解释人的社会、历史和精神。这种泛逻辑化的认识方法，并不足以解释人的活动的本质和特点。马克思从劳动实践出发解释人，使用的是“自然主义和人本主义”相统一的实践的认识方式，这既是说明的方法，也是理解的方法。离开说明的理解，会使生活的历史无规律可循；而无理解的说明，又显示不出人的生活的特点。当初，马克思为了拨开历史观的迷雾，侧重于揭示人类生存的物质根据，甚至把人类历史看成是一种“自然历史过程”，但我们不能认为从物质生产出发解释人就是马克思研究人的方法的全部内容。马克思留给我们的关于认识人、认识人的生活、认识生活世界的方法究竟是什么，至今仍需要继续研究。

当今社会是一个交往普遍化和紧密化的“全球化社会”，是一个由信息化网络化数字化为构造机制的“技术化社会”，是一个充满不确定性和风险的“风险化社会”，是一个民族国家主权正在削弱、“世界公共社会空间”日益增长的“跨国社会”，人正在日益成为“去中心化”、“去地域化”的“世界历史的人”，即“世界公民”。所有这些都表明着人类社会形态正在发生深刻的巨变。

哈贝马斯曾深刻指出：技术理性的泛滥和对人的不断扩展，造成了对“生活世界”的“殖民化统治”，即“生活世界”的不断的技术化和体制化。在他看来，日常生活世界中的交往行动按一种非工具性原则运作，无须满足体制对诸如利润、控制和效率的那些强制性要求。而体制对生活世界的统治，人与人的关系、人的生活越来越几乎无孔不入地技术化、工具化和规范化，个人的日常生活越来越置于由技术、管理规范、法律等外部强制性的要求、控制和监督中，技术理性破坏了人际交往正常的、和谐的状态，个人的自由空间不断被蚕食，社会——人文生存环境严重恶化，生活世界的人文内涵变得日益薄弱。可以说，人类由以前的自然人、社会人状态而变成为目前的“技术人”状态。

在这样一个文明矛盾和危机丛生的时代，我们不禁要感叹，也更深切地体悟到马克思那句名言的精辟和深刻，即他在那个时代就已指出的，哲学不仅仅要解释世界，而问题在于改变世界。我们认为，哲学不仅仅是一种思想理念，更是一种活动。在重视文本研究的同时，哲学必须将其关注的目光投向现实，以其独具的高瞻远瞩和深邃洞见的智慧之光影响世界，改变世界，为人类文明摆脱危机，提供理想世界的指引。

转向现实的生活世界也是理解哲学革命变革的实质、理解我国十几年哲学改革总体趋向的关键。人们在对传统哲学的批判中，对哲学的目标、使命、方法和形态都作出了全新的理解，实际上已经实现了向现实世界的转向。哲学的目标是改造世界，辩证法的运动和创造原则是生产实践中人的自我生成和发展，哲学不是绝对真理的体系而是对实践和实证科学进行辩证批判的世界观，生活、实践的观点成为认识论的首要观点，等等，都表明一种哲学方向的转变，即从物质生产实践中，从人的现实活动中理解全部人类历史和人本身。把改变人类生存状态的生存论提升为哲学的首要问题；人类生存状态的改善和发展也不再仅仅是精神自由的问题，而是实际地改造自然、改造社会关系的人的本质力量的自我确证和自身发展；人作为自己的根本已不再需要任何外在本质的先验决定，因而传统哲学的实体本体论理所当然地应予废止。早期的现代哲学对形而上学的颠倒即是向现实的生活世界的转向，它最早表达了现代哲学的基本精神。

可以肯定地说，不了解哲学转向现实生活世界哲学变革的实质，势必或者如肤浅的英美经验论一样把哲学作为形而上学简单地予以拒斥，或者把哲学真的变成需要拒斥的形而上学。所以摆脱传统哲学思维方式的限囿，重新理解哲学，把实践问题逐渐提升为哲学本质的东西，成为我国十几年哲学改革的总体趋势。这实际上也是一场转向现实生活世界的哲学变革。

人们曾致力于哲学改革的思考，从哲学教科书体系的改革，到哲学理论内容和哲学观念的变革；从对哲学的重新理解，到如何符合时代要求坚持和发展哲学，在多年的思考中逐渐澄清了哲学改革的思路。哲学改革的实质是思维方式、说话方式和生活方式的变革，这既需要对传统形而上学的实体本体论进行消解和解构，非此即无法转向现实的生活世界；也需要面向生活的哲学治疗，不改变形而上学的说话方式，长期流行的假话、空话、大话和官话就不能真正根除；哲学也需要生活世界中的思考和建构，一种真正源于生活的统一性思想仍是国家强盛、人民幸福的精神条件，它将实际地参与生活世界的创造性发展和进步。

人们在对传统哲学教科书体系的改革中，逐渐意识到实体本体论思维方式是使马克思主义教条化、公式化的一个重要根源。把马克思哲学看作是自然本体论虽然符合人们的经验常识和实证科学的结论，但却恰恰表明它没有超越常识和实证科学的思维方式，它缺少胡塞尔所说的不同于自然态度的理论态度。这种实体本体论的思维方式是一种还原论的思维方式，是一种先在本质决定即概念、术语决定的思维方式。因为不管把世界的本质归结为物质还是精神，它都是一种实体化的概念，而以一种实体化概念规定世界和历史的全部发展，必然导向公式化和教条化的哲学体系。实体化概念先行决定的哲学体系，既没有实证科学概念的经验效准，因而是无意义的形而上学独断；也遮蔽了它与生活世界的真正关联，成为脱离生活而又规范生活的形而上学教条。所以改变传统哲学的思维方式成为哲学改革的症结所在。

5. “实践之后”哲学思维方式的重大意义

哲学理论内容和哲学观念变革的关键是思维方式的变革。哲学思维方式不是思维操作和运演的方法和技巧，而是内在地包含着基本价值态度的世界观的核心，它从根本上规定着人们的认知取向和实践态度，哲学思维方式的改变将带来全部哲学观点的变化。人们把哲学革命变革的实质看作是实践观点的思维方式的创立和发挥，并力求从这种新的思维方式去看待全部哲学问题。取得了很多共识，在推动哲学向生活世界转向，把实践看作是全部哲学的核心概念而不只是认识论概念等方面，与实践唯物主义和实践本体论的主张是一致的。但是，生活实践观点是哲学思维方式的总体变革，它已经改变了哲学提问的方式，因而也必然改变了哲学理论的形态。按照传统哲学的理论框架把实践规定为本原或本体的东西，仍是按照还原论的本体论思维方式去理解哲学。这既难以回答自然本体论的诘难，因为在追本溯源的思路中自然的先在性是毋庸置疑的；也难以真正透彻地发挥马克思实践观点的理论力量，因为实践作为一种创造和生成恰恰是对任何先在本质决定的消解、否定和融合。因此我们强调“实践之后”思维方式对传统本体论思维方式的超越，因而它也是对以往唯物主义与唯心主义抽象对应的超越，这个超越的实质就是从任何哲学虚构的本体或本原决定中挣脱出来，在转向现实生活世界的哲学思考中，在自为自主的实践中，重新发现和发展人的自由本性和可能性的限度，重新确立哲学思考的基点和使命。

在对哲学思维方式变革的思考中，生活方式的决定性作用显露出来了。“实践之后”的思维方式，是上一世纪无产阶级生存状态实践过程的理论表现。20世纪现代西方哲学的变革，也是本世纪西方社会生活变化的必然结果。一方面，我国的经济体制改革和政治体制改革需要破除传统思维方式的束缚，需要从我国的具体国情和实际出发，这就呼唤着解放思想、实事求是的哲学向生活世界的转向。另一方面，改革及其所带来的生活方式的变化刺激和引导着哲学思考走向生活的深处，先于理论、先于任何本质决定的人民群众的深层渴望，既是改革的力量源泉，也是任何真诚的哲学思考必须首先面对的东西。维特根斯坦说过，“时代的病要用改变人类的生存方式来治愈，哲学问题的病要以改变人类的思维方式和生存方式来治愈。”我国十几年来人们生存方式的历史性改变已经医治了许多社会疾患，也有力地改变了人们的思维方式，因而哲学问题的病即实体本体论的思维方式也在得到不断的救治。其实，我国社会生活对哲学某种程度的冷落本身，就是对传统哲学思维方式的拒绝。

转向现实生活世界的哲学变革不是取消哲学，尽管哲学的对象、主题、形态和功能都发生了重大的转变。在我们看来，作为寻求事物普遍原理和原因的科学解释的哲学确实终结了，而对人生意义的追问，对包括科学在内一切文化形式统一基础的寻求，对人的自我理解和自身发展的关注，仍是哲学必须承担的“思的任务”。面向生活世界和事情本身的创造性哲学思考，不仅是人的智慧的一种表现方式，也不仅是哲学家个人对智慧的热爱或思想的偏执，它仍有更为深刻的动机，也仍有其他文化形式不能完全替代的作用。哲学转向现实生活世界也不是哲学思维能力的蜕化，相反它要在清洗掉种种哲学本文的遮蔽之后重新获得对生活和世界的洞察力量。在自由的理性思考和不断反刍人生体验中，哲学将触及生活和世界得以可能的更为深远的思想源头。

（1）人类的理论追求体现着哲学思维的至极性和超越性特征。

人类的哲学思维尽管历经诘难但却至今仍在继续，一个重要原因在于，就其思维方式而言，它最突出地体现着人类哲学思维的至极性和超越性特征。哲学思维有什么特点，这可以借助于不同的参照系来从不同方面加以研究和概括，例如，总体性、整体性、根本性、思辨性、反思性、对答性、体系性、承继性、并存性、实践性等等。这些不同的特点在不同的方面、场合下存在和表现，又综合性地贯穿在人们对哲学的思考和以哲学方式对对象的思考中，通过哲学提问、哲学释义、哲学表达而得到实现。

从过程性上来看，哲学思维还有两个最重要的特征，这就是它的至极性和超越性。极，就是极限。至极，就是追求极限，达至极限，就是追踪溯源，寻根究底，也就是去追求最大的普遍性和最彻底的根源性。人类思维有至上性，但至上的人类思维是在现实的不至上的个体的思维中实现的，对于每一代个体的不至上的思维来说，无限都是不可能达到的。在极限的范围内是有限，在极限的范围之外是无限。极限是有限向无限过渡转化的关节点、度、临界点。超过了这个关节点、度、临界点，则实现了有限与无限的转换。就现实的人和人的思维来说，他的出发点是有限，立足于有限的基础去追求无限。但对于有限的和非至上的人类思维来说，他所能达到的无限即是极限，是有限的边界。这个极限也就是人类生存、实践、认识、思考所能达到的最大边界。哲学思维作为一种极限性思维，就是力图通过超越有限、达到极限而去接近无限。人所追寻的终极存在、终极原因、终极解释、终极价值、终极意义，尽管就其目标而言总希望它们是永恒的、不变的、最终的、无限的，但实际上却总是在有限认识中达到的。在最好的情况下，也是在一定条件下所能达到的最充分、最完备、最全面、最深刻、最合理、最能被人们所理解和接受的说明和解释。从进化论的角度看，对极限的突破是一个现实的历史性进程。知识的积累和思维方式的变革会使已经达到的极限不断被突破、被超越。而超越极限去更大范围地逼近无限，又是每一代哲学家的自觉追求，这就是与哲学思维的至极性特征相关联的超越性特征。每一代、每一位有成就的哲学家都把前人已达到的极限看作有限而力图将其加以超越，去寻求新的极限以更逼近无限，这正是哲学这门学科具有永恒魅力的根本原因之一。每一个时代的哲学家都在寻求自己那个时代所能达到的终极性答案，但他们所达到的结论又只是时代所允许的极限，这就为后代哲学家和同时代哲学家之间相互超越留下了余地，并创造了契机。这正是哲学发展的永恒内在动力之一。

（2）我们应当倡导、鼓励和保护对于实践问题和其他所有哲学问题的个性化研究。

哲学是追求最普遍、最一般、最抽象东西的学问。但所有具体的哲学追求又都是由最个别、最特殊、最具体的哲学家来做出的。因此，哲学家的个性客观要求也必然造成各种具体的哲学理论和哲学学说的个性。翻看哲学史，真正在人类哲学思维发展历程中留下痕迹、做出了贡献从而具有不朽价值的东西，都是那些真正具有个性特色的东西。真正的个性就是哲学家个体作为当时的人类理性思维的时代性代表在哲学探索方面所能达到的极限，它既是个体的极限，在某种意义上也是当时的时代所提供和所允诺的极限。这种极限在后来也许被别的哲学家或哲学家自身所超越，但它却已经作为一种“里程碑”或“极限标志”而永远地留在了人类哲学思维发展的历史进程中。哲学的个性是相对于整个历史上和同时代人类的哲学思维而言的，因而难以达到，故需要鼓励人们去长期以至毕生地追求。

个性化的东西一旦真正获得便具有社会化世界化的内在冲动和可能，而且其社会化和世界化的范围与其个性化水平之间常常具有一种正比递进关系。个性化的水平越高，则社会化、世界化的范围越广。但个性化的东西在现实中又常常是以“片面的深刻”而出现的，这就需要社会的宽容与保护。

对于每一个哲学家来说，强化个性，说起来容易，做起来非易。它需要一种科学的批判精神，以批判性的眼光合理地审视和评价历史上与现实中的一切思想成果及其理论方法，把握人类哲学思维已经达到的极限及其超越的可能途径，在此基础上进行一种自由的开放式创造，去追求自己所能达到的极限。

后 记

经过几次修改，我的这本拙作终于与读者见面了，在此我要感谢人民出版社任超先生、郇中建先生，正是由于他们热情的帮助和辛勤的劳作才使本书的出版成为可能。

促使我写作《实践之后——对马克思实践思想的一种理解》的想法来自高清海先生的论述："所谓实践唯物论和实践本体论，二者共同的基本思想，都是要'赋予实践以本体论的意义'，'把实践引进本体论，并把它提升到世界本原的行列中去'。这个想法的意思是好的，而且看来也顺理成章。如果不把实践局限于认识论范围，要使它进入历史观和世界观领域并且成为最高范畴，那就不能不把它理解为历史和世界的'本体'。这样却恰好落进了造成旧理论之所以不能把实践观点引进世界观并贯彻到哲学全部内容中去的那个困境。"(《高清海哲学文存》第一卷，第130—131页)高先生在文中使用了"实践本体论"和"困境"等观念。在同书的另一处高先生说："我们实行哲学观念变革的突破口，就是以马克思的实践观点的思维方式去变革教科书所提供的本体论化的思维方式"。(同上，第154页)"由于教科书把超验的本体转换成经验的本原，把思辨的本体论转换成直观的经验论，因而贯彻于教科书当中的本体论并不等同于近代的本体论哲学。"(同上，第157页)高先生不仅批判了"实践"本体论化的倾向，又把它与传统本体论作了比较。可以说，高先生的思想代表了20世纪我国马克思哲学研究的较高成就。

本书是我在自己博士论文基础上修改而成的。其中缺点错误很多，在此我要向所有对本书提出批评、批判的先生和同志们表示衷心的感谢。

在此，我要特别感谢在我学习哲学过程中对我发挥关键影响的四位先生，他们是：高清海先生、孙利天先生、陆杰荣先生、陈红竹先生。他们对我的培育之情，我将永世难忘。

董晋骞

2007 **年** 8 **月于沈阳**